Dans la même collection

Les 1 000 questions à l'avocat
Martine Fell * Olivier Sers et Laurent Zeidenberg, avocats à la Cour

Les 1 000 médicaments les plus utilisés
Dr Léopold Bravermann * Marie-Laurence Castelli

Les 1 000 réponses sur la femme et son corps
Dr David Elia * Geneviève Doucet

Les 1 000 prénoms pour vos enfants
Jean-Marc de Foville

Les 1 000 questions sur l'école
Martine Fell * Nadine Feldmann * Catherine Maarek

Illustration de couverture :
Illustration des styles : François Peltier
Correction-révision : Catherine Schram

LES 1000 QUESTIONS SUR LES ANTIQUITÉS, L'ART, LA BROCANTE

Auteurs et questions traitées
sous la direction de Jean Bedel

Françoise Chauvin : journaliste à Europe 1 et à L'événement du jeudi. (Art nouveau. Art déco. Peinture moderne. Bronzes).

François Duret-Robert : journaliste à Connaissance des Arts et écrivain d'art. (Les commissaires-priseurs. Les experts. Critères de choix).

Catherine Hays : journaliste à Art et Décoration, Le Monde, La Vie Française. (Archéologie. Argenterie. Armes. Bijoux. Céramiques. Extrême-Orient. Horlogerie. Numismatique. Verre).

Bernard Gauthron : critique d'art. (Art populaire. Bibliophilie. Gravure. Jouets. Peinture ancienne).

Geneviève Leclerc : journaliste à Aladin. (Art forain. Cannes. Curiosités de marine. Meubles. Objets en cristal. Tapis. Tapisseries. Vrai et faux).

Anne Lovreglio : expert agréé. Membre de l'Organisation Internationale des Experts et de la CNES. Membre de l'Institut d'expertise. (L'authenticité. Les faux en peinture).

Jean-Marie Schmitt : directeur de l'Institut d'Etudes Supérieures des Arts (ISEA). (Questions juridiques et fiscales. Formation. Assurances. Circulation des œuvres d'art. Marché de l'art. Salles des ventes. Vols et recels).
Avec la participation des élèves de l'IESA.

Avertissement
Dans la collection « Les **1 000...** »,
le mot mille n'a pas été retenu
pour sa signification numérique;
nous l'avons, avant tout, choisi
pour sens générique.

LES 1000 QUESTIONS SUR LES ANTIQUITÉS, L'ART, LA BROCANTE

Jean Bedel

LE GRAND LIVRE DU MOIS

AVANT-PROPOS

De l'amateur au connaisseur

Le marché de l'art, des antiquités et de la brocante est un si vaste univers qu'il est bien difficile de s'y retrouver. À ceux qui, pour la première fois, s'aventurent sur ces terres inconnues, des questions se posent pour ainsi dire à chaque pas. Et ceux qui croient connaître les détours de ce labyrinthe, souvent se heurtent à des problèmes qu'il faut bien résoudre pour progresser. Mille questions soulevées appellent autant de réponses.

Aucun domaine de l'activité économique ne soulève autant de problèmes que le marché de l'art. Sa singularité tient à la nature même des objets proposés. Comme il s'agit de marchandises héritées du passé, venues parfois du fond des âges, leur valeur ne se peut comparer avec celle des fabrications récentes. Alors que le prix d'un bien de consommation se calcule en fonction d'éléments quantifiables, tels que matières premières, salaires et frais, une antiquité s'apprécie en fonction d'éléments surtout qualitatifs. Son prix de revient, amorti depuis longtemps, ne représente plus qu'une valeur de référence. Il dépend davantage de facteurs abstraits, tels que la beauté, la rareté, la particularité ou la valeur de témoignage. Ce sont ces qualités qui séduisent l'amateur et provoquent son désir d'achat, jusqu'à ce qu'il se décide à y « mettre le prix ».

On retiendra qu'à l'inverse des objets de consommation dont la valeur décroît au lendemain de l'achat, les antiquités et les œuvres d'art se valorisent avec le temps, ce qui constitue une motivation supplémentaire pour s'y intéresser.

C'est en fin de compte le jeu de l'offre et de la demande qui, à un moment donné, fixe la valeur des antiquités. Il est vrai que cette sorte de compétition entre les acheteurs s'exerce également pour les créations artistiques même récentes, qui d'ailleurs valent davantage par le talent de l'artiste que par le prix de la toile.

Chaque fois que l'objet change de main, il acquiert une valeur supplémentaire. C'est une des particularités du marché de l'art et des antiquités qu'il se fait à 75 % entre marchands, ce qui soulève bien des questions.

Pas d'amateurs sans amour. Mais que de pièges ne faut-il pas contourner avant d'arriver à la possession ! C'est quand il se sent attiré par l'objet que le curieux doit commencer à se méfier. Bien sûr, rien ne remplace l'expérience, et les professionnels vous diront tous qu'ils ont payé très cher leurs premières bévues. La connaisance des autres, s'ils ont bien voulu la transmettre, peut éviter de fâcheuses mésaventures. Et, comme personne ne peut prétendre au savoir universel, nous avons fait appel à des spécialistes qui ont vérifié leurs propres connaissances auprès des professionnels les plus compétents.

C'est donc un ouvrage collectif que nous vous proposons où nous avons fractionné les difficultés par questions successives groupées en cinq livres.

Partant des **acteurs du marché**, c'est-à-dire des professionnels dans l'exercice de leur métier, nous avons porté notre attention sur les conditions d'exercice du commerce des antiquités, ce qui passe par **l'examen critique de l'authenticité des objets** et l'étude **des styles successifs** qui les situent dans le temps. Puis, nous avons examiné en quoi consiste l'art de faire parler les meubles, autrement dit le dépistage des faux.

Pour bien acheter et pour bien vendre, il faut un certain savoir-faire, qui ne peut s'acquérir sans une analyse des différents **critères de valeur** des objets d'arts, valeurs elles-mêmes soumises à des facteurs valorisants ou dévalorisants.

En fonction de leurs qualités particulières, les meubles, les objets ou les tableaux font naître **des cotes qui résultent de l'offre et de la demande.** Il est bon de connaître leur évolution avant de passer à l'acte d'acquisition. Il convient alors de choisir entre l'achat chez l'antiquaire ou le système des enchères, choix qui ne peut se faire sans connaître les avantages et les inconvénients de chaque système.

Ce n'est pas tout. Chaque œuvre présente des particularités qu'il faut apprendre à connaître. D'où la nécessité d'examiner, secteur par secteur, les **diverses spécialités** qui composent le marché, de l'archéologie à la verrerie.

Au chapitre **fiscalité et circulation des objets d'art**, il reste à aborder certains aspects du négoce qui soulèvent des problèmes de droit, à propos **du vol et du recel** comme à propos des **assurances**. Enfin, les œuvres d'art ne cessent de se déplacer d'un pays à l'autre, ce qui exige une connaissance des **problèmes douaniers**, notamment dans la perspective de l'ouverture des frontières dans le cadre de la Communauté européenne.

C'est par cet apprentissage fait de questions et de réponses que l'amateur, s'élevant de degré en degré, finira par accéder à la qualité de connaisseur.

On trouvera en annexes : les textes législatifs et réglementaires essentiels, un glossaire des termes employés par les marchands, les adresses utiles des principaux syndicats d'antiquaires et d'experts, ainsi que la liste des commissaires-priseurs français. Enfin, une bibliographie détaillée permettra aux insatiables questionneurs d'en savoir toujours plus.

SOMMAIRE

LIVRE I

Le marché des antiquités et des œuvres d'art

Le marché des antiquités et des œuvres d'art

Un vaste marché aux contours incertains s'offre aux amateurs d'art, aux collectionneurs en quête d'objets rares ou aux simples chineurs à la recherche de marchandises de hasard.

À première vue, rien ne paraît plus simple que de pousser la porte d'un magasin d'antiquités ou que de lever la main dans une vente publique pour se procurer l'objet qui vous tente.

Mais que de déceptions à la suite d'un achat hâtif, que de complications pour l'acheteur lésé qui veut exercer un recours! Le marché de l'art manque singulièrement de transparence, contrairement à ce qu'assurent les professionnels, souvent plus soucieux de défendre leurs intérêts que de gratifier d'une bonne affaire le client de passage.

Pour se donner les meilleures chances de bien acheter, il faut s'initier patiemment aux usages de ce commerce si particulier. Il faut apprendre pour comprendre... et pour savoir s'y prendre!

Les antiquaires

Le commerce des antiquités est un métier relativement récent. Quelles sont les limites de ce vaste domaine? Quelle formation reçoivent les antiquaires? Combien sont-ils? Quels sont leurs droits et leurs obligations? Autant de questions qui appellent des réponses précises.

Comment définir le domaine des antiquités?

Il n'existe pas de définition légale des antiquités. Cependant, le législateur, en réglementant la profession de brocanteur, et par assimilation celle d'antiquaire, en a précisé la nature. La loi du 15 février 1898 qui a, pendant presque un siècle, servi de base à l'exercice de ce métier, définissait le brocanteur comme un « revendeur de vieux meubles, linges, hardes, bijoux, livres, vaisselle, armes, métaux, ferraille et autres objets et marchandises de hasard ». On notera cette notion de « hasard » qui laisse entendre que le brocanteur ou l'antiquaire – qui font exactement le même métier – va chercher n'importe où ce qu'il peut revendre. Ce texte archaïque a été abrogé par une loi du 30 novembre 1987 qui s'applique « à toute personne [l'antiquaire n'est toujours pas nommé !] dont l'activité professionnelle comporte la vente ou l'échange d'objets mobiliers usagés ».

Faute d'une loi plus précise, les services des douanes ont longtemps considéré comme « antiquités » les meubles et objets « de plus de cent ans d'âge ». Mais un « avis aux exportateurs » de la Direction générale des Douanes, en date du 30 octobre 1975, a défini comme antiquités les objets de « plus de vingt ans d'âge ».

Cette décision inspirée par André Malraux avait pour but d'empêcher l'exportation sans contrôle des créations artistiques des époques Art nouveau, Arts déco (et au-delà) d'une valeur supérieure à 10 000 F. D'une manière très générale, il est admis aujourd'hui que les antiquités n'ont qu'une ancienneté relative. D'ailleurs, les antiquaires et les brocanteurs, de même que les commissaires-priseurs, ont parfaitement le droit, et ils ne s'en privent pas, de revendre des objets « usagés » ou « de seconde main ». C'est ce qui distingue les professionnels de l'antiquité des marchands de meubles neufs.

L'antiquité et les antiquités répondent à des notions différentes. Pourquoi?

L'antiquité évoque une époque qui s'étend des premières civilisations occidentales, de l'Égypte à l'Empire romain. Les témoignages issus de l'Antiquité font eux-mêmes partie du marché des antiquités. Les antiquités désignent l'ensemble des œuvres réalisées dans le passé, ce qui exclut les objets contemporains.

Dans le langage courant, l'antiquité s'applique plus particulièrement aux civilisations méditerranéennes. Les objets qui en sont issus – généralement des objets de fouille – sont appelés *« antiques »* par les Anglo-Saxons – expression souvent reprise par les commissaires-priseurs français.

Quelle est la différence entre l'archéologie et l'antiquité ?

L'archéologie fait partie du domaine de l'antiquité – au sens le plus large – mais s'applique plus particulièrement à la recherche, à la découverte et à la mise en vente des vestiges les plus anciens de l'activité humaine.

C'est ainsi que les silex préhistoriques, les fragments de l'âge du bronze, les armes ou les bijoux les plus anciens relèvent de l'archéologie.

Comment devient-on antiquaire ?

Comme aucun diplôme n'est exigé pour exercer la profession d'antiquaire ou de brocanteur, c'est sur « le tas » que la plupart des marchands font leur apprentissage. Il n'est pas surprenant que les professionnels aient manifesté leur scepticisme, pour ne pas dire une certaine hostilité, lorsque sont apparues, dans les années soixante-dix, des écoles d'antiquaires. Depuis lors, le milieu professionnel s'est montré plus compréhensif, d'autant que l'enseignement était prodigué par des antiquaires et des experts réputés. Peu à peu, de nombreux fils d'antiquaires sont entrés dans diverses écoles qui ont chacune leur spécificité.

De plus, le développement du marché et la nécessité d'acquérir des connaissances plus étendues ont conduit le Syndicat national du commerce de l'antiquité et de l'occasion (SNCAO) à organiser chaque année, pour ses adhérents, des cycles de conférences gratuites où les meilleurs spécialistes dispensent leur savoir.

Comment se former aux métiers du marché de l'art ?

Compte tenu de la spécificité de ce marché, et d'une méfiance traditionnelle des musées et des universités à l'égard du marché en général et des professionnels de l'art en particulier, les filières universitaires n'ont pas développé d'enseignement directement orienté vers les besoins du marché.

Toutefois, les professions du marché de l'art nécessitent des bases de connaissances en histoire et en histoire de l'art qu'il est souhaitable d'acquérir si l'on veut s'assurer un bon niveau de départ, d'où la mise en place de filières publiques d'enseignement de l'histoire de l'art en France. Les principaux établissements sont les suivants :

– L'École du Louvre. Cet établissement, qui dispense un enseignement supérieur en histoire de l'art, est réputé. Le cursus de base est de trois ans, suivi d'une année de muséologie.

Après cette quatrième année, les étudiants ont la faculté de présenter un mémoire leur permettant d'obtenir le diplôme de l'École du Louvre. En matière d'histoire de l'art, au plan français et international, l'École du Louvre est une référence de premier ordre.

– Des universités proposent également des enseignements supérieurs en histoire de l'art. À Paris, ce sont les universités Paris-I et Paris-IV.

Il existe également des UER d'histoire de l'art ou d'art et d'archéologie dans différentes grandes métropoles de province (par exemple, Rennes, Bordeaux, Lyon, etc.). Ces filières universitaires préparent aux grades universitaires habituels (DEUG, licence et maîtrise d'histoire de l'art).

Existe-t-il des formations spécifiques aux techniques de restauration ?

En ce qui concerne les métiers de la restauration, il existe des filières particulières.

L'Institut français de restauration d'œuvres d'art (IFROA) est un peu l'équivalent de l'École du Louvre en matière de techniques de restauration.

D'autre part, il existe des filières universitaires, en particulier une maîtrise de sciences et techniques, à l'université Paris-I. Enfin, dans différentes écoles de beaux-arts de province, à l'initiative des collectivités locales, des sections spécialisées (par exemple, restauration de sculptures, d'objets en bois, de tableaux, etc.) ont été développées, souvent avec le concours de l'IFROA.

Comment se préparent les carrières publiques dans le domaine de l'art?

Bien que ces professions ne soient pas directement celles du marché de l'art (il y a même un antagonisme souvent important entre les fonctionnaires en charge des musées ou du patrimoine et les marchands et professionnels de l'art soupçonnés de n'avoir qu'une vision mercantile de l'œuvre d'art), elles sont malgré tout les interlocuteurs naturels des professionnels soit en tant qu'acheteur pour enrichir les collections publiques, soit en tant que conservateur pour mettre en œuvre les procédures publiques de protection des œuvres d'art (par exemple, le classement ou les contrôles d'exportation), soit en tant que spécialiste lorsqu'il s'agit de collecter l'information pour attribuer des œuvres d'art, effectuer un choix en vue d'expositions temporaires, etc.

Les filières sont multiples. Toutefois, pour emprunter la voie royale qui conduit aux postes de conservateurs des musées nationaux et, depuis une récente réforme, de conservateurs du patrimoine (parmi lesquels seront recrutés les conservateurs des grands musées...), il est indispensable de passer le concours de conservateur. Auparavant ouvert aux universitaires et surtout aux diplômés de l'École du Louvre, le titre de conservateur est désormais attribué aux élèves de la nouvelle École nationale du patrimoine créée récemment afin d'assurer la cohésion d'un corps unique de conservation pour les musées, les bibliothèques et les archives des objets d'art.

L'École nationale du patrimoine recrute sur concours des diplômés de l'enseignement supérieur (musées, universités, fonctionnaires ayant exercé des activités dans le domaine culturel...). Ce concours est présenté au terme d'une année préparatoire à l'École du Louvre ou dans des universités. Les promotions sont peu nombreuses, environ quarante personnes. Les étudiants sont des fonctionnaires qui sont ensuite intégrés dans les grandes directions (Direction des musées de France, Direction du patrimoine...).

Existe-t-il des préparations spécifiques au marché de l'art?

Comme les enseignements de l'École du Louvre ou des universités n'intègrent pas de préparation spécifique destinée aux professions du marché, et du fait que les organisations professionnelles n'ont pas créé leurs écoles de formation, ce sont des établissements privés qui ont pris en compte les formations spécialisées dans ce domaine.

L'établissement le plus réputé est l'Institut d'études supérieures des arts (IESA) installé à Paris et à Lausanne, qui est formé de deux départements :

– le premier est consacré à la formation professionnelle, et offre des séminaires d'initiation et de spécialisation aux méthodes techniques d'authentification des différentes catégories d'œuvres et d'objets d'art ainsi qu'aux modes d'évaluation des œuvres d'art. Les formations sont complétées par des séminaires spécialisés permettant d'initier les stagiaires aux réglementations, aux méthodes de gestion et aux techniques de transaction et de communication sur le marché de l'art français et international ;

– le second département, « IESA Campus », dispense un enseignement supérieur sur un cursus de trois ans (première année : méthodes et langages : deuxième année : techniques et marchés ; troisième année : méthodes de l'expertise et marchés internationaux).

Les titres délivrés par l'Institut d'études supérieures des arts sont les seuls qui ont fait l'objet d'une homologation par l'État.

Il existe d'autres établissements : l'ICART (Institut des carrières artistiques) ainsi que l'EAC (École d'art et de communication), dont la pédagogie est davantage orientée vers les activités de relations extérieures (presse, relations publiques, etc.). Des établissements de moindre importance sont implantés à Paris, en Région parisienne ou en province, entre autres l'ESIAG (École supérieure internationale d'art et de gestion) ou l'IDETH (Institut d'études techniques et historiques des objets d'art...). L'École Européenne des Antiquaires d'Amateurs d'Art (EEAA) oriente les élèves vers la pratique du métier avec un encadrement de professionnels qualifiés. Elle est organisée en trois cycles d'études du généraliste à l'antiquaire spécialisé, avec deux options : l'entrée dans la vie professionnelle ou le travail à temps partiel complété par une spécialisation.

À Toulouse, l'Institut de la promotion supérieure du travail donne également des cours sur les styles ou des spécialités telles que l'argenterie, les faïences, les tapis, etc.

À Royan, le Centre d'initiation aux pratiques artistiques procède par stages intensifs d'une semaine en atelier qui portent sur la connaissance des bois, la pratique des outils et le dépistage des faux meubles.

Voir en annexe les adresses des principales écoles (p. 396).

Quelle est la différence entre brocanteur et antiquaire ?

En l'absence de texte réglementaire, il convient de s'en remettre aux usages de la profession. Le brocanteur vend tout ce qui lui passe entre les mains : il propose meubles ou objets « dans leur jus », tandis que l'antiquaire engage des frais de restauration mais aussi de présentation.

Avec le brocanteur, c'est à prendre ou à laisser. Il est admis qu'on va chez le brocanteur à ses risques et périls.

Au contraire, l'antiquaire engage sa responsabilité sur la définition des objets vendus en précisant leur nature, leur époque et leur état de conservation.

Est-il possible pour le brocanteur de tromper le client sur la nature de la chose vendue ?

En aucune façon car un marchand, quel qu'il soit, est soumis au droit commun. Il n'est pas autorisé à manoeuvrer pour forcer la décision d'achat du client.

L'article 1110 du Code civil prévoit l'annulation de la vente en cas d'erreur, volontaire ou non, sur la nature de la chose vendue.

L'acheteur trompé peut engager un procès pour obtenir le remboursement de l'objet vendu en le restituant au marchand. Mais c'est à l'acheteur qu'il appartient de démontrer qu'il n'aurait pas acheté l'objet s'il avait su qu'il n'était pas authentique.

Quelles sont les obligations de l'antiquaire ou du brocanteur ?

Avant de commencer à exercer son activité, le brocanteur comme l'antiquaire doit se faire inscrire sur le registre du commerce ouvert à cet effet à la préfecture du département où il exerce sa profession.

Le revendeur d'objets mobiliers doit tenir à jour un registre – appelé habituellement le livre de police –, où il doit mentionner à l'heure, sans blanc ni rature, la description sommaire et le prix des marchandises achetées, ainsi que les nom, prénom et domicile des personnes à qui il achète, avec le numéro de la pièce d'identité présentée et l'indication de l'autorité qui l'a établie. Ce registre doit être coté et paraphé par le commissaire de police ou, à défaut, par le maire de la commune où exerce le professionnel.

Ces obligations résultent de la loi du 30 novembre 1987, et de son décret d'application en date du 16 novembre 1988.

Quelles sont les obligations des organisateurs de foires ou de salons qui acceptent des non-commerçants comme revendeurs d'objets ?

Pour lutter contre le recel et les pratiques paracommerciales, la loi de 1987 a introduit une novation en imposant aux organisateurs de manifestations publiques en vue de la vente d'objets mobiliers la tenue d'un registre permettant l'identification des vendeurs.

Pendant toute la durée de la manifestation, ce registre est tenu à la disposition des services de police et de gendarmerie, des services fiscaux, des douanes et de la répression des fraudes.

De plus, la vente d'objets dans un lieu public par des particuliers nécessite une autorisation du maire.

Combien existe-t-il d'antiquaires et de brocanteurs professionnels en France ?

Les commerces d'antiquités et de brocante recensés par la Documentation fiscale seraient de l'ordre de 8 000. Selon les dernières statistiques du *Guide Emer*, « Le guide européen de l'amateur d'art, de l'antiquaire et du bibliophile » (édition 1991-1992), le nombre des antiquaires et brocanteurs est de l'ordre de 10 000 pour la France (et de 20 000 pour l'ensemble de l'Europe, France comprise).

Le Syndicat national du commerce de l'antiquité et de l'occasion (SNCAO) – qui compte plus de 4 000 adhérents – estime que les « paracommerciaux » sont plus nombreux que les « vrais » antiquaires. Le chiffre total de personnes qui, en France, vivent de l'achat et de la revente de meubles et d'objets anciens serait de 20 000 à 25 000.

Qui sont les clients des antiquaires?

Depuis la Seconde Guerre mondiale, le nombre des amateurs d'antiquités n'a cessé de s'accroître. Alors qu'autrefois les connaisseurs achetaient des salons entiers, ou des collections entières, les amateurs d'aujourd'hui se procurent des meubles et des objets anciens au coup par coup, et souvent au coup de cœur.

Les principaux « consommateurs » d'antiquités sont les professions libérales (médecins, dentistes, notaires, avocats, professeurs, etc.), les cadres moyens et supérieurs (commerçants aisés, fonctionnaires, ingénieurs, directeurs d'entreprises, hôteliers, journalistes, cinéastes, artistes et, depuis peu, les gens du show-business).

Les trois quarts des acheteurs ont plus de trente ans (de trente à soixante ans). Les moins de trente ans s'intéressent davantage à la brocante.

Quelles sont les motivations des « consommateurs » d'antiquités?

D'une manière générale, les motivations des acheteurs sont le goût pour la beauté des témoignages d'autrefois, l'esprit de curiosité, le désir de faire des trouvailles insolites. Cependant, des considérations utilitaires orientent certains achats vers les meubles et les objets d'occasion à bon compte (meubles XIXe, meubles régionaux, objets décoratifs).

Au plus haut niveau, les amateurs considèrent les antiquités et les œuvres d'art comme des « placements de père de famille », appelés à se valoriser avec les années. Les spéculateurs à court terme qui achètent pour revendre sont une minorité parmi laquelle se comptent de nombreux professionnels.

Est-il vrai que de nombreux achats se font entre marchands?

Cela est certain, car avant de parvenir entre les mains du particulier, l'objet découvert par un brocanteur en chinant de maisons en greniers et de résidences en châteaux passe par des antiquaires de plus en plus spécialisés. Chacun prélève au passage une commission (de 5 à 15 % environ) et, bien entendu, le prix de l'objet augmente jusqu'à la boutique d'un antiquaire qui connaît mieux tel ou tel type de marchandise, et sait qu'il pourra le revendre avantageusement à un client intéressé ou à un collectionneur.

Les vieux routiers de l'antiquité assurent que 75 % de leur propre commerce se fait entre marchands.

Les antiquaires sont-ils tenus d'indiquer le prix des meubles et des objets sur une étiquette ?

Les antiquaires n'aiment pas faire connaître les prix, et les étiquettes indicatives sont souvent introuvables. Pourtant, l'affichage des prix est obligatoire (arrêté du 3 décembre 1987, *J.O.* du 10 décembre 1987). Le service de contrôle des prix admet toutefois que les meubles et les objets exposés en vitrine soient dispensés d'étiquettes visibles de l'extérieur... pour ne pas attirer la convoitise de voleurs éventuels. Mais les étiquettes, même très discrètes, doivent être visibles par le client avant l'achat.

Il est d'usage pour les meubles à tiroirs (tables, commodes, secrétaires, etc.) que l'étiquette soit placée à l'intérieur du tiroir... qu'il suffit donc d'ouvrir pour se renseigner. Mais il est encore beaucoup plus simple de demander le prix à l'antiquaire.

La délivrance d'une facture descriptive est-elle obligatoire ?

La loi n'impose pas obligatoirement la fourniture d'une facture, mais elle permet à l'acheteur de l'exiger de la part du vendeur. De même, en vente publique, le commissaire-priseur est tenu de délivrer un bordereau qui spécifie la nature, la composition, l'origine et l'ancienneté de la chose vendue (article 1 du décret du 3 mars 1981).

Faut-il demander d'autres documents que le certificat écrit relatant la vente ?

L'idéal est que le certificat soit accompagné d'une photographie portant un renvoi au certificat. En effet, il y a eu des cas, heureusement rares, où des vendeurs ont pu contester les demandes des acheteurs en soutenant que les œuvres vendues n'étaient pas celles présentées par l'acquéreur.

Peut-on marchander et dans quelles limites?

Si vous êtes décidé à acheter un meuble ou un objet qui vous convient, et que l'antiquaire vous a indiqué un prix, n'hésitez pas à dire que c'est un peu cher. Le plus souvent, l'antiquaire acceptera une réduction de l'ordre de 10 % s'il a le sentiment que vous appréciez son meuble à sa juste valeur. Mais s'il vous dit : « On m'en a offert un prix supérieur » ou « Ça m'ennuie de m'en séparer... », n'en croyez rien et continuez à discuter. L'art du marchandage fait partie du jeu. Et dans ce terme qui évoque le commerce des tapis, n'y a-t-il pas le mot « marchand » ?

Si vous rabaissez exagérément le premier prix proposé, le marchand risque d'arrêter toute discussion et de vous laisser partir. Les limites du marchandage – qui peuvent aller jusqu'à 20 % – varient beaucoup selon les individus : à vous de sonder prudemment les limites extrêmes du marché. Certains antiquaires, qui sentent que vous êtes réellement amoureux de ce qu'ils vous proposent, apprécieront la confiance que vous leur accordez et, spontanément, vous feront un prix.

Si l'acheteur ne peut payer immédiatement, il laissera à l'antiquaire des arrhes ou un acompte en échange d'un reçu daté, et il réglera par la suite la totalité du prix convenu (le plus souvent au moment de l'enlèvement du meuble ou de sa livraison).

Quelle est la différence entre les arrhes, les acomptes et les avoirs?

Les arrhes sont les sommes d'argent remises à l'antiquaire après un accord conclu sur un achat déterminé et sur son prix. Si l'acheteur renonce à son achat dans un délai convenu, il abandonne les arrhes versées. C'est pourquoi les arrhes ne représentent en général qu'une faible partie de la valeur totale de la chose vendue (de l'ordre de 10 à 25 %). L'antiquaire doit délivrer un reçu du montant des arrhes, en précisant la nature du meuble ou de l'objet vendu et en indiquant le prix convenu (en toutes lettres). De plus, il est tenu – et cela est important – de fixer la date au-delà de laquelle les arrhes lui resteront acquis sans qu'il soit obligé de délivrer le meuble ou l'objet choisi. L'antiquaire précise : « Le ou les articles mentionnés ne seront délivrés qu'après versement du solde (soit : x F). » Par ailleurs, l'antiquaire peut annuler le marché conclu avant la date convenue, en restituant les arrhes à l'acheteur – à condition de verser une indemnité égale au montant des arrhes.

Le système de l'acompte est relativement plus simple. L'acheteur propose le versement d'une somme à valoir sur le prix convenu. Dans ce cas, l'acheteur est considéré comme propriétaire de la chose vendue. L'acheteur et le vendeur sont liés par un engagement de vente qui deviendra un acte de vente ferme et définitif lorsque le complément du prix sera versé par l'acheteur. Si l'antiquaire garde l'acompte sans délivrer la chose vendue, il peut être passible de poursuites.

Enfin, les avoirs constituent une pratique commerciale courante, mais qui n'est pas réglementée. Il s'agit d'un simple accord à l'amiable avec les risques que cela comporte. Si l'acheteur change d'avis et souhaite une autre marchandise, l'antiquaire peut lui proposer un autre meuble ou objet dont le prix sera diminué de la somme versée en avoir. Si l'antiquaire n'est plus en mesure de délivrer l'objet convenu, il peut restituer l'avoir, mais l'acheteur n'est pas obligé d'accepter cette offre. Il peut même exiger le remboursement intégral de l'avoir, assorti de dommages et intérêts le cas échéant. En fait, dans la plupart des transactions, l'antiquaire restitue l'avoir avec quelques excuses. Il se considère alors comme délivré de son engagement. Il y a fort à parier qu'il a trouvé un autre acquéreur qui lui a proposé un prix plus intéressant que le client précédent. Et ce dernier, frustré, ne peut exercer aucun recours.

Les commissaires-priseurs

En salle des ventes, les mêmes objets que chez les antiquaires sont offerts, mais la manière de les acquérir est entièrement différente. Nommés par le garde des Sceaux, les commissaires-priseurs – et ils s'en vantent – ne sont pas des commerçants. Ces officiers ministériels ont en principe un rôle d'arbitre entre le vendeur, qui veut obtenir la plus haute valeur possible d'un bien artistique, et l'acheteur qui espère se le procurer au meilleur prix.

Autant dire qu'il est délicat de contenter les uns et les autres à la loterie des enchères. À chacun de se montrer vigilant dans la défense de ses intérêts. Mais il faut d'abord connaître les règles du jeu... qui ne sont pas toujours respectées.

Qu'est-ce qu'une vente publique aux enchères?

Au risque de paraître enfoncer une porte ouverte, nous dirons que, pour être qualifiée de vente publique aux enchères, une vente doit remplir deux conditions essentielles : être publique, être aux enchères...

• **La vente doit être publique.** Pour qu'une vente soit considérée comme telle, il faut que tous ceux qui le désirent puissent y assister et soient admis à porter des enchères (à condition d'être solvables). C'est ce que souligne la jurisprudence : le caractère public d'une vente « réside essentiellement dans le libre concours du public aux enchères et dans le droit ouvert à tout individu solvable de se porter acquéreur » (cour de Paris, 21 juin 1875).

Tout le monde peut donc, en principe, participer à une vente publique. Sans quoi, celle-ci perdrait son caractère spécifique.

• **La vente doit être aux enchères.** On estime généralement qu'une vente a lieu aux enchères (ascendantes) lorsque, une fois la mise à prix indiquée, les participants font des offres de plus en plus élevées, l'objet étant adjugé au dernier enchérisseur. D'où cette définition de l'enchère : « On appelle enchère toute offre d'une somme d'argent égale ou supérieure à la mise à prix ou toute offre d'un prix plus élevé que celui proposé par un concurrent pour l'achat d'une chose qui se vend au plus offrant » (P. Rouillon).

Précisons que les enchères peuvent être portées soit à haute voix, soit par signe; que rien n'empêche d'enchérir par téléphone; et que vous pouvez toujours laisser un ordre d'achat à un tiers (commissaire-priseur, expert, commissionnaire...) qui enchérira pour votre compte.

Qui peut participer à une vente publique ?

En principe, tout le monde. Sinon, la vente perdrait son caractère public (voir Qu'est-ce qu'une vente publique aux enchères ?, ci-dessus). Il existe cependant certaines restrictions.

Premièrement : pour porter valablement des enchères, il faut être majeur car, selon l'article 1124 du Code civil, « les mineurs non émancipés sont incapables de contracter... »

Deuxièmement : il convient de ne pas être affecté d'un trouble mental. « Pour faire un acte valable, il faut être sain d'esprit » (article 489 du Code civil).

Troisièmement : il faut être solvable. « Les ventes publiques sont celles qui ont lieu avec le concours de tout individu *solvable* admis à se porter enchérisseur » (cour de Paris, 13 juillet 1875).

Quatrièmement : il ne faut pas être en état d'ivresse, car « un ivrogne ne saurait porter une enchère valable » (*Journal des commissaires-priseurs,* 1925).

Qui peut diriger une vente publique aux enchères ?

En France, les ventes publiques aux enchères de meubles ne peuvent être, en principe, dirigées que par certains officiers ministériels. Il s'agit des commissaires-priseurs, des notaires et des huissiers. Ces messieurs ont une compétence qui, dans une certaine mesure, est territoriale. En effet, si depuis le décret du 27 février 1992, « les commissaires-priseurs exercent leurs fonctions sur l'ensemble du territoire national... », il n'en reste pas moins que cette « compétence nationale » est soumise à une restriction d'importance. Le texte du décret précise en effet : « Toutefois, les commissaires-priseurs ne peuvent procéder à titre habituel aux ventes publiques aux enchères de meubles en dehors du siège de leur office... »

Ajoutons que dans le département où ils sont établis, ils sont en concurrence avec les notaires et les huissiers (voir Quels sont les droits et les devoirs des commissaires-priseurs p. 31).

Pratiquement, quand vous voulez vendre aux enchères des objets dans une ville où existe un commissaire-priseur, vous pouvez vous adresser à lui. Mais s'il n'y en a pas, vous devez faire appel à l'un des commissaires-priseurs établi ailleurs, à un notaire ou à un huissier. Par ailleurs, rien ne vous interdit de transporter vos objets dans une ville située dans un autre département, et d'en confier la vente au commissaire-priseur qui réside dans celle-ci.

Qu'est-ce qu'un commissaire-priseur?

L'article premier de l'ordonnance du 2 novembre 1945 le définit ainsi : « Le commissaire-priseur est l'officier ministériel chargé de procéder, dans les conditions fixées par les lois et règlements en vigueur, à l'estimation et à la vente publique aux enchères des meubles et effets mobiliers corporels. » De cette définition, il faut essentiellement retenir deux idées. Premièrement, le commissaire-priseur est un officier ministériel. Deuxièmement, il est chargé de procéder à la vente publique aux enchères des meubles.

Plutôt que de donner une définition abstraite de l'officier ministériel, il semble préférable d'indiquer les conditions exigées pour devenir commissaire-priseur. Il faut : posséder deux diplômes (de droit et d'histoire ou d'histoire de l'art), dont l'un est au moins du niveau de la licence; accomplir un stage de deux ans chez un commissaire-priseur; acheter une étude ou s'associer avec un commissaire-priseur en place.

Ces conditions réunies, il ne reste plus au candidat qu'à être nommé par le garde des Sceaux. Lorsque cette nomination est effectuée et que le nouveau commissaire-priseur a prêté serment, il peut diriger des ventes aux enchères.

Attention : il ne peut s'agir que de ventes de meubles et ces ventes doivent avoir essentiellement lieu dans la ville où est établi l'intéressé. En effet, si, depuis le décret du 27 février 1992, « les commissaires-priseurs exercent leurs fonctions sur l'ensemble du territoire national », cette « compétence nationale » est soumise à une restriction très importante; en effet, d'après le texte du même décret, « ils ne peuvent procéder à titre habituel aux ventes publiques aux enchères de meubles en dehors du siège de leur office. »

Qu'est-ce qu'un crieur en vente publique?

C'est un employé du commissaire-priseur qui prend les enchères dans la salle, remet aux adjudicataires les tickets permettant le retrait des objets achetés, note les coordonnées et le paiement des acquéreurs.

Comment est rémunéré un crieur?

Il est salarié d'une ou de plusieurs études. Son salaire est calculé soit sous la forme d'un montant fixe, soit sous la forme d'un pourcentage des enchères (entre 2 et 4 ‰ avec dégressivité, de la même façon que sont calculés les frais de l'acheteur).

Qu'est-ce qu'un « savoyard » ?

C'est un manutentionnaire-commissionnaire de l'hôtel des ventes. C'est un travailleur indépendant. À Paris, ils sont regroupés dans une société en nom collectif, l'Union des commissionnaires de l'hôtel des ventes (UCHV), qui dispose d'un monopole des faits sur toutes les opérations de manutention dans l'hôtel des ventes, monopole qui s'étend en partie aux opérations de transport (le statut des commissaires-priseurs leur interdit de prendre directement en charge le transport des objets).

Comment est rémunéré un savoyard?

L'UCHV facture aux études de commissaires-priseurs les prestations de service effectuées par ses membres (transport, manutention ainsi que location du garde-meubles qui appartient à l'UCHV). Les produits en sont répartis ensuite à parts égales entre les cent dix commissionnaires. En outre, les commissionnaires perçoivent directement des pourboires.

Que faut-il faire pour déposer un objet en vente publique?

- Établissement d'une feuille de dépôt portant la désignation de l'objet ainsi que son estimation et éventuellement son prix de réserve. Ce document est établi sur un papier à en-tête de l'étude. Un double est donné au client, l'original est gardé par l'étude.
- La requête de vente est signée par le vendeur indiquant la totalité des frais demandés par lui-même, tels que publicité spéciale, expert, transport, etc.

Un commissaire-priseur peut-il vendre un objet sur simple accord verbal du déposant?

En principe non, le mandat de vente doit être écrit. Si le commissaire-priseur vend sans disposer d'un document écrit, il peut engager sa responsabilité dans le cas où, ultérieurement, le vendeur contesterait avoir donné son accord. Toutefois, le mandat de vente qui résulte généralement de la signature de la réquisition de vente peut également être établi par un courrier du vendeur. Par exemple, une lettre du vendeur confirmant au commissaire-priseur son accord pour la mise en vente de l'objet.

Où se trouvent rassemblés les principaux textes régissant le statut et les conditions d'exercice des commissaires-priseurs français?

Dans les annexes du Code de procédure civile où l'on peut trouver les règles régissant le statut des activités des commissaires-priseurs (annexe 9 et annexe 14 : règles relatives aux frais et dépens).

Un commissaire-priseur a-t-il le droit de reverser des sommes à un courtier ou à un apporteur d'affaire?

En principe, cela lui est interdit. Toutefois, il peut se produire que le commissaire-priseur pratique indirectement ce type de ristourne puisqu'il lui est possible de régler des prestations de service destinées à l'organisation des ventes. Il peut donc accepter que lui soient facturés des honoraires d'expertise ou des frais d'interventions diverses.

Quels sont les droits et les devoirs des commissaires-priseurs?

• **Les droits.** Ils sont importants : les commissaires-priseurs disposent du monopole des ventes publiques de meubles dans les villes importantes. Ce qui ne signifie pas que le droit de diriger une vente dans une ville soit réservé aux commissaires-priseurs qui sont établis dans celle-ci. Leurs confrères installés ailleurs peuvent y « officier ». Mais pas de façon systématique.

Rappelons qu'une réglementation récente veut que les commissaires-priseurs exercent leurs fonctions sur l'ensemble du territoire national, mais ils ne peuvent le faire en dehors de leur résidence qu'avec l'accord du confrère chez qui ils ont l'intention de vendre.

Autant dire que les commissaires-priseurs établis dans une ville y bénéficient, dans une certaine mesure, d'une situation privilégiée. Ailleurs, ils sont en concurrence avec leurs confrères, les notaires et les huissiers.

• **Les devoirs.** Ils sont nombreux. Nous ne pouvons donc les évoquer tous. Aussi nous contenterons-nous de signaler celui qui, pour les vendeurs, est le plus appréciable : l'obligation de verser le montant du prix d'adjudication au client (après déduction des frais). De prime abord, il semble que la chose aille de soi. Mais si l'on prend connaissance des pratiques de certaines maisons de ventes étrangères, on s'aperçoit qu'il s'agit d'une garantie essentielle. En effet, ces maisons, mettant en avant leur qualité de simple intermédiaire, précisent dans leurs conditions de vente, que le vendeur devra attendre, pour recevoir son dû, qu'elles-mêmes aient été réglées par l'acheteur. En France, les commissaires-priseurs sont « personnellement responsables du prix des adjudications » (article 625 du Code de procédure civile) et ils doivent régler leurs clients dans les délais prévus. Si l'un d'eux se révélait insolvable, c'est sa compagnie qui se substitue à lui pour payer les sommes dues aux vendeurs.

Les juristes insistent sur une autre obligation : celle de « délivrance », c'est-à-dire le devoir pour le commissaire-priseur de faire tout ce qui est en son pouvoir pour que l'acheteur puisse prendre possession de l'objet vendu. Mais dans la mesure où, dans les ventes publiques, les objets proposés sont, en général, « matériellement présents », cette règle paraît très théorique.

En revanche, certaines obligations qui tiennent à la qualité d'officier ministériel du commissaire-priseur, les contrôles auxquels celui-ci est soumis, tant de la part de ses pairs que de celle du ministère de la justice, constituent de très sérieuses garanties pour les « usagers » des ventes publiques françaises.

Le commissaire-priseur peut-il régler le vendeur en espèces ?

Les conditions de règlement sont celles du droit commun. Le commissaire-priseur peut donc régler en espèces une transaction au vendeur, mais dans la limite de 5 000 F.

Les mêmes règles concernent-elles l'acheteur ?

Les plafonds sont plus élevés que pour les marchands. Le commissaire-priseur doit donc accepter un règlement en espèces de l'acheteur particulier, dans la limite de 150 000 F par transaction.

Est-il possible d'acheter des œuvres d'art en vente publique anonymement ?

En principe, le commissaire-priseur doit relever l'identité de l'acheteur. Dans la pratique, on relève l'identité communiquée par l'acquéreur et on ne lui demande pas de pièces justificatives.

Si l'acheteur paie en espèces et donne un nom et une adresse de fantaisie, le contrôle sera pratiquement impossible. En revanche, l'acheteur possédera un bordereau portant ce nom et cette adresse de fantaisie, dont il ne pourra pas se servir ultérieurement, par exemple s'il a un problème d'assurances ou d'imposition.

Que peut-on acheter dans les ventes aux enchères ?

Dans les ventes dirigées par les commissaires-priseurs, on ne peut acheter que des meubles. Toutefois, ce mot n'est pas à prendre dans son sens usuel mais dans son sens juridique : « Sont meubles, par leur nature, les corps qui peuvent se transporter d'un lieu à un autre, soit qu'ils se meuvent par eux-mêmes, comme les animaux, soit qu'ils ne puissent changer de place que par l'effet d'une force étrangère, comme les choses inanimées » (article 528 du Code civil).

Autant dire que les commissaires-priseurs ont le droit de vendre aussi bien des fauteuils que des animaux ou des automobiles...

En fait, ils vendent fort peu d'animaux, mis à part certains chevaux de course... En revanche, ils proposent souvent des automobiles d'occasion ou de collection. Mais, pour l'essentiel, leurs ventes sont composées de meubles (au sens usuel), de sièges, de tableaux, d'objets...

Ajoutons que, dans ces ventes, on ne peut, en principe, trouver de marchandises neuves. En effet, en vertu de l'article premier du 21 septembre 1943, « sont interdites les ventes au détail volontaires des marchandises neuves, à cri public, aux enchères ». Cependant, le législateur a prévu que, dans certains cas, de telles ventes pourraient avoir lieu. Un exemple : lorsqu'un commerçant cesse son activité ou tombe en faillite, on peut autoriser la dispersion de son stock aux enchères, par l'intermédiaire d'un commissaire-priseur. Il arrive donc qu'on puisse acquérir, dans les salles des ventes, des montres, des réfrigérateurs ou des postes de télévision neufs.

Comment lire un catalogue de vente ?

Avant de se plonger dans la lecture des catalogues de vente, il est indispensable de connaître le sens exact des formules utilisées par les commissaires-priseurs et les experts pour décrire les tableaux, les meubles, les objets...

Autrefois, la signification de certaines de ces expressions – « commode Louis XV », par exemple – prêtait à discussion. D'où le risque de litiges.

Aussi le décret du 3 mars 1981 a-t-il fixé le sens des formules les plus couramment utilisées. Plutôt que de donner des indications abstraites, nous prendrons quelques exemples concrets.

- Commode *d'époque* Louis XV : commode réellement exécutée sous le règne de Louis XV.
- Commode *Louis XV* : même définition.
- Commode *de style* Louis XV : commode dont le style rappelle celui des meubles Louis XV, mais qui a été exécutée à une époque postérieure.
- Commode d'époque Louis XV, *estampille de* Jacques Dubois : commode réellement exécutée sous le règne de Louis XV par Jacques Dubois.
- Commode d'époque Louis XV, *une estampille* Jacques Dubois : commode réellement exécutée sous le règne de Louis XV, mais portant une estampille apocryphe.

• *Diane*, peinture *par* Pierre-Paul Rubens : peinture réellement exécutée par Pierre-Paul Rubens.
• *Diane*, signature de Pierre-Paul Rubens : même définition.
• *Diane*, œuvre de Pierre-Paul Rubens : même définition.
• Pierre-Paul Rubens, *Diane* : même définition.
• *Diane, attribuée à* Pierre-Paul Rubens : peinture exécutée à l'époque où travaillait Pierre-Paul Rubens et vraisemblablement par lui.
• *Diane*, Flandres, XVIIe siècle, *une* signature Rubens : peinture exécutée dans les Flandres au XVIIe siècle, mais portant une signature apocryphe.
• *Diane, atelier de* Pierre-Paul Rubens : peinture exécutée dans l'atelier de Rubens ou sous la direction de celui-ci.
• *Diane, école de* Pierre-Paul Rubens : peinture exécutée par un élève de Rubens, qui a notoirement subi l'influence de celui-ci ou bénéficié de sa technique, du vivant du maître ou moins de cinquante ans après sa mort.
• *Diane, dans le goût de* Pierre-Paul Rubens : peinture qui rappelle le style de Rubens, mais dont l'auteur n'a pas été identifié, et dont la date d'exécution n'est pas garantie.
• *Diane, manière de* Pierre-Paul Rubens : même définition.
• *Diane, genre de* Pierre-Paul Rubens : même définition.
• *Diane, d'après* Pierre-Paul Rubens : même définition.
• *Diane, façon de* Pierre-Paul Rubens : même définition.

Il faut également savoir que si, au début du catalogue, il est inscrit « collection de la comtesse de X », toutes les œuvres présentées doivent provenir de cette collection (à moins que, dans le corps du catalogue, une autre indication soit donnée pour telle ou telle pièce). Mais généralement, l'inscription est ainsi complétée : « Collection de la comtesse de X et à divers ». Dans ce cas, aucune garantie n'est donnée quant à la provenance des objets (sauf si une distinction est opérée entre les lots venant de chez la comtesse de X et ceux appartenant « à divers »...).

Comment acheter dans une vente aux enchères ?

Avant de se décider à acheter un objet, il faut l'avoir vu. Il est donc indispensable de se rendre à l'exposition qui a lieu avant la vente publique. À l'hôtel Drouot, à Paris, par exemple, on peut voir les pièces à vendre la veille de la vente (entre 11 heures et 18 heures) et le matin de celle-ci (entre 11 heures et 12 heures).

Lorsqu'on s'est décidé pour tel ou tel objet, le mieux est évidemment d'assister à la vente. On peut porter des enchères soit à haute voix, soit en faisant un signe au commissaire-priseur. Pour ne pas se laisser entraîner trop loin, il est bon de se fixer une limite – limite qui est fonction de l'estimation et du désir qu'on a de posséder l'objet en question.

Lorsque la pièce vous est adjugée, le crieur vous remet un bulletin qui vous permettra de la retirer du « magasin », après en avoir réglé le prix (lorsque vous payez avec un chèque non certifié, on peut vous demander d'attendre, pour retirer l'objet, que l'encaissement soit effectué).

S'il vous est impossible d'assister à la vente, vous pouvez laisser un ordre d'achat soit au commissaire-priseur, soit à l'expert, soit au commissionnaire. Dans les deux premiers cas, vous n'aurez aucune commission à verser, votre ordre étant exécuté gracieusement. Dans le dernier cas, vous devrez manifester votre satisfaction en glissant un billet dans la main de l'intéressé...

Comment vendre aux enchères ?

Jusqu'à une date récente, si vous désiriez faire vendre aux enchères vos meubles dans la ville où vous habitiez, et que dans celle-ci, il existât des commissaires-priseurs, vous étiez obligé de faire appel à l'un d'eux. Mais s'il n'y en avait pas, vous deviez vous adresser, soit à l'un des commissaires-priseurs du département, soit à un notaire, soit à un huissier.

Mais depuis la publication du décret du 27 février 1992, les commissaires-priseurs « exercent leurs fonctions sur l'ensemble du territoire national ». Théoriquement, vous pouvez donc faire appel, désormais, à n'importe lequel de ces messieurs (encore que « leur compétence nationale » soit soumise à certaines restrictions).

Par ailleurs, rien ne vous interdit de faire transporter vos meubles dans un autre département, dans une autre ville et de les faire vendre par un commissaire-priseur établi dans celle-ci. Sauf si vous êtes commerçant. En effet, l'article 1er de la loi du 21 septembre 1943 précise que « sont interdites les ventes (aux enchères) au détail volontaires de marchandises ou d'objets quelconques d'occasion, dont sont propriétaires ou détenteurs des commerçants qui ne sont pas inscrits au Registre du Commerce et sur le rôle des patentes depuis deux ans au moins dans le ressort du tribunal de grande instance où elles doivent être opérées ». Ainsi, un marchand de tableaux parisien n'a-t-il pas le droit de vendre des toiles de maîtres à Versailles, Enghien ou Rambouillet. Il est vrai qu'un arrêt de la Cour de Justice des Communautés européennes (30 avril 1991) a considéré que l'on ne pouvait interdire à une société allemande établie à Hambourg de mettre en vente des objets d'occasion en France, où bon lui semblait. Mais cette décision ne semble pas pouvoir être étendue au cas des marchands français.

De toute façon, d'aucuns prétendent que la loi de 1943 est fort peu respectée...

Qu'est-ce que le prix de réserve?

Il s'agit du prix (fixé par le vendeur) au-dessous duquel le commissaire-priseur ne doit pas adjuger l'objet. Il est sage de prévoir un tel garde-fou. Car toute vente aux enchères comporte des aléas. Et il serait dommage de laisser partir pour 100 000 F un objet qui, une semaine ou un an plus tard, se serait vendu 150 000 ou 200 000 F.

La détermination d'un prix de réserve n'oblige pas le commissaire-priseur à débuter la mise en vente à la somme ainsi prévue, mais à « pousser » l'objet pour votre compte tant que les enchères n'auront pas atteint ce montant.

Si le prix de réserve n'est pas atteint, l'objet est racheté par le vendeur (en termes de métier, on dit qu'il est « ravalé »). Coût de l'opération : généralement entre 3 % et 5 % du prix d'adjudication.

Si vous ne donnez pas de prix de réserve au commissaire-priseur, vous ne pourrez pas lui reprocher d'avoir vendu votre objet pour une somme très inférieure à celle que vous escomptiez. Car, comme le rappellent les juges, « à moins d'instructions spéciales, les commissaires-priseurs n'ont d'autres obligations que de mettre aux enchères les objets qui leur sont confiés pour les vendre » (tribunal de Rouen, 19 mars 1981).

De quelles garanties bénéficient les acheteurs ?

Dans les ventes publiques françaises, les acheteurs bénéficient de garanties qui – théoriquement, à tout le moins – sont très importantes. En effet, ils peuvent demander l'annulation de la vente lorsqu'il y a eu erreur « sur la substance », pour reprendre les termes de l'article 1110 du Code civil. Par « substance », il faut entendre les qualités substantielles, c'est-à-dire « les qualités auxquelles les parties ont attaché une importance telle que leur absence, si elle eût été connue, eût mis un obstacle à la conclusion du contrat ».

Il est évident que pour les amateurs, la principale qualité substantielle est l'authenticité. Mais il en est d'autres. C'est ainsi que l'acheteur peut demander l'annulation de la vente lorsqu'il a été trompé sur la provenance d'un objet ou sur le nom du personnage représenté sur un portrait. Mais, pour obtenir gain de cause, il lui faut prouver qu'il n'a acheté l'objet en question que parce qu'il croyait que celui-ci provenait de la collection X, qu'il n'a acquis ledit tableau que parce qu'il pensait que celui-ci représentait Y. Et que, bien entendu, dans l'un et l'autre cas, sa conviction reposait sur les indications données par le commissaire-priseur et l'expert.

Quand un amateur engage une procédure pour obtenir l'annulation de la vente, il peut en profiter pour demander, à titre subsidiaire, des dommages-intérêts à l'expert dont les affirmations l'ont trompé. Mais il a peu de chances d'obtenir un dédommagement important (voir Quelle est la responsabilité de l'expert ?, p. 43).

Au lieu de demander l'annulation de la vente, l'acheteur peut se contenter d'assigner l'expert, pour que celui-ci l'indemnise du préjudice subi. Mais il risque alors d'avoir plus de difficulté à obtenir gain de cause. Il doit, en effet, démontrer non seulement que l'expert a commis une erreur, mais que cette erreur est fautive (voir Quelle est la responsabilité de l'expert ?, p. 43).

Quoi qu'il en soit, avant de se lancer dans une procédure, l'amateur doit s'efforcer de s'arranger à l'amiable avec le commissaire-priseur qui a dirigé la vente. S'il formule sa réclamation dans les jours qui suivent celle-ci (c'est-à-dire avant que le commissaire-priseur ait réglé son client vendeur), et si ses arguments paraissent fondés, il a des chances de se faire rembourser.

De quelles garanties bénéficient les vendeurs?

En principe, les vendeurs bénéficient, dans les ventes publiques, des mêmes garanties que les acheteurs (voir ci-dessus). C'est-à-dire qu'ils peuvent également – sous certaines conditions – faire annuler la vente quand il y a eu erreur sur la substance. Aussi, l'amateur qui vend un tableau comme une œuvre d'un petit maître hollandais du XVIIe siècle, alors qu'il s'agit en réalité d'un authentique Rembrandt, peut demander que la vente soit annulée.

Les juges ont fait montre d'une certaine hardiesse dans une affaire qui a fait grand bruit, l'affaire du Poussin. Ils ont admis que le consentement des vendeurs avait été vicié dans la mesure où ceux-ci étaient persuadés, au moment de la vente, que leur tableau ne pouvait pas être une œuvre de Poussin, alors qu'en fait, il s'agissait *peut-être* d'un Poussin...

Un vendeur peut également exercer une action contre le commissaire-priseur et surtout contre l'expert, s'il estime que ceux-ci ont commis une erreur fautive, en ne présentant pas le tableau sous sa véritable identité.

Quels sont les frais de vente?

Dans les ventes publiques, il existe certains frais qui sont à la charge de l'acheteur, et d'autres sont à la charge du vendeur.

• **Les frais à la charge de l'acheteur.**

Depuis le 1er avril 1993, (J.O. du 26 mars 1993) un nouveau tarif s'est substitué à l'ancien barème dégressif des frais de vente applicable à l'acheteur. Comme l'indiquent désormais les catalogues de vente – auxquels il convient toujours de se reporter – les frais que l'acheteur doit payer en sus au prix d'adjudication sont de 9 % du montant prononcé « au marteau » par le commissaire-priseur.

À ces 9 % de base s'ajoute une TVA de 0,495 % ou de 1,674 % selon la nature de l'objet.

Le taux minimum s'applique uniquement aux œuvres originales définies par le décret du 23 décembre 1991, à savoir :

– les tableaux, dessins, aquarelles, gouaches, pastels, entièrement exécutés de la main de l'artiste.

– les estampes, gravures et lithographies numérotées et signées.

– les sculptures originales ou fontes de sculptures à tirage limité à 8 exemplaires, contrôlés par l'artiste ou ses ayants droits.

– les tapisseries tissées à la main ou exécutées à l'aiguille, à tirage limité à 8 exemplaires.

– les céramiques exécutées à la main et signées de l'artiste-créateur.

– les émaux sur cuivre signés, tirés à 8 exemplaires.

– les photographies authentifiées par la signature de l'artiste et numérotées dans la limite de 30 exemplaires.

Relèvent également du taux de TVA à 0,495 % les meubles de plus de 100 ans d'âge, signés de grands ébénistes ou attribués en toute certitude à des ébénistes notoires. Ces meubles de grande qualité sont donc assimilés à des œuvres originales, comme le demandaient les antiquaires qui voulaient bénéficier de la plus petite TVA (décret du 7 septembre 1992).

Pour toutes ces catégories, l'acquéreur en vente publique devra payer 9 % +,0495 % = 9,495 % en plus du montant d'adjudication.

Pour toutes les autres catégories (meubles ordinaires, bijoux, fourrures, voitures et toute œuvre « non originale ») les frais de vente seront de 9 % + 1,674 % = 10,674 %. La plupart des catalogues indiquent les taux applicables. Les assistants des commissaires-priseurs se chargent du calcul et les font connaître aux acquéreurs immédiatement après la vente. Au moment de la montée des enchères, l'acheteur éventuel doit avoir présent à l'esprit qu'il devra payer au moins 9,495 % et au plus 10,674 % en sus du prix prononcé par le commissaire-priseur pour la dernière enchère.

• **Les frais à la charge du vendeur.**

Le vendeur a deux possibilités :

– soit accepter le forfait prévu par le décret du 29 mars 1985, forfait qui s'élève à 7 % – soit 8,30 % avec la TVA – et auquel s'ajoutent éventuellement les frais réels de catalogue, de publicité et d'expertise. Ces frais, qui doivent être explicités dans une « facture justifiée et individualisée au nom du vendeur », sont de l'ordre de 4 à 6 % ;

– soit discuter avec le commissaire-priseur pour obtenir un forfait global plus intéressant, forfait comprenant les honoraires du commissaire-priseur et les frais de catalogue, de publicité et d'expertise.

En plus de ces frais, le vendeur supporte certaines taxes, s'il s'agit d'un particulier, il doit acquitter la taxe sur les plus-values : 4,5 % pour les objets dont le prix est égal ou supérieur à 20 000 F.

Et s'il s'agit d'un marchand (ou d'un artiste dont le chiffre d'affaires dépasse 245 000 F, il est assujetti à la TVA. Limitons-nous au cas des marchands.

Les marchands de tableaux, les galeristes, les antiquaires doivent payer la TVA quand ils mettent en vente publique un tableau, un meuble, un objet d'art.

Pour ce qui est de la base d'imposition, de deux choses l'une : ou ces messieurs ont acquis le tableau, le meuble ou l'objet en question auprès d'un assujetti (le peintre, s'il s'agit d'un tableau contemporain ; un confrère dans les autres cas) et ils règlent alors la TVA sur le prix d'adjudication après avoir récupéré la taxe ayant grevé le prix d'achat ; ou ils l'ont acquis auprès d'un « non-assujetti » (un peintre exonéré ou un particulier) et ils paient la TVA sur leur marge, c'est-à-dire sur la différence entre le prix d'adjudication et le prix d'achat.

Quant au taux de la taxe, il est celui que nous avons indiqué plus haut, dans le développement concernant les acheteurs. Nous signalerons enfin que, lorsque la vente porte sur une œuvre « graphique ou plastique » moderne (tableau, dessin, sculpture...), le vendeur doit, de surcroît, acquitter un droit de suite (3 %).

Nous terminerons en précisant que si la TVA est payée par l'assujetti directement au fisc, et non par l'intermédiaire du commissaire-priseur, les autres droits et taxes doivent être versés à celui-ci (qui est chargé de les régler à qui de droit...)

Ces barèmes sont-ils également applicables aux marchands et autres assujettis à la TVA ?

Les taux définis ci-dessus leur sont également applicables, mais toute personne assujettie à une TVA commerciale doit payer en plus des frais normaux : une seconde TVA majorée de 5,5 % ou de 18,6 % selon les catégories pour les biens importés qui sont en principe signalés dans les catalogues de vente. Le taux de 5,5 % est applicable aux œuvres originales, livres, meubles estampillés de plus de 100 ans, etc. Le taux de 18,6 % s'applique à toutes les autres catégories. Cette TVA majorée est payable au commissaire-priseur qui la reverse à l'administration fiscale et fournit à l'acquéreur les justificatifs nécessaires lui permettant de se faire rembourser cette TVA. Les acheteurs étrangers n'ont pas à payer cette TVA supplémentaire.

Comment connaître les résultats des ventes?

La grande presse signale généralement les prix les plus importants atteints dans les ventes publiques. Les journaux et les revues spécialisés donnent évidemment des indications plus précises et plus détaillées sur les résultats obtenus et les tendances du marché. Mais si vous voulez connaître les prix réalisés dans une vente déterminée, il vous faut :

– vous procurer le catalogue de cette vente;
– acheter le numéro de *La Gazette de l'hôtel Drouot* dans lequel figure la liste des résultats de ladite vente.

La Gazette publie en effet les listes des prix réalisés dans les ventes avec catalogue, dans un délai qui, en général, oscille entre quinze jours et un mois. Si dans ces listes, certains numéros sont omis, c'est que les lots correspondants n'ont pas été réellement vendus (*La Gazette de l'hôtel Drouot* 10, rue du Faubourg-Montmartre, 75009 Paris. Prix du numéro : 12 F).

Peut-on consulter le procès-verbal d'une vente?

Non, le procès-verbal des ventes est un acte authentique qui n'a pas un caractère public. Le commissaire-priseur ne peut autoriser un tiers à prendre connaissance du nom du vendeur, ni de l'acheteur. Toutefois, s'il s'agit de connaître un simple résultat par référence à un numéro de la vente, le commissaire-priseur peut communiquer (même par téléphone) le montant de l'adjudication.

Si, à la suite de la vente, l'acquéreur conteste l'authenticité de l'objet acheté aux enchères, le commissaire-priseur doit lui communiquer le nom du vendeur initial pour qu'il puisse exercer un éventuel recours contre lui. Le commissaire-priseur qui prétendrait invoquer la confidentialité du procès-verbal risquerait, en justice, d'être considéré comme prête-nom, et donc responsable à la place du vendeur.

Qui peut se dire expert?

Le titre d'expert n'étant pas protégé par la loi, n'importe qui peut se déclarer expert en n'importe quoi.

Cela dit, certaines autorités judiciaires, certaines administrations, certains organismes privés donnent leur agrément à des experts auxquels ils se proposent de faire éventuellement appel.

Ces experts peuvent donc faire mention d'un titre particulier : expert auprès de la cour d'appel, expert agréé par la cour de cassation, expert auprès des douanes (le véritable titre est : assesseur appelé à siéger à la commission de conciliation et d'expertise des douanes)...

Qu'est-ce qu'un expert auprès de la cour d'appel ?

Les tribunaux confient souvent à des experts le soin d'exécuter des missions d'investigation, de contrôle, d'évaluation, permettant de leur apporter des éléments complémentaires nécessaires pour trancher des litiges qui leur sont soumis. Dans la mesure où il n'existe pas en France de corps d'experts d'État, et où il n'est pas facile de juger de la compétence de personnes qui se disent experts, les tribunaux choisissent généralement les experts parmi ceux figurant sur une liste établie et tenue dans chaque cour d'appel (c'est pour cela que l'appellation d'expert auprès de la cour d'appel est généralement suivie du nom de la ville où se trouve installée la cour).

L'inscription sur la liste est effectuée à partir des dossiers de candidature soumis par les experts. Si l'examen est favorable, l'expert est inscrit sur la liste. Il a le droit de mentionner sur ses cartes de visite « expert auprès de la cour d'appel de... ». Cette mention constitue une forme de garantie pour les personnes qui ont recours au service de ces experts.

Quelle est la responsabilité de l'expert ?

Comme tout un chacun, l'expert est responsable de ses fautes. Et si ces fautes vous causent un préjudice, vous êtes en droit d'en demander réparation à l'expert. Telle est la règle générale posée par l'article 1382 du Code civil.

Pourtant, l'expérience prouve que l'expert est rarement condamné à verser au plaignant des dommages-intérêts.

Prenons l'exemple de l'expert en vente publique. Lorsqu'un amateur s'aperçoit que l'objet ou le tableau qu'il a acquis en se fiant aux dires de l'expert n'est pas authentique, il peut évidemment se contenter de se retourner contre ce dernier. Mais il n'y a pas avantage. Il est préférable qu'il engage – contre le vendeur – une action en annulation de la vente pour « erreur sur la substance » en se fondant sur l'article 1110 du Code civil et qu'il profite de cette action pour demander, à titre subsidiaire, des dommages-intérêts à l'expert.

De deux choses l'une.

Ou les juges lui donnent gain de cause. L'acheteur rend l'objet ou le tableau et récupère son argent. De ce fait, il ne subit plus de préjudice. Aussi les dommages-intérêts qu'on lui accorde – quand on lui en accorde – sont-ils forcément d'un faible montant.

Ou les juges n'accèdent pas à sa demande parce qu'il n'a pas pu démontrer, par exemple, l'inauthenticité de l'objet ou du tableau. L'expert dont la faute n'a pas été prouvée est alors mis hors de cause.

Cela dit, il arrive que certains acheteurs ne demandent pas l'annulation de la vente et préfèrent simplement se retourner contre l'expert. Mais leurs chances d'obtenir gain de cause sont faibles. Car il leur faut démontrer non seulement que l'expert a commis une erreur, mais encore que celle-ci est fautive. Or il suffit, par exemple, que l'état des connaissances artistiques à l'époque où a eu lieu la vente explique cette erreur pour qu'elle n'ait pas un caractère fautif.

Autant dire que la fameuse responsabilité de l'expert est plus théorique que réelle...

Les experts ont-ils une responsabilité financière ?

En fait, selon les principes généraux du droit civil, les experts sont responsables, comme toute personne physique ou morale, du préjudice qu'ils peuvent causer à autrui. Si ce préjudice ne peut être réparé en nature, il se résoudra en dommages-intérêts ; c'est alors qu'apparaît la notion de responsabilité financière.

Quels sont le champ et l'étendue de cette responsabilité ?

La responsabilité suppose une faute de l'expert. Il s'agit là d'une application de la distinction – traditionnelle – en droit français des obligations de moyens et des obligations de résultats.

Un expert n'est pas directement responsable du fait d'une erreur commise sur une attribution ou une authentification (l'erreur est humaine...). En revanche, s'il apparaît qu'il a négligé sa mission, qu'il ne l'a pas exécutée dans les règles de l'art, ou qu'il n'a pas accompli les diligences nécessaires pour l'exécuter (toutes ces expressions plutôt vagues montrent assez la difficulté d'établir les règles précises que doit respecter un expert dans l'exécution de ses missions), il sera déclaré fautif et devra supporter les conséquences de sa faute.

Par exemple, si du fait de sa négligence, il apparaît que l'acheteur a acquis une œuvre d'art non authentique et ne peut en obtenir le remboursement par le vendeur, l'expert pourra éventuellement être condamné à rembourser l'acquéreur. De la même manière, s'il apparaissait qu'un doute sérieux sur l'authenticité entraîne une moins-value sur l'œuvre achetée, l'expert pourrait également supporter cette moins-value.

Les experts sont-ils assurés pour leur responsabilité civile professionnelle ?

En règle générale, oui. Ils sont d'ailleurs souvent assurés dans le cadre de polices d'assurances collectives souscrites par leur syndicat ou par leur organisation professionnelle. Cela rend d'autant plus intéressant, en cas de litige, le recours à ces organismes qui pourront, le cas échéant, appeler en garantie les compagnies d'assurances.

À quels experts faut-il s'adresser ?

Un célèbre historien d'art disait un jour que le premier soin des amateurs devait être « d'expertiser les experts ». On ne saurait nier, en effet, que parmi les personnages qui se parent du titre d'expert, il en est qui sont très compétents, et d'autres qui ne le sont guère.

Comment distinguer ceux-ci de ceux-là ? Il suffit d'interroger les gens du métier. Car, parmi les professionnels, il existe, en dépit des antipathies et des rivalités, un certain consensus quant au sérieux – ou manque de sérieux – des différents experts.

Il faut également souligner que le fait qu'on appelle certains experts à exercer telles ou telles fonctions prouve, en principe, qu'on a reconnu leurs mérites. C'est ainsi que les experts choisis pour assister les commissaires-priseurs dans les ventes publiques sont, dans l'ensemble, considérés comme très qualifiés.

Pour ce qui concerne la peinture et la sculpture, signalons l'ouvrage d'Armand Israël, *Le Guide international des experts et spécialistes*, qui donne notamment une liste d'artistes accompagnés de leurs experts attitrés.

Quel est le tarif des experts ?

Jusqu'à ces dernières années, les honoraires des experts qui assistaient les commissaires-priseurs dans les ventes publiques n'étaient pas librement débattus par les intéressés.

En effet, le décret du 21 novembre 1956 précisait, dans son titre II, que la Chambre nationale des commissaires-priseurs devait établir la liste des spécialités pour lesquelles ils pouvaient faire appel à des experts, et devait fixer pour chacune de ces spécialités le taux des honoraires que percevaient ces experts – taux qui serait soumis à l'approbation du garde des Sceaux.

La Chambre nationale avait évidemment établi cette liste et fixé ces taux. On savait donc que les experts en meubles et objets d'art du XVIIe et du XVIIIe siècles percevaient 3 % du montant du prix d'adjudication ; les experts en tableaux anciens ou modernes, 3 % également ; les experts en meubles et objets d'art de haute époque, du Moyen Âge ou de la Renaissance, 5 % ; les experts en timbres-poste, 6 % ; etc.

Toutefois, dans le décret du 29 mars 1985 qui a remplacé (et abrogé) celui du 21 novembre 1956, le chapitre consacré aux experts a disparu. Les dispositions réglementaires n'existent donc plus, qui donnaient sa force obligatoire au texte fixant les taux des honoraires des experts. Et par conséquent, ces honoraires peuvent être, au coup par coup, si l'on ose dire, librement débattus par les parties. Cependant, les anciens taux sont, dans l'ensemble, toujours appliqués.

S'agissant des honoraires perçus par les experts hors du cadre des ventes publiques, on a assisté à une évolution assez comparable. Le 5 novembre 1970, le conseil d'administration de la Chambre nationale des experts professionnels – le principal syndicat d'experts – avait établi un tarif qui pouvait, à tout le moins, servir de base de discussion.

En voici les grandes lignes :

• Expertise écrite ne nécessitant pas de recherches spéciales : 2 % de l'estimation.

• Expertise écrite nécessitant des recherches spéciales : 3 %.

• Estimation en vue d'un partage avec constitution de lots : 4 %.

Par ailleurs, il était prévu des honoraires minimaux ainsi que, éventuellement, des frais de transport et des indemnités de déplacement.

Mais ce tarif est tombé en désuétude. Et à l'heure actuelle, cette association ne donne plus à ses membres de directives concernant les honoraires.

Il faut cependant noter que d'autres syndicats d'experts publient un tarif d'honoraires. C'est le cas, par exemple, de l'Union française des experts. Voici le tarif qu'elle conseille à ses adhérents :

• Expertise simple sans recherche spéciale :
– tranche de 0 à 50 000 F : 5 %;
– tranche de 50 000 à 250 000 F : 3 %;
– tranche au-dessus de 250 000 F : 2 %.

• Expertise nécessitant des recherches spéciales : minimum : 5 %.

• Expertise après sinistre :
– tranche de 0 à 100 000 F : 10 %;
– tranche de 100 000 à 300 000 F : 7 %;
– tranche au-dessus de 300 000 F : 5 %.

Un conservateur de musée peut-il réaliser des expertises ?

En France, cela leur est interdit par leur statut. Les conservateurs ne sont donc autorisés à effectuer des expertises, en particulier par écrit, que pour des pièces appartenant aux collections publiques, ou bien des pièces dont l'État envisage l'acquisition. Ces règles ont été fixées pour mettre à l'abri de toute tentation les conservateurs, qui sont souvent sollicités pour donner leur avis sur des œuvres d'art importantes.

Dans la pratique, les conservateurs, sans pour autant pratiquer d'expertise, acceptent généralement de renseigner les collectionneurs ou les chercheurs lorsque la demande s'inscrit dans le cadre d'une étude à caractère scientifique. Il leur arrive également de se prononcer verbalement sur l'authenticité ou la qualité d'œuvres appartenant à des collections privées, en particulier lorsque le professionnel ou le collectionneur qui demande ce service a manifesté des largesses particulières envers l'État en consentant des donations ou des prêts au musée.

Que fait le Crédit municipal en matière d'œuvres d'art?

Le Crédit municipal est une institution financière qui pratique le prêt sur gage. Il consent donc des avances aux propriétaires de bijoux – cela reste son activité principale – et/ou d'œuvres d'art. Le montant de ces avances est généralement calculé en proportion de la valeur des objets mis en gage déterminée par les experts et/ou les commissaires-priseurs travaillant avec le Crédit municipal.

Les prêts consentis sont de courte durée, généralement de quelques mois. Si les prêts ne sont pas remboursés, les objets seront vendus aux enchères pour permettre au Crédit municipal de récupérer ces avances.

À noter que les frais comptés à l'acheteur en plus du prix d'adjudication sont de 14,19 %, donc relativement plus élevés que dans les autres ventes aux enchères (voir p. 39 et 40).

D'où vient le surnom de « ma tante » donné au Crédit municipal?

Ce surnom est dû au prince de Joinville, troisième fils de Louis-Philippe, qui, à la suite de dettes de jeu (vers 1840), avait placé sa montre en gage au mont-de-piété (ancien nom du Crédit municipal). Il prétendit alors qu'il l'avait oubliée chez sa tante.

L'expression « chez ma tante » est une façon discrète pour dire qu'on a laissé des gages au Crédit municipal; on dit aussi « au clou ».

Qu'est-ce qu'une vente requise?

Il s'agit d'une requête de vente à la demande d'un particulier qui s'adresse au Crédit municipal pour obtenir immédiatement une partie de la valeur de l'objet gagé. Le vendeur ne peut reprendre son bien car il est considéré comme propriétaire du produit de la vente.

Le règlement se fait dans les huit jours qui suivent la vente, déduction faite du montant prêté et des frais de vente qui sont de l'ordre de 8 % (frais moins élevés que dans une vente publique ordinaire).

Que trouve-t-on dans les ventes des Domaines?

Tout ce qui peut provenir de la mise en vente des matériaux appartenant à l'État : meubles réformés, machines à écrire, ordinateurs périmés, bijoux volés et récupérés, voitures rescapées de la fourrière, tapis saisis en douane, objets trouvés, grues, avions, planches à voile, gares, tunnel, sous-marins, etc.

La vente de ces objets (dans vingt-deux villes de l'Hexagone) est faite par un commissaire aux ventes qui remplit le rôle d'un commissaire-priseur. Les ventes sont effectuées « sans garantie d'aucune sorte de la part de l'État ». Les frais à régler en plus du montant de l'adjudication sont de l'ordre de 8 %.

Les ventes sont annoncées par certains journaux et dans *Le Bulletin d'annonces des Domaines.* Renseignements à la salle des ventes des Domaines, à Paris, 17, rue Scribe (voir Annexes, p. 405).

LIVRE II

La connaissance de l'objet

La connaissance de l'objet

L'idée de faire une bonne affaire hante les amateurs d'antiquités et d'objets d'art. Mais il n'existe pas de recette miracle.

Pour bien acheter, il faut non seulement savoir aborder les marchands et les commissaires-priseurs (voir Livre I), mais il est indispensable de connaître les objets qu'on convoite et d'en apprécier la juste valeur.

Il faut aussi, pour chaque meuble, pour chaque objet, avoir la certitude de leur authenticité. La connaissance des caractéristiques essentielles des styles qui se succèdent de siècle en siècle est également un moyen de les identifier et de les situer dans leur époque. Des indications supplémentaires permettront d'éviter les confusions qui peuvent conduire à des erreurs d'achat.

Et comme de nombreux faux s'infiltrent sur le marché, mieux vaut connaître quelques astuces pour dépister les indésirables.

Identification et authenticité

La connaissance des meubles et des objets d'art en vue d'un achat se fait par approches successives. Il convient d'abord d'avoir une notion de leur valeur. Mais il est essentiel de procéder à une analyse critique des éléments qui permettront d'en reconnaître l'authenticité. Et c'est à partir des définitions légales qu'il sera possible d'exercer un recours en cas de contestation.

Pour réaliser de bons achats, il est indispensable de connaître les meubles ou les objets... Comment s'y prendre ?

Suivre vos goûts. Comme il est impossible de tout savoir, il est bon d'acquérir des connaissances sur une catégorie de meubles ou d'objets.

Pour cela, fréquentez les boutiques d'antiquaires ; allez aux puces ; visitez les foires et les salons d'antiquités ; suivez les ventes aux enchères (dans un premier temps sans acheter) ; et surtout, examinez attentivement les objets, les meubles, les collections, les œuvres en tout genre présentés au cours des expositions qui précèdent les ventes.

N'hésitez pas, sur place, à interroger les commissaires-priseurs, ou leurs clercs, ou les commissionnaires (qui presque toujours s'y connaissent) sur l'origine de l'objet, son ancienneté, ses particularités, sa valeur.

Précisément, comment connaître le prix des objets ?

Renseignez-vous d'abord chez l'antiquaire. N'hésitez pas à l'interroger en touchant l'objet qui vous intéresse : « Combien vaut ceci ? » Il en a l'habitude. Mais ne l'indisposez pas en disant : « J'ai ceci chez moi, à combien estimez-vous cet objet ? »

Profitez-en pour discuter un peu et agissez comme un éventuel acheteur !

Comment connaître les prix en salle des ventes ?

Avant la vente, l'exposition publique permet de connaître les prix d'estimation en s'adressant au commissaire-priseur ou à ses représentants. Il suffit de désigner du doigt ce qui vous intéresse pour obtenir aussitôt le prix d'estimation donné par l'expert (ou l'approximation du commissionnaire). Insistez : « Vous croyez vraiment que ça peut faire tant... la demande est forte là-dessus ? »

Consultez les marchands, les autres personnes qui tournent autour des meubles ou des objets à vendre.

Suivez les enchères si vous le pouvez ou renseignez-vous après la vente sur le montant de l'adjudication obtenue. À partir de l'estimation indiquée, vous saurez si l'objet en question est actuellement convoité, vous aurez une idée de la tendance pour cette catégorie selon le nombre des enchérisseurs et le niveau de la dernière enchère.

À quoi tient le prix d'un tableau?

Il est évidemment impossible d'exposer en quelques lignes les raisons qui expliquent le prix atteint par un tableau. Aussi, nous bornerons-nous à indiquer que, en règle générale, ce prix dépend, d'une part, de certains éléments qui sont « extérieurs » au tableau en question, et, d'autre part, de diverses caractéristiques qui constituent les « traits distinctifs » de celui-ci.

Parmi les éléments extérieurs, on peut citer la nature de la vente, le lieu où elle se déroule et le contexte économique, financier et législatif du moment. Il est certain, en effet, que le prix n'est pas le même lorsque le tableau est vendu aux enchères et quand il l'est en galerie. Ce prix peut également varier selon que la vente a lieu en France ou aux États-Unis : il arrive souvent que les peintures françaises du XVIIIe siècle se vendent mieux à Paris qu'à New York, et les toiles impressionnistes, mieux à New York qu'à Paris. Il est enfin certaines données économiques (expansion ou récession), financières (cours des changes) ou législatives (possibilité de déductions fiscales) qui peuvent intervenir sur la tenue du marché de l'art et, par voie de conséquence, sur le prix d'un tableau.

Les traits distinctifs des tableaux sont évidemment nombreux. Les plus importants restent l'authenticité, le sujet, la qualité, l'état de conservation de la peinture et la notoriété du peintre.

- **L'authenticité** joue un rôle primordial : un tableau moderne qui se révèle faux perd pratiquement toute sa valeur.
- **La notoriété** de l'artiste a également une influence déterminante : une *Bacchanale* qu'on croyait être une œuvre d'un élève des Carrache s'était vendue 2 200 F à l'hôtel Drouot, en 1968; on s'est ensuite aperçu qu'il s'agissait d'un Poussin et le tableau s'est revendu 7 400 000 F en 1988...
- Il est des **sujets** qui sont très recherchés, et d'autres qui sont quelque peu dédaignés. Un exemple : à qualité égale, un portrait de femme se vend généralement deux ou trois fois plus cher qu'un portrait d'homme.

• Les différences de **qualité** expliquent souvent les différences de prix. Tel Picasso cubiste peut facilement atteindre 30 ou 40 millions de francs, alors que tel autre ne dépassera guère 3 ou 4 millions.

• **L'état de conservation** prend toute son importance quand il s'agit de tableaux anciens. Les peintures abîmées ou trop restaurées sont sensiblement dévaluées.

Parmi les autres traits distinctifs qui ont une influence sur le prix, on mentionnera la rareté, la provenance du tableau et la nationalité du peintre.

Qu'est-ce que l'authenticité ?

Il n'est pas aussi aisé qu'on le croit habituellement de donner une bonne définition de l'authenticité.

Certes, dans le cas des peintures, des dessins, il n'existe pas de grande difficulté. Et l'on peut adopter la définition du dictionnaire selon laquelle est considéré comme authentique « ce qui est véritablement de l'auteur auquel on l'attribue ». On dira ainsi qu'un Rembrandt est authentique lorsque, effectivement, Rembrandt est son auteur.

Mais s'agissant du mobilier, par exemple, le problème devient plus complexe. Car il n'est pas toujours possible, et même souvent impossible, de connaître le nom du menuisier, de l'ébéniste, qui est l'auteur du siège, du meuble – surtout lorsque ceux-ci ont été exécutés avant 1743, année où fut instaurée l'obligation de l'estampille. Force est donc de se contenter d'une indication d'époque. Et on dira que le siège Louis XIV est authentique s'il a été réellement exécuté sous le règne du Roi-Soleil.

Il est enfin des objets dont on ne peut connaître ni la date d'exécution, ni *a fortiori* l'auteur. Exemple : les pièces d'art primitif. Il convient donc de se référer à d'autres critères : la destination de l'objet et l'usage qui en a été fait. On dira d'une statuette africaine qu'elle est authentique si elle a été exécutée pour la célébration du culte, et si elle a effectivement été utilisée à l'occasion de cette célébration.

L'authenticité d'un meuble, d'un objet ou d'une œuvre d'art est-elle définie par la loi ?

Pour être considéré comme authentique, un bien artistique doit répondre à une définition précise qui prend en compte sa nature, sa composition, son origine et son ancienneté.

Le décret du 3 mars 1981 oblige les vendeurs d'objets d'art ou d'objets de collection à se conformer, pour les définir, à un vocabulaire qui fait référence à une période historique, à la signature de l'artiste et autres caractéristiques originales (voir en annexe le texte du décret du 3 mars 1981).

Que signifie le terme « attribué à » ?

Par ce terme, le vendeur laisse entendre que des présomptions sérieuses permettent de croire que le peintre à qui l'œuvre est attribuée est vraisemblablement l'auteur du tableau – mais sans certitude absolue, comme dans le cas précédent. L'emploi du terme « attribué à » implique que l'œuvre a été exécutée pendant la période de production de l'artiste indiqué.

Que signifie le terme « atelier de » ?

Le vendeur garantit par ce terme que l'œuvre a été exécutée dans l'atelier du peintre cité ou sous sa direction.

Que signifie le terme « école de » ?

Cette expression implique que l'auteur de l'œuvre en question a été l'élève du maître cité et qu'il a subi directement son influence de son vivant. Le terme « école de », suivi du nom d'un mouvement artistique, indique que l'auteur cité a participé de son vivant à l'école en question.

Le vendeur d'une œuvre d'art engage-t-il sa responsabilité en employant les termes de : « dans le goût », « dans le style », « dans le genre de », « à la manière de », « d'après », « façon de » ?

Ces expressions n'ont qu'une valeur indicative et ne confèrent aucune garantie d'identité de l'artiste donné en référence.

Quelle est la différence entre une « commode Louis XV », une « commode d'époque Louis XV » et une « commode de style Louis XV » ?

Pour éviter toute confusion au détriment de l'acheteur, la loi ne fait aucune différence entre une « commode Louis XV » et une « commode d'époque Louis XV ».

La dénomination d'une œuvre, lorsqu'elle est immédiatement suivie de la référence à une époque historique (un siècle, une dynastie, un groupe ethnique), garantit à l'acheteur que cette œuvre a été réalisée au cours de la période de référence.

Pour être mieux compris, les antiquaires préfèrent employer l'expression « d'époque » (Louis XV ou autre), ce qui évite toute équivoque.

En revanche, l'expression « de style Louis XV » veut dire clairement que le meuble en question n'est pas de l'époque considérée et qu'il s'agit d'une copie, d'une imitation d'un meuble ou d'un objet de l'époque donnée en référence.

La signature d'une œuvre est-elle une garantie d'authenticité ?

Pas nécessairement, puisqu'il peut s'agir d'un faux. Mais si le vendeur prend la responsabilité de dire ou d'écrire : « tableau de » ou « par » Renoir ou Monet, ou encore « commode estampillée par Dubois ou Riesener », il doit apporter la garantie que l'artiste mentionné est effectivement l'auteur de l'œuvre en question.

L'état de conservation fait-il partie de l'authenticité?

Évidemment. Le décret de 1981 fait d'ailleurs obligation au vendeur de mentionner dans leur descriptif écrit si une ou plusieurs parties de l'œuvre ou de l'objet sont de fabrication postérieure.

Le problème est en fait de définir des limites au-delà desquelles l'authenticité des œuvres sera sérieusement compromise par des interventions postérieures à sa création. Dans ce domaine, les expressions utilisées ne sont pas toujours faciles à interpréter. Par exemple, la mention « restaurations d'usage » est souvent employée. On dit également quelquefois que les restaurations ne doivent pas dépasser un certain pourcentage de l'œuvre. Cette approche est délicate. Ainsi, lorsque sur un tableau, un élément central, par exemple un visage, a été totalement repeint, même si la surface picturale correspondante ne représente que 10 % de l'œuvre, celle-ci est très largement dévalorisée.

De la même manière, si les placages et marqueteries d'un meuble ont été largement repris – *a fortiori* transformés –, son authenticité en est gravement affectée.

À quels critères se rapporter pour distinguer les interventions normales de celles qui peuvent affecter l'authenticité de l'œuvre?

Les règles édictées par les professionnels peuvent apporter des repères utiles.

Par exemple, le Syndicat national des antiquaires (organisateur de la Biennale des Antiquaires) demande à ses adhérents d'annoncer « les fêlures et les réparations des porcelaines, les réargentures des objets en métal argenté ou les redorures des bronzes, les additions aux meubles, les restaurations importantes des tableaux et dessins, les taches et déchirures des gravures ».

En revanche, le Syndicat considère que « les restaurations et réparations, quand elles ne constituent que des mesures conservatoires et de remise en état, qui n'altèrent en rien les caractères d'ancienneté et de style, et n'apportent aucune modification au caractère propre de l'œuvre et de l'objet [...] ne sauraient être expressément déclarées sur la facture ».

Ainsi en est-il des travaux de nettoyage, de revernissage, de remise en état, de réentoilage ou de parquetage des peintures, de nettoyage des meubles et des bronzes.

Qu'est-ce que le défaut d'authenticité ? Quelles en sont les conséquences ?

Il s'agit de la non-conformité de l'œuvre ou de l'objet à la description qui en est faite.

Le défaut d'authenticité est évidemment un défaut majeur en matière d'art et d'antiquité. Il entraîne l'annulation de la transaction, à condition qu'on ait pris la précaution d'obtenir une preuve – généralement un écrit – de la description faite par le vendeur.

Toutefois, il faut retenir que l'erreur de description n'entraîne pas systématiquement l'annulation de la vente. En effet, des fautes vénielles, ne remettant pas en cause les caractères essentiels de l'objet, ne seront pas considérées comme suffisantes pour remettre en cause la validité de la transaction.

Que faire si l'objet acheté n'est pas authentique ?

Dans le cas où l'acquéreur découvre que l'œuvre qui lui a été livrée n'est pas authentique, il doit tenter avant toute action contentieuse de résoudre le problème à l'amiable.

La première démarche doit être effectuée auprès du vendeur. Elle peut évidemment s'accompagner d'écrits contestant l'erreur. Il est souhaitable, si un envoi de lettre recommandée est nécessaire à ce stade, d'en envoyer directement copie à l'organisation professionnelle dont le vendeur peut être adhérent (SNCAO, SNA, Comité des galeries d'art, voir Adresses utiles, p. 418).

Généralement, les adhérents de ces groupements présentent dans leur vitrine, ou à l'intérieur de leur galerie ou boutique, un panonceau mentionnant l'organisation à laquelle ils sont affiliés.

Si ces premières démarches restent sans effet, un contact direct avec le syndicat du vendeur, s'il est connu, peut permettre de trouver une solution transactionnelle. Certains syndicats demandent d'ailleurs à leurs adhérents de soumettre tout litige à un arbitrage pour éviter des procès.

Dans l'un de ces syndicats, l'adhérent, lorsqu'il s'y inscrit, s'engage par écrit à se soumettre à la décision d'un expert nommé par le syndicat.

La même remarque peut être faite pour les commissaires-priseurs. Les chambres de discipline des compagnies régionales doivent être informées et peuvent se saisir de tout litige concernant leurs ressortissants. Même s'il existe une solidarité entre les membres d'une même profession, ces procédures permettent de régler une partie des litiges, généralement les plus criants d'entre eux.

Dans le cas où la transaction a été accompagnée d'un certificat d'expertise, voire même si un certificat préétabli a été remis en même temps que l'œuvre, il faut prendre date auprès de l'expert. Cette formalité permet de mettre en cause ultérieurement les compagnies d'assurances couvrant la responsabilité professionnelle de l'expert s'il apparaissait que celle-ci est engagée.

Si les démarches amiables ne permettent pas de régler le litige, divers recours contentieux sont ouverts à l'acquéreur.

Quels sont les recours en cas de contentieux?

Ces recours sont liés soit aux règles de protection du consommateur, soit aux principes du Code civil.

L'acheteur d'œuvres d'art est aussi un consommateur. C'est d'ailleurs pourquoi le texte très important du 3 mars 1981, *op. cit.*, est intervenu en matière de répression des fraudes et de protection du consommateur. S'il s'estime lésé dans des conditions frauduleuses, l'acheteur peut s'adresser à la Direction régionale de la concurrence, de la consommation et de la répression des fraudes, dont dépend le vendeur et porter plainte. Cette action déclenche une enquête qui peut aboutir à une condamnation pénale du vendeur, et elle revêt donc un caractère dissuasif indéniable.

L'acheteur peut également assigner en justice le vendeur. Selon les circonstances, il demandera l'annulation de la vente (généralement sur la base de l'erreur sur les qualités substantielles de l'objet) en complétant sa requête d'une demande de dommages-intérêts s'il apparaissait que le comportement du vendeur a été irrégulier.

Les demandes doivent être introduites devant les tribunaux civils, avec le concours d'un avocat si l'importance du litige nécessite de s'adresser au tribunal de grande instance.

La demande peut être introduite devant les tribunaux de commerce si l'acheteur et le vendeur sont tous deux marchands.

Quels sont les documents nécessaires en vue d'un recours ?

En toute circonstance, avant de s'engager dans un litige et *a fortiori* dans un contentieux, le demandeur doit vérifier deux choses :
– que sa demande est au moins en partie fondée. Par exemple, il serait aventureux d'attaquer le vendeur d'un tableau sur la simple affirmation d'un tiers exprimant des doutes sur son authenticité. C'est pourquoi, très généralement, il sera recommandé de faire effectuer une expertise, si possible par un expert inscrit auprès des cours d'appel ;
– qu'il dispose des éléments de preuve permettant de démontrer les conditions effectives de la transaction.

Comment prouver qu'une œuvre d'art n'est pas authentique ?

Comme cela a déjà été mentionné, l'authenticité est une notion relative. Une œuvre d'art n'est pas authentique principalement parce qu'elle n'est pas conforme à la description qui en a été faite par le vendeur ou ses mandataires.

Pour prouver le défaut d'authenticité, il faut donc d'abord être en mesure de démontrer comment l'œuvre a été décrite à l'occasion de la vente. Le moyen de preuve le plus simple et le moins discutable est le document écrit que l'acquéreur peut obtenir au moment de la transaction.

Quels moyens juridiques peut-on invoquer pour contester la vente d'une œuvre d'art inauthentique ?

Le moyen le plus efficace, si l'affaire vient au contentieux (mais comme dit l'adage, « mieux vaut un mauvais arrangement qu'un bon procès »), est la demande d'annulation de la vente pour « erreur sur la substance » fondée sur l'article 1110 du Code civil.

Une jurisprudence ancienne a admis que l'authenticité d'une œuvre d'art devait être considérée comme la substance même de la transaction (lorsqu'on achète un tableau de Picasso, c'est l'œuvre créée par Picasso qu'on entend acquérir, et non pas une toile couverte de pigments colorés portant une signature).

Par conséquent, s'il se révèle que le tableau est un faux ou que son authenticité est contestable, vous avez commis une erreur. En droit français, l'erreur est vice du consentement et un contrat fondé sur une erreur est donc nul.

Le critère de l'authenticité « substance » de l'achat ou de la vente d'œuvres d'arts s'est d'ailleurs beaucoup développé en droit français. Les tribunaux ont, en effet, admis comme cause de nullité non seulement le défaut d'authenticité, mais également le fait de livrer l'œuvre d'art achetée sans livrer en même temps le certificat d'authenticité ou les éléments du dossier permettant de prouver l'authenticité dès lors qu'ils avaient été promis à l'occasion de la transaction.

Est-il possible de contester une vente si l'on s'aperçoit qu'on a acheté beaucoup trop cher ou au contraire vendu à trop bas prix?

Cela est juridiquement impossible en France. En effet, la nullité pour erreur sur le prix n'existe pas en matière de meubles (elle existe simplement en matière immobilière). Par conséquent, si l'on fait état dans une procédure d'un problème de valeur, il y a toutes les chances de ne pas obtenir gain de cause sauf s'il apparaissait qu'avant la transaction, il y a eu des manœuvres frauduleuses ou dolosives pour tromper l'un des cocontractants (mais cela est toujours difficile à prouver).

C'est sans doute pour cette raison que, dans les périodes difficiles, on voit des acquéreurs devenir subitement tatillons sur l'authenticité des œuvres qu'ils achètent.

S'ils les ont payées trop cher – en spéculant sur une hausse qui n'intervient pas – ou s'ils les conservent en stock alors qu'ils espéraient les revendre rapidement, la tentation est grande de mettre en avant un défaut d'authenticité pour essayer de faire annuler la transaction.

Par conséquent, qu'on soit acquéreur ou vendeur, le conseil donné et souvent répété, qui consiste à échanger des documents écrits et éventuellement de photographies, est l'un des meilleurs moyens pour éviter les contestations faites de mauvaise foi.

Un particulier peut-il vendre régulièrement des œuvres d'art ?

En principe, non. En effet, dans cette hypothèse, l'administration (greffe des tribunaux de commerce, fisc, caisses de retraite et organismes de sécurité sociale...) pourrait considérer que le particulier exerce une activité commerciale et le contraindre à se déclarer comme « revendeur d'objets mobiliers d'occasion », avec les exigences administratives (enregistrement à la préfecture, tenue d'un livre de police, déclarations fiscales et sociales...) qui s'y attachent.

Dans la pratique, la « paracommercialité » est très développée et difficile à contrôler et à réprimer. Les professionnels se plaignent d'ailleurs de cette situation qui développe une concurrence illicite et favorise des circuits semi-clandestins, auxquels les receleurs recourent pour écouler des objets volés.

Est-il légal pour un particulier de participer à une vente de charité ou à un « vide-grenier » ?

Oui, à condition de vendre des objets lui appartenant et dans la limite d'une participation par an. Ces règles ont été établies pour éviter que – sous couverts des manifestations de ce type qui se sont multipliées, souvent avec l'accord des municipalités – des commerçants clandestins ne puissent développer leurs activités.

Comme le contrôle est difficile, il a été institué l'obligation pour les organisateurs de manifestations publiques (hors les ventes aux enchères), telles que déballage, foire à la brocante et vide-grenier (mais aussi salon...) de mentionner sur un registre l'identité de tous les vendeurs. Ces registres doivent être ensuite transmis aux préfectures qui peuvent ainsi, par recoupement, détecter les marchands clandestins.

Est-il normal que le propriétaire d'un objet volé doive, dans certains cas, payer pour récupérer ce qui lui appartient ?

On peut effectivement contester le principe, mais la loi reste la loi. « La loi est dure, mais c'est la loi », disaient les Romains.

Il faut comprendre que les textes cherchent à protéger la propriété mais également le libre-exercice du commerce. Si celui qui achète des œuvres d'art était exposé à les restituer sans indemnité, même lorsqu'il les achète auprès d'officiers ministériels ou de marchands ayant pignon sur rue, parce que ces œuvres auraient été précédemment volées, il y aurait un risque réel de décourager toute transaction. Le législateur a donc cherché un juste équilibre.

Cependant, le propriétaire qui se trouve dans l'obligation de rembourser l'acquéreur de bonne foi peut à son tour se faire rembourser par celui qui a vendu l'objet (commissaire-priseur ou marchand). Il bénéficie donc d'une garantie qui n'est pas négligeable.

En fait, le texte vise à décourager les circuits marginaux ou quasi clandestins des œuvres d'art, puisque celui qui achètera dans ces circuits devra en supporter les conséquences en restituant l'objet sans être remboursé du prix payé et rencontrera vraisemblablement des difficultés pour retrouver le vendeur et lui demander des comptes.

Sur le problème des objets volés, voir le chapitre Les vols, les recels et les trafics (p. 358).

Les objets des musées peuvent-ils être vendus?

Tout dépend du propriétaire des musées. S'il s'agit de musées privés ou appartenant à des associations dont les statuts n'interdiraient pas expressément la vente des objets, ceux-ci peuvent être vendus.

Mais la plupart des musées étant propriété de l'État ou de collectivités locales, les objets seront considérés comme faisant partie du domaine public et ne pourront donc être vendus, sauf mise en œuvre d'une procédure de déclassement, qui est exceptionnelle.

Certains établissements publics possédant des collections, par exemple l'Assistance publique des hôpitaux de Paris, le Conservatoire national supérieur de musique de Paris, n'ont pas vocation à titre principal à assurer la conservation et la présentation des œuvres au public. Dans de tels cas, les collections ne sont pas considérées comme faisant partie du domaine public et ne sont donc pas en principe inaliénables et imprescriptibles.

La conséquence pratique de ce point est que, si chez un marchand, dans une vente publique, se trouve un objet qui porte des notions d'inventaire dans un musée (il s'en trouve...!), il peut exister un risque réel que l'État ou une collectivité en revendique la propriété.

Les styles et leur évolution

L'histoire des styles permet de dégager les caractéristiques principales des époques successives en fonction de l'outillage utilisé, des structures de base et des ornements décoratifs qui obéissent aux conceptions esthétiques alors en vogue.

À partir des coffres gothiques qui sont à l'origine du mobilier de haute époque, les formes évoluent et se diversifient pour faire naître tous les types de meubles, des plus simples aux plus raffinés. Au XVIIIe siècle, les maîtres ébénistes ont su faire des styles Louis XV et Louis XVI l'âge d'or du mobilier français.

Qu'est-ce qu'un style ?

On appelle style l'ensemble des caractéristiques d'une époque déterminée, compte tenu de la nature des matériaux, de la forme des structures, et des ornements décoratifs. Chaque style est lié aux contraintes techniques de l'outillage, aux influences précédentes ou étrangères, aux modes et aux goûts.

Le style reflète les conceptions esthétiques d'un moment de l'histoire. Mais un style n'est pas figé dans une époque ou un régime, il est constamment en évolution. Guillaume Janneau écrit à ce propos : « Dans chacune des formules qui se sont succédé, l'inexpérience du début charge d'ornements les formes que l'expérience dépouille [1]. »

De plus, tout en se conformant à l'esprit d'une époque, certains artistes créateurs ajoutent une part d'invention et d'innovation qui confère au style leur marque personnelle.

Qu'est-ce qu'un meuble de style ?

Paradoxalement, on qualifie de meuble de style celui qui n'est pas d'époque mais s'inspire des caractéristiques qu'il tend à imiter. C'est pourquoi les antiquaires disent souvent d'un meuble authentique qu'il est d'époque, et même bon d'époque.

1. *Guillaume Janneau,* Les Styles du meuble français, *Presses universitaires de France, coll. « Que sais-je ? ».*

Quelle est la définition du mot « meuble » ?

Généralement, on l'emploie pour désigner des éléments d'ameublement. Les juristes parlent alors de « meubles meublants » pour le distinguer du terme « meuble » dont la définition est plus étendue.

Dans le langage juridique, un meuble est ce qui s'oppose à un immeuble. C'est donc quelque chose qui peut bouger, circuler, se transmettre manuellement. Donc, si l'on s'en tient à des meubles courants sur le marché de l'art, un tableau, un véhicule de collection, une assiette de céramique ou une amphore sont des meubles, au même titre qu'une commode, une armoire ou un fauteuil...

Qu'appelle-t-on la haute époque ?

Les antiquaires et les commissaires-priseurs désignent sous ce mot approximatif les meubles et les objets les plus anciens du XIVe au XVIIe siècle. Toutefois, les historiens d'art contestent cette expression, employée abusivement par ceux qui ne savent pas bien dater les meubles.

Il est donc préférable de classer les meubles selon les époques successives auxquelles ils appartiennent, du Moyen Âge au début du XVIIe siècle : gothique, première Renaissance, Henri II, Louis XIII, Louis XIV, etc.

Peut-on encore trouver sur le marché des meubles gothiques ?

Il est tout à fait exceptionnel de trouver des meubles et des sièges entièrement de cette époque (du XIIe au XVe siècle).

La plupart des meubles prétendus de cette époque sont constitués de parties anciennes authentiques remontées dans des structures récentes. Les antiquaires ont le devoir d'indiquer les restaurations pratiquées.

Il convient aussi de se méfier des copies XIXe siècle qu'il faut qualifier de néo-gothiques.

Quel est le plus ancien meuble français connu ?

L'armoire d'Aubazine, qui est toujours en place dans la sacristie de cette petite ville de Corrèze. Elle est datée par les spécialistes comme étant de la fin du XIIe siècle.

En chêne massif, elle comporte des panneaux décorés d'arcs romans séparés par des colonnettes. Les montants du bâti sont assemblés par des tenons et des mortaises. Les planches de la façade sont retenues par des pentures en fer forgé. La corniche est ornée de motifs en dents de loup.

Les meubles gothiques peuvent-ils trouver place dans un décor moderne ?

Les meubles aux structures simples et géométriques s'inscrivent parfaitement dans les intérieurs contemporains. Les meubles à panneaux sculptés font également bon voisinage avec les meubles Renaissance ou Louis XIII qui leur ont succédé.

Mais il faut éviter tout rapprochement avec les meubles du XVIIIe siècle en marqueterie, d'un tout autre esprit.

Quels sont les meubles caractéristiques de l'époque gothique ?

Le coffre est l'élément de base du mobilier. Il sert à la fois de table et de meuble de rangement. Les huches sont des coffres à dessus plat. Les bahuts désignent les coffres à couvercles bombés.

Le faudesteuil est un coffre qui comporte un dossier et des panneaux latéraux formant accotoirs. On l'appelle également cathèdre ou chaière. Autre type de siège : le fauteuil à la Dagobert, sorte de pliant inspiré de la chaise curule romaine.

Le banc long sans accotoir est appelé fourme. Le banquet, plus court, est garni d'accotoirs.

Le lit, ou châlit, est un simple cadre de bois qui reçoit la paillasse. Il est parfois flanqué de quenouilles qui supportent un ciel de lit où s'accrochent les courtines (rideaux).

Le dressoir apparu au XIVe siècle est un buffet à gradin utilisé pour la présentation de la vaisselle.

L'armoire à quatre portes de structure massive est généralement un meuble de sacristie.
Le lutrin est un pupitre de lecture soutenu par une colonne fixée dans un caisson.

Quels sont les ornements caractéristiques de l'époque gothique ?

Les arcades en plein centre, les panneaux sculptés à décor de feuillages, de fleurs et de fruits. Les plis de serviette, qui ont l'aspect d'un parchemin replié, apparaissent à la fin du XVe siècle.

Quels sont les meubles caractéristiques de la Renaissance ?

L'armoire à deux corps et quatre portes surmontée d'une corniche moulurée.
La crédence, haut buffet soutenu par un piétement sculpté.
La table sur des pieds transversaux en patins sculptés et la table à l'italienne à colonnettes sculptées.
Le cabinet, petit meuble à tiroirs derrière des vantaux sculptés.
La chaise à bras sur quatre pieds tournés, prolongés par des consoles qui soutiennent les accotoirs.
La caquetoire, chaise à haut dossier sur un siège trapézoïdal, appelée aussi siège à femme ou tallemouze.
Le lit, toujours de structure gothique, est à quatre colonnes sculptées.

Quels sont les principaux ornements décoratifs de la Renaissance ?

Les bois tournés en balustres ou en fuseaux, les panneaux richement sculptés à décors naturalistes de guirlandes d'animaux et d'Amours joufflus.
Sous Henri II, la plume à bordure déchiquetée apparaît sur les montants des armoires et des buffets.
Les principaux motifs ornementaux inspirés de l'Antiquité sont les caryatides, les feuilles d'acanthe, les rais-de-cœur, les rinceaux, les

perles, les godrons, les rubans – autant de motifs qu'on retrouve jusqu'à la fin du XVIIIe siècle, interprétés selon les stylisations successives qui accompagnent leur évolution.

D'où vient le motif en feuille d'acanthe?

La plante qui porte ce nom est remarquable par la découpe de ses feuilles soutenues par des nervures d'une belle courbure. Le sculpteur grec Callimaque aurait, le premier, utilisé la feuille d'acanthe dans les chapitaux corinthiens.

Cet ornement inspiré de l'Antiquité a été repris à la Renaissance comme motif décoratif et la forme de la feuille, plus ou moins déchiquetée, s'est adaptée aux styles successifs.

Quels sont les principaux meubles d'époque Louis XIII?

La table à pieds droits réunis par des entretoises en H.

Le bureau « façon table » comportant, de chaque côté, des tiroirs multiples disposés en caisson.

Le fauteuil a des pieds tournés en chapelets ou en spirales qui se prolongent sous les accotoirs. Le haut dossier est légèrement incliné en arrière.

Le cabinet à tiroirs reste en vogue, mais il est moins orné que sous la Renaissance.

Quelles sont les innovations caractéristiques du style Louis XIII?

Le tournage du bois, les garnitures fixes en cuir ou en tapisserie pour les sièges, les premiers placages d'ébène, les incrustations de cuivre, d'étain, et parfois d'ivoire.

Quels sont les principaux meubles Louis XIV ?

Le grand buffet à deux corps et le buffet bas (dit « bas d'armoire »).

L'armoire à deux portes ornées de fortes moulures. L'armoire-bibliothèque à portes grillagées.

Le bureau dit Mazarin à huit pieds jumelés reliés par des traverses en diagonales.

La commode, qui apparaît dans les dernières années du XVIIe siècle, comporte deux ou trois tiroirs sur pieds courts. Cette innovation connaît un immense succès. Le mot de commode est mentionné pour la première fois en 1708, dans le *Dictionnaire de Trévoux.*

Qui était André-Charles Boulle ?

Fils et petit-fils d'ébéniste, André-Charles Boulle (1642-1732) est le plus grand ébéniste de l'époque Louis XIV. Après avoir obtenu sa maîtrise en 1664, il s'impose grâce à ses talents de dessinateur et de sculpteur. Remarqué par Colbert, il reçoit le titre de premier ébéniste du roi, et installe son atelier dans les Galeries du Louvre.

André-Charles Boulle est surtout célèbre pour sa technique d'ébénisterie de cuivre d'écaille, et parfois d'étain, matériaux dans lesquels il découpe avec virtuosité des arabesques qu'il plaque sur les meubles. Les motifs sciés ensemble deux par deux donnent une écaille en « première partie » qui s'insère dans la feuille de cuivre, dont la découpe en « contre-partie » reçoit la feuille d'écaille de même contour.

Boulle aura de nombreux imitateurs non seulement sous Louis XIV mais aussi sous Louis XV et Louis XVI. Rares sont les meubles qu'on peut attribuer avec certitude à André-Charles Boulle (ils sont fixés à Versailles et dans quelques châteaux historiques), mais les meubles dans le goût de Boulle sont innombrables, notamment à l'époque Napoléon III.

Quels sont les ornements en vogue du style Louis XIV?

Les lambrequins figurent des étoffes garnies de franges, de guirlandes, de feuillages, de rinceaux, de fleurons (petite fleur qui se dresse au-dessus d'un bouquet). Apparaissent également les soleils, les cornes d'abondance, les coquilles, les masques, les griffons, les mufles de lion.

De nombreux motifs s'inspirent des dessins de Jean Berain, architecte et graveur.

Les pieds de siège, de table et de commode sont souvent en pied de biche ou terminés par un sabot sculpté.

Quelles sont les caractéristiques du style Régence?

Cette courte période (1715-1722) marque une transition décisive dans l'évolution des formes, du style maîtrisé, majestueux et rigoureux du règne de Louis XIV aux libres épanouissements du style Louis XV.

Le style Régence comporte des ornements symétriques où l'on retrouve la plupart des motifs Louis XIV : coquille à nervures symétriques, lambrequins, rinceaux, feuilles d'acanthe, palmettes qui se détachent souvent sur des fonds réticulés.

Les espagnolettes en bronze doré, visages féminins sortant d'une collerette, ornent les angles des bureaux et des commodes.

Les chinoiseries et les singeries relèvent d'une inspiration exotique très à la mode. L'ensemble du mobilier conserve des structures massives mais les lignes s'assouplissent et les sièges s'allègent en perdant bientôt leur entretoise.

Quelles sont les caractéristiques du style Louis XV?

Par son originalité, son élégance, sa liberté d'invention, le style Louis XV est justement considéré comme le plus français des styles.

Sa caractéristique principale est l'emploi des lignes sinueuses mais toujours harmonieuses, qui ne se confondent pas avec les excès des styles baptisés rocaille ou rococo qu'on trouve dans le mobilier italien, autrichien et allemand.

Les motifs ornementaux empruntés aux styles précédents sont

déchiquetés, étirés en fines volutes, infléchis en courbes et contre-courbes. Au répertoire floral et animalier du style Louis XIV, les ornementistes de l'époque Louis XV préfèrent les visages de femmes, les attributs amoureux, les trophées de pêche ou de chasse.

Les marqueteries en placage jouent des jeux de veines pour donner des effets décoratifs appelés frisages. Enfin, les marqueteries à motifs floraux utilisent les bois exotiques les plus divers pour former de splendides compositions.

Quels sont les meubles les plus typiques de l'époque Louis XV?

La commode évolue vers plus de légèreté en s'élevant sur des pieds galbés. Les traverses disparaissent entre les tiroirs (deux ou trois), ce qui permet au décor de s'épanouir sur toute la façade où les poignées en bronze doré s'intègrent à l'ensemble des motifs. Des éléments de paravent chinois savamment amincis sont souvent plaqués sur les façades galbées.

Dérivé de la commode, le chiffonnier comporte cinq tiroirs sous un plateau de marbre.

Parmi les meubles à la mode, la console en bois doré aux sculptures éblouissantes, l'encoignure à façade en marqueterie, le bureau plat à contours festonnés soulignés par des bronzes dorés.

Le bureau en dos d'âne ou à dessus brisés se caractérise par un abattant plat qui se referme sur un caisson à tiroirs; le bureau capucin, dit table à la Bourgogne, est un secrétaire à mécanisme qui fait surgir une écritoire; le secrétaire à abattant dont le vantail se rabat à l'horizontale laisse apparaître de nombreux tiroirs; le bonheur-du-jour est un petit bureau comportant un gradin à tiroirs, en retrait au-dessus du plateau; le bureau à cylindre est un meuble à mécanisme qui permet, en repoussant le plateau horizontal, de faire descendre un panneau demi-cylindrique qui referme le meuble.

Enfin, la table de salon est adaptée aux fonctions les plus diverses : table liseuse, table à ouvrage, table de toilette ou coiffeuse, table « d'en-cas » à rideau coulissant, table de jeu en tout genre – rectangulaire, carrée, table à trois pans ou à cinq pans.

Les sièges Louis XV offrent également une grande variété de modèles. Quels en sont les principaux ?

Parmi les sièges, le fauteuil à la reine à dossier plat ; la bergère dont les joues sont pleines sous les accotoirs ; les sièges en cabriolet, à dossier incurvé pour épouser la forme du dos ; la chaise voyeuse, dont le dossier se termine par un coussin formant accoudoir. La duchesse-en-bateau est un fauteuil de repos qui se prolonge par des tabourets appelés « bouts de pied ». La marquise ou demi-canapé est une large bergère à deux places.

Le canapé prend les formes les plus diverses selon la disposition des accotoirs et des dossiers : l'ottomane est en corbeille, la sultane présente deux chevets symétriques, la paphose offre un dossier qui s'incline vers les accotoirs et la turquoise est à dossier amovible.

Quels sont les principaux modèles de lit de style Louis XV ?

Le lit à la polonaise est surmonté d'un baldaquin en forme de dôme ; le lit à la turque se place sous un baldaquin fixé au mur ; le lit à la française a un baldaquin de la même forme que la couche, tandis que le lit d'ange n'est recouvert qu'à moitié par le ciel de lit.

Quels sont les principaux bois des îles employés en ébénisterie au XVIIIe siècle ?

L'acajou venu de Cuba ou de Saint-Domingue, d'une couleur rougeâtre, est animé de veinages moirés, mouchetés ou flammés ; l'amarante de couleur rouge-violet ; le bois de rose venu surtout du Brésil qui varie du jaune au rose ; le bois de violette au grain dur d'un brun-violet ; le palissandre, variété du précédent, veiné de noir ; l'ébène, bois lourd et noir venu de Ceylan ou de Madagascar, employé en placage dès le XVIe siècle et qui a donné son nom à toute l'ébénisterie.

Qu'est-ce que l'estampille?

C'est la trace en creux laissée dans le bois par la marque frappée au fer au nom de l'ébéniste créateur du meuble. Rendue obligatoire par la Corporation des maîtres ébénistes en 1743, elle est légalisée en 1751 par un édit du Parlement. L'estampille devait être accompagnée par la marque de la Jurande des maîtres ébénistes concrétisée par les trois lettres JMF (de 7 mm de haut sur 10 mm de large). L'apposition de cette marque, qui donnait lieu à la perception d'un droit, garantissait que le meuble ou le siège avait été fabriqué selon les normes de qualité exigées par la corporation.

Les meubles estampillés sont porteurs d'une plus-value appréciée des connaisseurs... à condition que l'estampille ait été frappée par l'auteur du meuble, ce qui n'est pas toujours le cas : les fausses estampilles sont fréquentes. D'autre part, de nombreux ébénistes évitaient de passer par la jurande pour échapper à la redevance. Enfin, les ébénistes fournisseurs de la maison royale étaient dispensés d'estampille.

Dans un ouvrage qui fait autorité, M. de Salverte a dénombré plus de quatre cents marques de maîtres ébénistes parisiens (pour la plupart) et provinciaux. Voir ci-dessous la reproduction des estampilles des principaux ébénistes du XVIIIe siècle et la date de leur réception à la Jurande.

Qu'appelle-t-on le « C » couronné?

Il s'agit d'une petite marque (hauteur 4 mm) poinçonnée dans un bronze d'ornement et qui correspond au règlement d'une taxe prélevée entre 1745 et 1749. Cette marque, considérée comme une preuve de grande qualité, permet de dater certains meubles avec précision.

Qu'appelle-t-on le style transition?

Cette transition peut aussi bien désigner le passage du style gothique au style Renaissance, que l'évolution du style Louis XIII vers le Louis XIV, mais le plus souvent, il s'agit de la transition du Louis XV au Louis XVI qui s'affirme ainsi dans l'histoire des styles de 1750 à 1774 – date de la mort de Louis XV.

En fait, le style néo-classique apparaît dès le milieu du XVIIIe siècle lorsque les grâces contournées du style Louis XV commencent à lasser. Ce retour à l'antique a également pour origine les fouilles d'Herculanum (1738) et de Pompéi (1748) qui révèlent de nouveaux motifs décoratifs.

La ligne droite se substitue alors peu à peu aux lignes galbées. Mais jusqu'au plein aboutissement du style Louis XVI, les droites et les courbes coexistent sur les mêmes meubles. La commode transition typique présente une caisse rectangulaire sur des pieds légèrement galbés ; les sièges à pieds droits conservent des consoles d'accotoirs incurvées. Une gravure de Moreau le Jeune représente Louis XV au cours d'une réception chez Mme du Barry, en 1771, assis sur une chaise à médaille dont les pieds droits et cannelés sont du plus pur style Louis XVI.

Quels sont les principaux motifs ornementaux du style Louis XVI ?

Les grecques formées de lignes brisées à angle droit ont donné leur nom au style à la grecque qui marque le début de l'ensemble des styles néo-classiques.

Les principaux ornements du style Louis XVI se retrouvent aussi bien en marqueterie que dans les frises en bronze doré ou les sculptures en bois : les cannelures, les feuilles de laurier, les rais-de-cœur (petite feuille en forme de cœur garnie de fleuron), les rubans, les nœuds de ruban, les piastres (pièces de monnaie enfilées sur un cordon), les perles, les oves (œufs tronqués), les godrons (relief cannelé), les attributs symboliques de l'amour, de la chasse, du jardinage ou de la musique.

Quels nouveaux meubles apparaissent sous Louis XVI ?

La table-bouillotte, qui tire son nom du jeu de bouillotte, comporte un plateau circulaire évidé au centre pour recevoir un bouchon mouluré où l'on plaçait des mises, ou une lampe-bouillotte.

La table de salle à manger à l'anglaise a un plateau en acajou rond ou ovale qui peut recevoir plusieurs allonges, et souvent des tiroirs en ceinture.

La table à la tronchin (du nom d'un médecin de Genève) comporte un pupitre qui se soulève par un système de crémaillère permettant d'écrire debout.

L'athénienne est un guéridon tripode supportant un brûle-parfum ou une jardinière.

Les sièges se distinguent par une avancée des consoles d'accotoirs dans le prolongement des pieds avant par l'intermédiaire d'un dé de raccordement.

La chaise à la reine peut avoir un dossier en médaillon, en raquette évasée ou en chapeau de gendarme. Certains dossiers ajourés, dits en ballon, dessinent une montgolfière pour célébrer les premiers envols de la conquête de l'air en 1783.

Le lit de milieu est dit à la duchesse; il présente un dossier appliqué contre le mur sous un baldaquin fixé au plafond.

Qu'appelle-t-on le style étrusque?

Après la mort de Louis XVI, les ornements néo-classiques s'enrichissent de nouveaux motifs inspirés des antiquités égyptiennes (et non étrusques!) tels que fleurs de lotus, bec d'aigle, caryatides, palmettes et sphinges – buste de femme, les seins en avant sur un corps de lion.

Quelles sont les caractéristiques du style Directoire?

Les structures des meubles Louis XVI restent les mêmes, seuls les ornements inspirés par l'idéologie révolutionnaire renouvellent certains décors qui sont toujours inspirés par l'antiquité gréco-romaine.

Parmi les motifs en vogue, les griffons, les vases en forme de soupières, les faisceaux, les flèches, les palmettes et surtout les losanges en marqueterie ou appliqués en léger relief sur les meubles.

Après la campagne d'Égypte apparaissent les sphinx, buste d'homme sur un corps de lion ailé, qui remplacent les sphinges nées sous Louis XVI mais jugées trop féminines!

Autres motifs symboliques : les lotus, les génies ailés, les caryatides, autant de motifs Retour d'Égypte qui annoncent déjà l'Empire.

Comment s'impose le style Empire ?

Si l'on s'en tient aux dates historiques, l'époque Empire s'étend sur une seule décennie, de 1804 à 1814. Le style Empire est l'aboutissement des tendances néo-classiques qui se sont affirmées sous le Directoire et le Consulat.

Dans cette logique, le style napoléonien est autoritaire et triomphaliste. Il veut qu'un ensemble architectural et mobilier homogène soit consacré à la gloire de l'Empire.

Quels sont les ornements caractéristiques du style Empire ?

Sur les meubles en acajou d'une grande perfection d'exécution se détachent les bronzes dorés glorificateurs : couronnes de chêne agrémentées de rubans flottants, branches de laurier, palmes et palmettes d'inspiration égyptienne, lances et glaives, Victoires porteuses de palmes, abeilles, Renommées sonnant de la trompette, foudres de Jupiter, tridents de Neptune, déesses drapées, etc.

Quelle est l'origine de l'abeille ?

Pour ce motif symbolique du style Empire, Napoléon s'est inspiré des abeilles d'or trouvées dans le tombeau du roi mérovingien Childéric. Il a voulu en faire son emblème personnel à la place de la fleur de lis, symbole royaliste écarté par la Révolution.

Quels sont les meubles les plus typiques du style Empire ?

Peu de création de meubles mais un perfectionnement des finitions des meubles d'acajou (commodes, armoires, bibliothèques, secrétaires).

Cependant, à partir de 1808, l'impossibilité d'importation due au blocus continental oblige les ébénistes à rechercher les bois nationaux : le noyer, l'érable, le merisier, l'if, la loupe d'orme. Des vernis de couleur acajou cachent parfois l'origine des bois employés. Pour les sièges, le hêtre est coloré façon acajou.

Parmi les meubles nouveaux, la psyché est un miroir dans un

cadre d'acajou ou d'ébène surmonté d'un fronton triangulaire et flanqué de caryatides. La toilette à plateau de marbre est portée par des colonnes ou soutenue par des pieds en X ou en lyre. Le lavabo est un trépied supportant une vasque où prend place un pot à eau en aiguière. Le somno est une table de chevet de forme cylindrique surmontée d'un marbre.

Existe-t-il un style Restauration ?

La monarchie traditionnelle commence par s'installer dans les meubles légués par l'Empire en s'empressant d'enlever les symboles napoléoniens : la fleur de lis reprend sa place en chassant l'abeille, les Victoires couronnées de lauriers sont écartées pour revenir aux motifs antiques plus aimables. Sous Louis XVIII, les lignes s'assouplissent, mais c'est avec Charles X que les meubles adoptent un style plus original caractérisé par l'emploi de bois clairs incrustés de filets et de motifs foncés, ou de bois sombres rehaussés par des incrustations de bois clairs.

La ligne des sièges se modifie par l'incurvation des pieds avant. Les chaises et les fauteuils sont rendus plus confortables par un rembourrage de crin. Les fauteuils en gondole ont des accotoirs qui se terminent en cols de cygne. Le fauteuil voltaire à siège bas et dossier haut en arrière est apprécié pour son confort. Restent en vogue les sofas, petits canapés à deux places garnis de coussins, et les méridiennes de repos à chevets de hauteurs inégales. Les consoles en marbre présentent des supports légèrement galbés et ornés de motifs en bronze. Les secrétaires en bois clair s'agrémentent d'une doucine qui supporte un marbre à tranche arrondie ou filetée.

Enfin, l'apport le plus caractéristique du style Charles X est la remise à l'honneur du style gothique célébré par Chateaubriand et Victor Hugo. Apparaissent alors les sièges et les meubles à la cathédrale, hérissés d'ogives et de clochetons. Les modèles les plus exubérants sont baptisés troubadours.

Quelles sont les caractéristiques du style Louis-Philippe ?

Louis-Philippe est le dernier roi de France qui ait laissé son nom à un style original mais sans fantaisie, dont le succès se prolongera jusqu'à l'Art nouveau, au-delà du style Napoléon III.

La règle générale est la recherche du confort qui se manifeste par l'emploi de coussins, de rembourrages et de tapisseries. Les meubles Louis-Philippe dont les éléments sont fabriqués à la scie mécanique sont solides, avec des angles arrondis. Les ornements restent inspirés par les styles Louis XV, Louis XVI ou néo-classiques avec feuilles d'acanthe, palmettes, étoiles et coquilles.

Les meubles les plus appréciés sont le secrétaire à doucine, le bureau « ministre » à piétement en caissons garnis de nombreux tiroirs. La table de salle à manger à plateau d'acajou – enfin revenu – avec de nombreuses rallonges qui justifient six ou huit pieds sous le plateau. Le guéridon, la table à ouvrage, la table de jeu s'inspirent des styles Louis XV ou Louis XVI. Les pieds du type Jacob sont à doubles balustres inversées ou cannelées en parapluie. La commode est en placage d'acajou ou en noyer, avec tiroir supérieur en doucine sous un marbre mouluré. Parmi les sièges nouveaux, le fauteuil crapaud bas sur pattes est confortablement capitonné.

Peut-on parler d'un style Napoléon III?

Le style Napoléon III est un amalgame de productions disparates puisées dans les meilleures créations des siècles précédents. Avec une qualité d'exécution impeccable, les meubles imités des styles passés sont réalisés avec des outils mécaniques qui permettent d'en abaisser le prix de revient. Il existe en réalité deux genres d'imitation : les copies de meubles des grands ébénistes des époques Louis XV et Louis XVI, servilement reproduits au millimètre près, et les copies d'interprétation qui caricaturent les traits des styles antérieurs : le galbe des commodes est accentué, les bureaux et les secrétaires sont surchargés de bronze rocaille, les marqueteries à la manière de Boulle sont appliquées sur des structures disproportionnées; les tables d'inspiration Louis XVI sont d'une excessive gracilité.

Il est difficile devant ces pastiches de parler d'un style original. En revanche, certains meubles et sièges en bois sombre (poirier noirci) à incrustations de nacre ou à décor fleuri aux couleurs éclatantes, certains sièges capitonnés où prime le confort apparaissent comme les créations d'un véritable style Napoléon III qu'on redécouvrira avec ravissement vers 1950, un siècle après leur création. Quelques innovations sont à signaler parmi les sièges : la borne circulaire garnie de capitons, le pouf rond et bas qui permet aux dames d'étaler leurs robes à crinoline, le confident à deux places inversées et l'indiscret à trois places en hélice, enfin les chaises et pliants en bambou d'inspiration exotique.

On retiendra, d'autre part, parmi les meilleurs ébénistes imitateurs de l'époque Napoléon III, les noms de Sormani, Beurdeley, Guillaume Grohé et Fourdinois, dont les parfaites copies d'une luxueuse perfection seront souvent primées aux Expositions universelles.

L'histoire des styles ne se termine pas avec la chute du Second Empire. Les fabricants de meubles continuent à produire et à reproduire des modèles industriels en grandes séries mais sans aucune invention. Il faut attendre l'Art nouveau pour qu'un souffle original anime la création artistique tout entière.

Voir dans L'abécédaire de l'amateur et du collectionneur les questions concernant l'Art nouveau et les Arts déco (p. 173 et p. 181).

Cathèdre sculptée (XIV Siècle)

MOYEN - AGE

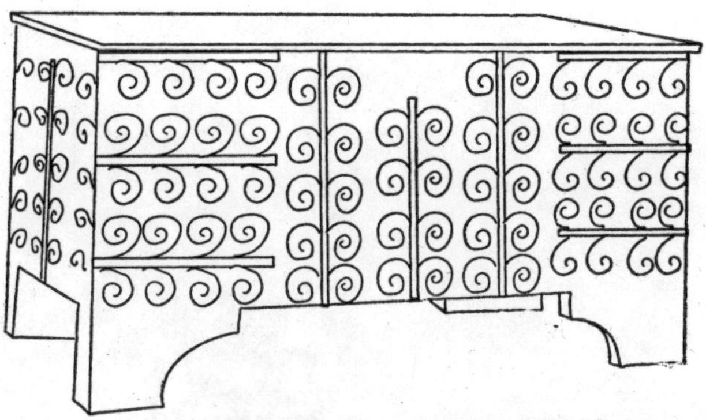

Coffre renforcé de pentures (XIII Siècle)

RENAISSANCE

Caquetoire

LOUIS XIII

Armoire en chêne, "pointe de diamants"

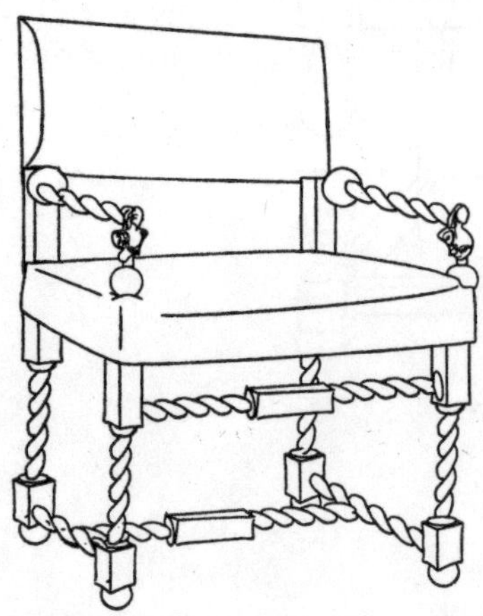

Fauteuil en cuir, piètement en bois tourné

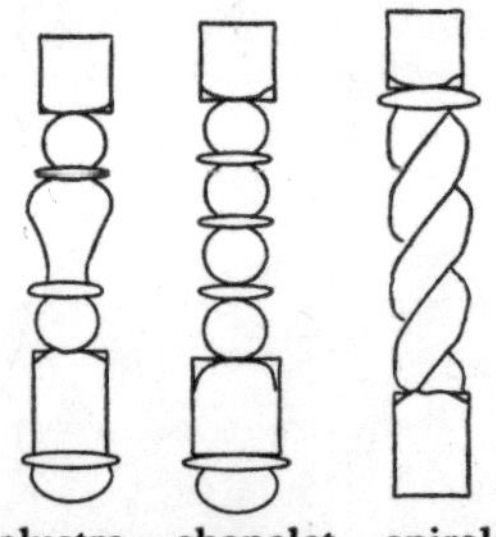

Pied balustre... chapelet... spirale
Piètements

LOUIS XIV

Armoire Boulle

Commode Boulle

Coquille

REGENCE

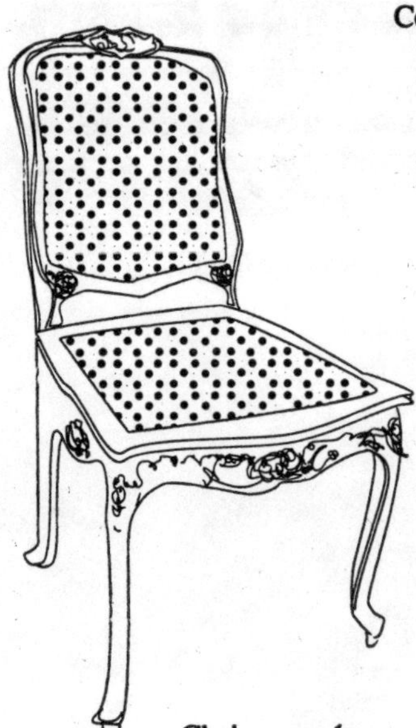

Chaise cannée

Espagnolette

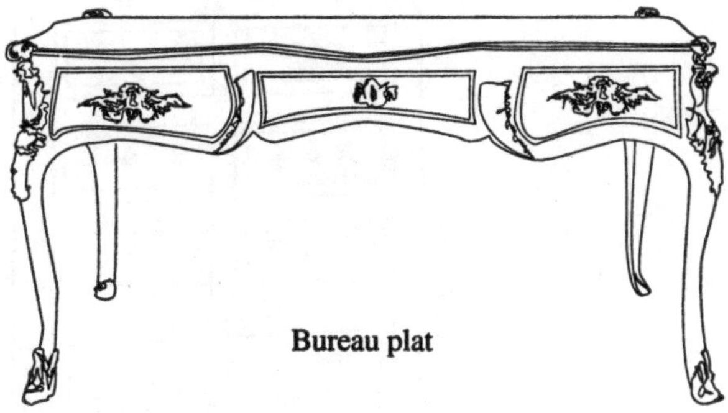

Bureau plat

LOUIS XV

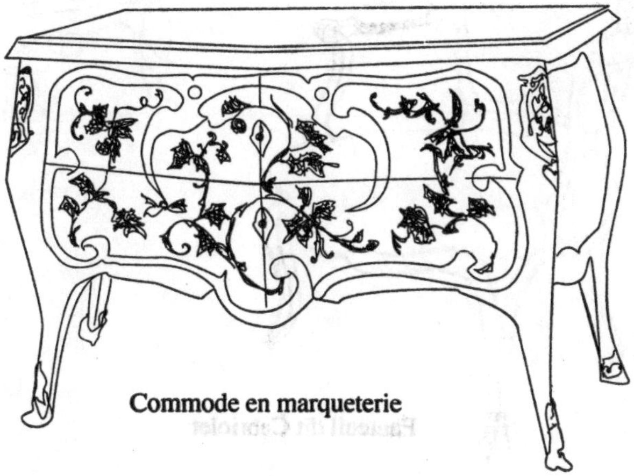

Commode en marqueterie

TRANSITION

Chiffonier

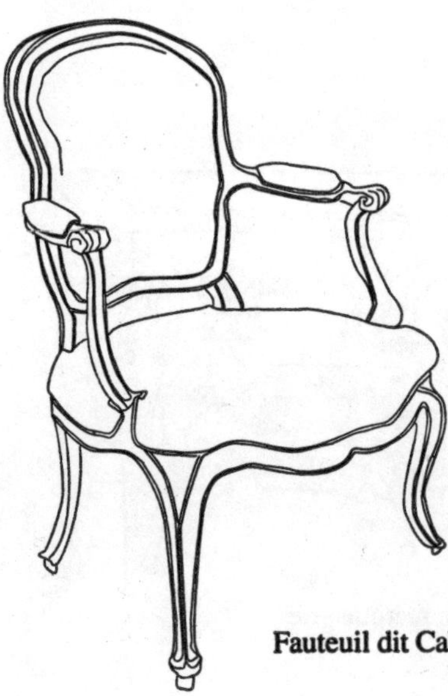

Fauteuil dit Cabriolet

LOUIS XV

LOUIS XVI

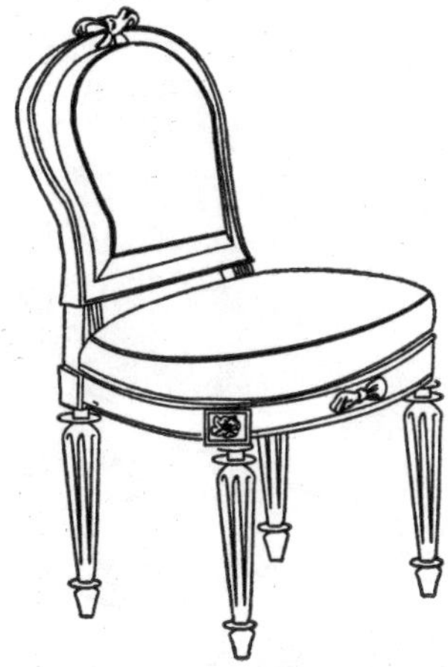

Chaise en fer à cheval

Chaise droite

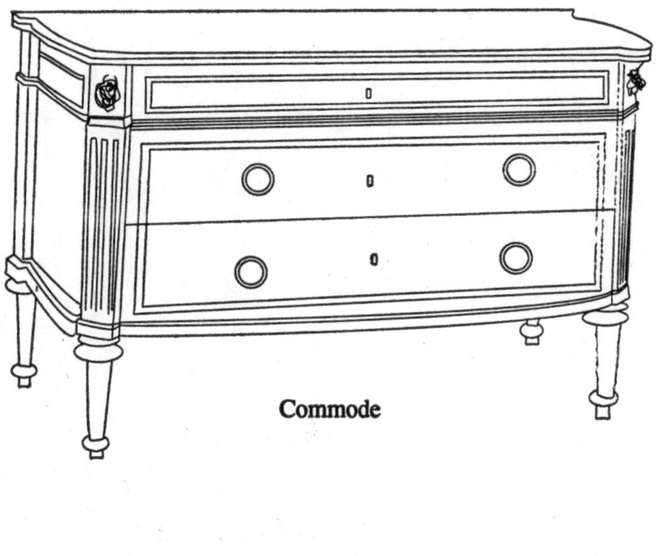

Commode

LOUIS XVI

Table à ouvrage

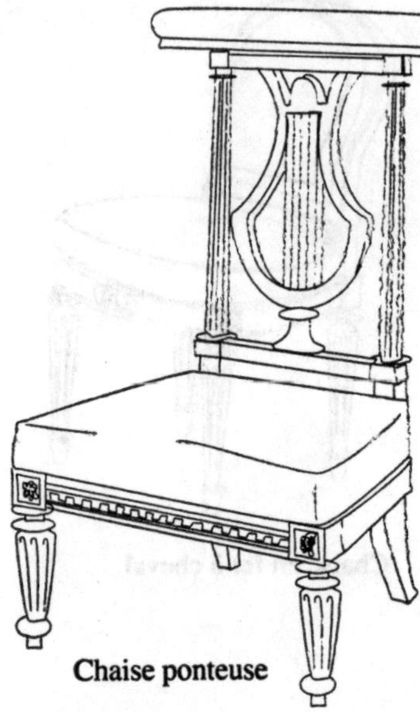

Chaise ponteuse

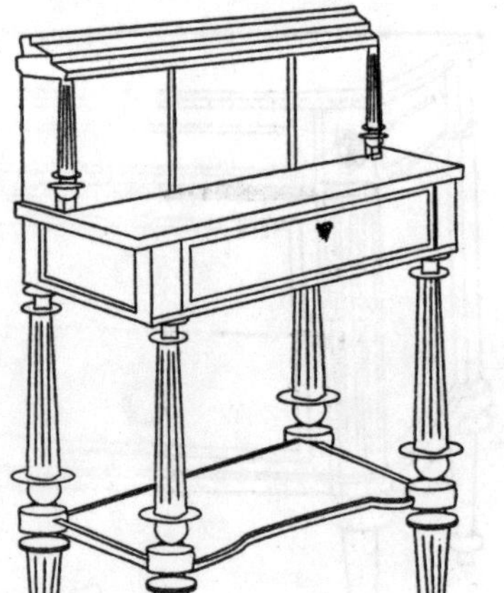

Bonheur du jour

DIRECTOIRE

Lion ailé

Palmette

Losange

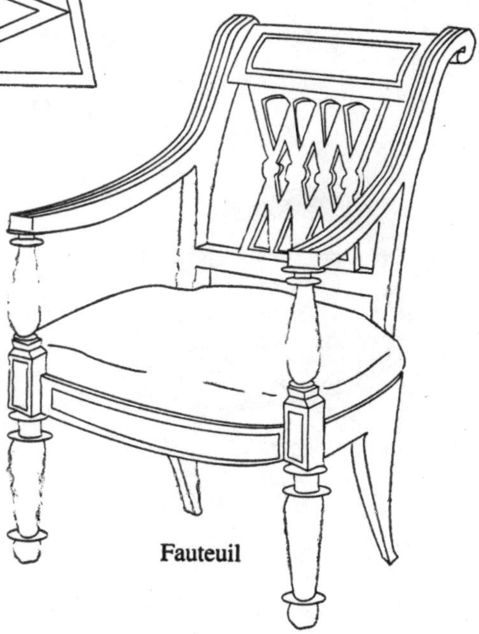
Fauteuil

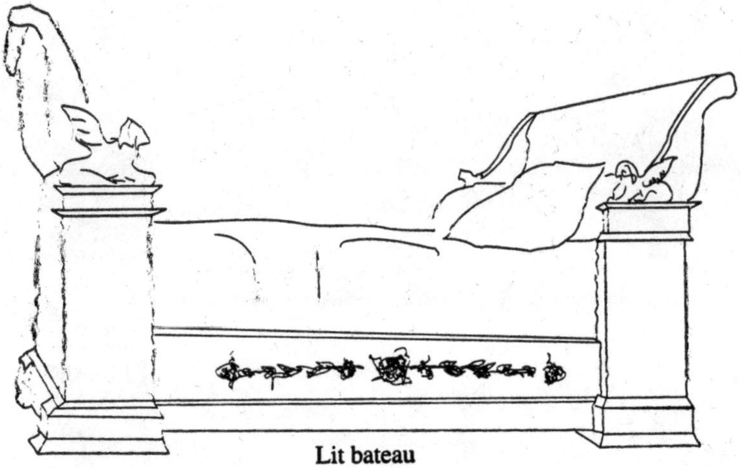

Lit bateau

EMPIRE

" N"

Abeille

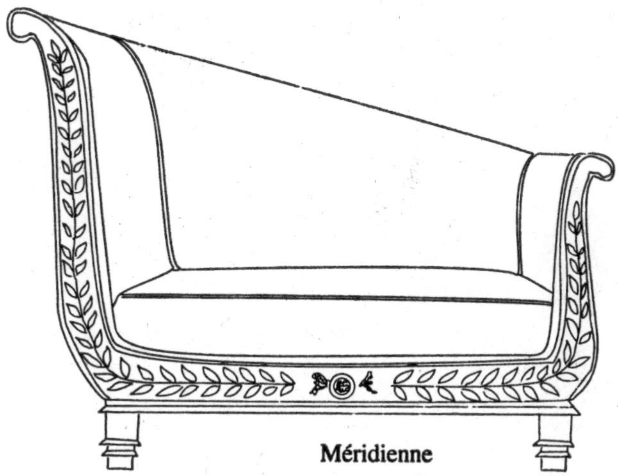

Méridienne

EMPIRE

Guéridon

Coiffeuse

RESTAURATION

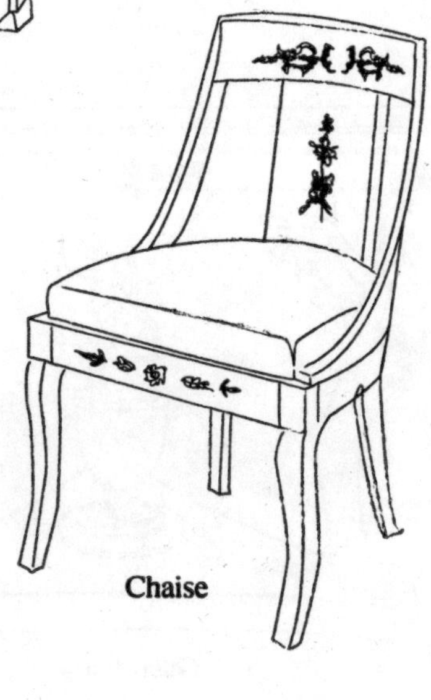

Chaise

RESTAURATION

Fauteuil en gondole

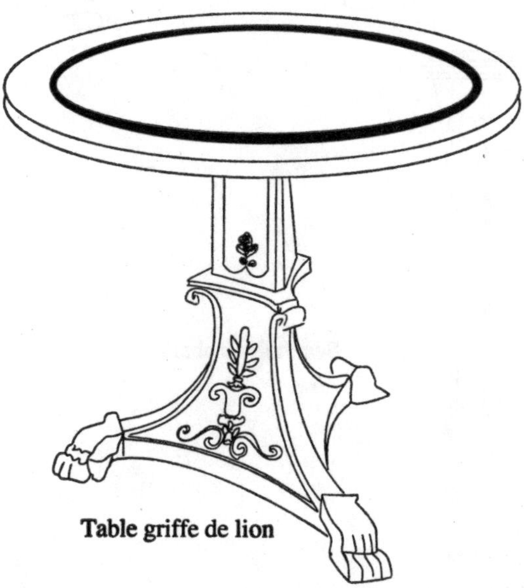

Table griffe de lion

LOUIS - PHILIPPE

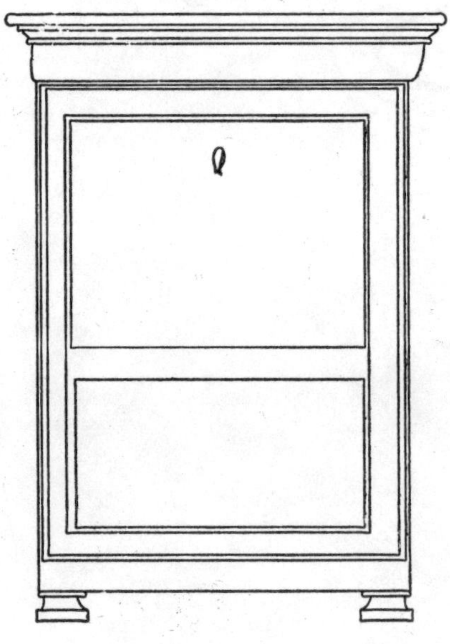

Secrétaire à abattant

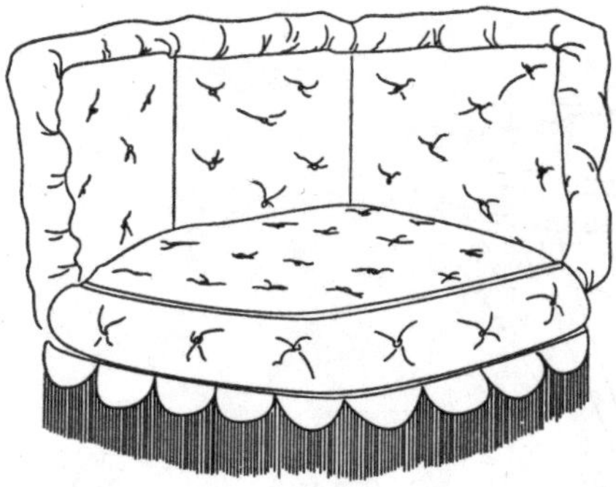

Sofa

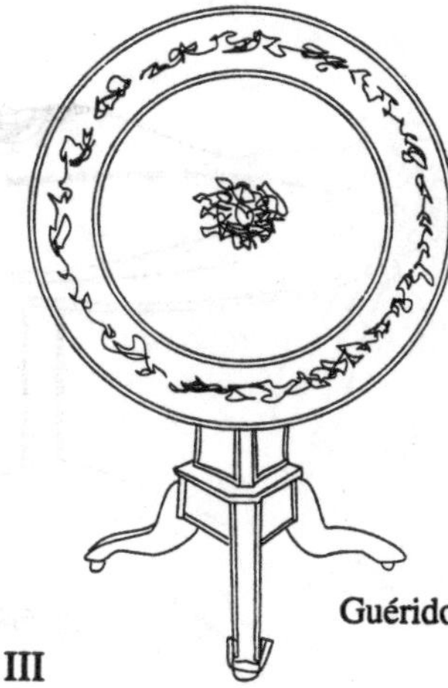

Guéridon

NAPOLEON III

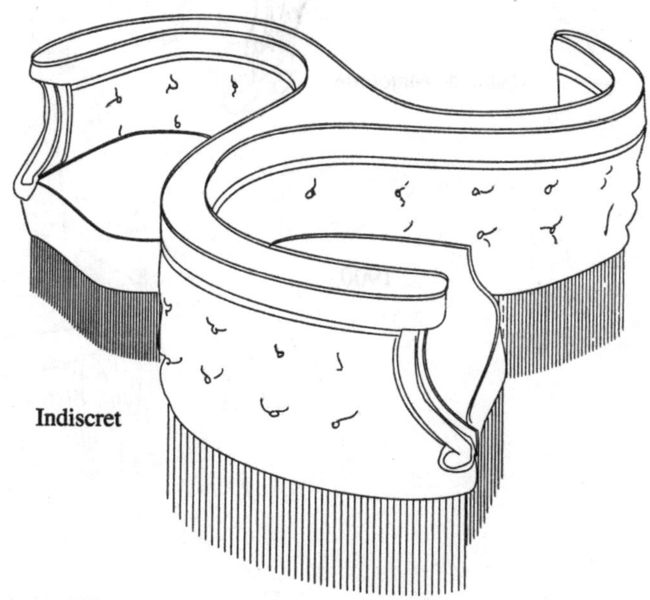

Indiscret

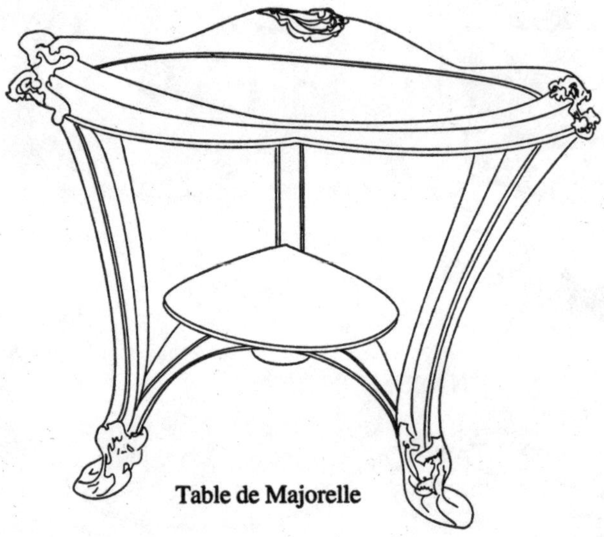

Table de Majorelle

1900

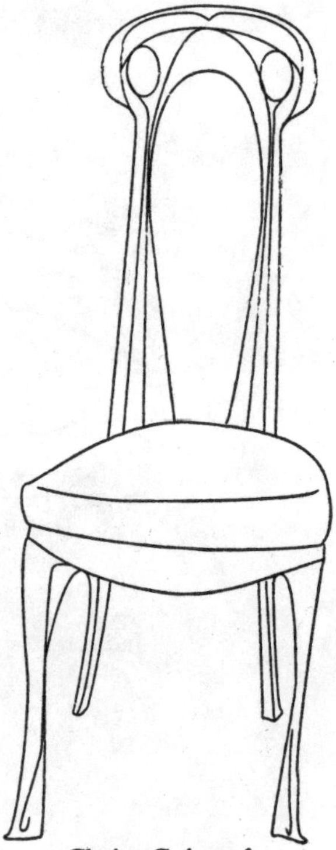

Chaise Guimard

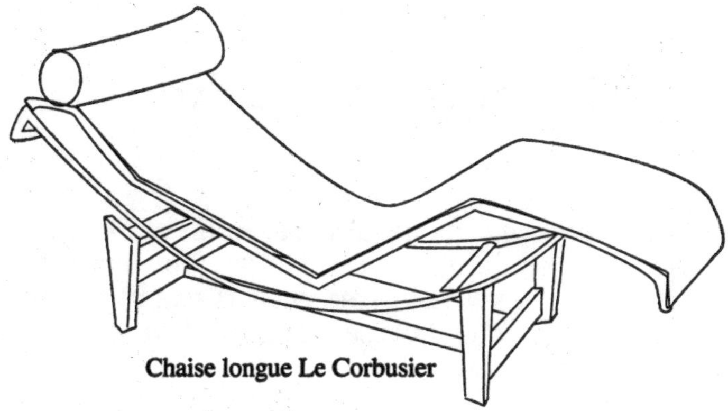

Chaise longue Le Corbusier

1925

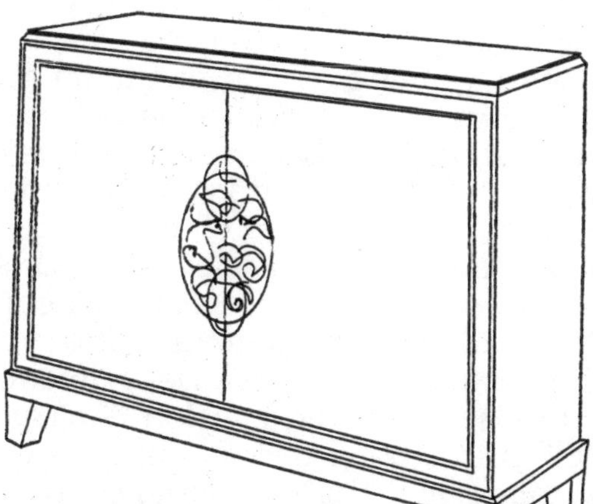

Buffet d' Emile Ruhlmann

Ne pas confondre

Pour s'y retrouver parmi les meubles si nombreux et si divers qui ont jalonné les styles des meubles français et pour éviter toute confusion dans les termes, nous vous proposons d'examiner de plus près certains types de meubles qui appartiennent à la même famille, en soulignant leurs différences.

Quelle différence entre un buffet, un dressoir et une crédence ?

Le **buffet**, l'un des plus anciens meubles fixes, après le coffre, est destiné au rangement de la vaisselle et à mettre à l'abri les aliments. Il se présente, à l'origine, au Moyen Âge, comme un coffre ouvrant en façade par deux vantaux, avec ou sans tiroirs en dessous, supporté par quatre montants reposant sur un socle épais. Quand les montants antérieurs sont supprimés, la petite armoire est en porte à faux, sa façade est en encorbellement. Il arrive que ce buffet soit surmonté d'étagères et même coiffé d'un dais : il tient alors davantage du dressoir... avec lequel il est souvent confondu dans les inventaires. Le buffet acquiert par la suite deux portes en bas. Puis la partie supérieure, plus haute que le corps inférieur, repose sur le bas en léger retrait. Les deux corps peuvent être aussi dans l'alignement.

Les antiquaires parlent souvent de « deux corps » plutôt que de buffet ou d'armoire... terme qui, selon Guillaume Janneau, conviendrait à ce joli petit « deux corps », apparu en Île-de-France et en Touraine au milieu du XVIe siècle, dont le corps supérieur en retrait se termine par un fronton brisé.

Les demi-buffets ou bas de buffets, nés de la suppression du corps supérieur à l'époque Louis XIV, ont deux, trois ou quatre portes... et portent des noms variés selon les régions.

Le **dressoir** n'était d'abord qu'un bâti assez rudimentaire recouvert d'étoffes précieuses destiné à exposer l'orfèvrerie. Il peut aussi être un meuble avec une armoire au centre et un vide en dessous, que surmontent des gradins, le nombre de ces gradins ou tablettes étant, à l'époque, un signe de hiérarchie sociale. Le dressoir d'apparat était pourvu d'un dais.

La **crédence**, destinée à faire l'essai des mets (le mot italien *credenza* signifie confiance), se présente comme une petite armoire – un garde-manger – avec une serrure pour enfermer les mets, que supportent deux pieds élevés à l'avant, une cloison à l'arrière avec une tablette inférieure pour poser les plats ou de grands vases. La tablette supérieure, au-dessus du petit placard/garde-manger, permettait de poser les aliments (pour en faire l'essai... par crainte des poisons). Ce petit meuble est aussi très proche du buffet.

Au XIXe siècle, on a souvent employé le mot crédence pour désigner des buffets-dressoirs de la Renaissance.

Les antiquaires, de nos jours, préfèrent aussi crédence à buffet, qui a une connotation moins noble et plus rustique.

Quelle différence entre une caquetoire, un cabriolet et un crapaud ?

Une **caquetoire**, dans le langage d'aujourd'hui, désigne un fauteuil à siège trapézoïdal porté par quatre pieds réunis par des traverses (ou un piètement pivotant), avec un haut dossier étroit, des bras à l'horizontale en arrondi reposant sur des colonnettes dans le prolongement des pieds avant. Très en vogue sous la Renaissance, ce siège de femme a duré jusqu'au début du XVIIe siècle. Il a été copié au XIXe siècle, à l'époque romantique, avec la vogue du style à la cathédrale.

Un **cabriolet** est un siègle léger, né au XVIIIe siècle. Son dossier concave, en cabriolet – inspiré aux menuisiers par la voiture à cheval montée sur deux roues, très à la mode au XVIIIe siècle –, épouse la forme du dos. Le terme exact est fauteuil en cabriolet, mais on a pris l'habitude de le simplifier.

Le dossier, violonné sous Louis XV, est en anse de panier, trapézoïdal, à chapeau, en médaillon ovale sous Louis XVI. Le cabriolet ne convient pas à la solennité de l'Empire mais réapparaît sous Napoléon III et même sous Louis-Philippe, avec l'imitation des styles anciens.

Un **crapaud**, ou fauteuil crapaud, est une création de l'époque Louis-Philippe. Ce siège, à dossier arrondi et cintré dans le haut, est entièrement recouvert de tissu, sans bois apparent ; une haute frange dissimule les pieds. Il est encore à la mode sous le Second Empire.

Quelle différence entre un cabinet, un dos-d'âne, un secrétaire, un bonheur-du-jour et un billet-doux ?

Le **cabinet** est, à l'origine (XVIe siècle), un meuble féminin pour le rangement des objets précieux – bijoux, médailles, flacons à parfum – constitué d'un caisson muni de nombreux petits tiroirs et casiers masqués par un abattant ou deux vantaux. Il deviendra un monument d'architecture typique du XVIIe siècle, dont la structure s'inspire des façades de palais ou d'édifices religieux à plans successifs flanqués de colonnes avec portiques, entablements, frontons, niches ornées de statuettes.

Certains modèles, plus sobres extérieurement, ont l'aspect d'un petit placard rectangulaire aux lignes droites. Parfois couronné d'une galerie, il ouvre à deux vantaux qui cachent un intérieur, à tiroirs et niche centrale à porte ou trésor, souvent aménagé comme un palais en miniature avec perspectives, jeux de miroirs, incrustations de matières précieuses.

Le cabinet repose sur une table d'applique à colonnes, pilastres, caryatides, dont la ceinture est décorée comme le corps d'armoire.

Les matériaux les plus divers et souvent les plus somptueux ont été utilisés au XVIIe siècle pour habiller ce meuble d'apparat : ébène, marqueterie de bois précieux, marqueterie de Boulle (ébène, écaille et cuivre), laque, incrustations de pierres dures, d'ivoire...

Le **dos-d'âne**, ou secrétaire à dessus brisé, ou secrétaire en pente, meuble très féminin, né vers 1730, a l'aspect d'un pupitre posé sur de hauts pieds cambrés, dont le dessus en pente s'ouvre pour former écritoire et découvrir un petit gradin à layettes (petits tiroirs) et casiers. Il est généralement marqueté toutes faces pour être placé au milieu d'un salon.

Le dos-d'âne a son homologue masculin : le secrétaire à cylindre.

Le **secrétaire**, secrétaire à abattant ou secrétaire en armoire, apparu vers le milieu de l'époque Louis XV pour remplacer le dos-d'âne, est un meuble vertical à placer contre un mur. Sa partie haute est fermée par un abattant, parfois surmonté d'un tiroir, qui s'ouvre pour former table à écrire.

La partie basse est un placard à deux vantaux, que remplacent quelquefois des tiroirs, généralement au nombre de trois, sur les modèles plus simples. Le secrétaire est coiffé d'un marbre.

Sous Louis XVI, les lignes se raidissent, les montants, arrondis et cannelés, à pans coupés, sont droits.

Au XVIIIe siècle, le secrétaire s'habille de laque et surtout de marqueterie, davantage encore sous Louis XV que sous Louis XVI, où le placage d'acajou, notamment, est fréquent. Le secrétaire à abattant a poursuivi son existence en suivant l'évolution des styles.

Le **bonheur-du-jour**, né vers 1760, à l'époque du style transition (Louis XV-Louis XVI), est aussi un bureau de dame à gradin qui a sa place dans le boudoir ou la chambre.

C'est une table à écrire surmontée d'un petit corps d'armoire à vantaux, souvent ornés de miroirs, ou fermé par un rideau à lamelles et couronné d'un marbre ceinturé d'une galerie de cuivre ajourée. Ce petit meuble, habillé avec raffinement (laque, marqueterie, incrustations de plaques de porcelaine...), a connu des modèles divers : son plateau, garni de cuir, coulisse ou pivote pour écrire; s'il est fixe, un tiroir s'ouvre formant écritoire.

Le **billet-doux**, ou écran-pupitre, a l'aspect d'un écran de cheminée, d'un petit secrétaire à abattant léger et mobile, souvent muni d'un écran pare-feu coulissant.

Quelle différence entre un chiffonnier, un semainier et une chiffonnière ?

Le **chiffonnier** se présente comme une étroite et très haute commode avec de nombreux tiroirs superposés... souvent coiffé d'un marbre.

Le **semainier** est un chiffonnier ne comportant que sept tiroirs, un pour chaque jour de la semaine.

La **chiffonnière**, née au XVIIIe siècle pour répondre à l'habitude qu'avaient les femmes en société de se livrer à des petits travaux d'aiguille, est un de ces nombreux petits meubles légers et mobiles de l'époque.

Elle se présente comme une minuscule commode sur de hauts pieds cambrés réunis par une tablette d'entrejambe. Elle a deux ou trois tiroirs en façade ou mieux, par côté, celui du haut contient souvent un encrier, et une tablette coulissante est également glissée sous le plateau.

Il existe des chiffonnières à deux vantaux surmontés de tiroirs ou à rideau lamellé masquant les tiroirs. Certaines ont un écran pare-feu qui permet de les poser devant l'âtre. Elle est généralement précieusement habillée.

Quelle différence entre un vis-à-vis, un confident, un indiscret et une borne ?

Il s'agit de sièges capitonnés, typiques du style tapissier et du confort recherché par le style Napoléon III.

Le **vis-à-vis** ou **confident** est composé de deux fauteuils placés côte à côte en vis-à-vis, dont le dossier forme un S.

L'**indiscret** est un confident pourvu d'une troisième place. La traverse du dossier a l'aspect d'une hélice à trois pales. Il arrive que les dossiers des confidents et des indiscrets – ajourés en balustres tournés – soient en bois ainsi que les pieds.

La **borne** est un canapé circulaire autour d'un socle triangulaire que surmonte une statue, un vase, une plante verte... très à la mode sous Napoléon III.

Il peut être formé de trois canapés à bois apparent, généralement doré, adossés au socle... comme dans le grand salon d'apparat de l'ancien ministère des Finances au palais du Louvre, où confidents et indiscrets sont aussi à bois apparent sculpté et doré.

Quelle différence entre un régulateur, une horloge de parquet et une comtoise ?

Le **régulateur**, garde-temps de haute précision, était, à l'origine, réservé à l'usage exclusif des horlogers pour le réglage de leurs horloges, ainsi qu'aux savants, aux astronomes et aux marins.

Dès la fin du XVIIe siècle et au XVIIIe, en raison du goût de l'époque pour les curiosités scientifiques, le régulateur intéresse un plus large public et les ébénistes créent des boîtes superbes pour enfermer le mouvement, les poids et la longue tige du pendule.

Dès la fin du XVIIIe siècle et tout au long du XIXe, les horlogers ont réussi à créer des régulateurs de bureau ou de cheminée à balancier compensé, en utilisant un ressort au lieu de poids comme force motrice.

On a souvent donné le nom de régulateurs de parquet à des **horloges de parquet**, très souvent luxueuses, certes, mais qui n'avaient pas la précision requise pour être un régulateur... étant dépourvues de toutes compensations thermiques. Les sonneries, quantièmes, indications astronomiques et autres complications « flattaient leurs propriétaires et faisaient l'admiration des amateurs, mais par un surcroît de frottements, nuisaient à leur précision » (Jean-Claude Sabrier).

La **comtoise** est d'abord une horloge murale à poids en fer, dont le mouvement de huit jours à sonnerie a été fabriqué en Franche-Comté.

Enfermée à ses débuts dans une cage de fer à deux portes, elle acquiert rapidement une caisse ou cabinet pour la protéger et devient horloge de parquet. Chaque région l'a habillée selon son style et en fonction de l'époque de sa création.

La renommée de la comtoise a fait abusivement donner ce nom à toutes sortes d'horloges de parquet paysannes, même lorsque le mouvement n'avait pas été fabriqué en Franche-Comté.

Quelle différence existe-t-il entre faux, copie et réédition?

Est considéré comme **faux** tout meuble ou objet conçu dans l'intention de tromper. Le faux est associé à la notion de fraude.

Un tableau vendu comme étant un Modigliani, alors qu'il peut être prouvé qu'il a été exécuté par un copiste, est un faux.

La vente d'un faux meuble Louis XIII, créé bien plus tard et que le marchand veut faire passer pour authentique et d'époque Louis XIII, est une escroquerie punie par la loi sur la répression des fraudes. Un acheteur qui aurait été frauduleusement trompé est en droit de demander au vendeur de lui reprendre le meuble et de le rembourser.

La **copie** d'un meuble ou d'un objet ancien, vendue comme telle, même s'il y a eu vieillissement artificiel, n'est pas une faute. Les ébénistes de l'époque Louis-Philippe ou Napoléon III ont abondamment copié les modèles de meubles et de sièges du XVIIIe siècle. Les copies du XIXe siècle ont leur cote.

La **réédition** est une copie moderne, à l'identique, d'un meuble ou d'un objet. Le mot réédition a aussi pour les marchands une connotation plus noble que copie, et certains se font une spécialité de vendre des rééditions de meubles Arts déco, par exemple, de faïences du XVIIIe siècle de Nevers, Moustiers, Rouen..., de verreries anciennes.

Quelle différence entre meubles de menuiserie et meubles d'ébénisterie ?

Les **meubles de menuiserie** sont exécutés en bois massif, parfois sculpté, voire doré... par les menuisiers, tels les lits, les sièges, les consoles, mais aussi les armoires, les buffets, les tables... en chêne, noyer, merisier, hêtre...

Les **meubles d'ébénisterie** sont plaqués – placage de bois précieux, marquetés, revêtus de panneaux de laque... sur un bâti de chêne ou de sapin.

Quelle est la valeur de l'estampille ?

L'estampille, autrement dit la marque, la signature du maître, certifiée par la jurande de sa corporation, offre en principe une garantie d'authenticité à l'acheteur. Elle représente, par conséquent, un élément d'une certaine plus-value, mais elle ne peut être considérée comme déterminante.

L'estampille n'a été rendue obligatoire qu'en 1751, en vertu d'un édit royal de Louis XV, dont le but était de protéger l'artisan et d'offrir à sa clientèle la garantie d'un travail bien fait, exécuté dans les règles.

Chaque maître avait son estampille déposée au bureau de la communauté. Elle était composée du nom du maître ébéniste, accompagné des initiales de ses prénoms, et était apposée sur les meubles, avec un fer gravé en relief, à côté des trois lettres JME (Jurande des menuisiers-ébénistes), représentant le contrôle de qualité de la jurande et qui donnait lieu à la perception d'une taxe.

Pour tenter d'échapper au paiement de cette taxe, certains ébénistes cherchaient à éviter de mettre leur estampille, par exemple sur un meuble qui leur était commandé directement par un client, en dépit des fortes amendes qu'ils risquaient d'encourir. Parfois, pour les mêmes raisons, les lettres JME ne figurent pas à côté de la signature du maître, ce qui ne retire rien à l'authenticité du meuble ni à sa valeur.

Par ailleurs, les artisans travaillant pour la Couronne étaient dispensés d'estampiller leurs meubles. Il était interdit aux « ouvriers libres », c'est-à-dire ne dépendant pas d'une corporation, d'estampiller leurs ouvrages, à moins de se plier aux règles strictes imposées par la corporation.

La Révolution a aboli les corporations et les jurandes, mais beaucoup de grands ébénistes n'en ont pas moins continué à signer leurs meubles.

Il ne faut attacher à l'estampille qu'une valeur relative... Les maîtres ébénistes du XVIIIe siècle n'avaient pas tous du génie et l'estampille ne valorise en rien un meuble moyen, voire médiocre, même s'il a été exécuté dans les règles prescrites.

Enfin, on peut se trouver en face d'une fausse estampille, ajoutée par la suite sur un meuble qui n'a pas été produit par celui dont le nom figure sur la signature. Un œil averti reconnaîtra le faux, quand les lettres ne sont pas bien alignées. Le fer à estampiller était, en effet, fabriqué à la main, d'une seule pièce. Il faut se méfier aussi de deux lettres semblables qui seraient absolument identiques.

Qu'est-ce qu'un meuble « bidouillé », « transformé » ?

Il s'agit d'un meuble qui n'est plus tel qu'il a été conçu et réalisé à l'origine par son auteur. Généralement, c'est l'appât du gain qui explique ces transformations faites avec l'intention de tromper, de duper. Quelques exemples faciliteront la compréhension.

Il peut s'agir de rajouts, faits *a posteriori*, tels des sculptures, de la marqueterie sur un petit meuble né en bois massif : à moins d'avoir trouvé des placages anciens, on remarquera que l'épaisseur de ce placage est inférieure au XIXe siècle à ce qu'elle était au siècle précédent, les progrès de l'outillage ayant permis d'obtenir des feuilles de placage plus fines.

Certains enjolivements – des bronzes ajoutés au XIXe siècle sur un meuble XVIIIe – ne sont pas à proprement parler des « bidouillages » mais ils retirent malgré tout de la valeur à un meuble s'ils n'ont pas été prévus au départ et ne datent pas de la même époque que le support.

D'autres bidouillages plus sérieux proviennent de la transformation d'un meuble, pour des considérations commerciales, en une autre catégorie de meuble. C'est un secrétaire à abattant XVIIIe, devenu au XIXe siècle une vitrine Louis XVI : un marchand avait employé les grands moyens pour ne pas voir croupir son meuble dans une réserve... parce que les vitrines étaient très demandées et les secrétaires alors peu recherchés.

Il arrive que les portes vitrées proviennent d'armoires Directoire, Empire ou Restauration dont on n'a gardé que les montants. En examinant la vitrine de près, on peut souvent constater la fraude. En ouvrant les portes, on remarquera sur les champs des montants en façade des traces de mortaises prouvant qu'il y avait eu là des traverses de soutien des tiroirs assemblées avec les montants.

On connaît encore des commodes à trois tiroirs qui en ont perdu un au XIXe siècle pour se transformer en sauteuse (à deux tiroirs), appréciée du public, des armoires auxquelles on a supprimé une porte pour en faire des bonnetières, des bureaux à cylindre auxquels on a retiré le cylindre et le gradin pour les convertir en grands bureaux plats qui avaient davantage la cote.

Sur des commodes-toilettes de l'époque Louis-Philippe ou de la fin du siècle dernier, on a enlevé le système de toilette et son mécanisme coulissant, qu'on a remplacé par un plateau du même bois ou par un marbre, pour en faire des petites commodes plus adaptées au goût du jour. Cette transformation est aujourd'hui beaucoup moins fréquente : non seulement on a tendance à respecter les meubles anciens mais aussi, on trouve un certain charme à ces meubles un peu désuets.

Certaines transformations ont pu être faites par ou à la demande du propriétaire du meuble pour son confort personnel : c'est le cas d'un coffre Renaissance à décor de perspectives d'architecture transformé en bureau en supprimant un côté et le fond pour loger les jambes et en adaptant, éventuellement, des tiroirs de chaque côté; le plateau est l'abattant d'origine qu'on peut garnir d'un cuir.

Sur le problème des faux, voir le chapitre suivant.

Le dépistage des faux

L'authenticité d'un meuble n'est jamais évidente. Cependant, à partir d'une bonne connaissance des styles et de leur évolution, il est possible, en pratiquant un examen minutieux, de détecter un certain nombre d'indices révélateurs d'une fabrication postérieure à l'époque annoncée par le marchand.

Mais attention aux fausses pistes où tentent parfois de vous égarer les faussaires!

L'art de « faire parler les meubles » est un travail de détective qui peut vous permettre de les authentifier.

Existe-t-il des indices visibles permettant de dater un meuble?

En procédant à une approche systématique, vous pourrez découvrir des signes certains dont le recoupement devrait vous conduire du doute à la certitude.

Tout d'abord, tout meuble d'une époque déterminée possède une allure particulière que les experts savent reconnaître grâce à une longue expérience obtenue par l'observation de très nombreux cas et des comparaisons répétées.

Chaque meuble possède une facture qui doit correspondre à l'époque de sa création. Une bonne connaissance des styles, la fréquentation des musées, des centres d'antiquités, des salles des ventes contribue à une formation visuelle qui permet de se mettre en mémoire les types de meubles classiques les plus courants et, du même coup, de dépister les copies qui foisonnent sur le marché.

En observant, par exemple, un meuble de style Louis XV, fabriqué à la fin du XIXe siècle, on verra qu'il trahit sa date de naissance par l'excès de galbes et la surcharge des bronzes.

La patine artificielle peut-elle tromper?

L'aspect même de la couleur du bois, ce poli produit par le passage pendant des années d'un chiffon sur la cire, donne à l'œil une impression de douceur luisante, difficilement imitable. Les patines artificielles, trop hâtives, sont pour ainsi dire inconsistantes. Elles sont obtenues par des teintures au brou de noix ou à la chicorée, passées ensuite au cirage.

Il suffit parfois de mouiller un chiffon et de frotter énergiquement sur une petite surface pour faire apparaître la couleur plus claire du bois naturel, qu'il s'agisse de chêne, de noyer, de merisier ou d'autres bois fruitiers.

Les meubles en placage de fabrication récente, même ternis à l'acide, présentent souvent des teintes trop vives. D'autre part, les séparations entre les motifs sont bien visibles sur les marqueteries anciennes, tandis que les découpages faits à la machine donnent l'impression d'un serrage qui efface les contours, comme si les motifs étaient sertis les uns dans les autres.

Existe-t-il d'autres signes d'usure du temps?

Si l'on observe de très près la surface d'un meuble ancien, on remarque de nombreuses blessures accidentelles : légers enfoncements, stries, rayures, marques foncées.

Il est relativement facile de reproduire ces petites taches au moyen de trousseaux de clés jetés contre le meuble où à coups de chaîne trempée dans du bitume.

Mais les faussaires en font toujours trop et, souvent, à des endroits qui n'ont pas de raison de recevoir des coups : plateau d'une commode ou dossier d'un fauteuil. Des marques trop abondantes sur les pieds peuvent également révéler un excès de zèle : les coups volontaires laissent généralement des marques identiques en forme de « grains de riz » à de trop nombreux endroits.

Comment détecter les faux trous de vers?

Les meubles de fabrication récente qui veulent se faire prendre pour anciens sont percés de petits orifices à l'imitation des trous de vers. Vous pourrez déceler la supercherie avec une épingle ordinaire : si elle pénètre verticalement, le trou est suspect; si en tournant légèrement la pointe en dessous de la surface, vous rencontrez une galerie plus ou moins parallèle au sens du fil, il s'agit d'un vrai trou de ver. En effet, les larves, avant d'opérer leur sortie par un petit orifice bien rond, cheminent dans de longues galeries sinueuses qui suivent les veines du bois.

Mais les faussaires emploient souvent des techniques plus subtiles que l'enfoncement de pointes ou de mèches très fines : ils utilisent tout simplement de vieux bois parsemés de vrais trous de vers. Dans ce cas, ce n'est pas là qu'il faut chercher une preuve décisive de l'ancienneté du meuble. Il convient donc de continuer à l'examiner « sur toutes les coutures ».

Qu'appelle-t-on la robe de lièvre?

Si on retourne une table ou un siège, on constate que les teintes du bois, au niveau de la ceinture, par exemple, forment un revêtement délavé où se dessinent des taches irrégulières tirant sur les beiges et les gris, avec des moires aux limites mal définies que les experts appellent la robe de lièvre, par analogie avec le pelage de cet animal qui se distingue par des teintes nuancées se fondant les unes dans les autres.

Quels autres points observer?

Dans des meubles tels que les commodes, les bureaux, les bibliothèques, les secrétaires, les armoires ou les buffets, les planches utilisées pour les fonds sont à l'état brut, à peine dégrossies, non rabotées et souvent mal ajustées. Les menuisiers d'autrefois (sauf pour des meubles exceptionnels) ne soignaient que les parties visibles.

D'autre part, l'usure des parties mobiles est particulièrement intéressante à observer. Les pieds des sièges fréquemment déplacés présentent des traces de frottement irrégulières.

Mais ce sont surtout les tiroirs et les encadrements de portes qui révèlent les signes les plus évidents d'une usure prolongée. Les arêtes sont légèrement arrondies au lieu d'être à angle vif. Les fibres du bois sont écrasées et lissées par le frottement. Mais n'oubliez pas qu'il est facile d'abraser au papier de verre les bords des tiroirs et des portes.

Les assemblages sont-ils également un moyen de déterminer approximativement l'époque de fabrication d'un meuble ?

Si on ouvre les tiroirs des tables, des buffets, des commodes ou des secrétaires, on peut observer que la traverse de façade est assemblée à angle droit avec les côtés par des sortes de dents en forme de trapèze qu'on appelle des queues-d'aronde. La base du trapèze, presque à angle droit sur les meubles les plus anciens (au XVIe et au XVIIe siècle), forme un angle de plus en plus aigu jusqu'à devenir un triangle très allongé à la fin du XIXe siècle.

De plus, le nombre des queues-d'aronde par côté de tiroir va en augmentant au cours des siècles, passant par exemple de deux à cinq pour un tiroir de table de 1650 à 1850.

Enfin, la régularité de la taille des queues-d'aronde révèle l'utilisation de la scie mécanique à partir de la moitié du XIXe siècle.

L'observation des traces de scie donne-t-elle des indications ?

C'est également à partir de 1850 que la scie mécanique laisse sur les traverses des meubles et les ceintures des sièges des traits rigoureusemnt parallèles, tandis que la scie à débiter à la main, employée jusqu'alors, marque le bois de traits irréguliers qui s'infléchissent souvent les uns sur les autres.

L'épaisseur des placages est également intéressante. Que peut-on en déduire ?

Les placages les plus anciens ont une épaisseur qui permet de les dater par comparaison : les bois précieux débités à la main ont, jusqu'au début du XIXe siècle, 1,5 à 2 millimètres d'épaisseur. Là encore, l'utilisation d'une machine à trancher a permis de réduire les placages utilisés en marqueterie à moins de un millimètre d'épaisseur. Ces derniers sont, de plus, d'une régularité qui les distingue des placages antérieurs au XIXe siècle.

L'épaisseur des placages s'observe facilement en regardant la bordure d'un tiroir ouvert. Il arrive souvent qu'une partie de placage soit décollée, il est alors très instructif de regarder de près les fines rayures laissées sur le bois de placage comme sur la carcasse qui le supporte. Jusqu'en 1750, on compte de cinq à sept traces de dents de rabots par centimètre. À la fin du XVIIIe siècle, les stries sont plus rapprochées – on en compte six à neuf par centimètre. Et, au siècle suivant, les rabots à coller marquent les bois de dix ou douze rayures en creux par centimètre.

Quelles indications donnent les montages?

La construction des meubles évolue au cours des siècles et certains signes bien visibles caractérisent les assemblages. Si l'on observe les mortaises où s'emboîtent les tenons, on constatera qu'elles sont creusées à angle droit sur les meubles anciens, tandis que sur les copies récentes, la mortaiseuse automatique laisse un arrondi parfaitement régulier, visible au niveau de l'assemblage des traverses.

Regardons maintenant les sièges au début du XVIIIe siècle. La traverse supérieure du dossier est retenue à la verticale entre les montants. Sous Louis XVI, les montants latéraux du dossier sont sciés horizontalement, de telle sorte que la traverse supérieure repose sur une base horizontale facile à discerner. Les sièges cannés les plus anciens (Régence et Louis XV) laissent visibles, au revers du dossier, deux baguettes de 20 à 25 centimètres qui servent à masquer les trous d'arrimage des brins de cannes.

À la fin du XVIIIe siècle, une autre technique de cannage fait disparaître les baguettes en question.

D'autres indices permettent-ils encore de dépister les copies de style de fabrication récente?

Les semences anciennes, qui servaient à fixer les tapisseries aux bois de siège, présentent une tête irrégulière martelée au marteau. De plus, les traces laissées dans le bois par les clous en fer forgé, antérieurs au XIXe siècle, ont une section carrée, alors que les clous du siècle dernier, fabriqués à la machine, sont d'un aspect uniforme et laissent des empreintes rondes ou régulièrement triangulaires.

Il convient encore d'observer les marques laissées par les serrures, les poignées de tirage et les gonds anciens qui ont souvent été changés. Les marques de leur emplacement constituent un signe favorable.

Le démontage des bronzes, en révélant leur face interne, permettra d'observer la technique de dorure employée. La surface d'un bronze XIXe, doré à l'électrolyse, offre une mince couche d'or d'une épaisseur uniforme.

On reconnaîtra également un bronze ancien à la qualité de la ciselure, beaucoup plus fine et plus nerveuse au XVIIIe siècle qu'au siècle suivant.

Comment se trahissent les faussaires ?

Les moyens de détecter les fabrications récentes doivent se compléter et se recouper pour parvenir à des conclusions positives. Cette recherche peut paraître complexe, mais ce qui facilite le dépistage des copies de style, plus ou moins bien maquillées, c'est que le faussaire se trahit presque toujours lui-même par un désir de rentabilité qui exclut l'emploi des coûteux procédés de fabrication à l'ancienne.

La découverte de quelques indices suffit à le démasquer. Le tout est d'être vigilant et de prendre son temps pour examiner les meubles anciens.

Livre III

Savoir acheter, savoir vendre

Savoir acheter, savoir vendre

Pour bien acheter, il ne suffit pas d'exiger des garanties d'authenticité et de savoir les vérifier, il convient aussi d'avoir une bonne connaissance des prix pratiqués sur le marché.

La valeur d'un meuble ou d'un objet dépend de nombreux critères qu'il est possible d'analyser. Encore convient-il de connaître aussi les éléments qui peuvent valoriser ou dévaloriser les biens artistiques, en fonction des modes, de la conjoncture économique et de leur état de conservation. Certains ornements ou une bonne estampille peuvent justifier des prix supérieurs, tandis que des accidents masqués par de mauvaises restaurations peuvent faire baisser la valeur de moitié. Il faut savoir enfin que la motivation des acheteurs peut faire varier les cotes en fonction de l'offre et de la demande.

Qu'il s'agisse d'acheter ou de vendre un meuble ou un objet, il est bon de connaître les avantages et les inconvénients qui se présentent selon qu'on s'adresse à un antiquaire ou à un commissaire-priseur.

Les critères de valeur des meubles et des objets anciens

Nous abordons ici la notion de valeur des meubles et des objets anciens qu'il est possible d'apprécier en fonction d'un certain nombre de critères. Le prix dépend aussi de la motivation des acheteurs. Enfin, les cotes moyennes sont elles-mêmes soumises à des variations en fonction de l'importance des transactions sur un marché sans cesse en évolution.

Chaque objet possède ses qualités propres, mais quels sont les différents critères qui permettent d'apprécier sa valeur?

1. Les qualités esthétiques

En observant l'objet, on sera sensible à sa structure générale, à l'harmonie des proportions, aux rapports des couleurs, à tout ce qui fait naître et s'épanouir l'émotion esthétique.

La découverte de la beauté est, évidemment, un phénomène subjectif où interviennent à la fois le milieu familial, les connaissances culturelles, l'évolution des goûts, les modes plus ou moins éphémères. Mais la beauté ne peut exister sans le support de l'objet. À chacun, donc, de savoir discerner ce qui, dans l'objet, correspond à sa conception de la beauté.

2. La rareté

Plus un objet est difficile à trouver, plus il est recherché des amateurs. Mais paradoxalement, pour que les amateurs y mettent le prix, il faut que l'objet soit connu d'un grand nombre. Comme le dit avec humour un antiquaire célèbre, Nicolas Landau : « Il faut qu'un objet soit rare, très rare, mais pas trop! »

Sachez toutefois que seuls les objets « rares, très rares » provoquent souvent des rivalités d'enchères, qui font monter les prix au plus haut niveau.

3. La qualité du travail

Une manière plus objective d'étudier un objet est de prendre en compte sa qualité d'exécution. La qualité du travail des artisans et des artistes ne se démode pas. Si l'on examine, par exemple, une commode du XVIIIe siècle en bois de placage, on appréciera la recherche des effets de frisage selon les veines, la finesse des bois employés, la perfection de leurs découpes, la rigueur de leurs assemblages, le choix du marbre et de sa couleur, la nervosité des bronzes ciselés, et tous les moindres détails qui participent à la qualité de l'ensemble. Une pièce d'argenterie, un pistolet à rouet, une statuette de jade, une gravure, une montre, un bijou nous enchanteront par la réussite d'exécution qui révèle avec quels soins les moyens techniques ont été adaptés aux intentions fonctionnelles et à la conception artistique. Nous admirons la virtuosité des artisans – bien souvent anonymes – qui, à travers leurs œuvres, nous livrent le témoignage de leur savoir-faire.

La valeur d'un meuble ou d'un objet d'art ne dépend pas seulement du degré de qualification de l'artisan qui le réalise, mais du nombre d'heures qu'il y consacre. Le temps de travail inclus est un élément important de la valeur. De plus, la qualité d'exécution, l'achèvement parfait, ce qu'on appelle aujourd'hui la finition, exigent une technicité, une compétence, un talent auxquels ne peuvent prétendre les imitateurs et les faussaires. La difficulté de reproduire à l'identique est dissuasive. Cette particularité doit être également prise en compte dans l'appréciation de la valeur d'une œuvre authentique.

4. La patine

Pour de nombreuses œuvres d'art, la patine ajoute une grâce particulière difficilement imitable. Elle est le plus sûr témoignage d'un lointain passé. La beauté d'un bronze, ou la douceur d'une reliure, ou la chaleur d'un bois, vient souvent de sa patine.

Il faut cependant se méfier des patines artificielles qui tentent de faire croire que les meubles sont ainsi restés « dans leur jus ». C'est parfois par là que certains faussaires se trahissent en ajoutant des teintures trop vives, des vernis trop brillants qui révèlent immédiatement la supercherie. De même, les usures douteuses, les trous de vers mal faits, les craquelures abusives... Nous entrons ici dans le monde des truquages que nous aurons l'occasion d'explorer.

5. L'état de conservation

Quels que soient les soins qui les ont entourés, les objets qui nous viennent d'un lointain passé ont subi l'usure du temps. Ils se sont abîmés, dégradés, cassés ou les vers les ont attaqués de l'intérieur. Rares sont les meubles antérieurs à la Renaissance, rares les sièges d'époque Louis XV sur lesquels on peut encore s'asseoir, rares les marqueteries qui n'ont pas éclaté, rares les tapisseries qui ont gardé la vivacité de leurs couleurs. Certains dommages sont irréparables, d'autres nécessitent des restaurations, plus ou moins habiles, qui diminuent fortement la valeur des meubles, sans parler des transformations malheureuses qui parfois dénaturent à jamais.

Une simple fêlure dans une faïence lui fait perdre 30 % de sa valeur, une tapisserie décolorée, une arme rouillée, une statue sans tête ne valent plus grand-chose.

Attention : parfois, les frais de restauration sont plus coûteux que l'objet lui-même, sans lui rendre pour autant ses qualités d'origine ! Il faut savoir aussi que de petits accidents, légères traces de coups et autres marques d'usure, peuvent être considérés comme des présomptions d'authenticité.

6. Le choix du sujet

Les meubles ou les objets qui comportent un décor – éléments sculptés, marqueteries, laques, faïences et porcelaine, cuivres et étains, trumeaux, tapisseries, vitraux – sont plus ou moins recherchés selon le sujet représenté. Des ornements floraux, une figuration de la femme sont plus appréciés que des symboles religieux ou des attributs guerriers. Le choix des décors peut d'ailleurs varier en fonction des modes.

Bien entendu, pour les tableaux et les estampes, le sujet a un rôle particulièrement important, si ce n'est primordial. Les portraits de femmes sont plus recherchés que ceux des hommes, les paysages romantiques plus appréciés que les scènes mythologiques, et on préfère l'éclat des couleurs d'un champ de courses à la tristesse d'un clair-obscur ou d'une sombre nature morte. Mais là aussi, les goûts peuvent changer. C'est ainsi que les tableaux académiques de la fin du XIXe siècle, longtemps éclipsés par les impressionnistes, ont été récemment réhabilités.

7. L'effet décoratif

Certaines pièces de choix possèdent une vertu décorative qui en fait toute la valeur : colonne de pierre, sculptures en bois, statues de bronze, paravent chinois, fontaine de cuivre ou d'étain, masque de danse africain, amphores, statues et autres pièces archéologiques, vasques de pierre, éléments de fer forgé ou porte ancienne. Ces volumes ornementaux offrent une originalité expressive qui peut en faire les vedettes d'un décor moderne. Les objets anciens qui permettent un effet décoratif sont de plus en plus recherchés, et de plus en plus chers.

Une des tendances du goût contemporain est de considérer certains meubles ou sièges anciens comme des sculptures dans l'espace, qu'on met volontiers en valeur dans un décor moderne. Il en va de même de certains outils ou objets d'art populaire sans grande valeur propre, mais dont les formes simples ou insolites constituent des éléments décoratifs originaux.

8. Les possibilités de collection

Certaines catégories d'objets invitent à la collection : boutons, monnaie, miniatures, boîtes, livres, cartes postales, poupées, ivoires, faïences... Connaissant la valeur de chacune de ses trouvailles, le collectionneur est un redoutable enchérisseur, prêt à payer le prix fort pour se procurer la pièce qui lui manque.

Des objets qui, pris isolément, ne sont pas très chers (outils anciens, vieilles clés, fèves de gâteau des rois, papiers d'emballage de sucres, pin's, etc.) atteignent des prix très élevés s'ils sont proposés sous forme de collection. La mise en vente de collections entières attire toujours les collectionneurs qui n'auraient pas eu l'attention éveillée par un seul objet isolé dans une vente courante.

9. La spécificité

Les meubles ou les objets d'art sont les témoins de leur temps. Les plus réussis sont toujours porteurs d'un style qui caractérise l'époque à laquelle ils ont été conçus et réalisés.

Les techniques employées (parfois reconnaissables à certaines marques laissées par les outils), de même que les motifs ornementaux qui expriment les goûts et les modes d'une période déterminée, confèrent au meuble ou à l'objet une cohérence particulière qui n'appartient qu'à cette époque. Cette représentativité, qui s'exprime par un ensemble de signes visibles, constitue un précieux moyen d'identification et de datation. Ces qualités spécifiques permettent aux experts et aux connaisseurs d'affirmer l'authenticité des pièces en question.

10. La provenance

Lorsqu'une pièce de collection a une « bonne provenance », les experts ne manquent pas de le signaler, notamment dans les catalogues des ventes qu'ils sont appelés à rédiger. Les meubles ou objets de provenance royale ou princière, ou qui sont simplement passés entre les mains de personnages célèbres, obtiennent toujours d'importantes plus-values. On l'a vu au cours de la vente des bijoux de la duchesse de Windsor, à Genève, le 2 avril 1987, où, par exemple, une broche de Cartier en forme de flamant rose en saphir et rubis, estimée 600 000 F, a atteint 4 500 000 F. Les références aux collections de lord Chesterfield ou de David Weil, de la comtesse de Behague pour les antiques, de Champfleury ou de Le Tallec pour les faïences, du château de La Roche-Guyon, de Wildenstein ou de Seligmann pour les meubles XVIIIe, de Jacques Doucet pour les Arts déco, d'Esmerian ou du colonel Sicklès pour la bibliophilie, ou d'André Breton pour le surréalisme, sont autant d'incitations à l'achat qui mobilisent les collectionneurs passionnés. Il en va de même des œuvres auxquelles on associe le nom du propriétaire précédent.

Tout se passe comme si les acheteurs éventuels accordaient une totale confiance aux grands collectionneurs qui les ont précédés, en reconnaissant leur grande sûreté de goût. Un phénomène comparable s'attache à l'appartenance à un personnage historique. Les objets, même de peu de valeur intrinsèque, provoquent d'étonnantes rivalités d'enchères du moment qu'ils sont passés entre les mains de Mme de Pompadour, de Marie-Antoinette ou de Napoléon. Une provenance illustre comme une « historicité » universellement reconnue sont toujours la source d'une valeur supplémentaire.

Quels sont les éléments qui peuvent faire varier la valeur d'un objet ?

Quelle que soit leur valeur spécifique, les biens artistiques dépendent de la conjoncture économique. Dans les périodes de prospérité, une plus grande disponibilité des capitaux favorise l'expansion du marché de l'art. Mais le lien entre la Bourse et l'activité du marché de l'art n'est pas évident. Il peut arriver qu'une brusque crise, comme on l'a vu en novembre 1987 à Wall Street (le célèbre Mardi noir), provoque un brusque arrêt de transactions boursières suivi de transferts des ressources financières libérées vers le marché de l'art. C'est à partir de cette époque que les tableaux modernes se sont mis à monter de records en records, phénomène encore activé par un mouvement spéculatif intense.

Mais à partir de 1990, la tendance s'est inversée. De plus, le retrait soudain des Japonais du marché de l'art a contribué à la chute accélérée des cotes de la plupart des tableaux modernes et contemporains. D'autre part, les changements de goût, la lassitude pour un style donné ou de nouveaux engouements, font varier les valeurs relatives des meubles, des objets d'art ou des tableaux.

Quelle est l'influence de la mode sur le marché de l'art?

Il ne fait guère de doute que la mode joue un rôle important sur l'évolution du marché et, par voie de conséquence, sur les prix, que cette mode soit elle-même influencée par un changement dans les habitudes de vie ou qu'elle soit liée à des personnalités qui, tout à coup, font connaître et aimer telle ou telle marchandise, ou encore à des événements particuliers. Quelques exemples feront prendre conscience du phénomène.

Au XIXe siècle et jusque dans les années 50, les meubles en bois massif n'étaient guère appréciés, considérés comme campagnards. Seuls les meubles d'ébénisterie plaqués, marquetés, à panneaux de laque, jouissaient de l'intérêt des amateurs et des collectionneurs. Puis les goûts ont changé avec le mode de vie, influencés également par la vogue des résidences secondaires. C'est ainsi que les meubles en bois naturel massif ont vu leur cote monter au détriment des marqueteries jugées trop précieuses et fragiles, craignant le chauffage central dont nous ne pouvons plus nous passer.

Le Napoléon III a vu sa vogue croître il y a une dizaine d'années et les prix suivre une courbe ascendante pour les pièces de qualité.

Le Charles X et les meubles en bois clairs avaient atteint de tels sommets, il y a une vingtaine d'années, que les cotes s'essoufflent.

L'Art nouveau et même les Arts déco, longtemps relégués dans les greniers, ont permis à ceux qui ont lancé la mode, tel Me Rheims, ou à ceux qui l'ont pressentie, de réaliser de substantiels bénéfices.

Les barbotines, présentées par Catherine Deneuve, ont vu leur cote monter de façon spectaculaire! Il en est de même pour les stylos de Ted Lapidus ou les meubles de style Memphis du couturier Karl Lagerfeld. Les bronzes animaliers ont bénéficié de l'intérêt que leur a porté Alain Delon.

L'ouverture du musée d'Orsay a mis en lumière le XIXe siècle. L'arrivée des Japonais sur le marché de l'art a joué également un rôle non négligeable.

On pourrait ainsi multiplier les exemples.

L'authenticité des œuvres d'art peut-elle être compromise par des accidents ou des restaurations ?

Les règles édictées par les professionnels peuvent apporter des repères utiles.

Par exemple, le Syndicat national des antiquaires (organisateur de la Biennale des Antiquaires) demande à ses adhérents d'annoncer « les fêlures et les réparations des porcelaines, les réargentures des objets en métal argenté ou les redorures des bronzes, les additions aux meubles, les restaurations importantes des tableaux et dessins, les taches et déchirures des gravures ». En revanche, le Syndicat considère que « les restaurations et réparations, quand elles ne constituent que des mesures conservatoires et de remise en état, qui n'altèrent en rien les caractères d'ancienneté et de style, et n'apportent aucune modification au caractère propre de l'œuvre et de l'objet [...] ne sauraient être expressément déclarées sur la facture ». Ainsi en est-il des travaux de nettoyage, de revernissage, de remise en état, de réentoilage ou de parquetage des peintures, de nettoyage des meubles et des bronzes.

Le problème est en fait de définir les limites au-delà desquelles l'authenticité des œuvres sera sérieusement compromise par des interventions postérieures à sa création. Dans ce domaine, les expressions utilisées ne sont pas toujours faciles à interpréter. Par exemple, la mention « restaurations d'usage » est souvent employée. On dit également quelquefois que les restaurations ne doivent pas dépasser un certain pourcentage de l'œuvre. Cette approche est d'emploi difficile.

Par exemple, si sur un tableau, un élément central, comme un visage, a été totalement repeint, même si la surface picturale correspondante ne représente que 10 % de l'œuvre, celle-ci est très largement dévalorisée. Il est généralement admis que des restaurations supérieures à 15 % de l'œuvre lui font perdre son authenticité.

De la même façon, si les placages et les marqueteries d'un meuble ont été largement repris – *a fortiori* transformés –, son authenticité en est gravement affectée.

La durabilité fait-elle partie de l'authenticité?

Dans la conception classique, l'œuvre d'art a vocation à durer après la mort de son créateur et les conservateurs, marchands et collectionneurs s'efforcent d'en accroître la durée de vie par un entretien régulier et des méthodes de conservation adaptées (par exemple, les dessins, les textiles seront conservés à l'abri de la lumière, les tableaux périodiquement revernis...).

Toutefois, on sait que certaines œuvres sont condamnées à une vie relativement brève. Cela peut être lié à des erreurs techniques (ainsi, au XIXe siècle, a-t-on utilisé comme support le bitume de Judée qui s'est traduit par une dégradation irréversible et inexorable des tableaux). On sait aussi que certains pigments employés s'altèrent rapidement (par exemple, dans les œuvres de Van Gogh). Toutefois, le processus de dégradation reste lent comparé à l'espérance de vie du collectionneur.

En revanche, à la période contemporaine, la durée de vie des œuvres est une question plus épineuse. La recherche systématique de combinaisons nouvelles de plus en plus hardies (qu'on recouvre souvent du terme générique de « technique mixte »), l'inclusion dans les œuvres de fragments ou d'objets exerçant des contraintes physiques importantes sur les supports, les expérimentations physico-chimiques diverses, voire même l'utilisation de substances organiques à dégradation rapide, se traduisent souvent par des difficultés de conservation et une durabilité limitée à quelques décennies, ou même à quelques années.

Il faut être conscient de cette situation et éventuellement demander des informations techniques aux galeristes ou aux créateurs (en particulier, sur les supports et les matériaux utilisés), de manière à faciliter ultérieurement le travail des restaurateurs.

La valeur d'une œuvre peut donc être affectée d'un coefficient de durabilité.

Quelles sont les principales motivations des acheteurs de biens artistiques?

Pour de nombreux amateurs, les antiquités et les œuvres d'art sont avant tout une source de plaisir. Les uns sont sensibles aux formes qui expriment le charme d'autrefois, voire la nostalgie d'un certain passé, les autres recherchent dans les meubles ou les objets anciens des éléments de décor qui s'harmonisent avec une demeure ancienne.

Cependant, des considérations économiques et fiscales ne sont pas étrangères à l'achat d'antiquités. De nombreux exemples prouvent qu'à long terme les meubles et les objets anciens constituent des valeurs de placement qui ne risquent pas de se dévaloriser. Mais les investissements à court terme, avec l'idée de revendre, comportent souvent des risques. Il faut nécessairement plusieurs années pour compenser les frais de ventes aux enchères ou les marges bénéficiaires des antiquaires.

Enfin, le fait que les biens artistiques ne rentrent pas dans l'assiette de l'impôt de solidarité sur la fortune constitue un argument en faveur de leur achat.

En tout état de cause, le conseil que donnait Peter Wilson, ancien directeur de Sotheby's, est toujours valable : « N'achetez jamais d'œuvre d'art à moins de vraiment l'aimer ; ne l'achetez jamais à seule fin d'investir. Si vous suivez cette règle, ce sera presque toujours le meilleur investissement à long terme que vous puissiez faire. »

Qu'appelle-t-on l'effet Veblen ?

Économiste et sociologue, Thorstein Veblen (1857-1929), Américain d'origine norvégienne, a donné son nom à une théorie de l'enrichissement sans cause de la classe oisive. Éditée en 1899, *The Theory of the Leisure Class* est parue en France sous le titre (contestable) de *Théorie de la classe de loisir* (Gallimard, 1978). Thorstein Veblen y dénonce vigoureusement les spéculateurs qui, sans contribuer à la fortune collective, accumulent les richesses à seule fin d'en faire étalage aux yeux des autres. C'est ce que certains auteurs, notamment le professeur Bernard Rouget, appellent aujourd'hui « une motivation ostentatoire ».

L'effet Veblen est la satisfaction que tire le propriétaire de certains biens, artistiques notamment, considérés comme les signes de sa puissance financière. Ces loisirs « ostentatoires témoignent de la possibilité de s'offrir une vie d'oisiveté ». Veblen voit également dans un « gaspillage ostentatoire » une survivance du « tempérament prédateur » des hommes vivant en société. Il dit encore : « Ce procédé que le vulgaire appelle snobisme est donc l'expression d'un rang social honorifique », qu'il s'agisse de réunions sportives, de bateaux de plaisance, de vêtements, d'œuvres d'art, de livres à tirage limité, etc. En fin de compte, on ne consomme pas de biens artistiques parce qu'on en a le goût mais pour montrer son opulence. « Les signes de cherté se font accepter comme éléments de beauté. Ils flattent l'œil en parlant de haut prix et d'honneur, et ce plaisir se mêle au charme du galbe et du coloris. »

Le plaisir d'être envié entre également dans l'intérêt qui se porte dans l'acquisition de ces biens précieux que Voltaire appelait déjà « les magnificences inutiles ». Près d'un siècle après sa formulation, la théorie de Veblen explique la motivation de certains achats sur le marché de l'art.

L'effet Veblen est encore l'un des puissants ressorts qui font monter les enchères. On connaît de nombreux exemples de gros acheteurs en salle des ventes, américains et japonais notamment, qui se procurent des œuvres d'art pour que leur puissance financière soit répercutée par les médias. Dans l'esprit de Veblen, l'achat des tableaux ou des objets d'art les plus coûteux confère une « honorabilité » qui prétend effacer l'origine douteuse de certaines fortunes.

Comment acheter un objet d'art avec les meilleures chances de valorisation?

Il est tout d'abord indispensable d'obtenir du vendeur, du marchand ou du commissaire-priseur, toutes les garanties voulues d'authenticité. Dans tous les cas, n'hésitez pas, avant l'achat, à demander conseil à un expert de votre choix (même si la vente publique est garantie par experts, vous pouvez faire venir un spécialiste à l'exposition qui précède les enchères).

Dans une même catégorie de meubles ou d'objets, il ne faut jamais hésiter à choisir les plus beaux, les plus riches en marqueterie ou en ornements, ceux qui sont estampillés ou poinçonnés des plus grands maîtres, ceux qui se distinguent par des particularités originales, ceux qui proviennent des collections les plus réputées. Ce sont toujours les biens artistiques les plus précieux qui ont les plus fortes chances de se valoriser avec les années.

Qu'appelle-t-on la loi de Gersaint?

Le grand marchand de tableaux du XVIIIe siècle, François Gersaint (dont Watteau a immortalisé l'enseigne sur le Pont Notre-Dame), avait clairement compris que plus on donnait un prix élevé pour un objet d'art de haute qualité, plus grandes étaient les chances qu'il se valorise avec les années. Il a formulé cette loi économique dans les termes suivants : « On court beaucoup moins le risque d'être dupe quand on ne donne, en quelque genre que ce soit, que dans le beau et le parfait (quoique à un gros prix) que quand on se contente de choses médiocres parce qu'elles paraissaent à un prix bien inférieur. »

Gersaint soulignait que les belles choses se revendront « plus avantageusement [...] au lieu que, dans le médiocre, il y a presque toujours de tout à perdre ».

Un autre marchand de tableaux célèbre, lord Joseph Duveen, qui est à l'origine des grandes collections américaines de peintres impressionnistes, exprimait avec humour la même idée en déclarant : « Lorsque vous payez cher une chose qui n'a pas de prix [...] vous la payez encore bon marché! »

Quelle conclusion en tirer aujourd'hui?

La leçon de Gersaint est toujours valable : il ne faut pas céder à la tentation d'acheter un objet parce qu'il paraît peu cher. Mieux vaut garder son argent et économiser pour acheter plus tard un objet de la même catégorie, mais agrémenté des divers détails qui en font tout le prix.

Ce n'est jamais réaliser une « bonne affaire » que d'acheter précipitamment ce qu'on vous propose à bas prix. Il faut donc se réserver un temps de réflexion, comparer avec d'autres objets de même catégorie et acquérir ensuite la pièce de la plus haute qualité en la payant le prix qu'elle mérite.

Si vous êtes un jour amené à revendre, vous constaterez qu'un achat judicieux, même à prix élevé, engendre une fructueuse plus-value. Ou ce sont peut-être vos héritiers qui bénéficieront de la bonne surprise...

Les cotes et leur évolution

Qu'appelle-t-on la cote d'une antiquité, d'un objet d'art ou d'un tableau?

Comme à la Bourse, le terme de cote est employé sur le marché de l'art pour désigner le prix moyen obtenu à la suite de la confrontation de l'offre et de la demande à un moment déterminé.

Comment une cote est-elle possible alors que chaque œuvre a un caractère unique?

Il est vrai qu'on ne peut donner une cote qu'à des œuvres comparables entre elles. Dans un chapitre consacré à « La cote de l'objet » dans son fameux livre *La Vie étrange des objets* (Plon, 1960), Me Maurice Rheims, qui n'était pas encore académicien mais commissaire-priseur, fait la remarque suivante: « ... Si les objets n'ont pas de prix fixe, il n'en est pas moins vrai que lorsqu'une série de transactions vient d'avoir lieu sur un même genre d'objets, il s'établit naturellement une sorte de prix moyen. »

Rien n'empêche donc de raisonner sur des moyennes pour un même type de meuble ou d'objet d'art. C'est pourquoi il vaut mieux exprimer la cote dans une fourchette de prix que par un seul prix moyen. On dira, par exemple, que la cote d'une commode d'époque Louis XVI en noyer massif est de l'ordre de 30 000 à 50 000 F en 1992.

Pour un peintre, la cote sera donnée pour un tableau représentatif du talent de l'artiste dans un format déterminé et à une époque donnée de sa carrière. Certains guides des cotes n'hésitent cependant pas à donner un prix moyen en un seul chiffre, pour un format de référence de 65 cm × 50 cm (format 15 paysage), mais une telle réduction de la cote est très aléatoire.

Comment suivre l'évolution des cotes?

Il est possible à chacun de suivre l'évolution du marché en consultant les résultats des ventes publiques, notamment par la *Gazette de l'hôtel Drouot*, l'hebdomadaire des ventes publiques qui donne le montant des adjudications de la plupart des ventes françaises.

Certains journaux spécialisés, tels *Connaissance des arts, L'Estampille, Auction International, La Vie française, Le Revenu français, etc.*, proposent des sélections de cotes de mois en mois.

D'autres cotes périodiques paraissent tous les six mois *(L'Officiel des arts)* ou tous les ans (*Annuaire des cotes*, Bordas; ou le *Guidargus de la peinture*, plus spécialement consacré aux peintres du XIXe siècle à nos jours, avec des indications critiques intéressantes, éditions de l'Amateur).

Existe-t-il une corrélation entre la cote des œuvres d'art et les cours de la Bourse?

Depuis quelques années, certains chercheurs ont fait de savants calculs pour mettre en évidence un lien de dépendance entre ces deux marchés. Deux phénomènes sont généralement observés par ces spécialistes :

1. En période de prospérité économique, reflétée par les indices boursiers, les œuvres d'art et les antiquités suivent le même mouvement et les prix sont en hausse.

2. En cas de repli des valeurs boursières, les biens artistiques peuvent apparaître comme des valeurs refuges. C'est ainsi qu'après le krach boursier d'octobre 1987 à Wall Street, les tableaux modernes ont capté les capitaux disponibles, ce qui a provoqué une ascension rapide et généralisée de la peinture, et par la suite une hausse de l'ensemble du marché. Mais cette période d'inflation spéculative a brusquement cessé au début de 1990, lorsque les acheteurs américains et japonais se sont soudainement retirés du marché.

Selon Gérard Varet, de l'université d'Aix-Marseille, qui dirige une équipe de chercheurs en économie quantitative, les fluctuations des valeurs artistiques et des indices boursiers suivent d'année en année des courbes d'évolution très voisines, mais avec un certain décalage. La Bourse serait un indicateur avancé de l'activité du marché de l'art. En résumé, l'art suit la Bourse. Mais de brusques renversements de tendances paraissent, pour l'instant, difficilement prévisibles.

Peut-on calculer la « rentabilité » des œuvres d'art?

De nombreux chercheurs se sont efforcés de calculer les coefficients de valorisation des œuvres d'art, mais les résultats proposés sont souvent contradictoires ou d'une telle variabilité qu'on ne peut en tirer des conclusions définitives.

De plus, les pourcentages d'augmentation annoncés sont très différents d'un secteur à l'autre.

Selon certains organismes d'investissements artistiques, les tableaux modernes se seraient valorisés de 20 % entre 1985 et 1988 (dans le même temps, les valeurs boursières ont augmenté de 16 %). Des calculs réalisés par Gérard Varet et son équipe universitaire, portant sur les cotes de douze mille tableaux modernes vendus de 1957 à 1988, font ressortir une croissance annuelle de 10,7 % soit, en défalquant l'inflation, de 5,5 % par an.

Selon Bernard Rouget (auteur du *Marché de l'art contemporain en France*), l'évolution des prix, calculée sur un échantillon de quatorze artistes contemporains représentatifs, fait apparaître une augmentation de 50 % de 1965 à 1974, suivie d'une baisse de 36,5 % de 1974 à 1979 (à la suite des chocs pétroliers). Les prix ont recommencé à monter à partir de 1980, pour « exploser » à la fin de cette dernière décennie.

On sait que la période euphorique des hausses de caractère spéculatif s'est mal terminée et que les tableaux modernes ont chuté de 30 à 50 % depuis 1990, selon les professionnels. Mais tout permet de penser que les baisses seront progressivement absorbées.

Si l'on considère l'ensemble du marché de l'art sur une longue période, il est certain qu'il permet des placements avantageux, mais qu'il demeure avant tout une source de plaisir esthétique impossible à quantifier. Très aléatoires, les recherches de rentabilité donnent des résultats incertains qui dépendent des périodes considérées, des secteurs du marché, des artistes pris en référence et surtout... des méthodes de calcul!

On retiendra, enfin, que les œuvres de la plus haute qualité se valorisent davantage et plus rapidement que les meubles, les objets ou les tableaux courants (voir Qu'appelle-t-on la loi de Gersaint?, p. 128).

Un krach est-il possible sur le marché de l'art?

Depuis plus de trente ans, le public des amateurs d'art, d'antiquités et d'objets de collection n'a cessé de s'élargir, ce qui dans l'ensemble a fait fortement progresser les cotes, avec parfois des replis rapidement absorbés.

Il faudrait un changement radical des mœurs pour qu'une baisse importante et continue se produise sur le marché de l'art. Certes, des crises peuvent survenir, mais jamais aussi brutales que sur le marché des valeurs boursières.

Par ailleurs, les musées du monde entier sont constamment en quête de tableaux de maîtres, d'objets d'art ou de meubles prestigieux. Un krach est d'autant moins vraisemblable que le marché s'est largement universalisé et médiatisé. Il suffirait qu'une baisse se produise dans un secteur pour que les marchands internationaux se portent acquéreurs et rétablissent les cours un instant menacés.

La primauté de la demande sur l'offre semble écarter, dans les circonstances actuelles, un effondrement des valeurs artistiques.

Bien acheter, bien vendre

Nous avons vu (chapitre I) les principes de base du commerce des antiquités et les règles du jeu en salle des ventes. Lorsqu'il s'agit d'acheter ou de vendre des biens artistiques, deux grandes options se présentent, l'antiquaire en boutique ou le commissaire-priseur, qui ont l'un et l'autre leurs avantages et leurs inconvénients.

Pour bien acheter

1. Chez l'antiquaire

Étudions d'abord plus attentivement la manière de s'y prendre avec l'antiquaire. Avant d'engager le dialogue, commencez par bien observer l'objet qui vous tente... et le marchand qui vous attend.

Peut-on se fier au hasard?

Il convient de connaître aussi bien que possible le meuble ou l'objet que vous cherchez à vous procurer : si vous avez besoin d'un buffet ou d'une commode, n'allez pas à l'aventure sans avoir vu de nombreux modèles du meuble qui vous intéresse soit chez divers antiquaires, soit dans des centres d'antiquités, des salons ou des foires.

Et ne partez pas avec une intention d'achat sans connaître les valeurs relatives des meubles du même type. Vous devez savoir, par exemple, qu'un buffet à portes moulurées en chêne d'époque XVIIIe vaut deux fois plus qu'un buffet Louis-Philippe à portes plates ou qu'une simple commode de port du XVIIIe en acajou massif.

Vous chinerez avec d'autant plus de succès que vous serez spécialisé dans un type d'objet déterminé. Ce qui ne ne doit tout de même pas vous empêcher de céder parfois au « coup de cœur », quand un objet inattendu répond exactement à vos goûts (et qu'au fond, vous étiez déjà disposé à le découvrir). Il prend soudain une telle valeur que vous n'hésiterez pas à y mettre le prix sans réticence. Et alors, vous aurez raison.

Si, par exemple, une opaline vous séduit par sa forme et sa couleur et que vous vous dites : « À 1 000 F, je la prendrais bien... », mais que le marchand vous en demande 1 200 F... Qu'allez-vous faire? Si vous trouvez qu'elle est trop chère, alors n'achetez pas, car votre envie n'est pas suffisante. Si vous la désirez vraiment, prenez-la, quitte à dire au marchand que vous ne pouvez pas la payer tout de suite.

De toute façon, ne mettez aucune précipitation à désigner dans la boutique l'objet qui vous tente. Jamais le marchand ne vous en voudra si vous dites simplement : « Vous permettez que je jette un coup d'œil? » La plupart des antiquaires dignes de ce nom éprouvent une grande fierté lorsque vous portez un intérêt à « leurs enfants ». Et vous mettrez à profit le temps de cette promenade d'un meuble à l'autre, d'un objet à l'autre pour exercer votre esprit d'observation.

Comment aborder le marchand?

Vous voilà au cœur du petit univers du marchand. Faites le tour de la boutique mais ne manquez pas d'observer celui (ou celle) qui en est l'âme. Examinez sa façon de s'habiller, ses mains, ses gestes :

vous constaterez que les apparences extérieures de ce personnage sont presque toujours à l'image des meubles et des objets qui l'entourent. Une chemise soignée, une coupe élégante, des chaussures bien cirées sont le signe d'une marchandise classique, raffinée, bien restaurée et bien entretenue. Un excès de préciosité, un certain manque de naturel, une élégance un peu trop ostentatoire feront naître un doute sur l'authenticité des objets proposés. Des couleurs qui jurent entre la chemise, la cravate et le veston peuvent être l'indice d'un goût douteux. Un brocanteur en gros chandail et chaussures pleines de boue vous montrera sans doute des meubles « dans leur jus » qui mériteraient un passage chez l'ébéniste. Devant une certaine négligence, parfois sympathique, il ne faut pas s'attendre à des meubles remis en état selon les règles de l'art. Le prix offert sera peut-être intéressant, mais n'oubliez pas de calculer les frais de réparation.

Une poignée de main rude et franche vous signalera peut-être un homme qui a l'habitude de manier les outils : les antiquaires qui sont en même temps ébénistes ont souvent une connaissance des bois qui en fait de fins connaisseurs de meubles.

Ne négligez pas pour autant les antiquaires dont les vêtements et les attitudes ne trahissent en aucune façon la personnalité. Il est des marchands qui ne payent pas de mine mais qui ont le génie de dénicher les meubles rares et les objets qui ont de l'esprit. À vous d'ouvrir les yeux.

Que faire si le marchand est absent?

Ne vous étonnez pas de trouver porte close chez de nombreux antiquaires : ils battent souvent la campagne en quête de marchandises. Renseignez-vous sur les jours et heures d'ouverture; téléphonez avant de venir.

Au cas où le patron se fait remplacer, vous aurez vite fait de connaître les limites de la compétence et de la responsabilité du vendeur. Demandez à tout hasard les prix de ce qui vous intéresse, faites-vous accorder une option, mais il est toujours préférable de traiter avec l'antiquaire en personne.

Sachez aussi qu'un bon professionnel sait faire rapidement tourner son stock. Méfiez-vous des magasins où les meubles et les objets restent des mois, voire des années, en place derrière la vitrine sans trouver preneur : c'est sans doute qu'ils sont trop chers pour ce qu'ils valent. Un renouvellement rapide de la marchandise présentée est presque toujours un bon signe.

Comment le marchand fixe-t-il son prix?

Quand vous aurez bien observé la marchandise et son marchand, n'oubliez pas que vous êtes en présence d'un professionnel de la vente. Son rôle est de commercialiser au mieux de ses intérêts des objets qui sont déjà passés par de nombreuses transactions.

Le prix de fabrication n'intervient pas ici pour l'établissement du prix de revient, et, d'autre part, le marchand est entièrement libre de son prix de vente (lequel échappe à tout contrôle des prix sauf à répondre devant le percepteur des marges bénéficiaires déclarées). Lorsque vous vous désignez vous-même comme acheteur, vous êtes donc en face d'un professionnel qui attend l'occasion d'une affaire « objet par objet, pigeon par pigeon », disent les mauvaises langues. Mais on ne saurait davantage reprocher à un marchand d'être un marchand qu'à un scorpion de piquer pour se défendre. Plus l'antiquaire saura tirer parti de ses trouvailles, mieux il gagnera sa vie. Ce qui ne veut pas dire du tout qu'il cherche à rouler ses clients systématiquement. Dans ce métier, le secret de la réussite est de savoir d'abord bien acheter. L'ambition à court terme de réaliser de gros gains à chaque opération comporte le risque de priver le marchand de cette bonne réputation sans laquelle l'exercice prolongé de son métier ne serait pas possible. Les bons coups de fusil, même occasionnels, font vite perdre une belle renommée. « *Honesty is the best business policy* », disent les Américains.

Les antiquaires gagnent leur vie comme ils le peuvent, à vrai dire de plus en plus difficilement; ils ne font donc pas de cadeaux. Ils chinent pour vous, le plus souvent chez d'autres marchands, comme nous l'avons vu... mais pour que l'ensemble du système fonctionne normalement, c'est sur vous qu'ils comptent au bout de la chaîne pour trouver l'argent qui servira aussitôt à l'achat d'autres meubles et d'autres objets!

À l'occasion de la remise d'une haute distinction à un grand antiquaire parisien du quai Voltaire, Me Maurice Rheims, le commissaire-priseur devenu académicien, a résumé avec humour l'essentiel de ce métier : « Les antiquaires font exactement comme les marchands de marrons : ils vendent le plus cher possible ce qu'ils ont essayé d'acheter dans les meilleures conditions [...] C'est un métier de fainéant [...] *où l'on se crève à la besogne.* »

Comment aborder la discussion avec l'antiquaire?

Vous aurez tout intérêt à créer entre vous-même et le marchand un climat de confiance. Certains antiquaires sont peu bavards. Ne vous étonnez pas de leur réticence : « Quand j'ai dit bonjour, j'en ai déjà trop dit », affirmait l'un d'eux. Aujourd'hui, les jeunes générations sont beaucoup plus ouvertes, estimant que le métier n'a plus de secrets.

Faites-les parler, demandez l'identité exacte du meuble : nom, âge, maladies, séjour en clinique, dernier domicile, etc. Attention à ceux qui, dans l'attente de vos réactions, vous parlent par exemple d'une table Louis XIII quand il s'agit d'une table de style Louis XIII, ce qui veut dire qu'elle n'est pas d'époque Louis XIII...

Mais de votre côté, ne soyez pas équivoque. Si vous doutez de l'authenticité d'un objet, n'hésitez pas à parler le langage des initiés en demandant tout simplement : « Est-ce qu'il est bon ? » C'est là une phrase clé, presque un mot de passe. En entendant cette expression consacrée, votre interlocuteur se rendra compte que vous êtes habitué à fréquenter les antiquaires.

Ne jouez pas l'ignorance avec une fausse ingénuité, mais n'essayez pas non plus de faire étalage de vos connaissances. Quand vous aurez fixé votre choix et bien examiné le meuble, posez encore quelques questions sur ses particularités et ses défauts.

Faites-vous préciser si les bronzes et les serrures sont de la même époque. Regardez dans quelle mesure il a fait l'objet de restauration. Normalement, un antiquaire honnête doit de lui-même indiquer les parties restaurées. Si les réparations dépassent 30 % de l'ensemble du meuble, il serait abusif de soutenir qu'il est d'époque, alors que les petites restaurations d'entretien (un bout de pied, un coin de plateau) n'en altèrent pas le caractère original.

La commission de contrôle de la Biennale des Antiquaires est plus rigoureuse : elle n'accepte que « les restaurations d'entretien représentant au maximum 15 % de l'objet ».

Quelles sont les limites du marchandage ?

Si décidément le meuble vous convient, abordez franchement la question du prix. La technique qui consiste à demander le prix d'une dizaine d'objets, avant d'en venir au seul qui vous intéresse, ne peut qu'agacer le marchand. Le plus souvent, l'antiquaire acceptera une réduction de l'ordre de 10 % s'il a le sentiment que vous appréciez son meuble à sa juste valeur.

Mais s'il vous dit : « On m'en a offert un prix supérieur » ou « Ça m'ennuie de m'en séparer... », n'en croyez rien et continuez à discuter. L'art du marchandage fait partie du jeu. Les antiquaires astucieux sont convaincus que le marchandage a une utilité psychologique. Si vous repartez de chez eux avec l'impression d'avoir fait une affaire, ils savent que vous reviendrez.

Si vous rabaissez trop fort le premier prix proposé, le marchand risque d'interrompre brusquement la discussion et de vous laisser partir. Les limites du marchandage – qui peuvent aller jusqu'à 20 % – varient beaucoup selon les individus : à vous de tâter prudemment les limites extrêmes du marché. Certains antiquaires, sentant que vous êtes réellement amoureux de ce qu'ils vous proposent, apprécieront la confiance que vous leur accordez et, spontanément, ils vous feront un prix.

Enfin, beaucoup de brocanteurs ou d'antiquaires « généralistes » ne connaissent pas très bien la valeur réelle de l'objet qu'ils proposent. S'ils surestiment, rabaissez leurs prétentions en citant des prix constatés ailleurs (ils n'aiment pas cela).

Si l'acheteur ne peut payer immédiatement, il laissera à l'antiquaire des arrhes ou un acompte, en échange d'un reçu daté, et il réglera par la suite la totalité du prix convenu, le plus souvent au moment de l'enlèvement du meuble ou de sa livraison.

À partir du moment où l'accord s'est fait avec le marchand, il suffit généralement d'une entente verbale, même sans remise de fonds, pour que l'antiquaire vous réserve le meuble ou l'objet. Il vous accorde ainsi une option, mais évidemment il pourra s'en dédire au cas où un autre client lui proposerait une somme supérieure. Les arrhes ou les acomptes donnent une garantie contre un tel risque.

En salle des ventes

Nous avons vu (chapitre I) le fonctionnement des ventes aux enchères. Vous y trouverez notamment les réponses aux questions suivantes : Que peut-on acheter en salle des ventes ? Comment lire un catalogue des ventes ? Comment acheter dans une vente aux enchères ?

Pour passer à la pratique, voici encore quelques conseils.

Où se placer dans la salle ?

Pour jouir d'une vue d'ensemble sur la salle, il est recommandé de se placer de côté. Il importe en effet de bien suivre l'étrange dialogue, fait de gestes, de mimiques, de clignements d'œil, qui va s'engager entre le commissaire-priseur et les divers acheteurs. Trop au fond, vous ne voyez que de dos ; trop près de l'estrade, vous ne voyez que la voltige du marteau d'ivoire et il faudrait vous retourner sans cesse pour examiner les visages des enchérisseurs (et vérifier s'il en existe réellement !).

Une fois l'objet présenté et défini, le commissaire-priseur lance une mise à prix qui correspond environ au tiers de l'estimation.

Si vous entrez dans la course, annoncez votre enchère à voix haute, ou bien faites seulement un petit signe. Le commissaire-priseur et son crieur vous ont repéré. Faites alors bien attention de ne pas vous laisser entraîner. Si l'enchère approche du prix que vous vous êtes fixé, vérifiez que d'autres que vous suivent effectivement l'enchère. N'hésitez pas à répéter votre dernière enchère, même si le commissaire-priseur a déjà annoncé un prix supérieur. Si un enchérisseur a réellement dépassé votre offre, montez encore d'un cran, et poursuivez prudemment jusqu'à la limite que vous aviez en tête.

Mais attention, n'allez pas plus loin et pour ne pas vous laisser entraîner, faites un signe très net avec la tête – comme pour dire non – ou avec l'avant-bras agité devant vous de droite à gauche. C'est ce qu'on appelle le « coup de l'essuie-glace ». Cela veut dire que vous refusez de monter plus haut. Si vous ne faites pas ce geste – et même s'il n'y a pas d'autre acheteur dans la salle –, le commissaire-priseur fera semblant de prendre une enchère et reviendra sur vous pour vous provoquer à la hausse. Ne craignez pas de répéter nettement : « J'ai dit telle somme. » Ne vous laissez surtout pas « embarquer ».

Comment déjouer les manœuvres des marchands?

Si vous sentez que les offres faiblissent dans la salle, soit que les marchands tentent le blocage, soit qu'il n'y ait pas d'acheteurs, n'allez pas au-delà du prix d'estimation et maintenez votre enchère à ce niveau. Mais prenez garde, votre volonté de faire retomber le marteau sur votre dernier prix peut être « contrée » par le porte-parole des marchands ou par le commissaire-priseur lui-même.

En effet, pour pouvoir revendre avec bénéfice, les professionnels n'ont pas intérêt à aller au-delà d'un certain seuil. En tant que particulier, vous pouvez franchir cette limite avec l'assurance de réaliser une bonne affaire du moment que le prix d'adjudication (plus les frais) reste nettement inférieur au prix en boutique. D'où l'utilité d'avoir une bonne connaissance des prix pratiqués. Mais attention, sentant que l'objet leur échappe à votre profit, les marchands peuvent réagir méchamment. Allant contre leur intérêt immédiat, ils vont surenchérir pour vous pousser au-delà du prix normal chez l'antiquaire. Ces rivalités d'enchères ont pour conséquence, surtout dans les ventes de spécialités, de faire monter les cotes à des niveaux invraisemblables. Et les antiquaires en tirent argument en affirmant : « Vous voyez, les prix sont plus chers en salle des ventes que chez nous ! »

La seule façon d'empêcher de telles manœuvres est de garder la tête froide : il faut alors renoncer à suivre l'enchère, et abandonner la partie.

Mais une autre provocation vous guette, même si les marchands ne sont pas dans le coup : c'est celle du commissaire-priseur. Son intérêt est d'élever les enchères le plus haut possible. S'il sent que la demande est peu active, il tente de faire monter les prix à l'arraché : il fait semblant de cueillir des enchères çà et là dans la salle, il continue jusqu'à ce qu'il atteigne le prix de réserve demandé par le vendeur, ou jusqu'à la limite supérieure de l'ordre d'achat qu'il a reçu (alors que, normalement, il devrait s'en tenir aux enchères qui se sont réellement manifestées dans la salle).

Comment réagir devant cette situation ? Exactement comme dans le cas précédent : refuser de suivre les fausses enchères. Si vous avez pris soin de vous renseigner sur la valeur de l'objet proposé, n'allez pas au-delà de ce prix et maintenez fermement votre enchère à voix haute. Si vous savez vous retirer du jeu en temps voulu, le commissaire-priseur arrêtera son manège, reviendra sur votre dernière proposition, et prononcera l'adjudication à votre profit.

Enfin, n'oubliez pas qu'au montant de l'adjudication s'ajoutent les frais de vente.

Où sont les plus grands risques à l'achat, chez l'antiquaire ou en salle des ventes?

Il est certain qu'un achat chez l'antiquaire donne un plus grand temps de réflexion avant de prendre une décision. La discussion reste ouverte jusqu'au dernier moment avec l'antiquaire. Mais le revers de la médaille est que le prix demandé est souvent – mais pas toujours – plus élevé qu'en salle des ventes.

L'antiquaire justifie sa marge bénéficiaire par le fait qu'il a lui-même pris les risques au moment des enchères, sans aller au-delà d'un juste prix pour une marchandise dont il connaît la valeur sur le marché.

D'autre part, il est légitime qu'il compte à son client les frais de restauration, de remise en état, de présentation qu'il a engagés.

Enfin, il engage sa propre responsabilité en délivrant une facture descriptive qui donne ainsi une possibilité de recours en cas de contestation ultérieure sur l'authenticité.

Pour bien vendre

Il est encore plus difficile de savoir bien vendre que de savoir acheter. Lorsqu'un particulier a cessé d'aimer un objet, qu'il veut le remplacer par un autre, ou qu'il se trouve dans la nécessité de monnayer son bien, il peut tenter trois démarches de natures différentes : auprès d'un autre particulier, chez un antiquaire ou chez un commissaire-priseur.

Comment vendre à un particulier?

C'est par une entente directe avec un amateur que le vendeur obtiendra sans doute le meilleur prix. L'acheteur n'étant pas commerçant, la négociation pourra se conclure sans frais ni taxes, ni d'un côté, ni de l'autre.

Pour réussir sans prétendre réaliser un acte commercial comportant un profit, le vendeur propose lui-même son prix. Il doit, pour l'établir, tenir compte du prix d'achat réel au moment de l'acquisition. S'il s'agit d'une antiquité achetée depuis moins de cinq ans, il est honnête de n'en pas demander davantage puisque, au jour de l'achat, le prix comprenait les frais et taxes supportés par l'antiquaire. De plus, l'objet en question a pu subir des détériorations dont il faut tenir compte. La revente sans perte est déjà une bonne affaire. Toutefois, s'il s'agit d'une pièce de collection dont la cote a fortement augmenté au cours de ces dernières années, il est légitime de tenir compte de l'érosion monétaire et de faire valoir une plus-value pour déterminer le prix de vente. S'il s'agit d'une antiquité acquise depuis dix, vingt ans ou davantage, on obtiendra la plus juste base de détermination du prix en se reportant aux cotes récentes en salle des ventes d'un meuble ou d'un objet de même nature (prix d'adjudication sans les taxes).

La difficulté principale est de découvrir l'acquéreur disposé à se procurer l'objet dont on veut se défaire. Faute de trouver quelque amateur dans le cercle de ses relations, il est possible de tenter une petite annonce soit dans un journal spécialisé, soit enfin dans un journal médical où ce genre d'annonce a un bon rendement.

Mais attention, il est à peu près certain que les antiquaires, toujours à l'affût de marchandises chez les particuliers, se mettront sur les rangs.

Comment vendre à un antiquaire?

Il est parfaitement normal que l'antiquaire essaye d'acheter le moins cher possible ce qu'il revendra le plus cher possible... c'est son métier. Il est donc indispensable de bien connaître la valeur de l'objet mis en vente (de même qu'on ne fait pas de bon achat sans avoir une idée précise des prix pratiqués sur le marché).

Mais il convient tout d'abord de dissiper une confusion sur la notion de valeur qui est à l'origine de bien des déceptions. Comme nous l'avons vu à propos des estimations faites par les experts, la valeur d'achat ou de remplacement est nécessairement plus élevée que la valeur de réalisation ou de liquidation. La différence entre ces deux valeurs correspond à l'ensemble des frais inhérents à l'acte commercial. L'antiquaire va donc tenter de faire baisser les prétentions du vendeur, non seulement pour tenir compte de ses frais généraux et taxes diverses, mais pour tirer le maximum de profit entre l'achat et la revente.

Avant d'engager la discussion avec un professionnel, il faut accepter l'idée que le prix de réalisation ne peut être aussi élevé que le prix de vente du marchand lui-même pour un objet comparable.

Abordez la discussion sans essayer de finasser. L'antiquaire vous « laissera venir » et vous dira presque toujours : « Combien en voulez-vous ? » À vous d'être ferme et sûr de vous ; n'hésitez pas à dire : « Je sais que mon meuble vaut tant. » La discussion pourra alors s'engager.

Si le prix offert par l'antiquaire est trop éloigné de votre proposition, allez voir un autre marchand, et encore un autre s'il le faut, jusqu'à ce que le prix proposé soit acceptable. Adressez-vous de préférence à des antiquaires spécialisés dont la compétence correspond exactement au type de meuble ou d'objet dont vous voulez vous séparer. Les spécialistes pratiquent généralement les plus justes prix, aussi bien à l'achat qu'à la vente.

Quel est l'intérêt de la mise en vente publique ?

La mise aux enchères comporte plus de risques que la discussion directe avec un marchand qui se conclut sur un chiffre payable immédiatement.

Pour voir le meuble ou l'objet que vous voulez vendre, le commissaire-priseur – ou quelqu'un de son étude – se rendra chez vous. Il fera une estimation approximative si une expertise ne s'impose pas et si vous êtes décidé à jouer le jeu des enchères.

Avant de remettre vos intérêts au commissaire-priseur, prenez une précaution : posez un prix de réserve, ce qui signifie que vous n'accepterez en aucun cas que votre bien soit vendu à une somme inférieure à un prix convenu. Vous vous réservez ainsi le droit de reprendre votre meuble ou l'objet si, au hasard d'une mauvaise vente, les enchères n'ont pas monté ce jour-là, ou si une coalition de marchands a freiné les enchères.

Mais attention, vous aurez à payer une commission de 3 à 5 % pour les frais de rachat et de remise en vente avec l'espoir que seront réunies une autre fois des conditions plus favorables. Si votre objet est enfin vendu au-dessus du prix de réserve (et il arrive aussi qu'il soit vendu très au-dessus du prix attendu), ne croyez pas que vous encaisserez le montant de l'adjudication. Le commissaire-priseur en déduira les frais suivants : forfait légal : 7 % ; catalogue et publicité : 3 %, auxquels s'ajouteront éventuellement les honoraires d'expert, 3 %, et les frais de rachat, 3 %. Les frais payés par le vendeur sont finalement de l'ordre de 12 à 15 %.

Les meilleures périodes de vente se situent dans les mois les plus actifs du commerce d'antiquité : novembre-décembre ou avril-mai-juin, surtout dans les grandes villes.

Finalement, la revente après achat en vente publique est une opération pleine de risques. N'oublions pas que l'ensemble des charges payées par l'acheteur-revendeur est de l'ordre de 25 %. Cela revient à dire que, pour tirer bénéfice d'une adjudication, il faudrait que l'objet remis aux enchères augmente au moins du quart de sa valeur entre les deux ventes.

Il est, en fait, illusoire de jouer à la bourse aux antiquités pour réaliser de rapides profits. Les joueurs à court terme sont des spéculateurs à courte vue.

Dans ces conditions, n'est-il pas préférable de s'adresser à un antiquaire qu'à un commissaire-priseur ?

Il est vrai que la discussion directe avec l'antiquaire permet un temps de réflexion : si son offre vous paraît insuffisante, rien ne vous empêche de consulter un autre acheteur, particulier ou marchand. De plus, à partir de l'accord conclu, vous pouvez demander un règlement immédiat.

Le recours à la vente aux enchères est beaucoup plus hasardeux. Si le prix d'adjudication n'atteint pas le prix de réserve (voir p. 37), vous pourrez toujours tenter une nouvelle mise en vente (moyennant 3 à 5 % de frais supplémentaires), mais c'est prendre un nouveau risque.

Il peut arriver aussi que, par le jeu des enchères, le prix d'adjudication soit très supérieur à ce que vous attendiez. Mais les bonnes surprises sont plutôt rares en salle des ventes.

Enfin, le règlement est loin d'être immédiat. Il faut attendre en moyenne trois à cinq semaines après la vente pour obtenir le montant du prix d'adjudication diminué des frais de vente (de 12 à 15 %).

Disons pour conclure que les opérations d'achat et de vente sont hasardeuses en salle des ventes... mais parfois plus fructueuses que chez l'antiquaire. À vous de choisir, en acceptant les aléas de l'une ou l'autre solution.

Comment procéder à la vente?

Voici les conseils que donne le Syndicat national du commerce de l'antiquité et de l'occasion (SNCAO).

Il vous faut vendre vite et bien sans tomber dans l'arnaque ni la braderie : autant faire appel à des professionnels sérieux.

Auprès des antiquaires et des brocanteurs du SNCAO, chacun trouvera sans difficulté un marchand acheteur qui se rendra à son domicile, effectuera une expertise, paiera comptant en espèces ou par chèque (au-dessus de 5 000 F) et fera remplir une attestation de vente, offrant ainsi toute sécurité à l'acheteur.

Tout transport de marchandise est à la charge de l'acheteur.

Aujourd'hui, la raréfaction des objets fait que les prix grimpent.

De l'avis d'un vieux brocanteur, « il ne faut rien jeter ». Il ajoute volontiers le corollaire suivant : « Tout ce qui peut être cassé prend de la valeur et, plus que tout, ce qui compte, c'est la mode. »

Qu'est-ce que le dépôt-vente?

En remettant un objet entre les mains d'un professionnel, il faut savoir que la vente n'est pas certaine, que le transport des meubles ou des objets encombrants est à la charge du vendeur et que la marchandise n'est payée qu'une fois vendue.

Antiquaires et brocanteurs ont la totale responsabilité des objets qu'ils vendent : après la fixation du prix, un reçu mentionnant le prix et l'état des objets ou des meubles mis en dépôt est remis au déposant. Il est bon de vérifier auprès du marchand qu'il possède une assurance pour les objets qui sont mis en dépôt.

Est-il vrai que le Syndicat national du commerce de l'antiquité et de l'occasion garantit les achats?

Fondé en 1948, le Syndicat national du commerce de l'antiquité et de l'occasion (SNCAO), qui regroupe quatre mille adhérents antiquaires et brocanteurs (un quart de la profession), mène une action qui s'appuie sur le principe : « Vendre l'objet pour ce qu'il est. »

Principe clair qui implique la délivrance, à la demande de l'acheteur, d'une facture ou d'une attestation précisant la qualité et l'origine du meuble ou de l'objet. En cas de contestation sur la qualité intrinsèque de la marchandise vendue, le SNCAO règle le différend à l'amiable et sans frais.

Avec ses adhérents, reconnaissables au panonceau placé en évidence dans les boutiques et sur les véhicules, le SNCAO se propose, à l'achat comme à la vente, d'assurer la protection du consommateur.

Son appartenance au SNCAO engage la responsabilité du marchand qui, pour tout achat, doit délivrer une attestation ou une facture descriptive précisant la composition, l'origine et l'ancienneté de la pièce vendue.

Un particulier peut-il vendre régulièrement des œuvres d'art ?

En principe, non. En effet, dans cette hypothèse, l'administration (greffe des tribunaux de commerce, fisc, caisses de retraite et organismes de sécurité sociale...) pourrait considérer qu'il exerce une activité commerciale et le contraindre à se déclarer comme « revendeur d'objets mobiliers d'occasion », avec les exigences administratives (enregistrement à la préfecture, tenue d'un livre de police, déclarations fiscales et sociales...) qui s'y attachent.

Dans la pratique, la paracommercialité est très développée et difficile à contrôler et à réprimer. Les professionnels se plaignent d'ailleurs de cette situation qui développe une concurrence illicite et favorise des circuits semi-clandestins dont les receleurs profitent pour écouler des objets volés.

Est-il légal pour un particulier de participer à une vente de charité ou à un « vide-grenier » ?

Oui, à condition de vendre des objets lui appartenant et dans la limite d'une participation par an. Ces règles ont été établies pour éviter que – sous couvert des manifestations de ce type qui se sont multipliées, souvent avec l'accord des municipalités – des commerçants clandestins ne puissent développer leurs activités.

Comme le contrôle est difficile, il a été institué l'obligation pour les organisateurs de manifestations publiques (hors les ventes aux enchères), telles que déballages, foires à la brocante et vide-greniers (mais aussi salons...), de mentionner sur un registre l'identité de tous les vendeurs. Ces registres doivent être ensuite transmis aux préfectures qui peuvent ainsi, par recoupement, détecter les marchands clandestins.

Le commissaire-priseur est-il responsable des fautes de l'expert ?

En cas de contestation après les enchères de l'authenticité d'un objet vendu, le commissaire-priseur n'est pas responsable des fautes de l'expert, du moins dans l'état actuel de la législation.

En effet, depuis le décret du 29 mars 1985, les descriptions portées au catalogue (ou annoncées au moment de la mise en vente) n'engagent plus la responsabilité du commissaire-priseur, qui était jusqu'alors solidaire de l'expert.

Cette théorie de la coresponsabilité du commissaire-priseur et de l'expert a longtemps prévalu, ce qui pouvait donner lieu à un partage de l'indemnité en cas de faute clairement établie.

Peut-on cependant reprocher au commissaire-priseur d'avoir fait appel à un expert incompétent ?

Le problème s'est posé à la suite d'une erreur d'expertise flagrante, mais un jugement du tribunal de grande instance de Paris, du 19 février 1987, a retenu la seule responsabilité de l'expert qui avait qualifié de « pastel original » une gravure rehaussée au pastel.

Le plaignant a bien obtenu l'annulation de la vente, mais les juges ont refusé la demande de dommages-intérêts réclamée à l'encontre du commissaire-priseur. Il apparaît donc que l'officier ministériel n'engage pas sa responsabilité par le choix d'un expert, fût-il incompétent. Mais un revirement de jurisprudence n'est jamais exclu.

LIVRE IV

L'abécédaire de l'amateur et du collectionneur

L'abécédaire de l'amateur et du collectionneur

L'ordre alphabétique permet de passer en revue les principales spécialités du marché de l'art et des antiquités. « L'alphabet, disait Voltaire, est à l'origine de toutes les connaissances de l'homme [...] et de toutes ses sottises. » C'est justement pour éviter le plus possible de commettre des sottises au moment d'un achat que nous vous proposons d'examiner en détail, catégorie par catégorie, les objets offerts sur le marché de l'art. De l'archéologie à la verrerie, il est possible d'acquérir des connaissances précises pour apprécier à leur juste valeur les objets recherchés.

La peinture ancienne et la peinture moderne tiennent une place importante dans cet ensemble de spécialités, aussi leur avons-nous adjoint un chapitre complémentaire consacré aux faux en peinture. (De même que nous avons ajouté à l'histoire du meuble une série de questions sur le dépistage des faux.)

Dans tous les domaines, l'examen minutieux des objets disponibles sur le marché permettra à l'amateur de s'élever au niveau supérieur du véritable connaisseur.

Archéologie

Quelles sont les périodes regroupées sous le terme « archéologie » ?

À l'inverse des sciences historiques, nettement délimitées par l'invention de l'écriture entre préhistoire et histoire, l'archéologie n'a pas de repères fixes dans le passé.

Étymologiquement, ce mot désigne l'étude de l'ancien, et on utilise couramment l'expression « archéologie préhistorique ».

Dans l'autre sens, l'archéologie déborde largement sur le terme d'« histoire ancienne », qui s'arrête conventionnellement à la chute de l'Empire romain en 476, et englobe une partie de l'histoire médiévale, notamment les périodes mérovingiennes et carolingiennes, sans doute parce que nombre d'objets de ces époques furent retrouvés lors de fouilles, et assimilés à cette spécialité.

Cette discipline a-t-elle des limites géographiques?

Aucune, elle concerne tous les objets de fouilles. Toutefois, pour plus de précision, les experts se sont habitués à désigner sous le terme d' « antiques » tout ce qui provient du Bassin méditerranéen, d'Europe, du Proche et du Moyen-Orient, jusqu'à l'Iran préislamique.

Hormis cette zone immense, les deux autres grands foyers d'archéologie sont l'Extrême-Orient, de l'Afghanistan au Japon, et l'Amérique du Sud préhispanique qui comprend toutes les principales civilisations amérindiennes, littéralement ensevelies au XVIe siècle par les Espagnols.

Quelles sont les civilisations les plus anciennes?

Les plus anciennes traces de sociétés organisées datent du Paléolithique supérieur (voir tableau), qui se distingue par un épanouissement de l'outillage et la naissance d'un art pictural. Des pièces de cette période circulent sur le marché, notamment de l'âge magdalénien : plaquettes gravées, petites sculptures en os ou en bois de renne, sagaies décorées, datées entre 15000 et 12000 avant Jésus-Christ.

Les premières civilisations modernes remontent au VIe et au IVe millénaire où apparaissent en Mésopotamie la céramique et l'écriture. De cette époque subsistent des cylindres-sceaux en pierres dures gravées, des céramiques à décor géométrique peint.

L'âge du bronze se développe ensuite à partir du IIIe millénaire.

Paléolithique supérieur : – 40 000
Art magdalénien, Grottes de Lascaux : – 15 000/– 13 000
Néolithique : – 10 000
Or de Varna : – 5 000

Années	MÉSOPOTAMIE	ÉGYPTE	GRÈCE	ROME
– 3 400	Sumériens Invention de l'écriture cunéiforme	Invention des hiéroglyphes		
– 3 200		Dynasties thinites		
– 3 000			Début de la civilisation crétoise	
– 2 778		Ancien Empire		
– 2 350	Roi Sargon l'Ancien	Pyramides Memphis		
– 2 000	Akkadiens	Moyen Empire Thèbes	Civilisation des Cyclades	
– 1 830	Première dynastie de Babylone		Âge d'or de la Crète	
– 1 700	Roi Hammurabi	Invasions Hyksos		
– 1 500	Dynasties kassites	Nouvel Empire Apogée de la civilisation égyptienne	Mycènes Guerre de Troie (v. –1 200)	Premiers peuplements en Italie centrale
– 1 100	Déclin politique de Babylone	Dynasties libyennes		
– 1 000				Civilisation villanovienne en Italie du Nord
– 900			Homère	
– 800	Dynasties assyriennes (–732)	Basse Époque 26e dynastie saïte	Époque archaïque Colonisations en mer Noire et en Italie	Civilisation étrusque
– 700				Fondation de Rome (–753)
– 600	Invasion de Darius (–538)		Premières écoles de philosophie	
– 500			Âge classique Périclès	Ère républicaine
– 400	Perses achéménides			Invasion gauloise (–390)
– 300	Conquêtes d'Alexandre	Période hellénistique Alexandre soumet l'Égypte	Alexandre le Grand Époque hellénistique	
– 200				Guerres puniques Rome conquiert le monde méditerranéen
– 100		Époque romaine		Dictature de César Empire romain

Quelles sont les premières manifestations artistiques connues ?

Les grottes de Lascaux, datées vers 15000 ans avant Jésus-Christ, sont considérées comme un des chefs-d'œuvre de la préhistoire, et on a retrouvé au Sahara des gravures rupestres sensiblement de la même époque.

Beaucoup plus récent, « le premier or de l'humanité », découvert dans les tombes de Varna (Bulgarie), remonte à la seconde moitié du Ve millénaire. On a trouvé là les premiers exemples de bijoux dénotant une conception élaborée de l'orfèvrerie, comme il n'en existe alors ni au Proche-Orient, ni en Égypte.

À partir du IVe millénaire, les témoignages artistiques parvenus jusqu'à nous sont beaucoup plus nombreux, avec notamment les créations mésopotamiennes et égyptiennes (architecture, écriture, gravure, peinture, céramiques...).

Enfin, pour la statuaire, citons les idoles en marbre des Cyclades, représentations humaines stylisées proches de l'art moderne, datées entre le IIIe et le Ier millénaire.

Les céramiques égyptiennes

On distingue dans l'Égypte ancienne deux types de céramique : la poterie d'usage courant, en argile rouge ou grise, réservée aux taches domestiques, et la « faïence », à base de pierre dure broyée puis liée avec un ciment, recouverte d'une glaçure colorée par des oxydes métalliques.

À partir de cette matière brillante, les Égyptiens fabriquent des perles imitant la turquoise ou le lapis, des vases, des coupes, des amulettes, des oushebtis...

Ces derniers, fabriqués en très grande quantité à partir du IIe millénaire, sont particulièrement nombreux sur le marché, et proposés à des prix relativement modestes. Il s'agit de petites statuettes funéraires, hautes de 12 à 25 cm, représentant le mort ou ses familiers sous la forme d'une momie, avec la plupart du temps une inscription précisant son rôle. La valeur des oushebtis dépend de leur rareté, de la beauté de l'émail et de la finesse du modelé.

Quelles sont les caractéristiques des vases grecs?

La production des poteries grecques s'étend du IXᵉ au IIIᵉ siècle avant Jésus-Christ, et atteint son apogée aux VIᵉ et Vᵉ siècles avec les vases attiques, copiés ensuite dans toute l'Italie, de l'Étrurie à la Sicile.

Le décor est d'abord géométrique, puis la figuration animale et humaine se développe à partir du VIIᵉ siècle. Le style orientalisant s'épanouit alors à Corinthe, avec des représentations humaines de plus en plus réalistes. Viennent ensuite les vases à figures noires, fabriqués pendant tout le VIᵉ siècle. Le décor est en noir sur fond ocre, avec une scène mythologique qui recouvre la plus grande surface de l'objet. Les premières figures rouges apparaissent vers 530 avant Jésus-Christ.

À ce moment, le vase devient un objet d'art, dont la décoration est confiée à un peintre qui appose sa signature à côté de celle du potier. Le décor est exécuté sur un fond vernis noir, dans un style libre, dégagé de tout hiératisme, et sur des thèmes variés : banquets, éphèbes, vie familiale, danse...

Dès le IVᵉ siècle s'amorce la décadence avec un recours au maniérisme : décors plus chargés, utilisation de la polychromie.

La majorité des vases grecs proposés sur le marché proviennent d'Italie ou de Sicile, où des potiers athéniens installèrent des ateliers.

Lexique des formes

Cratère : récipient ouvert destiné à recevoir le vin coupé d'eau. Lors des banquets, les Grecs y remplissaient directement leurs coupes.

Lécythe : vase à anse latérale de forme cylindrique, posé sur un piédouche et terminé par un col haut et étroit. Ils sont utilisés comme vases à parfum.

Œnochoé : vase à vins à une anse et bec en forme de trèfle.

Kylix : coupe à boire à deux anses.

Amphore : vase ovoïde à deux anses.

Hydrie : grand vase à eau à col étroit.

Skyphos : vase à large ouverture bordée de deux anses.

Pyxide : boîte cylindrique à couvercle.

Aryballe : vase à parfum pansu.
Alabastre : vase à parfum de forme allongée.

Les statuettes en terre cuite

Elles avaient à l'origine une signification religieuse, mais dès le IVe siècle, la majorité d'entre elles remplit une fonction décorative.
Hautes de 15 à 25 cm, elles représentent de gracieuses jeunes femmes, délicatement ciselées dans des attitudes libres de tout formalisme.
Le centre de production le plus connu est la ville de Tanagra, en Béotie, mais des ateliers semblables existent dans l'ensemble du monde grec, de l'Asie Mineure (Smyrne, Myrina) à l'Italie (Tarente).

Quelles sont les origines de la verrerie antique ?

L'invention du verre remonte au IVe millénaire, due semble-t-il aux Égyptiens. Son emploi reste longtemps limité à l'imitation des pierres précieuses. Il faut attendre le Ier siècle de notre ère pour que soit mis au point en Syrie le procédé du soufflage, qui permet de réaliser des objets en série.
Après cette découverte, l'usage du verre se répand dans tout l'Empire romain, et des ateliers s'ouvrent un peu partout. Les verriers produisent nombre de pièces utilitaires, en verre uni plus ou moins transparent, et des créations luxueuses qui exigent un travail délicat : camées, décors de cabochons, motifs en relief, fils enroulés ou entrecroisés en résilles.
Les irisations, si recherchées aujourd'hui, sont dues à un long séjour dans la terre, qui, en attaquant la surface du verre, lui a donné de superbes reflets opalescents. Retrouvés en grand nombre, les verres romains sont très courants sur le marché.

Que retenir de l'art du bronze ?

Les bronzes phéniciens sont parmi les plus anciens qu'on puisse trouver sur le marché. Ce sont d'étonnantes sculptures longilignes, aux formes dépouillées, qui représentent pour la plupart des dieux et des animaux. Les spécialistes les datent du IIe millénaire.

Grands commerçants, les Phéniciens ont laissé des traces de leur passage de l'Espagne à la Turquie; toutefois, leurs statuettes en bronze sont fort rares et d'autant plus recherchées.

En Égypte, l'usage du bronze se répand surtout à partir du Nouvel Empire (1500 avant Jésus-Christ), mais atteint la perfection sous le règne des pharaons de Bubastis (vers 1050 avant Jésus-Christ). Toutefois, la majorité des pièces qu'on trouve sur le marché date de l'époque saïte (VIIIe siècle avant Jésus-Christ). Il s'agit de statuettes finement travaillées représentant tous les dieux du panthéon égyptien. Les chats, symboles de la déesse Bastet, sont particulièrement appréciés des collectionneurs.

Les bronzes du Louristan, qui datent du Xe-VIIe siècles avant Jésus-Christ, sont relativement courants, et certains d'entre eux présentent de remarquables qualités artistiques. Ils se rapportent aux activités guerrières : armes, plaques de mors, étendards..., et sont ornés d'animaux réels ou mythiques.

En Grèce, l'art du bronze connaît une grande floraison à partir du VIIIe siècle avant Jésus-Christ, et obéit aux mêmes canons esthétiques que la statuaire de pierre. Après les conquêtes d'Alexandre, la production s'intensifie, toujours d'après les œuvres des grands sculpteurs. Les créations de l'époque hellénistique, réputées pour leur grande qualité, sont très recherchées, d'autant plus que les pièces des époques antérieures sont rarissimes sur le marché.

A partir du VIe siècle avant Jésus-Christ, les Étrusques fabriquent de nombreuses statuettes en bronze, inspirées des modèles grecs de l'époque archaïque. Au milieu du Ve siècle, cette influence disparaît peu à peu, mais les Étrusques continuent leur production d'une étonnante diversité, bien que de qualité inférieure aux modèles grecs.

Les Romains, grands amateurs d'art, collectionnaient déjà les bronzes grecs. Pour satisfaire une clientèle nombreuse, des ateliers s'ouvrent peu à peu dans tout l'Empire, reproduisant de la Gaule à l'Asie Mineure les mêmes types, si bien que la provenance exacte est parfois difficile à établir aujourd'hui. On observe aussi de grandes différences de qualité d'un atelier à l'autre. La plupart de ces statuettes, représentations de dieux, de déesses ou de génies protecteurs, ont un usage décoratif et parfois une destination religieuse.

La statuaire

La statuaire de pierre, chef-d'œuvre de toutes les grandes civilisations antiques, est aujourd'hui rarissime, sauf pour des fragments que s'arrachent collectionneurs et musées.

Les statues mésopotamiennes ne se trouvent pour ainsi dire plus, les œuvres grecques ont pratiquement disparu, et pour la haute Antiquité, seule l'Égypte, si prolixe en objets d'art de toutes sortes, offre dans ce domaine quelques possibilités d'achats importants.

Heureusement, les amateurs d'art classique peuvent se rabattre sur les nombreuses créations d'époque romaine, directement inspirées par les chefs-d'œuvre de la Grèce antique. Bustes, torses, têtes et fragments de statues romaines passent couramment en vente publique.

À quand remonte l'art de la glyptique ?

Dès la fin du IVe millénaire sont réalisés en Mésopotamie des cylindres-sceaux en pierres dures. Finement gravés de personnages, d'animaux ou de scènes mythologiques, ils sont utilisés comme cachets, et souvent percés d'un trou qui permet de les porter autour du cou ou du poignet.

Les Égyptiens ornent de nombreuses pierres de motifs symboliques, de divinités et d'animaux, notamment des scarabées.

Au IVe siècle avant Jésus-Christ, les Grecs utilisent pour la première fois la polychromie en jouant habilement avec des couches de pierres de différentes couleurs. Les décors, assez complexes, mettent en scène de nombreux personnages.

A partir du Ier siècle avant Jésus-Christ, les Romains reprennent les techniques des Grecs et fabriquent à leur tour intailles et camées.

Argenterie

À partir de quand parle-t-on d'argenterie ancienne ?

Selon les experts, l'argenterie ancienne est antérieure à 1838, date à laquelle fut imposé un poinçon toujours en vigueur aujourd'hui représentant la déesse Minerve. Les pièces à la Minerve sont cataloguées dans les ventes publiques sous le nom d'« argenterie moderne d'occasion ». En dépit de cette dénomination peu flatteuse, on voit dans cette catégorie de très beaux exemples d'orfèvrerie qui intéressent les amateurs, en particulier l'argenterie Arts déco dont les cotes ont beaucoup monté depuis quelques années.

En dehors de cette distinction théorique, la technique du travail de l'argent est l'élément décisif qui permet d'établir une réelle différence sur la qualité d'une pièce : dans les années 50, l'utilisation du balancier, une machine à marteler l'argent, a remplacé le martelage à la main.

Quels sont les renseignements donnés par les poinçons ?

Les poinçons sont apposés pour garantir le titre d'une pièce d'orfèvrerie, c'est-à-dire sa teneur en métal précieux.

Sous l'Ancien Régime, quatre poinçons figurent sur les objets d'argent et permettent d'identifier le maître orfèvre qui a fabriqué l'objet, l'année de cette fabrication et son origine géographique. La Révolution supprime ce système et met en vigueur de nouveaux poinçons, à nouveau remplacés en 1809, en 1819 et en 1938.

À partir de 1838, on adopte la tête de Minerve tournée vers la droite puis tournée vers la gauche depuis 1973, désormais accompagnée d'une lettre de l'alphabet changée tous les dix ans : A pour la période 1973-1983, B de 1983 à 1993, etc.

Quels sont les caractéristiques des poinçons anciens ?

Pendant tout le XVIIIe siècle, les quatre poinçons en vigueur procèdent d'une grande variété : chaque artisan utilise une marque qui lui est propre, initiales ou symbole, et chaque ville a ses marques particulières dont certaines sont changées tous les ans. Ce système compliqué a l'avantage d'être extrêmement précis et permet aux experts d'identifier tous les objets d'argent de cette époque.

Pour le profane, la lecture des poinçons d'Ancien Régime est d'autant plus difficile que de nombreuses copies circulent, particulièrement bien faites quand elles datent du XIXe siècle.

À partir de 1797, les poinçons ne sont plus que trois, dont un coq à la tête tournée vers la gauche jusqu'en 1809, puis vers la droite jusqu'en 1819. Les spécialistes appellent ces deux poinçons le premier et le deuxième coq. De 1819 à 1838, la présence d'un vieillard barbu fait nommer la production de cette époque l'argenterie au vieillard. Les poinçons de maître comportent des initiales ou un emblème inscrits dans un losange.

Des poinçons en partie effacés ou indéchiffrables dévaluent toujours une pièce d'argenterie ancienne, même si son authenticité n'est pas mise en doute.

Comment dater avec précision l'argenterie à la Minerve antérieure à 1973?

C'est le mauvais côté d'une bonne chose : la simplification à l'extrême du système de poinçonnage ne permet plus une datation précise des objets. Toutefois, les plus belles pièces portent généralement un poinçon d'orfèvre qui donne sur leur âge un renseignement important. Pour les autres objets, seul le style donne les indications permettant d'évaluer une fourchette d'âge.

Quelle est la différence entre orfèvrerie et argenterie?

Si l'étymologie du mot orfèvrerie se rapporte au travail de l'or, l'usage déborde largement de cette seule matière, et ce terme désigne aujourd'hui tous les objets façonnés dans des métaux précieux – or, argent ou vermeil – qui requièrent l'intervention d'un orfèvre, même s'ils sont décorés avec d'autres matières telles que pierres dures, ivoire ou émail. On classe donc dans l'orfèvrerie les boîtes et les étuis en or, et de nombreux objets décoratifs comme les cadres, les coupes, les coffrets...

Le mot argenterie est limité aux pièces d'argent massif et de métal argenté. Parfois, les catalogues des ventes publiques portent la mention « orfèvrerie d'argent » qui désigne alors des pièces particulièrement somptueuses, en tout cas plus prestigieuses que la simple argenterie.

Que signifient les lettres M-O suivies d'un nom mentionnées dans tous les catalogues d'argenterie ?

M-O signifie maître orfèvre, l'artisan qui façonne les objets d'or ou d'argent. À partir du Moyen Âge, ils se sont groupés en une puissante corporation, dont les responsables sont élus tous les deux ans. Pour devenir maître, il fallait d'abord rester pendant huit ans chez un orfèvre comme apprenti, puis comme compagnon pendant deux ans. Après cela, le futur maître était autorisé à présenter son chef-d'œuvre. S'il était accepté par les jurés de sa corporation, il prêtait serment et faisait graver son propre poinçon.

Bien souvent, ce métier se transmettait de père en fils, et certaines dynasties d'artisans se retrouvent sur plusieurs siècles.

Quelle importance doit-on attribuer à la signature d'un orfèvre ?

Dans tous les domaines des arts décoratifs, certains créateurs poussent la maîtrise de leur art à son plus haut niveau, alors que d'autres restent simplement de bons exécutants : c'est toute la différence entre un artiste et un artisan.

L'orfèvrerie ne fait pas exception à cette loi, et la signature d'un maître réputé donne toujours une plus-value à un objet.

Quels sont les orfèvres les plus célèbres ?

Chaque époque nous a donné de remarquables maîtres, à commencer par Benvenuto Cellini, génial orfèvre de François Ier qui était aussi sculpteur. Au XVIIe siècle, Claude Ballin exécute pour Louis XIV le fameux mobilier d'argent, qui dut être fondu pour financer la guerre de Succession d'Espagne. Son neveu Claude II travaille également pour la Couronne, jusqu'à sa mort en 1754. La dynastie des Germain est elle aussi très réputée au XVIIIe siècle, et fournit de nombreuses cours étrangères en argenterie rocaille. La famille des Auguste prend ensuite le relais à la fin du XVIIIe siècle, en adaptant le retour à la ligne droite au travail de l'argent.

L'orfèvrerie du XIXe siècle atteint ses sommets avec Odiot et Biennais, heureux illustrateurs du style à l'antique dont raffole le Premier Empire. Sous Napoléon III, les grands noms sont Froment-Meurice, et bien sûr Christofle, qui le premier donne ses lettres de noblesse au métal argenté. L'Art nouveau s'épanouit ensuite sous les doigts de deux artistes injustement méconnus, Vever et Falize, qui, dans la lignée de l'école de Nancy, essaient de renouveler le répertoire des formes. Les Arts déco, enfin, nous donnent leurs lignes épurées à la fois sobres et puissantes sous la houlette de Jean Puiforcat, qui invente le décor de l'argenterie moderne. Dans le sillage de ces géants, de multiples maîtres orfèvres se sont illustrés par de très belles créations, et leurs noms font également partie de l'histoire de l'orfèvrerie.

Quelle incidence l'ancienneté a-t-elle sur le prix d'une pièce ?

L'ancienneté est l'un des éléments prépondérants du prix de l'argenterie. Les pièces antérieures à 1715 sont rarissimes, en raison des gigantesques fontes ordonnées par Louis XIV à la fin de son règne, et le peu qu'il reste atteint des prix exorbitants pour des objets modestes pour la plupart : gobelets unis, petits bougeoirs à base carrée, couverts...

L'argenterie du XVIIIe siècle, nombreuse et variée, forme le fonds le plus apprécié de l'ensemble du marché.

Avec la mode du régionalisme, les créations des multiples maîtres orfèvres de province ont été redécouvertes et obtiennent maintenant les mêmes prix que l'argenterie parisienne.

Les pièces du début du XIXe siècle, longtemps méprisées par les collectionneurs, ont récemment bien monté, et commencent à être très appréciées par les amateurs d'ancien qui ne peuvent s'offrir du XVIIIe siècle.

Les années à venir devraient accentuer ce phénomène, qui se répercute également sur l'argenterie à la Minerve de facture classique. Toutefois, des caprices inattendus de la mode peuvent toujours bouleverser cette tendance : ainsi les créations Arts déco, sans doute par leur modernisme, valent actuellement beaucoup plus cher que des pièces classiques plus anciennes, et plus cher également que l'Art nouveau.

Quels sont les autres critères des pièces les plus précieuses ?

En plus de l'ancienneté et de la renommée de l'orfèvre, la qualité du décor est un élément essentiel du prix de l'argenterie. Le propre des bons orfèvres est d'ailleurs leur capacité d'inventer un décor original à partir de motifs convenus et de savoir les assembler sans surcharge. En conséquence, les pièces unies ou à simple décor de filets valent toujours moins que les modèles ornés de côtés ou de pans coupés, et plus le décor est abondant et raffiné, plus une pièce voit sa valeur augmenter.

Le poids et les dimensions ont proportionnellement moins d'importance, et viennent en dernier pour l'évaluation d'un objet ancien.

La nature d'un objet influence-t-elle également son prix ?

Certaines pièces sont beaucoup plus appréciées que d'autres. Les petits objets de collection sont proportionnellement les plus chers et les plus recherchés : tastevins, mouchettes à chandelles, boules à éponge ou à savon, bougeoirs à main...

Les objets classiques et utilitaires intéressent toujours le public, et là les fourchettes de prix sont aussi larges que le choix est vaste : verseuses, couverts, plats, plateaux, flambeaux, sucriers...

Les pièces importantes dont on ne se sert plus beaucoup aujourd'hui se trouvent à des prix relativement bas : surtouts de table, jardinières, gros candélabres, soupières, rafraîchissoirs...

Quels types de faux circulent-ils dans ce secteur ?

On trouve bien sûr de faux poinçons XVIIIe, généralement obtenus par surmoulage, que les experts détectent facilement. Une autre sorte de tromperie consiste à embellir un objet simple et authentique, en lui ajoutant un décor raffiné qui lui donne plus de valeur : ces faux-là sont particulièrement difficiles à détecter pour les amateurs. Les faussaires peuvent aussi prélever de beaux poinçons sur un objet de moindre valeur et les apposer habilement sur une pièce plus récente, mais là encore, l'œil averti d'un expert décèle tout de suite ce genre de supercherie.

Pour se protéger d'un mauvais achat, mieux vaut faire confiance à un spécialiste compétent qui engage sa responsabilité vis-à-vis de son client.

Quelques précisions

Les verseuses

La famille des verseuses comprend les théières, les cafetières et les chocolatières. La particularité de ces dernières est la présence d'un petit trou sur le sommet du couvercle où l'on passait le « moussoir » en bois pour donner au breuvage un aspect mousseux et appétissant. À part cette caractéristique, les chocolatières ont des formes et des décors identiques aux cafetières, apparues d'ailleurs à peu près en même temps, à la fin du XVIIe siècle.

La cafetière XVIIIe siècle est généralement en forme de balustre et posée sur trois petits patins, avec un manche ou une anse galbée. La cafetière « marabout » se distingue par un fond plat, alors que « l'égoïste » a une contenance limitée à une ou deux tasses.

Moins haute et plus renflée, la théière repose généralement sur un fond plat. Au XVIIIe siècle, elle est moins courante que la cafetière, et les modèles de cette époque valent aujourd'hui deux à trois fois plus cher qu'une cafetière.

La platerie

C'est l'ensemble des plats, plateaux, jattes et assiettes dont le décor est moins riche que celui des pièces de formes. Ils peuvent être ronds, ovales, carrés, hexagonaux ou octogonaux, et le classique motif de moulures en filets se perpétue dessus depuis le début du XVIIIe siècle. Certains sont ornés d'un simple rebord, d'autres de petits godrons.

Les couverts

On trouve sur le marché quelques couverts du XVIIe siècle, rescapés des grandes fontes de Louis XIV. Ils sont d'un dessin assez fruste : fourchettes à trois dents et cuilleron soutenu par une attache en forme de queue de rat. Les manches plats et spatulés se terminent parfois par un motif trilobé. À partir de l'époque Régence, l'usage des couverts se répand dans la noblesse et la bourgeoisie, et ils acquièrent à ce moment la forme qu'on leur connaît aujourd'hui.

Les décors évoluent avec la mode : coquille Régence, rocaille asymétrique Louis XV, filets et rubans Louis XVI. Au XIXe siècle, les formes ne changent pas, et on reproduit les modèles du siècle précédent.

Le changement vient d'abord avec quelques tentatives Art nouveau, puis avec les créations de Puiforcat qui renouvelle entièrement le répertoire décoratif des couverts vers 1925. Les ménagères de Puiforcat sont actuellement très à la mode et leur prix est au plus haut.

Les nombreux modèles classiques du XIXe siècle sont, en revanche, beaucoup plus accessibles et se révéleront surement un excellent investissement dans quelques années.

Les objets de collection

Nombre d'objets autrefois utilitaires ont perdu avec la vie moderne leur usage pratique. Cet abandon a réussi a beaucoup d'entre eux qui sont ainsi devenus des objets d'art, qu'on collectionne pour leur beauté et leur intérêt historique. Leur prix n'a aucun rapport avec leur taille et leur poids de métal précieux.

Les luminaires

Les amateurs doivent connaître la différence entre flambeaux et candélabres.

Les candélabres sont de dimensions importantes et dotés de nombreux bras de lumières.

Les flambeaux ou chandeliers sont faits pour présenter une ou deux bougies et peuvent aller seuls ou par paire, ce qui leur donne plus de valeur. Fabriqués en grand nombre au XVIIIe et au XIXe siècle, leur valeur dépend surtout de la qualité du décor.

Les timbales

Les plus appréciées sont celles du XVIIIe siècle en forme de tulipe posée sur un petit piédouche, et dont seule la partie inférieure est décorée de motifs gravés.

À la fin du XVIIIe siècle, les lignes se simplifient et les timbales et les gobelets sont alors cylindriques avec un fond plat, en argent uni souvent agrémenté d'initiales.

Les tastevins

Ce sont des petites cuvettes rondes d'environ 10 à 12 cm de diamètre, utilisées dans les régions viticoles pour goûter le vin. Chaque province a son décor particulier, et les motifs gravés en relief (cupules, godrons, grappes de raisin...) servent à apprécier la couleur et la limpidité du breuvage.

C'est le type même de l'objet de collection raffiné et précieux, d'une grande diversité et d'un faible volume, dont raffolent de nombreux amateurs. Ses critères de valeur sont l'ancienneté et la rareté.

Les coupes de mariage

En argent ou en vermeil, les coupes de mariage sont munies de deux anses latérales et gravées au nom des mariés. Elles proviennent le plus souvent de Bourgogne, de Normandie ou de Bretagne.

Fabriquées au XVIIIe et au XIXe siècle, elles sont particulièrement appréciées dans leur région d'origine.

Les boules à éponges et à savon

Ces petites boîtes sphériques posées sur un socle font partie de la garniture de toilette du XVIIIe siècle.

La boule à éponge est repercée de motifs fins et foisonnants, celle qui contient le savon est en métal plein orné de gravures.

Ce sont des objets de luxe dont le travail est toujours très soigné, et qui sont relativement rares.

Armes

Devant une immense possibilité de choix, du poignard mérovingien au pistolet mitrailleur, quels sont les principaux thèmes de collection des armes anciennes?

Les deux grandes familles qu'on retrouve toujours dans les catalogues de vente publique sont les armes blanches et les armes à feu. Les premières provoquent les blessures mortelles par la force musculaire de l'utilisateur (poignards, dagues, épées, sabres, etc.). Les armes à feu tirent des projectiles propulsés par la mise à feu d'une poudre chimique (arquebuses, mousquets, fusils, pistolets, revolvers, etc.).

La collection peut être verticale si l'on suit dans le temps un type d'arme caractérisé qui évolue avec les perfectionnements techniques. La collection horizontale vise à réunir toutes les armes d'une même époque. La collection peut également s'ordonner par familles d'armes d'un seul pays, ou d'un continent : armes européennes, américaines, orientales ou africaines.

Comment s'opère l'évolution historique des armes blanches?

Inspirée par l'épée des Vikings à lame large, l'épée germanique s'impose au VIIIe siècle et l'emporte sur le glaive romain. L'épée médiévale, symbole de la chevalerie, est à lame large à double tranchant puis s'allonge et s'effile à partir du XIIIe siècle. L'épée de guerre du siècle suivant présente une longue et lourde poignée pour la tenir à deux mains. Puis la rapière de la Renaissance italienne précède l'épée de cour avec garde et contre-garde, à plusieurs branches, qui se transforme en coquille et demi-coquille de protection. Au XVIe siècle, la bradelaire, sorte de coutelas à un seul tranchant, est l'ancêtre du sabre des hussards.

Toutes ces lames, tenues d'une seule main, entrent dans la catégorie des armes de poing auxquelles se rattachent les armes de choix, telles que masse d'armes et fléau d'armes, composées d'un manche relié par une chaîne à une tête ronde ou hérissées de pointes.

Qu'appelle-t-on les armes d'hast?

Héritées de l'épieu de chasse à la pointe durcie au feu, les armes d'hast (du latin *hasta*, hampe) sont utilisées par les hommes de troupe à pied (par opposition aux chevaliers). Elles sont composées de hampes en bois surmontées de fers tranchants : piques, hallebardes, guisarmes, fauchards, pertuisanes, etc.

Les armes d'hast sont en usage au XVe siècle. L'invention de la baïonnette, à la fin du XVIIe siècle, enfoncée dans le canon du fusil, fait naître une arme d'hast composite qui complète au corps à corps l'action des armes à feu.

De quand datent les arbalètes?

D'abord utilisées pour la chasse, les premières arbalètes apparaissent au XVe siècle. Elles se perfectionnent sous la Renaissance et au XVIIe siècle.

Ces armes de jet se composent d'un arc en acier monté sur un fût et d'une corde (tendue par divers systèmes) qui, brusquement relâchée par un ressort de détente, propulse la flèche à longue distance. Cette redoutable arme de guerre est souvent décorée, notamment dans les pays germaniques, de motifs en os ou en ivoire finement gravés.

D'où viennent les premières armes à feu?

La découverte de la poudre est attribuée aux Chinois qui utilisaient ce mélange explosif pour lancer des feux d'artifice. Les premières machines de guerre à poudre sont apparues en Europe au début du XIVe siècle, comme le prouve un manuscrit de 1326 illustré par un pot de fer (*vasa*, en italien), devenu bientôt canon ou bombarde.

Les premières armes à feu individuelles sont les bastons à feu, surmontés d'un pot de fer fixé sur une hampe. Ils étaient allumés au fer rouge.

Qu'est une couleuvrine?

Cette « bouche à feu » en usage du XVe siècle au début du XVIIe siècle se compose d'un petit canon fixé au bout d'un manche et d'un système de mise à feu. La poudre contenue dans le réceptacle du bassinet communique par un trait de feu jusqu'à la charge du canon percé par une « lumière ». La mise à feu s'opère par une mèche imprégnée de salpêtre et d'alcool tenue dans les mâchoires d'un serpentin qui s'abaisse sur le bassinet.

Le mécanisme se perfectionne avec la platine à mèche, qui permet de retenir et de libérer le serpentin par une détente à ressort. Tous les éléments de base sont alors réunis qui élargiront la famille des armes à feu par toutes sortes de perfectionnements mécaniques.

Quelle est l'origine de l'arquebuse?

Dans les pays germaniques, le bâton à feu, muni d'un système à mèche tenu par un serpentin, est désigné sous le nom de *hakenbuch* (au pluriel, *hakenbüchse*), de *haken*, crochet, et *buch* (*büchse*), canon. Le poids de la crosse, du fût et du canon exige, pour tirer (avec une précision très relative), l'emploi d'une fourchette d'appui fichée en terre appelée fourquine.

Le grand intérêt des collectionneurs pour les arquebuses vient non seulement de leur mécanisme ingénieux mais de leur décor raffiné fait de gravures sur les parties métalliques et l'incrustation d'os d'ivoire ou de nacre sur les montures en bois.

Quelles sont les confusions de termes à éviter dans la famille des armes à feu?

Il ne faut pas confondre revolver et pistolet automatique. Le premier a été inventé et industrialisé par Samuel Colt en 1835. Il comporte un barillet rotatif à plusieurs chambres où sont logées cinq ou six balles.

Le pistolet automatique, apparu à la fin du XIXe siècle, est alimenté par une boîte-chargeur où les balles sont poussées vers le canon par un ressort.

Le calibre, qui correspond au diamètre intérieur d'un canon, sert aussi à désigner certaines munitions. Les calibres peuvent se mesurer en millimètres mais aussi en pouces, fractions de pouce et autres mesures anciennes.

Le 22 Long Rifle n'est pas un calibre mais une arme de diamètre inférieur de 5,5 ou 5,56 mm. Le calibre 12 correspond à un canon de fusil de chasse de 17 mm. Le Mauser 30 tire des balles de 7,63 mm. La carabine Winchester 308 a un calibre de 7,82 mm. Ces quelques exemples illustrent la nécessité de posséder des connaissances poussées pour parler le langage des collectionneurs d'armes.

Certaines armes sont interdites par la législation française, lesquelles ?

Toutes les armes de poing (pistolets, revolvers) dont le port (et le transport) n'est autorisé qu'aux policiers et aux militaires. Si le port d'armes est strictement prohibé, la détention, c'est-à-dire le droit de posséder à domicile, peut être autorisée (et seulement à partir de dix-huit ans) pour certaines catégories : armes de chasse, armes blanches (dont le port est également interdit), armes de tir, de foire ou de salon, armes d'alarme, armes historiques de collection antérieures à 1870 (y compris les revolvers modèles 1873 et 1874); enfin, la détention est autorisée pour les répliques de modèles antérieurs à 1870.

Art forain

Qu'est-ce que l'art forain ?

L'art forain est une forme d'esprit de la fête. Il serait plus juste de parler des arts forains, c'est-à-dire des différentes formes d'art – peinture, sculpture, architecture – appliquées à la fête, la fête populaire dans un décor de rêve quelque peu magique.

Quelle est l'origine de l'art forain?

Les arts forains découlent de la fête foraine – au sens étymologique, « venue de l'extérieur » – et sont apparus à l'époque de la révolution industrielle, à la fin du XIXe siècle.

La mécanisation par la vapeur a donné à la fête foraine les moyens d'exister en même temps qu'elle lui a fourni le motif de son existence : proposer à des hommes et à des femmes transplantés des campagnes dans les villes un lieu de défoulement.

Parallèlement, la fête foraine, en encourageant à la dépense, a agi comme un rouage essentiel de la société de consommation. Ainsi peut-on dire avec Jean-Paul Favand, l'antiquaire français spécialiste de l'art forain qui l'a sauvé du naufrage et de l'oubli : « La fête foraine a été un des phénomènes sociaux majeurs du XIXe siècle, au même titre que l'église antérieurement et la télévision au XXe siècle. »

L'art forain a surgi dans le Nord de la France, dans les Flandres, en Allemagne et en Grande-Bretagne, là où les industries sont apparues et se sont concentrées.

Un lien étroit existe-t-il entre l'art forain et les styles en vigueur?

L'art forain, comme celui des bâtisseurs de cathédrales, est lié aux arts plastiques et a suivi l'évolution des styles : la sculpture est baroque vers 1880 et adopte le style nouille autour de 1900. La sculpture sur bois, exécutée au couteau, est réalisée par les mêmes artistes qui, au cours des siècles précédents, travaillaient pour les cathédrales.

Les artisans font preuve d'une égale exigence de qualité et utilisent les méthodes traditionnelles de dorure à la feuille et d'argenture. Certains auraient mérité d'être connus et reconnus. Ils ont contribué à donner à l'art forain ses lettres de noblesse et ont réalisé des manèges spectaculaires qui auraient été certainement classés monuments historiques s'ils avaient eu un domicile fixe. Hélas, ce n'était pas le cas des forains!

Quelle est l'étendue du domaine de l'art forain ?

Ce domaine est extrêmement vaste puisqu'il comprend, outre des manèges d'adultes ou d'enfants, des balançoires, des orgues de foire, des limonaires, des panneaux de décor sculptés sur bois et peints, des toiles peintes, des jeux de tir en tôle et bois, des cibles mécaniques, des stands de massacres avec des personnages de l'actualité politique, littéraire, théâtrale, des têtes de grotesques sur charnières, des loteries, des éléments de manèges – chevaux de bois, cochons, ânes, lions, centaures –, des attractions diverses, des baraques de foire, des théâtres de fantoches avec leurs marionnettes et leur décor, des musées de cire, des jeux automatiques, etc.

Ajoutons à cette liste non exhaustive une importante documentation en cartes postales, photographies et catalogues.

Quels rapports existe-t-il entre l'art forain et les sciences et techniques ?

Dès l'invention de la vapeur ou de l'électricité, l'art forain les a mises en pratique. Lorsque le vélo puis l'automobile ont fait leur apparition, les manèges s'en sont emparés.

Les découvertes scientifiques ont été vulgarisées auprès du grand public par les forains au cours des séances de magie et de magnétisme, ou encore dans des musées de cire où des moulages grandeur nature ont servi de leçons d'anatomie et de médecine, restituant de façon concrète les différentes phases de l'accouchement, expliquant les maladies vénériennes, etc., tandis que d'autres moulages en cire propageaient les connaissances ethnologiques.

Quels liens unissent l'art forain et le spectacle ?

Les forains ont imité, parfois, ou utilisé les différentes formes de spectacles : cinéma, théâtre, music-hall sous tous ses aspects – magie, strip-tease, magnétisme, sport-spectacle, exploits en moto, lutte...

Quels sont les grands créateurs d'art forain?

Des constructeurs, dans toute l'Europe, ont imaginé des architectures monumentales, somptueuses et baroques pour servir d'environnement spectaculaire au monde forain, ainsi que des animaux de toute beauté, sculptés et peints.

La France, dans ce domaine, arrive au premier rang sur le plan de la qualité avec une ville phare – Angers – où de grands noms tels Bayol, Coquereau, Maréchal, Devos... brillent au firmament de l'art forain. L'Allemagne, quant à elle, détient le record de la quantité : ses productions proviennent de Neustadt et sont signées Frederich Heyn, Hubner et Muller.

En Belgique, la ville de Gand est spécialisée en art forain que pratiquent Moulinas, De Vos, Van Guise. En Grande-Bretagne, deux fabricants spécialisés : Anderson et Orton & Spooner.

L'art forain est-il destiné aux enfants?

Jusqu'en 1910, la fête foraine est principalement destinée aux adultes. Ses architectures, décors, motifs picturaux sont donc inspirés d'un imaginaire d'adulte, poétique et tourné vers le rêve : fleuves anges, femmes idéalisées, paysages, exotisme.

De 1918 à 1940, la fête foraine se tourne de plus en plus vers une clientèle enfantine. Certains créateurs se spécialisent dans des reproductions de véhicules en modèles réduits (voitures, motos, avions, bateaux...) ou dans la sculpture de sujets inspirés par Walt Disney et l'univers de la bande dessinée.

La dénomination art forain recouvre-t-elle d'autres domaines de collections?

Oui, les marionnettes, les machines à sous, le précinéma et le cinéma, la musique mécanique, les modèles réduits de locomotion.

Existe-t-il des restaurateurs d'art forain?

Bien sûr, et notamment l'Atelier Jean-Paul Favand, où les objets et les jeux sont remis en état du point de vue esthétique et fonctionnel. Les manèges sont soigneusement démontés puis remontés une fois leur mécanisme rénové par des spécialistes; d'autres s'attellent à la restauration du décor – sculptures et peintures retrouvent leur fraîcheur et leur pittoresque pour les anges joufflus ou les dames aux pommettes rouges... ; et d'autres encore se consacrent à la restauration des éléments – animaux, cycles, autos...

Les restaurations sont exécutées dans les règles muséographiques : respect absolu de l'origine fondée sur des recherches approfondies, réversibilité des réparations, sécurité et conservation.

Comment expliquer que l'art forain ait été si longtemps oublié ?

Il y a vingt ans déjà que l'art forain est reconnu aux États-Unis où deux revues mensuelles, une quinzaine de musées, une cinquantaine de livres lui sont consacrés, sans oublier une quinzaine de ventes spécialisées par an, des conventions et autres manifestations.

L'Europe, quant à elle, est restée silencieuse jusqu'à ces dernières années mais les choses changent. Depuis peu, l'Allemagne, la Belgique et la Hollande comptent respectivement chacune deux musées spécialisés, la Grande-Bretagne et l'Italie, chacune un.

Deux raisons essentielles expliquent l'absence de l'Europe sur la scène de l'art forain : les objets sont difficilement visibles, stockés chez les forains et démontés ou en très mauvais état, quand ils n'ont pas été détruits; d'autre part, il n'existe pas d'ouvrages français de référence sur un sujet qui est lié à la tradition orale et ne possède que fort peu de documents ou d'archives.

La tendance, là encore, se renverse : le musée des Arts et Traditions populaires vient d'acheter une importante collection d'objets. La SARI a, de son côté, acquis également des objets en vue de la création d'un lieu forain à la Grande Arche de La Défense. L'Écomusée d'Alsace a sauvé l'un des derniers carrousels-salons demeurant en Europe, les autres ont été détruits ou exportés aux États-Unis.

Des ouvrages paraissent ou sont en préparation : *Les Manèges d'autrefois*, par Zeev Gourarier, conservateur au musée des Arts et Traditions populaires, chez Flammarion; *La Fantastique Épopée des carrousels-salons*, par Marc Grodwohl, publié par l'Écomusée d'Alsace à l'occasion de l'entrée dans ses collections du dernier grand carrousel-salon Demeyer.

Comment se porte le marché de l'art forain?

Le marché de l'art forain continue de progresser. En 1990, le *New York Herald Tribune* considérait l'art forain comme un bon placement du marché de l'art pour les années à venir. Le mouvement est largement amorcé. Les institutions, en France, prennent le relais des initiatives privées.

Le cours des pièces ou d'objets d'art forain est en hausse soutenue. Un cheval de bois qui valait 15 000 F environ en 1989 vaut le double aux enchères en 1992. Il s'agit là d'un réajustement des prix d'objets dont la valeur était mal reconnue. Les expositions, les livres, les musées vont contribuer à fournir des points de repère et une hiérarchisation des valeurs.

La hausse est plus sensible encore sur les ensembles cohérents : manèges complets d'époque, baraques d'origine et pièces uniques. Relayé, dès 1992, par le commerce d'art privé (commissaires-priseurs, antiquaires), la progression des prix concernant l'art forain devrait s'échelonner sur plusieurs années. Quand une simple poule bat aux États-Unis le record d'un million de francs, un coq de Bayol, le plus grand sculpteur forain, ne vaut de nos jours en France qu'environ 70 000 F.

Art nouveau

D'où vient le terme Art nouveau?

Pour la première fois, l'appellation Art nouveau, qui allait demeurer comme la dénomination du style français de la fin du siècle dernier, marquant la renaissance de l'art décoratif et de l'architecture, apparaît en 1895 sur l'enseigne de la galerie d'art Bing qui vient de s'ouvrir.

Répandu à travers l'Europe jusqu'aux États-Unis, l'Art nouveau porte, selon les pays, d'autres noms. Quels sont-ils ?

Les Français, par anglophilie, le nomment aussi modern style, les Allemands Jugendstil, à Vienne Sezessionstil, les Italiens Stile Liberty ou Stile nuovo, les Américains style Tiffany, les Espagnols modernista ou Arte joven jusqu'à la reconnaissance du style Gaudí.

D'autres termes sont nés de la dérision : style nouille, coup de fouet, Belle Époque, jusqu'au style métro en référence à Guimard, l'architecte du métro.

Pour quelle raison l'architecte Hector Guimard est-il connu à Paris ?

Hector Guimard (1867-1942) fut l'un des plus grands architectes Art nouveau. Il a conçu les entrées de la première ligne de métro de Paris inaugurée pour l'Exposition de 1900. La commande fut le fruit du hasard, puisque Guimard n'avait pas participé au concours qui avait été organisé. Fort heureusement, le président de la société, Adrien Bénard, était un amateur d'Art nouveau et lui confia le projet.

Les créations de Guimard furent plutôt mal accueillies. Puis, l'habitude aidant, elles furent reprises dans les neuf autres lignes jusqu'en 1914.

Qui est considéré comme l'un des inventeurs de l'Art nouveau ?

Il s'agit de l'architecte Victor Horta (1861-1947). Il construisit en 1892-1893 un hôtel particulier à Bruxelles, pour le professeur Tassel, considéré comme la première des manifestations de l'Art nouveau. Ce bâtiment est orné de balcons et d'un escalier intérieur soulignés des fameuses courbes de l'Art nouveau, qui se retrouvent encore le long des murs. La nouveauté fut encore l'emploi conjugué du fer et du verre.

Le génie créatif d'Horta s'épanouit ensuite dans l'hôtel Solvay (1895-1900), avec sa façade mouvementée, des cloisons mobiles et des courbes de ferronnerie.

Quels sont les thèmes chers à l'Art nouveau?

La nature d'abord, faune, flore, vagues, autant de sujets pouvant être adaptés en une composition décorative où la ligne sinueuse domine. Les créateurs Art nouveau aiment les lis, les pavots, les lianes, les fougères ou le paon. Mais aussi la femme, qui offre son corps arrondi, ses cheveux longs et bouclés mêlés de fleurs. En France, Mucha prend la femme comme muse pour ses affiches.

L'eau est aussi un élément cher aux artistes, Ophélie, Ondine, Narcisse, libellules, nénuphars, étangs inspirent la transparence des verreries de Gallé.

Pourquoi les créateurs de l'Art nouveau sont-ils considérés comme des révolutionnaires?

Dans toute l'Europe, dès la fin des années 1890, naît chez les artistes, proches des arts décoratifs, la même volonté : créer un art nouveau. Faire du « beau dans l'utile », ce qui deviendra la devise du design, créer un cadre de vie harmonieux, beau et pratique tant pour les riches que pour les pauvres. Des aspirations tant sociales qu'esthétiques.

Ils veulent inventer un art de leur temps. L'architecture doit se moderniser, s'adapter aux besoins, utiliser les nouveaux matériaux tel le fer. Ils désirent encore débarrasser les intérieurs des pseudo-styles issus plus ou moins des siècles précédents. Enfin, imaginer un style digne de cette fin de siècle, ou chaque objet aurait sa place, adaptée à sa fonction.

Qui fut le plus célèbre des créateurs de bijoux de l'Art nouveau?

Le plus célèbre de ces créateurs est René Lalique (1860-1945). Il renouvelle complètement l'art du bijou tant par l'inspiration que par les matériaux. La femme devient son thème de prédilection parallèlement à la nature – fleurs, insectes, papillons, gui... Mieux, il imagine des peignes, des pendentifs, des plaques de colliers de chien, des boucles de ceinture en renouvelant les techniques de la bijouterie traditionnelle.

L'or, les pierres précieuses n'ont plus la place royale. Il joue avec les perles baroques, l'ivoire, le cristal, les pierres jusque-là négligées, pour en tirer un effet qui se rapproche parfois de la sculpture.

En Espagne, l'Art nouveau se développe parallèlement à la France, en particulier grâce à un architecte. Qui est-il, quelles sont ses principales réalisations ?

Il s'agit d'Antonio Gaudí (1852-1926). On retient surtout ses créations à Barcelone : la façade de l'hôtel Güell, le parc Güell, la maison Calvet et surtout la Sagrada Familia, une cathédrale monumentale empreinte d'un mysticisme délirant.

L'Art nouveau s'épanouit autour des années 1900. Mais, auparavant, en Grande-Bretagne, des artistes peintres, penseurs ou créateurs d'arts décoratifs, vont en être les précurseurs. Qui sont-ils ?

D'abord John Ruskin (1819-1900). Il se révolte contre la civilisation industrielle, prône le retour aux principes qui régirent l'architecture du Moyen Âge, le retour à l'artisanat et à la nature.

William Morris (1834-1896) se prendra de passion pour les idées de Ruskin, ouvrira un magasin à Londres où seront vendus meubles et objets décoratifs, une première. Il écrira un ouvrage exprimant les désirs de cette fin de siècle, *Les Arts décoratifs, leur relation avec la vie moderne*.

Dante Gabriel Rossetti et Edward Burne-Jones s'associeront avec Morris dans une même entreprise dont le précepte, créer le beau dans l'utile, sera repris par les créateurs de l'Art nouveau.

En France, le mouvement le plus important de cette fin de siècle voit le jour dans l'Est, avec l'école de Nancy. Quels en sont les protagonistes ?

Émile Gallé (1846-1904) fut le fondateur de l'école de Nancy, en 1901. Autour de lui étaient réunis l'ébéniste Louis Majorelle, et Eugène Vallin, architecte et ébéniste.

Après le décès de Gallé, seulement trois ans après la fondation de l'école de Nancy, Victor Prouvé, un artiste aux talents multiples, dessinateur, peintre, graveur, décorateur, reprendra le flambeau.

Mais il ne faut pas oublier les frères Daum, verriers, le créateur de vitraux Jacques Grüber, et l'architecte Émile André, le relieur.

Quels sont les principes qui régissent l'école de Nancy?

Le premier est sans doute l'« unité de l'art ». Si chaque artiste pratique une activité principale, tous se doivent de connaître tous les autres métiers qui interviennent dans la décoration intérieure.

L'école de Nancy avait encore pour but de développer en Lorraine des industries artistiques, et d'assurer une formation professionnelle. La nature règne en maître dans l'ornementation des créations de ces artistes.

L'affiche fut aussi l'un des supports de l'Art nouveau. Qui en sont les principaux acteurs?

Alphonse Mucha (1860-1939) crée un style très personnel où la femme tient le premier rôle au milieu des volutes.

Toulouse-Lautrec demeure l'un des maîtres de l'affiche, traitée selon sa conception de peintre, des affiches déjà d'avant-garde, avec de grands aplats de couleur.

Jules Chéret (1836-1930) imagine des affiches très parisiennes pleines de mouvement.

Et il ne faudrait pas oublier Steinlen, Grasset, Cappiello...

L'Art nouveau influence tous les domaines de la décoration. Quels sont les principaux verriers?

Émile Gallé, les frères Daum, les frères Muller, François-Eugène Rousseau, Ernest-Baptiste Léveillé, Eugène Michel, ou pour la pâte de verre : Henri Cros, Albert Dammouse, Georges Despret, François Decorchemont.

Quelles nouveautés Gallé apporte-t-il au verre ?

Il impose la nature dans un esprit symboliste, incluant dans ses verreries thématiques des citations littéraires. Son travail du verre fut extrêmement complexe : verre émaillé, verre à plusieurs couches superposées, inclusions métalliques, marqueterie de verre.

Quels sont les principaux ébénistes de l'Art nouveau en France ?

Hector Guimard (1867-1942), qui fut surtout célèbre pour ses talents d'architecte.

Eugène Gaillard (1862-1933) qui travailla lui aussi pour le célèbre marchand Bing, de même que Georges De Feure (1868-1928), un Hollandais naturalisé français.

Alexandre Carpentier tant sculpteur, ébéniste que décorateur.

Émile Gallé qui ne se contenta pas de créer des verreries mais imagina encore des meubles.

Et bien d'autres artistes de l'école de Nancy comme Louis Majorelle ou Eugène Vallin (1856-1922).

L'Art nouveau éclate aussi aux États-Unis, grâce à quel verrier ?

Louis Comfort Tiffany (1848-1933) a d'abord une formation de peintre. Il étudie à Paris, puis se tourne vers la verrerie et remporte aussitôt un grand succès aux États-Unis.

Attiré par le vitrail, il adaptera cette technique pour imaginer des lampes au style unique.

La Belgique fut un foyer important de l'Art nouveau. Quels en furent les principaux acteurs ?

Si l'architecte Victor Horta peut être considéré comme le précurseur de l'Art nouveau, Henri Van de Velde (1863-1957) eut un parcours différent. Ce peintre, fasciné par William Morris, fut un décorateur au sens employé à cette époque, imaginant tous les objets que pouvait contenir une maison. Mieux, Van de Velde voulut être un théoricien de cet art qu'il désirait social.

Gustave Serrurier-Bovy, originaire de Liège, est lui aussi un ébéniste connu.

En Écosse, c'est à Glasgow que s'épanouit l'Art nouveau. Dans quelles conditions ?

Ici encore, c'est William Morris qui va influencer une famille assez étonnante, celle des Mackintosh. Charles Mackintosh, son épouse, la sœur de celle-ci et son mari, un architecte, tous vont former un bloc dont le seul but est de créer un art décoratif complet, à l'exemple de Morris.

Ce dernier avait fondé, en 1886, la société des Arts and Crafts, dont les répercussions furent importantes dans toute l'Europe ; là, pas de machinisme outrancier, une forme bien saisie dans une optique fonctionnaliste et un décor adapté.

Quatre années avant la fin du siècle, le clan Mackintosh présente ses œuvres aux Arts and Crafts, puis se lance un an plus tard dans la construction de la fameuse école des Beaux-Arts de Glasgow, un chef-d'œuvre où les verticales démesurées contrastent avec des volumes équilibrés, une architecture avant-gardiste, déjà très contemporaine du XXe siècle. Des mains des Mackintosh naîtront aussi de nombreux objets utilitaires, très personnalisés.

En Autriche, qui anime le groupe Sécession ?

Au centre de l'Europe, l'Art nouveau devient le Jugendstil. Un leader, Otto Wagner, professe encore une fois des idées semblables aux autres architectes décorateurs des pays voisins : la forme et la fonction sont indissociables, le grand principe s'exprime en deux mots, simplicité et utilité.

Il faut évoquer aussi le peintre Gustave Klimt, au symbolisme orientalisant.

Dans la lignée du mouvement, l'architecte Joseph Olbrich ou encore et surtout, Joseph Hoffman, fondateur de la Sezession, un architecte déjà éloigné des lignes sinueuses de l'Art nouveau, qui annonce l'art moderne.

Qui sont les principaux architectes de l'Art nouveau français ?

Paris s'enthousiasme pour l'Exposition universelle de 1900. Guimard avait déjà imaginé ses entrées de métro. Six ans avant l'Exposition, une certaine veuve Fournier lui avait demandé la construction d'un immeuble, ainsi naîtra le Castel Béranger, rue La Fontaine à Paris.

Guimard poursuivra son œuvre jusqu'aux abords de la guerre de 14, immeubles dans un quartier du 16e arrondissement, villas jusque sur la côte normande.

Jules Lavirotte, lui aussi, s'active à Paris : maison et immeubles avenue Rapp, Céramic Hôtel avenue de Wagram. Un style sans doute plus fleuri que celui de Guimard, plus typiquement sinueux, moins abstrait.

Quels sont les points communs entre les diverses manifestations de l'Art nouveau qui se développent à travers toute l'Europe et les États-Unis ?

En apparence, l'Art nouveau français n'est guère semblable à ceux d'Autriche, de Belgique ou même de Grande-Bretagne. Toutefois, derrière cet apparent éclectisme règnent de grands principes, repris par les créateurs de tous les pays.

La volonté, d'abord, de se lancer dans une aventure des arts décoratifs qui débarrasserait les intérieurs de tout le fatras accumulé pendant des siècles. Un art moderne, bien adapté à son époque, où chaque forme se doit de répondre à la fonction. Un retour à l'artisanat dans son sens noble, chaque artiste, qu'il soit peintre, architecte ou ébéniste de formation, se devant de s'adapter aux autres disciplines des Arts décoratifs. Le désir encore, pour la plupart de ces théoriciens, d'être à la base d'un art pour tous, riches et pauvres.

Pour quelles raisons, l'Art nouveau va-t-il disparaître ?

À son apogée autour des années 1900, l'Art nouveau va peu à peu s'éteindre au début du XXe siècle. Les Arts décoratifs se débarrassent de tout ce qui avait fait le succès de l'Art nouveau – les volutes, la folie, l'exubérance parfois du décor – pour faire apparaître une volonté de rigueur.

L'Art nouveau a échoué dans l'un de ses principes, il ne fut guère un art social, mais plutôt un art élitiste. La machine, rejetée par les artistes de la fin de siècle, revient en force, poussée en avant par une nouvelle forme de société industrielle. Il restera toutefois la volonté de créer de beaux objets utilitaires, des objets adaptés à leur fonction, le chemin qui mènera irrémédiablement vers le design.

Arts déco

Quelles sont les origines des Arts déco?

On a tendance à situer ce style en 1925, lors de l'Exposition qui va le consacrer. Cependant, les Arts déco s'étaient ébauchés bien avant.

En 1901, des artistes, tels Pierre Chareau, Maurice Dufrêne ou Paul Follot, fondent la Société des artistes décorateurs. Chaque année, décorateurs, ébénistes verriers, exposeront. Un autre salon, inauguré deux ans après, en 1903, le Salon d'automne, permettra aux avant-gardistes d'exposer, qu'ils soient décorateurs, ébénistes ou représentants des arts plastiques, un salon qui va peu à peu prendre de l'importance.

En 1910, ce même Salon d'automne présente les créations d'un mouvement allemand, le Munich Werkbund qui reprenait les principes déjà énoncés par l'Art nouveau, c'est-à-dire imaginer des créations de bonne qualité, pour tous. Une exposition qui va bouleverser les esprits.

Mais déjà, en France, les Arts décoratifs avaient évolué. Les motifs floraux, qui avaient fait la gloire de l'Art nouveau, sont simplifiés, stylisés. Les Arts déco, sur le modèle du Werkbund, vont s'orienter vers un travail d'équipe s'intéressant principalement à la décoration intérieure.

Les Arts déco s'épanouissent dans un monde en pleine mutation artistique. Quels sont les courants, les mouvements et les créateurs qui vont l'influencer ?

En premier lieu, la peinture avec les excès colorés du fauvisme et, plus tard, le cubisme et ses formes géométriques.

Parallèlement, les Ballets russes de Serge de Diaghilev, les décors de Léon Bakst apportent la chaleur colorée de l'Orient dans un esprit totalement novateur.

De grands couturiers vont, eux aussi, donner un élan aux Arts déco. Paul Poiret, collectionneur d'art africain, ou Jeanne Lanvin encouragent les décorateurs Arts déco en leur faisant aménager leurs demeures, tout comme le couturier Jacques Doucet.

En quoi la Première Guerre mondiale va-t-elle jouer un rôle déterminant dans le développement des Arts déco ?

On ne peut séparer un mouvement artistique de son contexte économique et social. Cette analyse se vérifie avec d'autant plus de force pour les Arts déco.

Déjà, dans les dix premières années du XXe siècle, les mentalités avaient évolué. Mais le choc de la guerre va radicalement transformer la société. Les fortunes changent de main, et la notion de confort va bouleverser le panorama des habitations. La décoration s'épure, tant dans la structure des volumes que dans le mobilier : meubles stricts et fonctionnels, salons bas et bibliothèques remplacent les styles classiques ou la décoration mouvementée et exubérante de l'Art nouveau.

Les Arts déco ne peuvent être limités à une tendance unique, et seront traversés par divers courants. Lesquels ?

D'abord un style qui pourrait être rattaché à la grande tradition classique des siècles précédents, dont le chef de file est Jacques-Émile Ruhlmann. Puis un autre courant plus résolument moderne, quasiment révolutionnaire, et moderniste, marqué par le cubisme.

Cette tendance aboutira à une construction de meubles presque géométriques, par des créateurs comme Le Corbusier, Charlotte

Perriand et Pierre Jeanneret. Des meubles pratiques, dépourvus d'ornementation. Autour des trois grands se rattachent d'autres personnalités comme Mallet-Stevens, Pierre Chareau, Michel Dufet, Eileen Gray, Francis Jourdain, René Herbst...

À l'aube des années 30, en 1929, la plupart de ces artistes fondent l'Union des artistes modernes (UAM), dont l'un des objectifs reprendra celui prôné dès les années 1900 : mettre l'art à la portée de tous.

Quelle est l'importance de l'Exposition de 1925?

L'Exposition de 1925 était prévue, à l'origine, en 1915, mais, à l'approche de la guerre, elle dut être reportée en 1922, puis en 1924 pour enfin se dérouler en 1925. Quinze longues années vont donc séparer le projet de sa réalisation effective.

Mais l'idée première demeurera d'actualité, exposer un art véritablement moderne à l'exclusion de toute copie des siècles passés. Une véritable innovation puisque, à l'Exposition universelle de 1900 qui pourtant devait faire triompher l'Art nouveau, les créations des styles précédents ou leur reproduction avaient droit de cité.

Que découvre-t-on à l'Exposition de 1925?

Vingt et un pays exposent sur une surface de plus de 30 000 mètres carrés, en plein cœur de Paris, mais ni l'Allemagne, ni les États-Unis ne participent. De grands noms des Arts déco exposent également, comme le ferronnier Edgar Brandt qui réalise une grille, Jean Dunand, Léon Jallot. Dans ce lieu de haut luxe, trois pavillons se démarquent par leur extrême raffinement.

Tout d'abord, l'hôtel du collectionneur de Jacques-Émile Ruhlmann, constitué de nombreuses pièces toutes meublées par Ruhlmann, en un luxe inouï.

La deuxième attraction de haut niveau est le musée d'Art contemporain réalisé par la Compagnie des arts français créée par Louis Sue et André Mare.

Enfin, l'ambassade française, un travail communautaire qui réunit des ébénistes ou « ensembliers », selon le terme de l'époque, comme Ruhlmann, Jules Leleu, Pierre Chareau, Louis Sue et André Mare... mais aussi des peintres, des sculpteurs, Edgar Brandt, ou

Jean Dunand pour ses laques. Tous ont participé à l'aménagement de ce bâtiment qui comporte des salles de bains, des chambres, un gymnase et des salles de réception.

À l'Exposition de 1925, un pavillon va créer le scandale. Lequel ?

Il s'agit du pavillon de l'Esprit nouveau de Le Corbusier. Avec lui, nous sommes loin du raffinement précieux de Ruhlmann.

Ce pavillon, qui n'a pu être réalisé qu'après de longues négociations avec les instances organisatrices, est tourné véritablement vers l'avenir de l'art moderne. Une architecture employant des matériaux d'avant-garde – verre, acier, béton – laisse passer la lumière. Et, sur des murs immaculés, des toiles cubistes et des meubles produits en série uniquement.

Le public, que les œuvres de Ruhlmann font rêver, n'apprécie guère cette innovation.

Les Arts déco ne furent pas seulement l'apanage des grands créateurs, les grands magasins aussi se lancent dans l'aventure et exposent en 1925. Qui sont-il ?

Les grands magasins possèdent leurs propres ateliers où ils produisent en grande quantité. À l'Exposition de 1925, on retrouve l'atelier Primavera des magasins du Printemps créé en 1913, la Maîtrise des Galeries Lafayette, et Pomone du Bon Marché. Tous offrent des architectures extrêmement décorées et un intérieur luxueux meublant des pièces à l'image d'une habitation.

Pourquoi l'Exposition de 1925 marque-t-elle le point de rupture des Arts déco ?

Sous un terme générique, les Arts déco regroupaient alors des tendances divergentes. Celles-ci vont de plus en plus affirmer leurs différentes personnalités. Certains critiques des années 30 considèrent que les Arts déco n'ont pas évolué depuis 1925.

À l'Exposition de 1931, la tendance moderniste domine avec des matériaux peu coûteux comme le verre, l'emploi de techniques de production novatrices, tournées vers l'avenir. Les modernistes poursuivront leur travail en pleine évolution. Les Arts déco traditionnels perdureront jusqu'à la Seconde Guerre mondiale.

En quoi l'ébénisterie Arts déco est-elle luxueuse?

Les grands ébénistes des Arts déco emploient des matériaux précieux, des bois rares, exotiques, acajou, palissandre, loupe d'amboine, ébène de Macassar... Et ils y incluent, sous forme de marqueterie, de l'ivoire, de la nacre, de l'argent...

Des meubles superbes naissent recouverts de parchemin, de galuchat, ou même de laque. Des pièces somptueuses, qui ne sont pas à la portée du commun des mortels.

Les modernistes, quant à eux, utilisent des matériaux moins coûteux. Lesquels?

Face aux impératifs qu'ils se sont donnés, et en particulier, la recherche du fonctionnalisme, ces créateurs utilisent avant tout le bois, le verre et le métal, sous toutes leurs formes dérivées : chromes, plaques de métal associées, tissus et cuir alliés à des structures tubulaires pour les sièges, par exemple.

Souvent décriée, mal perçue par le public, l'Exposition parisienne de 1925 va pourtant avoir une grande influence sur l'art décoratif international, en particulier aux États-Unis. Que se passe-t-il alors dans ce pays?

En 1926, seulement un an après la grande Exposition de 1925 à Paris, les États-Unis organisent une exposition qui traversera une petite dizaine de musées. Plusieurs centaines d'objets sont ainsi exposés, confiés par les créateurs qui avaient montré leurs œuvres à Paris.

Les grands magasins américains s'emparent eux aussi de l'idée et présentent le travail de décorateurs français ainsi que celui d'Américains, parallèlement à des expositions de peintres européens.

Bien à l'avant-garde, le fameux Metropolitan Museum of Art de New York joue un rôle important dans la promotion des Arts déco.

Alors qu'en France, les Arts déco prennent un nouveau virage, aux États-Unis, d'autres expositions auront une grande répercussion : que ce soit la « Century of Progress » de Chicago en 1933-1934, celle de San Francisco en 1939, sans oublier évidemment l'Exposition universelle de 1939, véritablement axée sur le futur.

Qui est considéré comme le chef de file de la tendance « classique » des Arts déco?

Il s'agit de Jacques-Émile Ruhlmann (1879-1933). À l'époque des Arts déco, il imaginait des meubles luxueux, coûteux et comptait pour acheteurs une clientèle extrêmement fortunée, du maharadjah d'Indore jusqu'à l'État français lui-même – palais de l'Élysée, le musée des Colonies en 1931 (aujourd'hui musée des Arts d'Afrique et d'Océanie), où l'on peut voir encore ses créations.

Un style personnalisé, meubles aux pieds fuselés, lits corbeilles, opposition de bois exotiques aux couleurs chaudes et d'incrustations claires d'ivoire, mêlés parfois de bronze, mais aussi de laque lorsqu'il travaille avec Jean Dunand, de parchemin... Tous les matériaux mis au goût du jour sont utilisés.

Étonnamment, Ruhlmann ne fut pas un ébéniste, mais un concepteur qui dessinait lui-même ses meubles et surveillait leur exécution par de grands ébénistes.

Qu'est-ce que la Compagnie des arts français?

Deux artistes sont à l'origine de cette Compagnie des arts français, il s'agit de Louis Sue et d'André Mare qui la fondent en 1919. Ils poursuivront ce travail d'équipe jusqu'en 1928. Leur but fut de réunir des artistes, des artisans pour travailler en commun, loin de toute optique individualiste.

C'est ainsi qu'au sein de la Compagnie des arts français, sont intervenus le sculpteur Maillol, des peintres comme Paul Véra, Dufresne, le verrier Marinot. Toujours dans la grande tradition classique, ils réaliseront le musée d'Art contemporain à l'Exposition de 1925, et ils participeront également à la décoration du paquebot *Île-de-France*.

Quel est le décorateur français particulièrement connu pour ses laques ?

Jean Dunand (1877-1942) travailla à la fois les laques et le métal en tant que dinandier. Ce sculpteur d'origine suisse travaille d'abord le métal, puis, vers l'âge de trente-cinq ans, il s'oriente vers la laque.

Il travaille cette matière à la manière japonaise. Quant aux décors – paysages, oiseaux, fleurs, poissons, animaux –, ils sont soit issus de l'esprit créatif d'autres artistes, soit nés de son imagination. Il travaille en collaboration avec d'autres ébénistes tels Ruhlmann ou Printz. Il fait également réaliser par ses collaborateurs des meubles sobres, où la laque devient l'élément primordial.

Qui fut, pour les Arts déco, le spécialiste du fer forgé ?

Edgar Brandt (1880-1960) commence à travailler le fer forgé dans la première décennie du XXe siècle. D'abord proche de l'Art nouveau, il va s'éloigner de la décoration voluptueuse de la fin de siècle pour se tourner résolument vers la simplicité réfléchie des Arts déco. Il réalise des grilles, des rampes d'escalier ainsi que des meubles, des lustres ou des luminaires.

Que signifie Dominique ?

En 1922, André Domin et Marcel Genevrière fondent une entreprise de décoration appelée Dominique. De cette communauté naîtront des meubles très géométrisants, réalisés dans de beaux bois exotiques.

L'orfèvre Jean Puiforcat leur fera aménager sa villa de Biarritz. Puis, réunis autour de Pierre Chareau, Pierre Legrain, le créateur en bijoux Raymond Templier et Jean Puiforcat, ils vont constituer le groupe des Cinq, chacun intervenant parfois dans les travaux des uns ou des autres.

Dominique eut pour but de réaliser des meubles nouveaux, bien que construits dans des matériaux traditionnels.

Qu'ont en commun des artistes comme Ruhlmann, Jules Leleu, André Groult, Sue et Mare ?

Tous, et d'autres encore, peuvent être regroupés dans un courant décoratif commun, proche de la grande tradition classique. Les lignes de leurs meubles se réfèrent aux styles passés, même si elles en sont détachées. Leurs conceptions s'affirment luxueuses, des matériaux riches, des bois exotiques et des incrustations précieuses. Leur art est véritablement « décoratif ».

Armand-Albert Rateau (1882-1938), grand décorateur, occupe une place à part dans les Arts déco. Comment et pourquoi ?

Armand-Albert Rateau, une personnalité très marquée, axe son œuvre sur les bronzes traités sous le biais de l'Antiquité. Une inspiration très pompéienne et orientalisante.

Très individualiste, il se mêle peu aux autres, travaillant pour des acheteurs fortunés, dont la couturière Jeanne Lanvin.

Autre solitaire, qui fut Marcel Coard (1889-1975) ?

Tout comme Armand-Albert Rateau, Marcel Coard se tint à l'écart du mouvement général des Arts déco. Obligé d'arrêter ses études d'architecture à l'aube de la guerre, Marcel Coard se lancera comme décorateur à la fin des hostilités.

Jacques Doucet sera un de ses acheteurs privilégiés, pour des pièces uniques, très structurées, architecturées. Il privilégie les matériaux raffinés, utilisant même des pierres semi-précieuses ; paradoxalement, il apprécie également les dalles de verre.

Quel est le chef de file de l'argenterie française Arts déco ?

Jean-Émile Puiforcat (1897-1945) est considéré comme le plus représentatif des orfèvres de cette époque.

Il construit l'argenterie en s'appuyant sur la géométrie – sphère, cube... Une décoration stricte, où l'argent se mêle aux anses des théières, aux cafetières en ébène de Macassar, et même à des pièces superbes en cristal de roche ou en pierres semi-précieuses comme le lapis-lazuli.

Le bijou va lui aussi évoluer. Comment?

D'abord, les thèmes d'inspiration vont radicalement changer. Si l'Art nouveau se référait à la femme et à la nature, les Arts déco vont balayer définitivement ces références à la réalité.

Le bijou Arts déco s'inspire des formes géométriques, courbes et droites se coupant, cercles s'opposant aux cubes, l'ensemble souligné par des couleurs vives, volontairement contrastées, le rouge par exemple côtoyant le noir.

Quelles sont les matières utilisées pour la réalisation des bijoux Arts déco?

Les bijoux imaginés par les grands artistes apportent une notion tout à fait nouvelle, la matière n'est pas obligatoirement l'élément primordial du bijou, le décor, l'esprit créatif priment sur l'effet précieux.

On trouve aussi bien de l'or que de l'argent martelé, de l'acier, des laques, des émaux, des pierres dures comme l'onyx, le jade, le cristal de roche, le corail... Parfois encore, des lignes de brillants, des perles...

Quelles sortes de bijoux naissent alors?

Le pendentif, en sautoir ou accroché à de longs cordons de soie, tout comme les boucles d'oreilles pendantes, deviennent des éléments importants de l'ornement, assortis aux robes déstructurées. Les bras nus appellent de lourds bracelets en ivoire, en pierres dures, en cristal de roche, en métal laqué, voire en poil d'éléphant. La broche, elle aussi, revient à la mode sur les décolletés, ainsi que les montres, montres de soirée précieuses ou pendentifs.

Le bijou fait partie intégrante de la toilette.

Quels sont les grands créateurs de bijoux Arts déco?

Jean Després (1889-1980), connu pour ses formes géométriques et son travail des métaux – or, argent, laque. Jean Dunand (1877-1942), qui travaille la laque. Georges Fouquet (1862-1957), qui crée des pièces précieuses, inventives, mêlant les pierres semi-précieuses, le cristal de roche, les diamants, jouant des contrastes entre opacité et transparence. Jean Fouquet, très avant-gardiste, imagine des bijoux aux lignes épurées. Gustave Miklos (1888-1967), qui impose son tempérament de sculpteur dans ses bijoux. Gérard Sandoz, lui aussi infiniment moderniste et à l'esprit géométrisant. Raymond Templier (1891-1968), un grand joaillier appartenant à une famille de bijoutiers parisienne. Ou encore Paul Brandt, sans oublier toutes les grandes maisons de la place Vendôme qui ont participé à ce mouvement : Cartier, Boucheron, Van Cleef et Arpels...

Les Arts déco vont donner naissance à de petites sculptures nommées chryséléphantines. Que sont-elles, quels en sont les principaux sculpteurs?

Représentant des jeunes femmes très orientalisantes, ces sculptures sont constituées de bronze, d'ivoire et parfois aussi de pierres semi-précieuses. Danseuses gracieuses, les plus prisées sont nées des mains de Demetre Chiparus, d'autres sont signées Ferdinand Preiss, Lipszic, Mollin, Pierre Le Faguays, Joseph Lorenzl. Elles ont pour origine l'Allemagne et l'Autriche, la France va reprendre à son compte ces petites chryséléphantines.

Quels sont les principaux sculpteurs Arts déco qui ont été influencés par la peinture cubiste?

Joseph Csaky, Henri Laurens, Gustave Miklos, Archipenko et bien évidemment Lambert Rucki.

Lambert Rucki collaborera avec d'autres grands décorateurs, imaginant des panneaux de laque pour Dunand.

Les Arts déco vont révolutionner la publicité. Comment? Quels sont les principaux affichistes?

Finie l'ère des femmes évanescentes de l'Art nouveau, l'affiche Arts déco devient l'élément de promotion d'une vie nouvelle passant par la toute jeune industrie. Elle vante les mérites des grands paquebots transatlantiques, des villes d'eau, des moyens de locomotion mais aussi des fêtes qui éclatent partout dans ces Années folles. Les Arts déco, c'est aussi le jazz, les orchestres noirs, menés par une vedette inoubliable, Joséphine Baker.

Le graphisme se transforme, grands aplats de couleurs, lignes inspirées une fois encore par le cubisme et sa géométrisation, contraste parfois violent des tons, et prises de vues sous un angle très novateur afin de fixer l'œil du futur consommateur.

Celui qui va apporter des éléments nouveaux à l'affiche moderne, tracer le chemin vers l'avant-garde, en un mot le chef de file, est Cassandre. Colin va signer de grandes affiches pour la Revue nègre, ou pour des industries d'alimentation. Sans oublier d'autres grands tels Carlu ou Loupot.

Les Ballets russes, les grands couturiers sont à l'origine d'une nouvelle génération d'illustrateurs. Lesquels et pourquoi?

Les Ballets russes de Diaghilev ou les tenues haute couture de Poiret vont stimuler les créateurs. Ainsi, Léon Bakst se lance dans la création de costumes de théâtre, tandis que Poiret stimule l'imagination de nouveaux talents, et n'hésite pas à faire appel à des illustrateurs comme Georges Lepape, Georges Barbier ou Louis Icart.

Un autre va se hisser sur le devant de la scène, imposant une image très personnalisée de la femme à travers des costumes et des décors de théâtre, c'est Erté.

Tous créent une femme longiligne, garçonne de luxe parée de tenues orientalisantes et sensuelles, aux couleurs éclatantes.

L'illustration, c'est aussi la reliure, les belles images qui viennent agrémenter un ouvrage. Là encore, les Arts déco brillent grâce à des vedettes. Lesquelles ?

Déjà à la fin du XIXe siècle, l'art de la reliure avait pris un nouveau cap grâce, entre autres, à des personnalités comme Marius Michel ou Meunier. Un autre virage est pris sur la base d'une symbolique linéaire, sans excès de décoration.

Legrain ose mêler de nouvelles matières à la reliure traditionnelle – or, galuchat, nacre, ivoire... Rose Adler demeure, elle aussi, une personnalité forte de l'époque, harmonisant avec une parfaite symbiose le texte et la reliure. Mais il ne faut pas oublier René Kieffer, Paul Bonet qui sait jouer avec les reliefs, et bien évidemment François-Louis Schmied, qui travailla avec Dunand en décorant des reliures précieuses ornées de laque et de coquille d'œuf.

La verrerie se renouvelle aussi. À travers quels créateurs ?

Avec les Arts déco, le verre va exister pour lui-même, à travers les recherches sur la matière, les volumes, la sculpture en relief des vases, la transparence, et non plus à travers la mythologie et l'esprit décoratif et imaginaire de Gallé. Deux personnalités se dégagent.

Lalique, cet ancien créateur de bijoux des années 1900, se tourne désormais vers le verre. Il crée des pièces en verre opalescent, marbré, bleuté, brun, ornées de femmes en relief, de fruits, d'insectes, mais aussi des bouchons de radiateur très recherchés, des luminaires, de grandes plaques monumentales, des fontaines...

Marinot joue, quant à lui, la carte de la préciosité avec des verres enfermant des bulles colorées, proche de l'art et de l'argent, dans un esprit de peintre.

Enfin, il faut encore citer Henri Navarre, André Thuret, François Decorchemont pour la pâte de verre, ou les Daum.

Les Arts déco ont souvent été qualifiés d'art de paquebot. Pourquoi ?

Les grandes compagnies maritimes, qui lancent à cette époque de grands paquebots, souhaitent y créer une décoration à l'image du luxe qu'ils symbolisent. Rien n'est trop beau dans cette époque de fête et de faste. On fait appel alors aux grands ensembliers décorateurs, en particulier pour trois paquebots de la Transatlantique, le *Paris, l'Île-de-France* et le *Normandie.* Ainsi, Jean Dunand, par exemple, signe des laques sur l'*Atlantique* ou le *Normandie.* Sur l'*Île-de-France,* Sue et Mare ainsi que Ruhlmann signent des salons luxueux.

Comment les Arts déco vont-ils s'éteindre?

Tout d'abord, il convient de se demander si le style Arts déco peut être aujourd'hui considéré comme mort?

L'une des branches des Arts déco, la tendance classique, luxueuse, de créateurs tels que Ruhlmann, ne survivra pas à la Seconde Guerre mondiale. Le temps n'est plus au raffinement coûteux, mais à la reconstruction.

En revanche, la tendance moderniste de Le Corbusier va se perpétuer à travers son principe de matériaux sobres, et l'élaboration du beau dans l'utile. Ainsi naîtra une nouvelle forme d'esthétique industrielle.

Comme pour les Arts déco, la décoration qui naît à la fin de la guerre est traversée par deux courants. Lesquels?

Un courant classique, plus traditionnel, relativement proche du luxe d'hier, promu par des créateurs comme Jules Leleu, Dominique, et des novateurs tels Jean Royère ou Arbus...

Quels sont les deux créateurs qui marquent ce virage des Arts déco?

Deux grands créateurs de mobilier vont marquer ce tournant des années 50. Charlotte Perriand, qui travaille avec Pierre Jeanneret, et Jean Prouvé utilisent des matériaux tels que la tôle, l'acier, le verre, puis le bois massif pour Perriand.

Un de leurs impératifs est de créer dans l'habitat un système de rangement efficace, d'où les fameuses bibliothèques colorées de Charlotte Perriand, transformant totalement la conception traditionnelle du classement des livres ou de la bibliothèque. Des meubles efficaces dans leur fonction, réservant un maximum d'espace libre pour la circulation, et laissant entrer la lumière.

Quel est le plus connu des créateurs de luminaires des années 50 ?

Serge Mouille joue la simplicité mais aussi l'invention. De longs tubes, pour la plupart pivotants, soutenant des coupes d'éclairage métalliques qui réfléchissent la lumière. Grâce à ce système articulé, chacun peut orienter la lumière à sa guise.

Ces luminaires sont peints souvent en noir mat ou en blanc, sortes de longues araignées stylisées.

Toujours dans ces années 50, un créateur de meubles tient une place marginale, s'affirmant comme un sculpteur de meubles. De qui s'agit-il ?

Alexandre Noll imagine-t-il des meubles ou des sculptures ? Les deux sans doute. Des pièces originales taillées dans des billots complets, telle une sculpture, pièces uniques assez étranges.

Dans les ventes aux enchères, la production rare de Noll obtient des scores élevés.

Comment, sous l'influence de Jean Lurçat, la tapisserie va-t-elle se renouveler dans les années 50 ?

Autour de Jean Lurçat vont se réunir d'autres cartonniers : Picard Le Doux, Marc Saint-Saëns, Denise Majorelle. L'élan est donné dès 1945, au Salon des artistes décorateurs où ils exposent. Parallèlement, la grande directrice de galerie Denise René fait exécuter des tapisseries imaginées par des peintres de son écurie : Vasarely, Arp, Le Corbusier...

La tapisserie revient à la mode, peut-être pour réchauffer avec ses motifs colorés les appartements au mobilier strict et un peu froid.

Quel est le rôle précurseur de l'Italie dans ces années d'après-guerre ?

Milan devient un lieu mondial de création dans cet après-guerre troublé qui suit le fascisme italien. Très vite, l'industrie vient s'associer aux créateurs. Carlo Millino et Gio Ponti deviennent, entre autres, les phares de cette nouvelle génération. Ainsi, l'Italie se placera en précurseur à la source du design.

Que fut le Bauhaus ?

Le Bauhaus naît en 1919 à Weimar, en Allemagne. Dirigé par Walter Gropius, il sera dissout par les nazis en 1933. Durant ces quatorze années de vie, cette école d'art peu courante, ouverte à la création pourvu qu'elle soit réalisable, véritable bouillon de culture, peut être considérée comme une des origines du design moderne.

Tout est imaginé, ici, sous la force des cours de grands comme Kandinsky, Klee, Moholy-Nagy, Itten, Albers, de l'architecture à la gravure en passant par le théâtre, l'atelier du métal, d'où naissent aussi bien des boules à thé, des théières, des miroirs de toilette, des luminaires que des meubles.

Ainsi, deux étudiants de l'atelier du métal, Marianne Brandt et Wilhem Wagenfeldt, vont acquérir leur réputation d'abord à travers leurs luminaires du Bauhaus.

Aux États-Unis, dès les années 30, le design devient à la mode. Comment ?

L'évolution de la société américaine, les moyens de transports, se prêtent bien à un nouveau « design » des produits de consommation. Tout va devenir prétexte à une étude de forme : du car jusqu'aux tout nouveaux postes de radio. La profession de designer s'officialise.

Un Français émigré aux États-Unis va bientôt faire parler de lui : Raymond Loewy deviendra l'un des leaders les plus importants du design américain.

La céramique suscitera un regain d'intérêt après guerre, puis à nouveau en 1968. Pourquoi, et avec qui ?

Toujours dans la lignée de la fameuse idéologie du retour à la tradition, la céramique retrouve une nouvelle force dès la fin de la guerre. Elle se développe à Paris, à l'École des Beaux-Arts, où André Malraux ouvre un cours, dans le Berry à La Borne, mais aussi et surtout à Vallauris.

Là, Pablo Picasso va développer une autre facette de son talent, en travaillant dans l'atelier Madoura. Longtemps quelque peu méprisée, cette forme de céramique retrouve aujourd'hui une jolie cote dans les ventes aux enchères. Et les poteries de Picasso ressortent de chez les collectionneurs.

En 1968, ce retour à la nature et à l'artisanat *via* le biais de l'écologie marquera un nouveau départ pour la céramique, qui n'a toutefois pas encore atteint son juste prix.

Dans les années 50, le verre va se renouveler. Dans quels pays ?

Alors que la France avait été à l'avant-garde du renouveau verrier avec des artistes comme Gallé, et qu'en 1930, elle maintenait sa réputation avec une nouvelle génération d'artistes tels Lalique ou Marinot, les années d'après-guerre ne virent pas éclore les talents des « petits-fils » ou des « fils » des grands des deux premières générations. C'est l'Italie et les pays du Nord qui vont faire bouger le verre.

Les pays scandinaves vont être à l'origine d'un design très fonctionnel, qui va envoûter plusieurs décennies d'acheteurs.

L'Italie, en revanche, sera plus axée sur la création à travers des pâtes colorées. Deux noms sont à retenir dans cette tradition italienne, Paolo Venini et Fulvio Bianconi, mais de nombreux autres artistes participent à ce renouveau.

Si la verrerie française des années 50 ne fut guère brillante, en revanche, dans les années 80, une nouvelle génération participa à son renouvellement. Qui sont ces verriers?

À travers le monde entier, la tradition verrière va se renouveler en cette fin des années 70. Retour à l'artisanat, aux traditions, à l'écologie? Peu importe, ces verriers sont talentueux et imaginatifs. Toutes les tendances se côtoient, du vase traditionnel mais traité d'une manière nouvelle en passant par la sculpture.

Les prix sont montés très vite, et des noms se détachent du peloton : Novaro, Morin, les Monot, Linard, ou les sculpteurs Négréanu, ou Zoritchak.

Et les Arts décoratifs d'aujourd'hui?

Bien qu'il soit encore difficile d'établir un bilan, la tendance semble plus que positive avec le groupe Memphis en Italie, et des Français tels Philippe Starck ou des jeunes à l'esprit inventif. En France, les ventes de créateurs contemporains commencent déjà à remporter du succès.

Art populaire

Quel est le critère pour qu'un objet soit classé « Art populaire »?

Pour qu'un objet entre dans la catégorie « Art populaire » et prenne une certaine valeur, il faut qu'il ait été fait entièrement à la main. C'est particulièrement imposé pour les outils d'artisans qui ne doivent pas avoir été fabriqués en série.

Quels sont les principaux matériaux ayant servi à la confection d'objets témoins de l'art populaire ?

Les principaux matériaux sont le bois, la terre cuite, le cuivre, le verre, la vannerie, les textiles. À l'évidence, ces matériaux ont été choisis en fonction de leur présence plus ou moins forte dans chaque région.

À partir de quelle époque peut-on raisonnablement considérer qu'un objet d'art populaire est authentique ?

Raisonnablement, les objets d'art populaire les plus anciens ne peuvent remonter au-delà du XVIIIe siècle, du moins pour ceux qui se trouvent encore dans des collections privées ou dans des musées régionaux.

À qui attribue-t-on la création du premier véritable musée régional ?

Le premier musée régional a été créé par le poète Frédéric Mistral qui, en 1907, fonda à Arles ce musée rassemblant les objets illustrant les traditions provençales, le musée Arlaten, ou palais du Félibrige.

Dans le travail du bois, pour des objets d'art populaire, quelles ont été les deux plus grandes disciplines ?

Les deux plus grandes disciplines ont été la saboterie et la tonnellerie.

La variété des sabots tient presque uniquement à la longueur des pointes et à l'ornementation apportée par des lamelles de cuir et différentes têtes de clous.

L'art du tonnelier fut aussi l'un des plus vieux métiers du monde. Les tonneaux furent très tôt utilisés pour le transport du vin, le bois ayant remplacé la jarre.

Les sabots et les tonneaux sont donc bien représentatifs de l'art populaire.

Quelle est la particularité d'une collection de pichets anthropomorphes ?

Le pichet anthropomorphe est un pichet orné d'une tête de personnage dans sa partie supérieure, d'où sa ressemblance humaine qui lui a fait donner son nom. Il est le plus souvent très caricatural, mais l'un des impératifs lors de la conception reste évidemment l'écoulement du liquide qui pourra se faire par la bouche, quelquefois par la pointe du chapeau en forme de bec verseur.

Parmi les objets d'art populaire en fer, certains regroupent les instruments du foyer. Quels sont les plus représentatifs ?

Parmi les objets les plus représentatifs et dont les modèles sont extrêmement intéressants pour l'étude des traditions, nous retiendrons : les chenets souvent ornés de visages de personnages historiques, ou de têtes d'animaux familiers ou légendaires; les bougeoirs, les luminaires, les moules à gauffres sur lesquels des décorations naïves sont finement ciselées.

Du plus simple au plus sophistiqué, le tire-bouchon est un thème de collection qui permet de regrouper une grande quantité de pièces. À quelle époque peut-on situer les plus anciens tire-bouchons ?

Le tire-bouchon a été rendu indispensable à la suite de l'invention du bouchon par Don Pérignon qui, en 1688, ayant amélioré la fabrication du vin de Champagne, pensa à remplacer l'étoupe imprégnée d'huile et le sceau de plâtre par le bouchon de liège, « poumon et filtre de la bonne bouteille ».

Partant de la simple spirale de fer fixée à un manche, tous les perfectionnements ont été recherchés et bien des modèles furent déposés au concours Lépine.

Le fer à repasser se présente sous différents modèles. Quel est celui le plus recherché par les collectionneurs ?

Le fer à repasser le plus recherché est celui qui possède une petite cheminée qui le fait ressembler à un bateau à vapeur. C'est l'ancêtre du fer électrique, car son chauffage intérieur permettait de l'utiliser longtemps sans avoir à le mettre fréquemment à chauffer sur un poêle ou sur une rampe à gaz.

Les poteries sont-elles représentatives de l'art populaire ? Pourquoi ?

Les poteries anciennes sont typiquement représentatives de l'art populaire car elles participaient à la vie quotidienne, qu'elles soient en grès ou en terre vernissée comme au XVIIIe et au XIXe siècle.

Le collectionneur pourra donner plusieurs directions à sa collection, soit en regroupant les poteries selon l'usage qu'on en faisait, soit d'après les provinces de fabrication, soit encore selon le thème de la décoration : les faïences patriotiques, les faïences révolutionnaires, etc.

En dehors du jour où l'on tire les rois, quelle est l'importance de la fève de collection ?

Par sa petite taille et sa variété, la fève est un bon objet de collection et son passé la rattache à l'art populaire, témoin des jours de liesse sous le signe de la galette des rois et du jour de l'Épiphanie.

Le XIXe siècle a produit des fèves d'une forme insolite. Parmi les sujets représentés, un exemple curieux est une fève en porcelaine polychrome qu'une pâtisserie de Lyon a fait réaliser à l'occasion du 185e anniversaire de la marionnette Guignol.

Si, en France, le chapeau n'est plus à la mode après avoir connu des heures de gloire, peut-il être un objet de collection ?

Une collection de chapeaux peut évidemment être composée de couvre-chefs de tous les pays du monde, mais si l'on recherche des « chapeaux historiques », la difficulté est plus grande car il faudra entrer en compétition avec les musées.

Voisins du chapeau, on peut également collectionner les bonnets de nuit, qui se sont beaucoup portés aussi bien à la campagne qu'à la ville.

Parmi la grande variété de cannes de collection, il y a la canne-épée. Quelle est son origine ?

La canne-épée s'est répandue au XIXe siècle, lorsqu'il fut interdit de porter l'épée.

Pour l'ensemble des cannes, le collectionneur ira de la canne qui est encore presque un bâton plus ou moins travaillé, sculpté par les bergers, jusqu'aux cannes les plus richement décorées et précieuses comme celles à pommeau d'or, d'argent ou d'ivoire.

Bibliophilie

Quelle est l'origine de l'imprimerie ?

Si, dès le début de l'humanité, l'homme a, par divers moyens, cherché à fixer et à transmettre sa pensée, c'est aux environs de 1440 qu'on situe l'invention de l'imprimerie que les chroniqueurs du temps appelaient « l'art admirable ».

Quel fut l'apport décisif de Gutenberg, au point qu'on lui accorde la paternité de l'imprimerie ?

Avant Gutenberg, on connaissait déjà des procédés de reproduction, pour des images, notamment, mais aussi pour des pages entières de signes longues à écrire.

Gutenberg, parce qu'il était orfèvre, en partant des poinçons dont la technique était connue, réalisa les premières lettres métalliques. Ces caractères mobiles, individuels, permirent la composition typographique.

À quoi ressemblaient les premiers caractères d'imprimerie ?

Les premiers caractères ressemblaient à l'écriture des scribes du XVe siècle. Dès la Renaissance, ayant découvert les beautés de la civilisation gréco-romaine, les imprimeurs français s'inspirèrent des caractères dessinés en Italie, d'où le nom de romain donné aux lettres droites et d'italique, pour les lettres penchées.

Les anciens caractères furent surnommés gothiques en souvenir de leur origine allemande.

Trois principaux caractères vinrent ensuite. En 1540, Claude Garamond donna son nom à une variante du romain. Avec le perfectionnement des presses, en 1784, François-Ambroise Didot put mettre au point un caractère encore dérivé du romain mais où les pleins de la lettre sont plus accentués tandis que les déliés et les empattements sont filiformes. Quant aux elzévirs, qui ont succédé aux caractères gothiques, ils ont tiré leur nom d'une famille d'imprimeurs hollandais.

Qu'appelle-t-on imposition ou format ?

L'imposition consiste à disposer la composition des diverses pages de telle sorte qu'elles se retrouvent dans leur ordre normal par simple pliage de la feuille de papier.

L'imposition avec deux surfaces de composition par feuille se nomme l'in-folio. Avec quatre surfaces, l'in-quarto et avec huit surfaces, l'in-octavo.

Qu'est-ce qu'un incunable?

L'usage veut qu'on désigne par incunables des ouvrages datant de l'origine de l'imprimerie, c'est-à-dire imprimés avant 1500 – quand l'imprimerie était encore au berceau... du mot latin *incunabulum.*

Que faut-il retenir pour le choix du papier?

La qualité du papier est l'une des exigences du bibliophile qui distingue plusieurs sortes de grands papiers. Le velin de luxe imite le parchemin qui, à l'origine, était une peau de mouton ou de veau. Le chine est fait avec le filament du bambou. Le japon est composé à partir du mûrier. Le vergé est un papier qui laisse apparaître des vergeures, c'est-à-dire la trace de chacun des fils de laiton, très serrés et parallèles, dont l'ensemble constitue une sorte de toile métallique destinée à retenir la pâte dans la fabrication du papier à la main.

Quelle est la particularité de l'édition originale?

L'édition originale ne se limite pas au grand papier (chine, japon, hollande). Différentes définitions ont été données, mais nous ne retiendrons que celle-ci : l'édition originale est la première édition publiée avec le consentement de l'auteur.

Quelle est la différence entre dédicace et envoi?

La dédicace est la formule imprimée par laquelle un auteur fait l'hommage de son livre à quelqu'un. Elle est donc imprimée sur tous les exemplaires.

L'envoi est tracé de la main de l'auteur et, personnalisé, ne figure donc que sur un seul exemplaire.

Dire qu'au cours d'une signature en librairie ou dans une vente d'écrivains, l'auteur a « dédicacé » son livre, est donc une erreur... du moins pour les puristes!

Reliures et abréviations

Dans certains catalogues de livres (ventes publiques ou ventes par correspondance), si le livre est relié ou broché, on lira : « rel. » ou « br. ». Si le livre est relié entièrement de la même manière, on notera pleine reliure (« pl. rel. »). Les principales reliures sont le maroquin (« mar. »), le chagrin (« ch. »), la basane (« bas. »), le velin (« vel. ») et la toile (« t. »).

Parmi les différentes reliures, qu'appelle-t-on la reliure à la Bradel ?

Inventée en 1775 par le relieur Alexis-Pierre Bradel, cette reliure consiste en un cartonnage recouvert de papier et relié par ce qui fut à l'époque un nouveau procédé de couture, d'abord sur des ficelles, puis sur ruban.

Que sont les ex-libris ?

Les ex-libris sont un signe de propriété, le plus souvent sous forme d'une ornementation. L'ex-libris peut donc être réalisé en partant du nom du propriétaire ou d'une devise. Les armes, les blasons peuvent aussi être reproduits sur l'ex-libris, qui est alors une vignette dessinée ou gravée.

Bijoux

Quelle est la différence entre bijou ancien et bijou d'occasion ?

Les bijoux d'occasion sont des bijoux modernes mais pas neufs, c'est-à-dire déjà portés par leur premier propriétaire.

Pour ce qui concerne l'ancienneté, les spécialistes s'accordent à considérer comme anciens les bijoux antérieurs à 1945, encore fabriqués de façon artisanale et non industrielle. Toutefois, comme on voit les modes successives faire reculer sans arrêt les frontières de l'ancien, rien ne dit que, dans quelque temps, les bijoux des années 50, voire 60, ne seront pas considérés à leur tour comme des antiquités à part entière.

Quels critères augmentent la valeur d'un bijou ?

Le premier critère de valeur d'un bijou est la matière dans laquelle il est fait : à ancienneté égale, une bague ornée d'une pierre précieuse vaut toujours plus que la même à pierre semi-précieuse.

Mais l'antiquité est un domaine où l'exception confirme souvent la règle. Ainsi, une pièce remarquable par son ancienneté, son travail, sa provenance et sa rareté peut avoir plus de valeur qu'une pierre magnifique.

Hormis ces chefs-d'œuvre, l'ordre décroissant de valeur se présente ainsi : les pierres précieuses, les perles fines, le platine et l'or, les perles de culture, les pierres semi-précieuses, les pierres dures, le vermeil, l'argent et les pièces fantaisie.

Quelles sont les catégories de pierres précieuses ?

Elles sont quatre : diamant, rubis, émeraude et saphir. Leur valeur varie selon la beauté de la couleur, la pureté et, bien sûr, les dimensions.

Pour les diamants, la gamme chromatique va du blanc pur aux nuances les plus foncées : brun et même noir. Les plus appréciés sont incolores à reflets blancs bleutés (d'où leur nom « blanc-bleu »), mais certains tons soutenus ont aussi beaucoup de succès : rose, bleu, rouge, jaune.

Les rubis dits « sang de pigeon », d'un rouge très profond, sont considérés comme les plus beaux. Le rubis est la plus rare et la plus chère des quatre pierres précieuses, et aussi la plus petite : les exemplaires de dimensions importantes sont très peu répandus.

Le vert de l'émeraude doit être vif, translucide et éclatant, ni trop clair, ni trop foncé.

Pour les saphirs, les amateurs préfèrent les bleus assez soutenus et profonds : bleu roi, outremer, bleuet.

Et des pierres semi-précieuses?

Celles-ci sont extrêmement nombreuses, et offrent toutes les gammes de couleurs possibles. Beaucoup moins rares que les pierres précieuses, elles se trouvent dans presque tous les pays du globe. Couramment utilisées en joaillerie, elles ornent de ravissants bijoux, et sont loin d'atteindre les prix inabordables des pierres précieuses.

Parmi les plus courantes, citons l'améthyste (violette), le grenat (rouge), les topazes et les citrines (jaune ou orange), le zircon (blanc transparent), l'aigue-marine (bleu clair), et les saphirs de couleur (jaune, blanc, rose, vert...).

Outre les pierres semi-précieuses, de multiples pierres fines servent également au décor des bijoux : jade, turquoise, agate, lapis-lazuli, corail...

De quoi dépend la valeur des perles?

À qualité égale, une perle fine a toujours plus de valeur qu'une perle cultivée, en raison de sa rareté. Mais quelle que soit leur origine, les perles sont appréciées pour leur rondeur parfaite et la délicatesse de l'orient qui les recouvre : il doit être chaud, subtil, nuancé.

Les couleurs varient selon la provenance des perles, et vont du blanc à un gris bleuté très foncé qu'on appelle noir, avec entre les deux tous les tons possibles : crème, rosé, doré, gris, blanc cassé...

Les perles baroques ont une forme irrégulière, et sont beaucoup plus courantes que les rondes.

La grande majorité des perles employées aujourd'hui en joaillerie provient de cultures perlières. Leur qualité n'est pas toujours égale, et il convient de se renseigner auprès de plusieurs sources avant d'envisager un achat.

Quelles sont les caractéristiques de l'émail?

L'émail est une substance vitreuse qu'on appose par fusion sur un support métallique. La variété des couleurs et la brillance obtenue par ce procédé ont séduit nombre d'orfèvres depuis l'Antiquité.

Les Égyptiens sont les premiers à l'utiliser, notamment sur les bijoux, dès le IIe millénaire.

En France, l'émail orne bijoux et objets précieux à partir du XIIIe siècle. Son emploi est dès lors affaire de mode et il est particulièrment prisé à la Renaissance, au Second Empire et pendant la période Art nouveau. Cette dernière porte l'art des bijoux émaillés à leur apogée, sous l'impulsion du génial René Lalique (1860-1945), qui en fait, comme sous la Renaissance, des objets d'art à part entière.

Quelles sont les pièces les plus anciennes qu'on peut trouver sur le marché?

Paradoxalement, les bijoux antiques sont moins rares que les bijoux du Moyen Âge car nombre d'entre eux furent retrouvés intacts dans des tombes.

Il s'agit pour la plupart d'exemplaires en or finement travaillé, parfois ornés de pierres fines, provenant des civilisations anciennes du Bassin méditerranéen. Parmi les plus raffinés, citons les bijoux étrusques, dont la granulation aussi régulière que fine reste un mystère technique pour nos orfèvres contemporains.

Sur l'ensemble du marché, on trouve des bagues, des bracelets, des colliers, des boucles d'oreilles, des diadèmes, des pectoraux... Malgré leur aspect souvent très moderne, ces bijoux sont surtout considérés comme des objets de collection et ne se portent généralement pas.

Quelles traces les époques successives ont-elles laissées sur les bijoux français?

La Renaissance

On ne saurait parler des bijoux Renaissance sans citer Benvenuto Cellini, le célèbre orfèvre italien dont l'influence est prédominante sur son art et son époque.

Sous son impulsion, les bijoux sont conçus comme de véritables compositions artistiques, où la mise en scène basée sur le travail de la monture est plus importante que la richesse des ornements.

La mode est au retour à l'antique, les camées et les intailles sont particulièrement appréciés. On les rehausse de décors émaillés, figurant des personnages, des armoiries, ou soulignant simplement certains motifs. Des perles rondes ou baroques et des pierres enchâssées viennent compléter ces créations exubérantes et magnifiques.

Les XVIIe et XVIIIe siècles

À partir du XVIIe siècle, d'immenses progrès accomplis dans l'art de la taille des pierres font évoluer la mode dans ce sens. Les montures s'affinent de plus en plus, et servent surtout à valoriser la beauté des gemmes.

On découvre notamment la taille en rose, utilisée en joaillerie jusqu'au début du XXe siècle : une pierre à fond plat est facettée sur le dessus.

Pour capter encore plus de lumière qui fait briller les diamants, les montures à griffes sont inventées au XVIIIe siècle. Toutefois, la mode récente des pierres précieuses n'éclipse pas le travail de l'émail, toujours prisé au XVIIIe siècle pour les décors de scènes champêtres ou galantes, ou encore des portraits miniatures qui ornent de nombreux bijoux.

le XIXe siècle

Sous le Directoire et l'Empire, le retour à l'antique commencé à l'époque Louis XVI s'affirme encore. Les camées, très en vogue, forment le décor de parures entières : diadème, collier, boucles d'oreilles, broche et paire de bracelets. Ce qui n'empêche pas les pierres précieuses de faire fureur à la cour impériale...

Sous le Second Empire, l'émail, un temps abandonné, retrouve les faveurs de la mode. Les joailliers utilisent volontiers les pierres semi-précieuses, qui permettent d'assortir bijoux et vêtements. La découverte des gisements du Cap en 1872 fait affluer les diamants, qui se taillent alors la part du lion dans l'art de la parure.

L'Art nouveau

Les créations Art nouveau relèvent d'une esthétique révolutionnaire, qui reompt totalement avec les conventions d'alors.

Dans le sillage de Lalique, les joailliers s'inspirent des mêmes thèmes que les verriers et les ébénistes : ornements végétaux (fleurs, lianes, gui, ombelles, coloquintes...), figures animales, avec une préférence pour les insectes (papillons, libellules...), représentations féminines aux longs cheveux dénoués, courbes, volutes et contre-courbes.

L'emploi de la pierre précieuse est dédaigné au profit de pierres fines aux couleurs pastel : aigue-marine, pierre de lune, jade, opales.

L'art de l'émail est porté à son plus haut niveau, avec de véritables compositions aux couleurs chatoyantes qui ornent colliers de chiens, broches, bracelets ou peignes de coiffure.

Les Arts déco

En réaction à la débauche de courbes du 1900, les Arts déco renouvellent complètement l'esthétique avec un retour à la ligne droite. Les tons pastel sont abandonnés au profit de couleurs franches, et le décor géométrique impose symétrie, angles droits et pans coupés.

L'émail est encore utilisé, mais plutôt pour souligner un motif que comme décor à part entière. Les pierres précieuses sont à nouveau à l'honneur, de préférence taillées en baguette ou en émeraude, tout comme de multiples pierres dures : turquoise, corail, lapis-lazuli, onyx, jais...

Les clips de corsages, généralement portés en paire, les broches barrettes ou en forme de plaque rectangulaire sont particulièrement à la mode.

Les années 40

À la fin des années 30, la ligne des bijoux évolue vers une certaine lourdeur, qui s'accentue encore au début des années 40. Massifs et volumineux, les bijoux 40 accusent une préférence pour les décors d'enroulements et de courbes assez épaisses.

Les clips et les broches sont toujours très appréciés, ornés de nœuds, de bouquets de fleurs, de plumes ou d'animaux. Les bagues chevalières sont particulièrement reconnaissables à leurs décors en pont, à livre ouvert ou à chapiteau disposés dans le sens de la largeur (perpendiculaire au doigt).

Certains motifs sont inspirés de l'industrie comme les tuyaux à gaz, sorte de tubes en or souple formant collier ou bracelet, et les chenilles de tank, dont s'inspirent de gros bracelets articulés.

Quelques définitions

Parure : ensemble de bijoux de même décor. À la Renaissance, les parures complètent la toilette et comprennent une coiffure, un collier, une ceinture et une côtière qui enserre le buste. Abandonnées ensuite, elles réapparaissent au début du XIXe siècle pour accompagner le costume à l'antique, avec diadème, collier, paire de bracelets, pendants d'oreilles, ceinture et peigne.

Par la suite, on continue d'appeler parures tous les ensembles de bijoux, même quand ils sont restreints à deux ou trois pièces : collier et boucles d'oreilles, bague et bracelet, broche et collier.

Châtelaine : bijou auquel on suspend une montre et d'autres petites breloques, clef de la montre, cachets, flacon à sel... Elle s'accroche à la ceinture, ou comme une broche.

Aujourd'hui, les châtelaines sont devenues des objets de vitrine qui s'exposent mais ne se portent pas. Les plus rares sont en or, car la plupart ont été fondues quand la mode en est passée.

Minaudière : petit sac du soir en or, en vermeil ou en argent, parfois enrichi de pierres précieuses, et conçu pour contenir un poudrier, un tube de rouge à lèvres, parfois un stylo, avec un espace libre pour l'argent et de menus objets personnels.

Lancée en 1934 par la maison Van Cleef et Arpels, la minaudière eut beaucoup de succès et fut copiée par de nombreux orfèvres et joailliers.

Nécessaire : ensemble d'objets nécessaires à une activité (toilette, couture, voyage, écriture...) réunis dans un coffret.

Très courants à partir du XVIIIe siècle, leur taille va du minuscule au grand format. Les plus recherchés sont en matières précieuses : or, argent, ivoire, écaille.

Cachet : objet gravé en creux d'initiales ou d'emblèmes, destinés à les imprimer dans la cire encore chaude. Fabriqués à toute époque dans toutes les tailles et toutes les matières, les cachets sont des objets de collection très appréciés. Leur grande diversité laisse aux amateurs un large éventail de prix.

Étui : objet destiné à en contenir un autre. Parmi les plus cotés, les étuis à cire en or ciselé du XVIIIe siècle, mais on en trouve quantité d'autres dans différentes matières : étuis à ciseaux, à cure-dent, à carnet de bal...

Là encore, le choix est vaste, avec une gamme de prix particulièrement étendue.

Bronze

Qu'est-ce que le bronze?

Le bronze est un alliage de cuivre et d'étain, dont l'une des principales qualités est la dureté. Il se patine à l'air. Le pourcentage d'alliage a varié selon les époques. Si, dans l'Antiquité, on compte de 8 à 14 % d'étain pour 86 à 92 % de cuivre, à la Renaissance, le taux d'étain baisse de 2 % et, parfois, on y mêle d'autres métaux, le plomb ou le zinc, par exemple.

En Extrême-Orient, l'alliage est différent puisqu'on baisse encore la quantité d'étain qui varie autour de 4 %, additionné de fer, de zinc et de plomb.

Les bronzes qui ornent les meubles sont, quant à eux, composés en général de 80 % de cuivre, de 4 % d'étain seulement, auxquels on ajoute du zinc et du plomb.

Comment fabrique-t-on un bronze?

Deux méthodes. La première consiste à marteler une feuille de métal sur un modèle de bois; elle est utilisée pour les récipients en tout genre. La seconde procède par la fonte du métal pour obtenir, par exemple, des statues. Le métal en fusion est réparti dans un moule, parfois en plusieurs parties, celles-ci étant ensuite soudées. Dérivées de la fusion, on distingue encore la fonte au sable et la fonte à la cire perdue.

Qu'est-ce que la fonte au sable?

Le fondeur part d'un modèle en sable bien tassé dans un châssis. On y marque l'empreinte dans le moule en creux. Pour les pièces en relief, le moule est constitué de deux parties. Il faut toujours préparer des jets pour la coulée et des évents pour que l'air puisse s'échapper. Après refroidissement, les deux moitiés du moule sont séparées, et l'objet réalisé est extrait. Grâce à cette méthode, le moule peut être utilisé plusieurs fois. Une technique qui fut très en vogue pour les bronzes du XIXe siècle.

Comment se pratique la technique de la cire perdue?

Cette technique de fonte est sans doute la plus parfaite, mais ne produit que des exemplaires uniques.

On part d'un noyau d'argile dont l'allure générale suggère le modèle à reproduire. Ce noyau est ensuite recouvert d'une couche de cire grâce à laquelle le sculpteur peut exécuter sa forme d'une façon très poussée.

Cette sculpture en cire est ensuite badigeonnée de barbotine, un argile liquide qui colle à tous les détails, puis, l'ensemble est à nouveau enrobé d'argile. Dans cette dernière gangue d'argile sont prévus des jets et des évents. Un passage au four permet au moule d'argile de se durcir et à la cire de s'évacuer par les évents.

Le bronze est ensuite coulé par les jets et prend la place de la cire entre noyau et moule d'argile. On laisse refroidir, puis le moule d'argile est cassé et le noyau récupéré par un orifice situé en dessous de la sculpture.

Qu'appelle-t-on la réparure?

L'objet obtenu après la fonte n'est pas encore parfait. Il faut alors le peaufiner, évacuer les traces des jets et des évents, ciseler avec précision les détails, polir et enfin patiner.

Ce travail de finition dit à froid, après la fonte, est normalement exécuté par le créateur de la sculpture ou, à défaut, par le fondeur.

Comment s'obtient la patine?

Si on a l'habitude de découvrir des bronzes à l'apparence brillante, il faut savoir qu'à l'origine, il est mat. Le brillant est obtenu par brossage, voire par l'acide.

La couleur de la patine varie selon les époques. Le vert des bronzes antiques est dû à une oxydation naturelle, à leur conservation dans le sol. Plus tard, à la Renaissance, les créateurs se sont efforcés de recréer artificiellement cette patine, souvent par des bains d'acide. Toutefois, la patine rose de la Renaissance était obtenue par des mélanges savants à base d'huile et d'alcool. Mais on peut encore découvrir des patines noires, brunes à base de soufre, vert clair ou vert foncé où ammoniaque, acide acétique et chlorure de sodium sont savamment dosés.

Chaque sculpteur possède ses trucs pour obtenir sa couleur préférée. Il faut savoir que la patine est bien souvent un signe d'authenticité.

Comment la dorure est-elle obtenue?

La dorure a traditionnellement été réalisée au mercure. Un mélange de mercure et d'or en poudre, d'où l'expression qu'on retrouve fréquemment d'or moulu, placé au pinceau. Puis, passé au feu, le mercure s'évapore, ne laissant sur l'objet que la belle apparence de l'or, celui-ci sera ensuite poli.

Au milieu du siècle dernier, une invention va révolutionner la technique : la dorure à l'électrolyse. Elle a l'avantage d'éliminer le mercure, mais présente quelques inconvénients : elle est moins solide et plus glacée à l'œil. C'est sans doute pour ces raisons que les meubles de très haute qualité des grands antiquaires, ou ceux des musées, sont encore restaurés selon la traditionnelle technique de la dorure au mercure.

Que sait-on des bronzes antiques?

Dès l'aube de l'humanité, la technique du bronze fut pratiquée. Ne dit-on pas que les Mycéniens travaillaient déjà le bronze avec finesse quinze siècles avant notre ère?

Les Égyptiens s'y mirent plus tardivement, deux à trois mille ans avant Jésus-Christ, pour la bonne raison que le minerai était quasiment absent d'Égypte. Et c'est seulement du VIIIe au IVe siècle avant Jésus-Christ que se développe en Égypte la technique de la cire perdue, un art du bronze de qualité.

Que sait-on des bronzes grecs?

Les Grecs vont assimiler tout l'art du bronze des civilisations antérieures en lui apportant un esprit artistique particulier.

Vers le Ve siècle avant Jésus-Christ, l'art grec est en plein épanouissement, on y imagine des sculptures de taille impressionnante, tout à fait novatrices. Ainsi, le plus grand bronze connu serait un Apollon daté vers 525 avant Jésus-Christ, et conservé au musée d'Athènes. Il ne faudrait pas oublier de mentionner une des plus belles pièces de la statuaire grecque, « l'Aurige » de Delphes. Toutefois, la plupart des grands bronzes grecs ont disparu.

Les Romains, eux aussi, pratiquent l'art du bronze. Et les bustes qui subsistent sont de superbes témoignages du réalisme figuratif d'alors.

Comment se caractérisent les bronzes du Moyen Âge?

L'art du bronze va évoluer de la grande statuaire antique vers un art plus religieux, typique du Moyen Âge.

On crée alors de nombreux objets de culte, qui ne manquent pas d'intérêt grâce à leurs formes animalières. Dragons et autres animaux étranges transforment les verseuses en des objets superbes qui, parfois, trônent sur la table des princes.

Quel est l'apport de la Renaissance italienne?

C'est en Italie, à cette époque brillante de la Renaissance, que l'art du bronze va retrouver toute sa superbe. Les écoles foisonnent à travers tout le pays, Venise bien sûr, mais aussi en remontant vers le nord, à Florence ou à Padoue. L'Antiquité est à nouveau au goût du jour, et on copie en bronze les œuvres datant de plusieurs siècles.

Deux artistes se hissent au-dessus de la mêlée : Donatello de Florence et Riccio de Padoue. Donatello influencera l'école de Padoue, avec Andrea Riccio. Ce dernier s'inspire de la mythologie, mais aussi de l'Évangile, comme dans sa pièce maîtresse, le candélabre pascal de Saint-Antoine de Padoue. Il faut encore citer Michel-Ange, Benvenuto Cellini, Giambologna ou Andrea Susini. Avec eux se multiplient les scènes compliquées : enlèvements, combats de centaures, travaux d'Hercule, où les corps entremêlés montrent leurs muscles et sont à chaque fois des prouesses de technique et d'imagination.

Que valent les bronzes français des XVIIe et XVIIIe siècles?

La Renaissance française ne brille guère par ses créations en bronze. Il faudra attendre le règne de Lous XIII pour que le goût français se développe en ce domaine jusqu'alors dominé par les Italiens. Des Italiens que les bronziers français plagient à loisir.

Louis XIV encouragea les bronziers, possédant lui-même une étonnante collection. Si la mythologie fait toujours recette, la statue du Roi-Soleil brille de ses feux un peu partout. Girardon, Keller, Coysevox, Michel Anguier, François Duquesnoy, se font un nom parmi les meilleurs bronziers. Les petits bronzes trônent dans tout le royaume.

Et pourtant, à la fin du XVIIIe siècle, le bronze va subir une certaine désaffection au profit de la porcelaine et de ses charmants sujets de boudoir.

Les faux bronzes sont-ils courants?

La technique même du bronze permet d'exécuter facilement des copies, souvent difficiles à identifier.

En premier lieu, il existe toujours plusieurs modèles d'un même bronze. Ceux fondus par la méthode de la fonte de sable, au XIXe siècle, ont parfois été tirés à plusieurs dizaines d'exemplaires, de vingt à quarante souvent. En revanche, ceux fondus à la cire perdue sont logiquement à modèle unique, et pourtant, la mode aidant, certains furent produits à de multiples exemplaires quasiment semblables.

Il est alors facile pour un faussaire habile de faire passer ses créations récentes pour des bronzes du XVIe ou du XVIIe siècle, par exemple.

Comment reconnaître les faux bronzes?

D'abord, le faussaire emploie souvent une technique de surmoulage sur le modèle original. Avec un œil un peu exercé, on reconnaît vite cette copie, une pièce plus petite en raison du refroidissement, dotée de détails affadis, plus mous que ceux de l'original. L'intérieur des bronzes antiques révèle une oxydation ancienne qui n'existe pas sur les pièces récentes.

Existe-t-il un nombre de tirage limité et numéroté ?

Il s'agit là d'une notion très importante car, bien évidemment, un tirage limité a une valeur marchande plus importante qu'un bronze tiré en grande quantité.

C'est seulement à la fin du siècle dernier que certains fondeurs notent leurs tirages limités et numérotés, tels Valsuani ou Rudier, par exemple. Chaque épreuve tirée doit comporter un numéro suivi du chiffre total de tirage.

Il faut signaler que, désormais, cette notion de tirage est réglementée. Un décret du 3 mars 1981 fixe la première édition à tirage restreint à huit épreuves au maximum, numérotées de 1/8 à 8/8. Y sont adjointes quatre autres tirages, numérotés en chiffres romains.

Ces douze pièces sont donc des œuvres « originales ». Celles qui apparaîtraient au-delà de ce chiffre devraient logiquement être considérée comme des reproductions, et être notées comme telles. Une notion qui semble être oubliée par les faussaires !

Quels sont les critères de valeur d'un bronze ?

Il est bien évident que outre la valeur esthétique, les critères de réalisation sont primordiaux, notamment la qualité de la ciselure qui équivaut à la signature du talent du créateur et du fondeur.

La patine, signe de l'ancienneté, de l'authenticité, dont la couleur est, elle aussi, synonyme de qualité.

La fonte elle-même est importante. Légère, fine, elle dénote le talent du fondeur.

La signature, attention, n'apparaît que rarement sur les pièces antérieures au début du XIXe siècle, seul le cachet du fondeur étant alors marqué. Après le milieu du XIXe siècle, les artistes prirent l'habitude de marquer leur signature parallèlement au cachet du fondeur.

Enfin, un bronze doit être en parfait état, les accidents et autres réparations lui font perdre une partie de sa valeur.

Quelle est l'invention qui a permis la vulgarisation des grands bronzes ?

En 1839, Achille Collas invente le réducteur mécanique qui permet de reproduire n'importe quelle statue à toute échelle. Une excellente invention, mais qui, hélas !, va parfois ouvrir la porte à de nombreux abus.

Grâce à cette technique, le bronze se met à la portée de chacun, mais la qualité en souffrira lorsque les fondeurs commencent à tirer des pièces de n'importe quelle manière et en grande quantité. À cette époque, chaque famille ou presque exhibera son bronze bien en évidence sur le buffet de la salle à manger !

Quels sont les thèmes en vogue au XIXe siècle ?

Le XIXe siècle fut l'une des périodes les plus riches en variété de thèmes.

Le néo-classicisme est à la mode, avec les statues royales qui remplacent celles détruites lors de la Révolution. Le romantisme également, marqué par trois grands sculpteurs, David d'Angers, Rude et Antoine-Louis Barye. Les sculptures officielles sont liées aux grands travaux d'aménagement de la capitale, et la statuaire « historique » a un franc succès, de Jeanne d'Arc jusqu'à Napoléon III.

Le XIXe siècle symbolise également l'expansion coloniale, et les sculpteurs vont s'inspirer de la découverte de ces nouvelles contrées. L'Afrique est à la mode à travers ses danseuses, ses cavaliers, ou sa faune qui inspire les sculpteurs animaliers.

Quels sont les artistes qui ont marqué la seconde moitié du XIXe siècle ?

Carpeaux, Dalou et, bien évidemment, Rodin vont créer des œuvres magistrales et susciter des vocations parmi leurs élèves. Antoine Bourdelle, par exemple, élève de Rodin, saura s'affranchir de la griffe du maître pour créer un style très personnel.

Au tournant du XIXe et du XXe siècle, d'autres talents éclatent avec Maillol, Léon Gérome, Daumier, Renoir...

Qui est Rembrandt Bugatti ?

Rembrandt Bugatti (1885-1916) est né dans une famille d'artistes italiens. Son père, Carlo, créait des meubles ; son frère, Ettore, fut le célèbre inventeur des sublimes automobiles.

Rembrandt ne sera pas en reste et deviendra le plus coté des sculpteurs animaliers de ce XIXe siècle. S'il crée des chiens et des chats, on aime particulièrement chez lui les bêtes sauvages, qu'il sait parfaitement reproduire : jaguar, léopard, girafe, rhinocéros, éléphant, panthère... Pour recréer les postures des animaux, il se rendait au zoo et les observait.

Un style précis et puissant.

Qui est Antoine-Louis Barye ?

Antoine-Louis Barye (1795-1875) est l'un des grands sculpteurs du XIXe siècle, aux facettes multiples, particulièrement renommé pour ses sculptures animalières.

Il met les animaux en situation, tel ce *Jaguar dévorant un lièvre* qu'il expose au Salon de 1850.

Il est aussi le créateur de bronzes, commandes officielles de l'État : lion au jardin des Tuileries, aigles du pont d'Iéna... On peut ainsi admirer des scènes de la vie quotidienne des grands fauves, d'un réalisme surprenant : lion dévorant une antilope, lion marchant, tigre dévorant un paon, dromadaire...

Qui est Pierre-Jules Mene ?

Pierre-Jules Mene (1810-1879) fait, lui aussi, partie de ce groupe de sculpteurs animaliers qui éclate avec succès au XIXe siècle.

Il crée tout à la fois des scènes de chasse, des animaux de basse-cour, des chiens, des oiseaux, des chevaux et leurs cavaliers, mais, contrairement à Barye et à Bugatti, on ne trouve pas chez lui de grands fauves exotiques.

Cannes

De quand date la canne?

La canne remonte à l'origine de l'homme qui, dès qu'il est descendu de son arbre, s'en est servi pour se défendre, marcher, ou porter un ballot sur l'épaule.

Objet de marche, certes, mais dont on a durci la pointe, dès le début, pour pouvoir se défendre. La canne est la première arme de jet ou d'estoc, et la première canne à système.

À quand remonte la canne, objet de collection?

La période qui intéresse le plus le collectionneur est le XIXe siècle, moment où la canne est l'accessoire indispensable de l'homme... dont le rêve est de finir « la canne à la main ». D'autres expressions, comme « casser sa canne » pour mourir (au lieu de « casser sa pipe »), prouvent l'importance accordée à la canne.

La canne représente un phénomène socioculturel. Avant la fin du XVIIIe siècle, la canne était un objet spécifique à une caste, un privilège de fait réservé aux nobles et à la grande bourgeoisie. Impossible alors d'imaginer un homme du peuple – paysan, ouvrier – avec une canne. Il utilisait un bâton, un gourdin pour marcher et se défendre.

Lorsque la Révolution éclate, elle balaie toutes ces marques de l'Ancien Régime. On se veut libre, et la canne devient un symbole de liberté, d'autorité.

Malgré tout, la canne demeure un objet de luxe représentatif du niveau social de celui qui la porte. L'employé aura une canne à 10 sous, le commerçant une canne à 50 F, la canne de 5 à 10 louis étant celle d'une élite fortunée.

Quelles sont les différentes familles de cannes?

Il existe principalement deux grandes familles de cannes :
– les cannes décoratives. Elles servent à la marche mais présentent un aspect artistique ou décoratif;
– les cannes à système. Elles ont une double fonction : celle de ser-

vir à la marche mais jointe à une autre utilisation... Visible comme sur la canne-montre ou la canne lorgnette de théâtre, dont la poignée est constituée par une lorgnette, ou invisible, comme sur la canne-épée ou la canne de Toulouse-Lautrec dissimulant une dose d'absinthe dans un flacon avec un petit verre.

La canne-épée, la première des cannes à système, a vu le jour sous la Révolution. Les nobles, ne pouvant plus porter l'épée, ont arboré une canne à épée ou canne fourrée, interdite en 1834, mais pas abandonnée pour autant. Parmi les cannes de défense, citons la canne-fusil, la canne-pistolet et les cannes recelant une lame de rasoir, encore appelées « redoutables », « diaboliques » ou « terribles ».

Quels sont les matériaux utilisés dans la fabrication des cannes ?

Les cannes comprennent deux parties essentielles : le fût et le pommeau.

Pour le fût, on a employé les bois les plus beaux, les plantes les plus rares : jonc de Malacca ou ébène du Gabon, amourette (que les Anglais appellent *snake wood*), épine, laurier, palmier, acajou... À côté des matériaux classiques, on découvre les plus farfelus : colonne vertébrale de requin montée sur tige d'acier, colonne vertébrale de serpent, cornes de rhinocéros, de buffle, de bélier, le chou de Jersey, la peau d'hippopotame ou de baleine, la queue de raie, les fanons de baleine, le placage de galuchat. Le fer, le verre, le marbre en petits segments enfilés sur tige d'acier, l'ivoire, l'écaille de tortue employée massif ou en placage sont encore des matériaux utilisés pour réaliser des fûts de cannes.

En ce qui concerne le pommeau, au XVIIIe siècle, on rencontre presque exclusivement des pommeaux en or de deux ou trois couleurs, parfois serties de pierreries, ou bien en argent, voire en porcelaine, et, au début du XVIIIe siècle seulement, en faïence.

À partir de la Révolution, divers matériaux ont été utilisés : les métaux précieux, toujours, mais surtout beaucoup d'ivoire sous forme de sujets, des pierres dures, des bois et de la corne sculptés, des bois de cerf sculptés, des dents de cachalot ou de tigre.

Notons qu'il existe sur certaines cannes des éléments complémentaires et décoratifs : la férule ou « tape à terre », petit bout protecteur de la canne en acier, en ivoire ou en corne, et la bague ou cache-joint entre le pommeau et le fût faite de métal plus ou moins précieux selon la qualité de la canne. Facultatifs aussi, la dragonne, cordon de cuir ou de passementerie et les œilletons en métal (en or, en argent ou en acier selon la qualité de la canne) entourant les orifices par où passe la dragonne.

Qu'est-ce qui fait la valeur d'une canne?

Pour les cannes à système, la complexité du système et sa rareté. Par exemple, la canne-violon – et certaines autres cannes-instruments de musique –, la canne-revolver à six coups...

Pour les autres cannes, l'esthétique générale est essentielle ainsi que son homogénéité, la qualité du sujet. Les cannes à pommeau d'ivoire sont, à l'heure actuelle, les plus recherchées, tout comme les pommeaux d'écaille, sculptée ou non, et de pierres dures. La qualité du fût est un point primordial. L'ancienneté joue également, à qualité égale.

Parmi les autres éléments entrant en ligne de compte : l'estampille, la marque du fabricant de la canne, et la signature, celle de l'artiste qui a créé le pommeau.

Quelles sont les estampilles et les signatures célèbres [1] ?

Parmi les estampilles du XVIIIe siècle, citons : Thommasini, A. Dupuy (8, rue de la Paix) et Frison (au Palais-Royal n° 98, puis au 5, avenue de l'Opéra) qui a travaillé aussi au XIXe siècle.

Au XIXe et au XXe siècle, les fabricants sont nombreux : Antoine (au Palais-Royal, puis avenue de l'Opéra), Le Sieur (133, rue du Bac), Combes (Palais-Royal n° 10), Sulka (rue de Rivoli), Bétailles (20, rue Royale), Cazal (168, rue Montmartre, puis 22, boulevard des Italiens), Verdier, Brigg & Sons (à Londres et 33, avenue de l'Opéra), Henri Howell, Adrien Dubois à Paris, Jecker à Alger, Hermès.

Parmi les signatures, on notera celles de célèbres artistes : de Feure (qui signa d'abord Van Feuren), Reynald, Lalique, Willette, Roman, Gaillard, Carabin, Degani (dont la signature est accompa-

1. *La liste ci-dessous nous a été aimablement communiquée par l'expert Gilbert Segas.*

gnée d'une date récente, 1970), Fabergé, le célèbre orfèvre des tsars, dont le poinçon figure sur des poignées.

Comment reconnaître les vraies cannes des fausses?

Une canne authentique, qu'elle soit de grande qualité ou médiocre, est homogène dans sa réalisation comme dans le choix des divers matériaux employés.

Une canne ancienne est sujette, plus que bien d'autres objets, à l'usure du temps. Certains dégâts, tels qu'une fente du bois à reboucher, une poignée à recirer, un pommeau en argent à redresser, une férule à remplacer, doivent être réparés par un spécialiste.

En revanche, remonter une partie de canne sur une autre, prendre le pommeau d'une troisième... ce n'est plus de la sauvegarde d'un objet ancien, mais du « bidouillage ».

Attention aux reconstitutions et aux mauvaises réparations – joints mal faits au niveau des bagues et des poignées, bavure de colle, vernis trop criards... Attention aussi aux reproductions actuelles de cannes à système vendues neuves mais revendues plus tard comme anciennes après un vieillissement artificiel (usure du bois, comme pour les meubles, au papier de verre ou au sable, patine à base de vieilles huiles, acides, teintures, flagellation avec des chaînes, de vieux clous...). Attention aux cannes-montres portant, incrustée dans le bois, une petite pastille blanche avec des lettres et une date. Ainsi R C^{m} 1867 : 1867 n'est que la date de création de la maison! Se méfier des cannes décoratives à poignée sculptée, prétendument en ivoire (l'ivoire ancien est veiné, souvent craquelé et d'une couleur nuancée).

Se méfier encore des cannes « bricolées » avec des objets détournés de leur fonction première (un objet long, tels un vaporisateur de sac ou un tube de rouge à lèvres, monté sur un bois devient une canne à système; un bouton de porte est promu pommeau de canne...).

Qu'appelle-t-on une canne de compagnon?

Il s'agit d'une canne corporative, c'est-à-dire représentative d'une corporation ou d'un métier comme les cannes d'huissier, de suisse, de tambour-major ou les cannes tribales.

La canne de compagnon est représentative de l'histoire de la classe ouvrière, surtout au XIXe siècle. Cependant, son origine remonte au Moyen Âge, aux bâtisseurs de cathédrales. C'est l'objet dont on parle le moins dans le monde du compagnonnage et qui, en définitive, compte le plus. C'est presque une carte d'identité professionnelle. Attachée à la vie et à la personnalité du compagnon, elle est présente à toutes les étapes de la pratique du compagnonnage. Tour à tour accessoire du costume, appui pour la marche qu'il porte souvent sur l'épaule avec son baluchon (la « malle aux quatre nœuds ») accroché à son extrémité, symbole de la capacité du compagnon, signe de reconnaissance, arme ou objet de rite.

D'abord simple bâton, c'est à partir de la fin du XVIIIe siècle seulement que la canne se transforme. Jusqu'en 1840, elle n'est encore qu'un jonc avec une longue férule en métal ou en bois, un pommeau en forme de boule ou de tronc de cône à facettes en bois noirci, en ivoire... quelquefois orné de nacre ou de métal argenté.

Après 1840, grande époque du compagnonnage, les cannes sont plus travaillées. Le jonc est surmonté d'un pommeau, ciselé comme la longue férule, de forme et matière variées. Au sommet du pommeau, une pastille gravée porte le nom du propriétaire, le Devoir auquel il appartient et sa date de réception en confrérie. Des symboles identiques à ceux des francs-maçons complètent le décor de la canne. Celle-ci est transformable, le pommeau et la férule étant démontables pour en faire une canne courte destinée à la marche ou longue pour les cérémonies ou le combat.

Comment se présente le marché des cannes?

Les premiers vrais collectionneurs, apparus sur le marché de l'art il y a environ vingt-cinq ans, étaient surtout composés de Français, de Suisses et d'Anglais. Aujourd'hui, le marché s'est considérablement élargi et a pris une dimension internationale. Les Italiens et les Américains achètent beaucoup, les Allemands s'y intéressent également. Les Suisses sont désormais moins intéressés.

Dans les grandes capitales européennes, il existe au moins une boutique proposant des cannes. Mais c'est à Paris seulement que des spécialistes se consacrent exclusivement aux cannes de collection : ainsi, M. et G. Segas, 34, passage Jouffroy ou Laurence Jantzen au Louvre des Antiquaires.

À Londres, Maechel German (38 Kingsington Church St.) est spécialiste en cannes et en armes et argenterie. À Milan, Mister Antichita (Via Montenero 63), à côté des cannes, vend des meubles anglais et des bijoux. À Munich, Kadri propose, outre des cannes, des tapis, des ivoires et des pierres précieuses ; Masis, à Genève, des bijoux orientaux.

Aux États-Unis, on trouve un spécialiste au Centre des Antiquaires de la Deuxième Avenue : Man's Tikes.

Sans grands à-coups, le marché de la canne a progressé régulièrement depuis les débuts. Des ventes sont aujourd'hui organisées avec la présence d'un expert à Paris (Drouot), à Genève, à Londres et à Zurich.

À quel prix peut-on acheter une canne de collection ?

À partir de 1 500-2 000 F. Tous les records ont été battus avec la canne de Louis XVIII, adjugée 70 000 F le 3 avril 1990 par Me Cornette de Saint-Cyr (n° 48 du catalogue, expert G. Segas).

Les thèmes de collections sont variés : les matériaux si divers employés pour les fûts peuvent fournir des sujets intéressants ou bien les pommeaux figurant des têtes d'animaux ou des personnages célèbres. Les cannes de métier, telles les cannes de notaires avec leur nécessaire à écrire, les cannes de maquignons pour mesurer les encolures, etc., offrent aussi des possibilités séduisantes.

Céramiques, faïences et porcelaines

Quelle est la différence entre la faïence et la porcelaine ?

Appartenant toutes deux à la grande famille des céramiques, terme général qui désigne les objets à base de terre cuite, la faïence et la porcelaine sont de nature différente, à la fois par leur aspect, leur composition et les techniques employées pour leur fabrication.

La faïence est une poterie tendre et poreuse à base d'argile, recouverte d'un émail opaque à base d'étain appelé émail stannifère. Plusieurs cuissons sont nécessaires pour obtenir une pièce décorée. Cette technique longue et coûteuse est employée en France jusqu'à la fin du XVIIIe siècle.

La porcelaine est une céramique dont la principale composante est le kaolin. Cette variété d'argile aux qualités particulières supporte une très haute cuisson, qui permet de fabriquer une pâte beaucoup plus dure, blanche et translucide. L'utilisation du kaolin est connue en Chine depuis le début de notre ère, mais apparaît en Europe beaucoup plus tardivement, au début du XVIIIe siècle.

Que signifient les expressions « petit feu » et « grand feu » ?

Il s'agit de deux techniques utilisées pour le décor des faïences. Sur les pièces traitées au grand feu, les motifs sont peints directement sur l'émail cru, puis couverte et décor sont cuits ensemble entre 850° et 1 000°. Aucune retouche n'est possible et la gamme des couleurs est assez réduite : violet, bleu, vert, jaune et rouge. Cette dernière couleur est rare sur les pièces de grand feu car elle vire facilement au brun.

Dans la technique du petit feu, appelée aussi « feu de moufle », les couleurs sont fixées sur l'émail déjà cuit, puis passées au four à température beaucoup plus basse. Ce procédé donne une palette de couleurs pratiquement illimitée, et permet au peintre des décors beaucoup plus recherchés.

Comment différencier ces deux procédés ?

Outre la finesse et la gamme étendue des couleurs, un détail purement technique permet d'identifier facilement le mode de cuisson des faïences anciennes.

Qu'il s'agisse de grand feu ou de petit feu, les pièces à cuire sont posées sur des pernettes, sortes de cônes d'argile qui permettent d'entasser et d'isoler les objets dans le four. Ces supports laissent toujours des marques facilement repérables au revers des faïences : trois pour le grand feu, six ou neuf pour le petit feu (par suite de la seconde cuisson).

Quelle est l'origine du mot faïence ?

Le mot faïence vient de la ville de Faenza, en Italie du Nord, l'un des plus anciens centres de production de faïences en Europe.

La création de certaines pièces remonte au XIVe siècle, et au XVe siècle, sa renommée est considérable dans tout l'Occident.

Quand, au XVIe siècle, des potiers français commencent à leur tour à fabriquer des faïences d'après les modèles italiens, c'est tout naturellement que ce nom propre se transforme en nom commun.

Que sont les majoliques italiennes ?

Ce terme s'applique aux faïences italiennes créées du XVe au XVIIe siècle, d'après des modèles hispano-mauresques fabriqués à Majorque, qui seraient à l'origine du mot.

La beauté et la richesse de ces créations sont dues à la grande habileté des potiers italiens, qui savent obtenir de multiples nuances à partir des quatre couleurs de base du grand feu. L'éclat du décor est encore rehaussé par l'application d'un vernis plombifère, la « *coperta* » (couverte en français), qu'on pose avant la cuisson.

Au XVe siècle, les formes sont assez simples – grands plats, coupes, pots ou cruches –, puis elles vont en se compliquant au cours du XVIe siècle. La gamme des décors évolue des motifs naturalistes classiques : palmettes, rinceaux, feuilles d'acanthe... à de véritables tableaux : portraits dans des réserves, scènes mythologiques, bibliques ou historiques exécutées d'après des gravures.

Le développement de ces majoliques est considérable en Italie, où de très nombreux centres de production ont chacun leurs artistes et leurs spécialistes : Faenza, l'un des plus anciens, Sienne, Cafaggiolo, Montelupo, Deruta, Gubbio, Castel-Durante, Urbino, Venise.

Dès le XVIIe siècle, couleurs et décors se sont appauvris, et l'engouement pour ces productions a diminué. Seul le centre de Castelli a su garder son originalité, et ses productions des XVIIe et XVIIIe siècles sont toujours appréciées des amateurs.

Quelles sont les premières productions françaises de faïence ?

Au cours du XVIe siècle, les majoliques italiennes influencent toute la production de faïences européennes. À Lyon, Nevers, Nîmes, Montpellier et Rouen sont fabriquées des pièces très intéressantes, notamment des pots à pharmacie où l'on retrouve les décors classiques des majoliques, d'autant plus que de nombreux potiers italiens sont venus s'installer en France.

À Rouen, le céramiste français Masséot Abaquesne interprète le répertoire italien en l'adaptant au style de la Renaissance française. On lui doit de nombreux pots à pharmacie (plusieurs milliers), et la décoration du château d'Écouen, commandée par le connétable de Montmorency vers 1540.

Quelles sont les formes les plus courantes des pots à pharmacie ?

L'*albarello,* ou albarelle en français, est un vase cylindrique dont le corps est légèrement concave, ce qui permet de le saisir facilement. Avec ou sans anses, il est destiné à contenir les pommades, les onguents et les pâtes pharmaceutiques dont on inscrit le nom sur sa panse.

La chevrette à flans rebondis posée sur un piédouche est utilisée pour les liquides : elle est munie d'une anse et d'un bec verseur.

Le pilulier est un récipient avec ou sans piédouche, de forme droite, où l'on range les pilules.

Les vases de montre, exposés en évidence par l'apothicaire, mesurent au moins 30 cm de haut et sont plus rares que les autres pots.

Présentés par paire, les pots à pharmacie valent au moins 50 % de plus qu'un exemplaire unique.

Nevers

À la fin du XVIe siècle, le duc de Nevers fait venir des potiers italiens, dont les productions sont directement inspirées par Faenza et Urbino. Pourtant, dès le début du XVIIe siècle, les faïenciers de Nevers sont les premiers à se dégager de l'influence italienne et à élaborer un style original.

Les sujets historiés ou bibliques, encore fidèles à l'influence italienne, commencent à être ornés de décors traités à la française : lambrequins rayonnants, rinceaux, frises... Peu à peu, le sujet principal est lui aussi tiré de gravures contemporaines, en particulier celles de Tempesta, célèbre graveur florentin du XVIe siècle.

Les décors à la palette (schématique, avec des couleurs franches) et à la bougie (taches blanches sur fond bleu) sont typiquement nivernais. Vers 1730 apparaissent les fonds bleu persan, dits aussi gros bleu, profond et inimitable, et des imitations des bleu et blanc des porcelaines chinoises, quoique traitées assez librement. Des faïences à fonds jaunes à décor polychrome sont fabriquées à la même époque, aujourd'hui rarissimes.

Après une période de déclin au cours du XVIIIe siècle, les Nivernais se mettent à fabriquer des pièces destinées à une clientèle beaucoup plus populaire : faïences patronymiques datées, sujets humoristiques ou évoquant l'actualité, comme les faïences au ballon qui commémorent les premières ascensions en ballon en 1783.

À partir de 1789, les assiettes deviennent révolutionnaires : « Prise de la Bastille », « Union des Trois Ordres », ou tout simplement « Liberté ». Pendant tout le XIXe siècle, les faïences révolutionnaires sont imitées par de nombreuses petites fabriques de l'Auxerrois.

Rouen

Après la disparition de la fabrique de Masséot Abaquesne, il faut attendre 1644 pour que Edme Poterat installe à Rouen une fabrique de grand feu. À la fin du XVIIe siècle apparaît le décor au lambrequin, un motif rayonnant qui est une création rouennaise d'une grande originalité, imité par la suite dans de nombreuses faïenceries.

Ce décor d'aspect régulier et symétrique est d'abord exécuté en bleu et blanc, puis rehaussé de rouge et de jaune. Le rouge de grand feu, si difficile à obtenir, est une des réussites de Rouen, où il est particulièrement éclatant.

À partir de 1725, les faïenciers rouennais copient les décors chinois et japonais : les pièces à la corne, à la pagode, à la guivre se déclinent en polychromie, avant que s'impose, vers 1740, le style rocaille : scènes galantes ou champêtres, armoiries et dessins chinois européanisés tels les décors à la tulipe ou à l'œillet épanoui.

À la fin du XVIIIe siècle, la double concurrence des faïences de petit feu et des porcelaines entraînent la ruine des fabriques rouennaises, qui ont pourtant influencé de très nombreux potiers, tant en France qu'en Europe.

Marseille

Joseph Clérissy, frère de Pierre Clérissy installé à Moustiers, fonde une faïencerie à Saint-Jean-du-Désert, près de Marseille, en 1679. Sa production de sujets historiés ressemble à celle de son frère.

Joseph Fauchier s'installe à son compte en 1724, et sculpte des statues dans le goût des Italiens Della Robbia. Son fils, Joseph II, invente un décor en camaïeu jaune pour orner le centre des plats et des assiettes : il s'agit de petits tableaux entourés de fleurs polychromes ou d'encadrements de style Régence. Il serait également l'inventeur d'un fond jaune fameux, copié dans de nombreuses fabriques du Midi de la France.

Un autre faïencier, Louis Leroy, pare de lambrequins et de grotesques des pièces de très grande qualité, où domine un bleu intense rehaussé de touches de rouge, de jaune et de vert.

À partir du milieu du XVIIIe siècle, plusieurs fabricants adoptent le petit feu. Parmi eux, la Veuve Perrin, Gaspard Robert, Honoré Savy et André Bonnefoy se distinguent par la beauté et l'originalité de leurs créations. Ils reproduisent des chinoiseries européanisées, des paysages, des marines et des scènes de genre d'après l'œuvre de peintres contemporains, ainsi que des thèmes d'inspiration locale : « au poisson », « à la bouillabaisse », « à la moule », « au poisson et à l'épi »...

Strasbourg

Les Hannong sont les seuls faïenciers de Strasbourg, et leur renommée devient considérable à partir de 1748 grâce à la technique du petit feu. Cette méthode leur est transmise par les frères Löwenfinck, venus de Saxe où sont fabriquées les premières porcelaines européennes.

L'influence allemande devient alors prédominante, avec des pièces de formes assez lourdes dites en baroque, et des décors typiques : terrines en formes d'animaux ou de végétaux, plats ornés de victuailles en trompe l'œil. La fleur allemande est peinte au naturel, entourée de gros insectes, et la fleur des Indes est chatironnée, c'est-à-dire cernée d'un fin trait de noir ou de manganèse.

En 1754, Paul Hannong signe sa production de ses initiales, et en 1762, son fils Joseph lui succède. Les techniques restent les mêmes, mais Joseph invente de nouveaux décors typiquement français. Les fleurs, inspirées des gravures de botanique, sont de plus en plus naturelles, et témoignent d'une habileté inégalée bien que très souvent imitée. Le décor « au chinois », copié lui aussi dans toute la France, représente un petit Chinois fantaisie, chasseur de papillons, musicien, pêcheur... le plus souvent solitaire.

La fabrique ferme en 1781, sans avoir subi, comme de nombreux autres centres, une baisse de qualité progressive. Les faïences des Hannong figurent parmi les plus belles réussites de la production française.

Les faïences du Nord

À côté des grands centres créateurs qui imposent un style, de nombreuses petites fabriques interprètent ou personnalisent certains décors renommés, et parfois inventent leurs propres types.

C'est le cas à Lille où, dès la fin du XVIIe siècle, la première manière est un motif au lambrequin dans le goût de Rouen. Viennent ensuite des scènes de genre inspirées de Delft, puis, dans la seconde moitié du XVIIIe siècle, des pièces rocaille ornées de personnages réalistes ou de cartes à jouer. Les créations les plus recherchées sont les statuettes polychromes de personnages, magots chinois, ou encore Jacquot et Jacqueline.

À Sinceny, l'originalité réside dans des décors de singes ou de personnages burlesques, et dans des tableaux champêtres en camaïeu bleu encadrés de rocaille polychrome. Faïences patronymiques puis révolutionnaires s'intègrent ensuite au répertoire.

À Saint-Amand-les-Eaux triomphe le décor au coupon, où un motif blanc imitant la dentelle tranche sur un fond gris perle, accompagné de fleurettes polychromes. Avec l'adoption du petit feu apparaissent des scènes de genre et de grosses fleurs chatironnées.

Delft

Au XVIe siècle, les premiers faïenciers hollandais travaillent dans la tradition des majoliques italiennes puis, dès le début du XVIIe, s'affirme l'influence de l'Extrême-Orient qui est une des caractéristiques des Delft. Toutefois, cette volonté de copier les porcelaines de la Chine et du Japon n'exclut pas des productions typiquement européennes, comme les célèbres carreaux en bleu et blanc ornés de scènes variées, produits en énorme quantité au XVIIe siècle.

La polychromie de grand feu apparaît vers 1675, et décors européens et orientaux sont produits parallèlement sous de multiples formes. Au début du XVIIIe siècle, la production est très variée : compositions d'après Watteau ou Boucher, sujets polychromes inspirés du potier japonais Kakiemon et des porcelaines d'Imari. Les imitations d'Imari sont ornées de vases fleuris et d'armoiries rehaussés d'or, et on les appelle fréquemment Delft doré. À côté de ces pièces luxueuses sont fabriquées de grandes quantités de faïences de style rustique, dites Delft paysan, ou Delft français pour les pièces destinées à la France ornées de motifs comme les cris de Paris, chansons, bateleurs...

Après 1760, la qualité commence à baisser, et au début du XIXe siècle, les faïenceries ont presque toutes fermé. Mais l'immense prestige des Delft est toujours reconnu par les amateurs d'aujourd'hui.

Qu'appelle-t-on la faïence fine ?

La faïence fine est une poterie à pâte blanche et opaque, de texture serrée, recouverte d'un vernis plombifère. Vers 1765, le célèbre potier anglais Josiah Wedgwood met au point une faïence fine de ton crémeux qu'on s'efforce d'imiter en France.

À Paris, la manufacture de Pont-aux-Choux fabrique dans cet esprit de nombreuses pièces de vaisselle ornées de décors en relief, et des petites statuettes représentant des personnages divers. La terre de couleur ivoire se prête aux formes les plus recherchées de l'orfèvrerie rocaille. Cette production, commencée vers 1777, cesse en 1788.

À Lunéville, en Lorraine, la fabrication de faïences fines démarre vers 1750, et se poursuit jusqu'en 1780. En 1765, le sculpteur Cyfflé met au point la terre de Lorraine, particulièrement onctueuse, et crée des statuettes en biscuit à la manière de Sèvres.

Et le décor imprimé ?

Il est obtenu par un procédé mécanique inventé en Grande-Bretagne au milieu du XVIIIe siècle, puis adopté au XIXe par de nombreuses fabriques de faïences fines, qui peuvent ainsi s'orienter vers une production industrielle de grande série.

Pour attirer la clientèle avec des décors attrayants, les faïenceries ont l'idée d'illustrer sur le mode humoristique l'actualité de l'époque. Ainsi, de Louis XVIII à la IIIe République, tous les aspects de l'histoire et de la société françaises sont racontés dans leurs assiettes : la guerre de Crimée, les voyages de Napoléon III, les grandes affaires politiques et leurs protagonistes, mais aussi les plaisirs de Paris (d'après des dessins de Gavarni), les petits métiers, la mode, les romans d'Alexandre Dumas ou les pièces de Victor Hugo, des chansons, sans oublier les devinettes et les rébus.

Quelles sont les principales fabriques ?

Les centres les plus dynamiques se situent dans la Région parisienne : la proximité de la capitale où les nouvelles arrivent en premier y est sans doute pour quelque chose.

Montereau ouvre ses portes en 1749 et fabrique tout de suite des faïences fines. À Creil, fondée en 1797, les décors imprimés sur fond blanc, puis jaune et parfois vert, sont renommés pour leur perfection. Ces deux fabriques fusionnent en 1840 et deviennent Creil-Montereau. À Choisy-le-Roi, on fabrique de la faïence fine entre 1804 et 1840, une production considérable qui peut se confondre avec celle de Creil et de Montereau.

En province, les principaux centres de production sont Gien, Bordeaux, Longwy, Sarreguemines et Niderviller.

Quelle est la différence entre la porcelaine tendre et la porcelaine ?

La porcelaine tendre, ou pâte tendre, est comme son nom l'indique une céramique d'une grande finesse mais, moins résistante que la porcelaine dure, elle se raye au couteau. Légèrement translucide, elle se distingue aussi par la douceur de ses décors polychromes.

Avant la découverte du secret de la porcelaine, à savoir l'utilisation du kaolin, potiers et chimistes européens font de multiples tentatives pour imiter cette matière à la fois dure et translucide venue d'Extrême-Orient. La pâte tendre fait partie de ces essais, et plusieurs fabriques françaises prennent leur essor à la fin du XVIIe siècle grâce à cette nouveauté. Influencée au début par l'Extrême-Orient, cette production s'en dégage rapidement et aboutit à un style pleinement français.

Quelles sont les principales fabriques de porcelaine tendre ?

À Saint-Cloud, les premiers essais datent de 1675. Au début, les décors sont des lambrequins en camaïeu bleu, inspirés de la faïence rouennaise, mais la polychromie apparaît dès la fin du XVIIe siècle. Les formes sont celles de l'orfèvrerie Louis XIV, et les sujets inspirés de l'Extrême-Orient.

À Chantilly, le prince de Condé obtient en 1735 l'autorisation d'imiter la porcelaine du Japon. Ses productions sont surtout de fidèles copies du style Kakiemon jusque vers 1740, quand apparaissent les premières formes rocaille. À partir de 1750, le style européen s'affirme de plus en plus.

À Mennecy, les toutes premières productions datent de 1748 et portent l'empreinte de l'Extrême-Orient. L'influence suivante est celle de la porcelaine de Saxe, bientôt remplacée par une fleur au naturel beaucoup plus française. Mennecy fabrique surtout de nombreux petits objets, et notamment des statuettes polychromes et des biscuits qui obtiennent un grand succès.

En 1738, des transfuges de Chantilly s'installent au château de Vincennes. De cette époque date le fameux bleu lapis, le bleu céleste dit aussi bleu turquoise, et le fond vert. Protégée par Louis XV et Mme de Pompadour, cette manufacture prend en 1753 le nom de Manufacture royale de porcelaine, puis est transférée à Sèvres en 1756. La production est abondante et d'une qualité incomparable, qui s'adapte aux styles rocaille puis néo-classique. Le rose Pompadour date de 1757, et le bleu de roi de 1780. Après de grandes difficultés pendant la Révolution, la manufacture de Sèvres abandonne définitivement la pâte tendre pour la porcelaine dure à partir de 1800.

Qu'est-ce qu'un biscuit?

Le biscuit est une porcelaine tendre ou dure, fabriquée en une seule cuisson à partir des pâtes les plus blanches et de la meilleure qualité car il n'est généralement pas recouvert d'émail. Les objets en biscuit sont le plus souvent des statuettes, qui ont l'apparence d'un marbre blanc.

L'idée de créer des biscuits revient à la manufacture de Vincennes, mais les plus connus sont les biscuits de Sèvres.

Cependant, l'absence de couverte présente plusieurs inconvénients à l'usage, et notamment le fait de se salir facilement.

Quelles sont les caractéristiques de la porcelaine?

La dureté et la translucidité sont les propriétés spécifiques de la porcelaine, dues à l'emploi du kaolin, une argile blanche qui vitrifie à une température voisine de 1 400 °C. Dans sa composition entrent également du feldspath et du quartz.

Le secret de la véritable porcelaine a été découvert en Europe par un alchimiste allemand au service de l'Électeur de Saxe, Friedrich Böttger, qui avait mis au jour vers 1709 un gisement de kaolin.

Quelles sont les premières porcelaines européennes?

En 1709, la découverte d'un gisement de kaolin en Saxe va permettre de fabriquer les premières véritables porcelaines européennes. L'Électeur de Saxe, conscient de l'importance de cette matière première et du parti qu'il peut en tirer, installe à Meissen la première manufacture.

Dès 1713, une production régulière commence, avec des formes inspirées de l'orfèvrerie et des ornements influencés par la Chine. Toutefois, la gamme des couleurs est encore réduite, et la pâte présente des irrégularités.

À partir de 1720, un nouveau directeur introduit les décors européens, améliore la qualité de la pâte et enrichit la palette de nombreuses couleurs : rouge vif, pourpre, lilas, vert, jaune, feuille morte...

Vers 1730, le style de Meissen a évolué vers une grande originalité, et deux artistes immenses, Johann Kirchner et Joachim Kändler, vont porter à leur apogée les créations de la Manufacture de Meissen. Kirchner crée toutes sortes d'animaux, et Kändler les fameux groupes qui atteignent une perfection jamais égalée par la suite, même à Sèvres : sculptés sans détails superflus avec un réalisme et une puissance plastique remarquables, peints avec des couleurs peu nombreuses mais vives et bien tranchées, ces statuettes représentent des personnages de la comédie italienne ou de la vie quotidienne, ou des animaux évoquant la chasse ou la basse-cour. Les services de table sont également ornés d'animaux en ronde bosse, et les fleurs en porcelaine connaissent à l'époque un succès considérable.

La guerre de Sept Ans entre la Prusse et la Saxe est fatale à la manufacture : lorsqu'elle rouvre ses portes en 1763, elle se heurte à une concurrence redoutable, non seulement en Allemagne où de très nombreuses fabriques de porcelaine se sont installées, mais aussi en France, où Sèvres est devenu un prestigieux centre de création, imité dans toute l'Europe.

À quand remontent les premières productions françaises de porcelaine ?

C'est à Saint-Yrieix-la-Perche, à 25 km de Limoges, qu'a été découvert le premier gisement de kaolin, en 1768. Cet événement révolutionne l'art de la porcelaine : les Français vont enfin pouvoir, avec plus d'un demi-siècle de retard sur la Saxe, fabriquer leurs propres pâtes dures.

Les premiers essais se font en 1769 à la Manufacture royale de Sèvres qui, trois ans plus tard, produit d'une manière régulière. Malgré le privilège de Sèvres, manufacture royale qui se réserve le droit de sculpter, de décorer et de dorer la porcelaine, de nombreuses fabriques s'assurent l'appui de puissantes maisons et peuvent ainsi prospérer. Paris et Limoges deviennent rapidement des centres porcelainiers très actifs.

Sèvres

À Sèvres, les premières porcelaines dures sont des biscuits, des vases d'ornement et des services de table de style Louis XVI aux abondantes dorures. Sous l'Empire, la production de la Manufacture évoque la gloire de Napoléon avec un luxe inouï. À partir de la Restauration, la porcelaine commence à s'intégrer dans la vie quotidienne des Français, et elle s'adapte aux différentes modes qui se succèdent : néo-gothique, troubadour et néo-Renaissance. Sous le Second Empire s'affirme le goût du bibelot, qui n'empêche pas la fabrication de vases d'apparat de plus en plus monumentaux, surchargés de dorures et d'ornements.

Il faut attendre la fin du XIXe siècle pour que des artistes comme Rodin ou Guimard tentent de renouveler le répertoire de Sèvres. Toutefois, quelle que soit l'époque des pièces de Sèvres, toutes sont d'une remarquable qualité, tant pour l'équilibre des formes et la beauté des peintures que pour la perfection technique.

Paris

Dès la fin du XVIIIe siècle s'ouvrent à Paris de nombreuses petites fabriques de porcelaine, dont très peu signent leurs créations, et dont la production est particulièrement homogène. Le vieux Paris, expression courante sur le marché pour désigner les porcelaines de la fin du XVIIIe et de la première moitié du XIXe siècle, se caractérise par une belle pâte blanche et translucide, des couleurs vives, une dorure brillante et des dessins fins et précis.

À la fin du XVIIIe siècle, les motifs de fleurs rehaussés de dorures sont à l'honneur, suivis par la mode de l'Antiquité étrusque, égyptienne et romaine. Au début du XIXe siècle sont fabriqués de nombreux vases à décor tournant représentant des scènes ou des paysages qui courent sur les parois, largement encadrés par une dorure chatoyante.

Parmi les céramistes les plus originaux du XIXe siècle, citons Jacob Petit qui illustre d'abord le courant troubadour, puis crée des pièces de plus en plus extravagantes d'une grande perfection technique : tisanières en forme de personnages, d'animaux, de pagodes...

Limoges

Après la découverte du gisement de kaolin à Saint-Yrieix, la première fabrique de porcelaine de Limoges ouvre ses portes en 1771 sous la protection du comte d'Artois, rachetée par Louis XVI en 1784. Elle disparaît à la Révolution mais de nombreux ateliers se sont ouverts entre-temps et, en 1840, on en dénombre une trentaine dans Limoges et sa région.

En 1842, David Haviland, négociant new-yorkais, crée un atelier où l'on décore des pièces fabriquées sur place pour les exporter aux États-Unis. Parallèlement, la révolution industrielle bouleverse les méthodes de cuisson, et Limoges devient un centre porcelainier de réputation mondiale.

En 1880, les porcelaines limousines connaissent un triomphe lors de l'Exposition internationale. Leur style reflète tous les thèmes successivement à la mode, de la célèbre rose de Limoges du XVIIIe siècle aux créations Arts déco de l'entre-deux-guerres.

Peut-on restaurer de manière invisible les céramiques endommagées ?

Avec des techniques et des matériaux de plus en plus performants, la restauration des céramiques peut faire de véritables miracles, tant sur les faïences que les porcelaines.

Qu'elles soient brisées, ébréchées ou fêlées, tout se répare de façon invisible, même s'il s'agit de reconstituer entièrement un décor peint, ou de refaire une anse ou un bec perdu. La sonorité initiale des faïences se retrouve, et les endroits restaurés ne jaunissent plus.

Une restauration honnête, pour invisible qu'elle soit à l'extérieur, peut être décelée par un examen microscopique. Les experts ont pour devoir de signaler les restaurations dont ils ont connaissance, même si leurs traces ne sont pas visibles à première vue.

Curiosités de marine

Qu'appelle-t-on curiosités de marine ?

Ces curiosités recouvrent un domaine assez vaste comprenant, d'une part, l'artisanat du marin, de côte ou à bord – un art populaire spécifique qui se développe au milieu du XVIIIe siècle avec les grandes traversées –, une forme d'art plus rigoureuse englobant les maquettes de chantiers ou d'arsenaux ainsi que la peinture académique et, d'autre part, les instruments liés à la navigation et aux sciences du ciel et de la terre (astronomie et géodésie).

Qui s'intéresse aux antiquités de marine ?

Les décorateurs, pour les tableaux, les maquettes, le mobilier et les curiosités telles que les coffres de Nuremberg souvent attribués aux corsaires, les dents de narval, les casques de scaphandriers, les figures de proue... autant d'objets recherchés pour leur aspect décoratif, auxquels il faut ajouter les globes.

Les amateurs de marine et les marins eux-mêmes sont plus sensibles aux instruments de navigation et à l'artisanat.

Les collectionneurs s'attacheront davantage aux grandes signatures et à l'ancienneté des instruments de navigation, d'astronomie et de géodésie.

Quels ont été les premiers instruments de navigation ?

Jusqu'aux premiers grands voyages de la fin du XVe siècle, on ne quittait pas très longtemps la côte de vue. La navigation à l'estime suffisait, avec le concours de deux instruments : le compas, adaptation marine de la boussole, pour la direction et le loch pour la distance parcourue.

Le principe du compas, l'instrument le plus important pour la navigation en Occident pendant dix siècles, est resté le même : une aiguille magnétisée répond à l'attraction d'une masse de fer située aux environs du pôle Nord. Magnétisée, d'abord, par frottement avec une pierre spécifique – la magnétite –, elle le sera au XIXe siècle par introduction dans un champ magnétique. On rencontre parfois des pierres d'aimant : qu'elles soient présentées de façon artistique ou non, serties dans des métaux ferreux plus ou moins rares, ces pierres ont toujours de la valeur.

Le loch, dans sa forme première, consiste en une planchette larguée par-dessus bord et retenue par une ligne avec des nœuds. Un marin compte le nombre de nœuds que file la ligne pendant une demi-minute indiquée par un sablier (inséparable du loch). Au XIXe siècle, le loch mécanique se généralise, depuis son brevet par Massey en 1802 jusque vers 1900 et ne subira guère de modifications. Ce loch, constituant un instrument compact qui intègre l'hélice en rotation et le compteur, est traîné pendant un temps donné, puis remonté pour lecture... s'il n'a pas été repéré par un requin ! Un constructeur anglais, Th. Walker, a l'idée de séparer l'hélice, tractée, du compteur placé sur le plat bord, auquel elle est reliée par une ligne toronnée qui transmet sa rotation. Ce type de loch est resté en usage dans presque toutes les marines jusqu'au milieu de notre siècle. Les amateurs peuvent trouver aujourd'hui les différentes formes de loch, les modèles dits intégrés sont plus rares et plus chers.

Les sabliers sont difficiles à dénicher : leur monture était en laiton, en fer, en cuivre, en bois sculpté ou verni, parfois garnie de maroquin ou de métal repoussé.

Pourquoi la géodésie et l'astronomie intéressent-elles les amateurs d'objets de marine ?

Conjointement aux grandes découvertes maritimes, les besoins en matière de cartographie n'ont cessé de croître. De là, la naissance d'instruments tels que graphomètres, alidades et théodolites.

Les graphomètres sont des instruments de topographie pour mesurer les angles.

Les alidades sont des règles de topographe, mobiles autour d'un point fixe et portant un instrument de visée comme la pinnule, petite plaque de cuivre élevée perpendiculairement à chaque extrémité de l'alidade. Percée d'un petit trou, elle sert à prendre des alignements. L'alidade est en bois ou en métal.

Les théodolites, instruments de visée munis d'une lunette pour mesurer les angles horizontaux et verticaux ou lever un plan, servent aussi en astronomie pour déterminer l'azimut et la hauteur apparente d'un corps céleste. Les plus appréciés aujourd'hui sont des instruments anciens – XVIe-XVIIe siècles – en laiton, en cuivre doré, ciselés et signés. Plus sobres au XVIIIe siècle, ils sont anglais pour la plupart.

La présence d'instruments d'astronomie chez un antiquaire d'objets de marine se justifie pleinement. Il faut comprendre que, hors de vue des côtes, la navigation ne pouvait être qu'astronomique et la science nautique a bénéficié des progrès qui, de la lunette de Galilée aux plus grands télescopes modernes, permettront une précision de plus en plus grande. Les navigateurs devaient se situer en mer à l'aide des seuls points de repère que sont les astres. Il fallait donc les voir et les reconnaître... avec des longues-vues et les localiser dans l'espace grâce aux octants et sextants.

À quelle époque apparaissent ces instruments ?

Si l'on excepte l'astrolabe et l'arbalète ou bâton de Jacob, assez rares sur le marché de l'art, le premier instrument de navigation astronomique sera le quartier anglais dit de Davis, son inventeur. Généralement en acajou ou en poirier, cet instrument a servi durant la première moitié du XVIIIe siècle.

L'octant lui succède vers la fin du XVIIIe siècle, à la suite des travaux de Hadley (vers 1730). Les premiers modèles en acajou valent plus cher aujourd'hui que ceux de la génération suivante, toujours en ébène et ivoire.

Il sera remplacé par le sextant au XIXe siècle. Plus compact et plus précis, il est d'abord, lui aussi, en bois (poirier, acajou puis ébène). Ce matériau fera rapidement place au bronze et le grand limbe en ivoire deviendra une lame en argent, mince et finement graduée (machine à diviser les limbes de Ramsden en 1771). Quatre lunettes spécialisées se substitueront à la pinnule des débuts pour être finalement réunies en une seule lunette achromatique à focale variable (travaux de Dollond vers 1785). Cet instrument ne subira aucune modification significative jusqu'à nos jours.

Ces instruments sont-ils les seuls habituellement embarqués ?

À partir du XIXe siècle, l'heure à bord sera fournie par une montre très spécialisée, le chronomètre de marine monté à la Cardan dans un coffret (les premiers fabriqués par Harrison, en France par Berthoud ou Le Roy).

Parallèlement, anémomètres, baromètres ou barographes apporteront une aide au marin pour prévoir le temps.

En dehors de leur aspect décoratif, quels étaient le rôle et l'intérêt des globes ?

Les sphères, qu'elles soient terrestres ou célestes, permettent une représentation plus réaliste du monde que les cartes. À bord n'ont été utilisées que des sphères célestes très particulières, de couleur claire – les têtes de veau –, employées pour la navigation nocturne aux étoiles.

Systématiquement mis à jour – depuis le premier connu en bois, manuscrit et orné d'enluminures, réalisé en 1492 par Martin Behaim pour les échevins de Nuremberg –, les globes ont bénéficié des plus récentes découvertes des voyageurs.

Les pièces anciennes sont appréciées pour leur beauté, les plus récentes pour leur exactitude. Cependant, les formes extérieures varient assez peu, d'autant que des ateliers comme celui de Desnos, au début du XVIIIe siècle, repris par Vaugondy à la fin du même siècle, auquel succédera Delamarche au XIXe, assurent une certaine pérennité.

Notons que les tout premiers globes, d'origine islamique, étaient en métal gravé ; le premier en Europe, celui de Nicolas de Cusa, est daté de 1444.

Au XVIe siècle, les globes, construits sur un axe en bois, sont faits de couches de papier superposées et pressées, les fuseaux sont imprimés sur cette espèce de carton. Dès le milieu du XVIIe siècle, les globes sont faits de bois de bateaux morts (de telle sorte que le bois ne travaille plus) et recouverts de toile de lin et d'enduit.

Qu'est-ce qu'une sphère armillaire ?

Il s'agit d'une représentation de l'espace à l'aide d'armilles (cercles concentriques) de la course des différentes planètes.

Les sphères armillaires sont toujours très recherchées par les décorateurs. D'abord en bronze, elles subiront la même évolution que les globes et seront faites de papier mâché revêtu de papier gravé... tout comme leurs homologues les sphères planétaires (toutes les planètes se déplacent sur un même plan).

En quoi consiste le mobilier ?

Le mobilier est très spécialisé, construit avec des matériaux caractéristiques : du bois peu sensible à l'humidité, tels l'acajou, le teck ou le camphrier, et des métaux non oxydables comme le bronze ou le laiton.

Il comprend essentiellement des coffres de matelot ou de la Compagnie des Indes, des commodes en deux éléments (pour les rendre plus mobiles) munies de poignées latérales, des écritoires de voyage en bois, des lavabos de cabine, des bureaux de bord...

Tous les meubles destinés à être transportés étaient cornés de laiton pour les protéger, tandis que les meubles de bord avaient pour particularité de pouvoir être vissés, tel le fauteuil de capitaine, avec un emplacement dans le pied pour un tire-fond.

En quoi consiste l'artisanat du marin ?

Cette forme très spécifique d'art populaire n'apparaît guère avant le XVIIIe siècle, avec le temps des grandes traversées océaniques nécessitant de nombreux marins à bord. Par temps calme, les matelots ont le temps de se livrer à quelques travaux. Vu les moyens réduits dont ils disposent, par manque de place et d'outillage, ces travaux sont encore assez limités.

Il y a d'abord le coffre du marin : une malle d'environ 50 cm sur un mètre, qui lui sert souvent de siège, et contenant tout ce qui lui appartient en propre. Robuste, décorée extérieurement d'une peinture représentant peut-être la maison qu'il a quittée, elle est munie de deux poignées sur les côtés, véritables petits chefs-d'œuvre de chanvre, d'une grande élégance et d'une rare complexité. L'intérieur du couvercle est quelquefois peint lui aussi d'une scène de chasse à la baleine, d'un bateau... naïvement interprétés.

À partir du XIXe siècle apparaissent les *scrimshaws*, ces travaux d'ivoire marin, dont les plus célèbres sont réalisés avec des dents de cachalot, gravées à l'aiguille. Évidées et polies, ces dents qui ont servi de support à l'expression artistique et nostalgique du marin sont parfois transformées en étui à suif, en tabatière... Des cannes en os de cachalot prouvent la bravoure du marin qui a capturé la bête assez grande pour servir de matière première à cet ouvrage.

À partir de la fin du XIXe siècle, on trouve des bateaux en bouteille mais ce travail est assez délicat, et plus fréquentes sont les demi-coques présentées sous forme de dioramas, une spécialité de l'Atlantique Nord. Ces dioramas sont réalisés dans le fond d'une boîte peinte, à décor de port ou d'une côte, le navire est accompagné de son pilote et d'un remorqueur, les voiles sont taillées dans une chute de bois, laissé naturel ou peint en blanc. Une vitre et un cadre transforment l'ensemble en un tableau d'une simplicité touchante. Certains dioramas sont brodés à l'aiguille avec de la laine.

Les maquettes réalisées à bord sont rares : une coque prise dans un morceau de bois flotté ou sommairement taillée par le charpentier de bord et peinte avec la réserve trouvée sur le bateau (noir, blanc, rouge ou vert) sur laquelle est fixé le gréement.

Il faudrait citer encore des tableaux naïfs et la peinture votive (ex-voto).

Qu'appelle-t-on maquettes de chantiers et maquettes d'arsenaux ?

Les maquettes d'arsenaux ou de chantiers, aussi prestigieuses que rares, ont été construites avec une extrême précision du moindre détail, pour concrétiser en volume, à l'échelle des plans originaux dressés par les architectes de marine et peu parlants pour les charpentiers et les princes, les modèles des futurs bâtiments.

Ces maquettes apparaissent dans la seconde moitié du XVIIe siècle, grâce à l'impulsion donnée par Colbert qui a voulu rationaliser la construction des navires relevant jusque-là du domaine de la tradition.

Certaines de ces maquettes n'ont leur coque bordée que d'un

seul côté, l'autre étant laissé nu pour permettre de voir et de comprendre la charpente et ses assemblages ainsi que l'aménagement intérieur. Tout dans ces maquettes est à l'échelle, et le souci de précision va jusqu'au respect des couleurs et des matières même pour les voiles. Certaines de ces maquettes (longues de 1 à 2 m) sont ornées, comme le futur vaisseau, de sculptures peintes et dorées et sont équipées de leurs canons.

Ces maquettes ont servi à l'instruction des officiers dans les écoles de la Marine. Elles ont souvent permis aux ministres concernés, en les faisant manoeuvrer devant la Cour à Versailles sur le Grand Canal, d'obtenir des crédits. Des notables s'en sont fait construire à titre civil. Celles qui ne sont pas dans les musées de la Marine atteignent aujourd'hui des prix exorbitants.

Qu'appelle-t-on maquettes de constructeurs et maquettes de compagnies ?

Les maquettes de constructeurs sont réalisées à des fins commerciales par des chantiers civils. Elles sont précises et fonctionnelles. Il s'agit souvent de demi-coques collées et vissées sur un panneau de bois de 1,50 m à 2 m. Elle peuvent aussi être fixées sur glace, laissant croire à une carène complète. La coque est parfois peinte ou seulement vernie.

Ces demi-coques servaient de modèles dans les chantiers. D'autres, avec le nom du bateau gravé sur une plaque de cuivre, rappellent le souvenir d'un yacht sur les murs d'un club nautique.

Quant aux maquettes de compagnies, elles représentent l'équivalent des maquettes d'arsenal d'il y a deux siècles. On retrouve le même souci d'échelle et de précision.

Elles sont actuellement relativement rares car construites, en principe, à trois exemplaires seulement : un pour la Compagnie, un pour l'architecte et un pour l'armateur.

Que dire des maquettes en os ou en ivoire ?

Les maquettes en os, chefs-d'œuvre de minutie et de patience pour certaines d'entre elles, ont été réalisées par les prisonniers français sur les pontons anglais au début du XIXe siècle, durant les guerres napoléoniennes. Elles sont, pour la plupart, dans les musées britanniques ou chez quelques collectionneurs d'outre-Manche.

Les maquettes en ivoire, qui tiennent plus du bibelot ou de l'objet d'art que de la vraie maquette, ont été réalisées à Dieppe où l'arrivée de l'ivoire en provenance d'Afrique a permis à l'industrie dieppoise de se développer. On trouve des bateaux en ivoire de toute sorte, d'une grande précision, caractéristiques de l'habileté des artisans ivoiriers de Dieppe au XVIIe et au XVIIIe siècle.

L'antiquaire de marine se réserve-t-il une certaine peinture ?

L'iconographie maritime, chez l'antiquaire, vient en complément de l'objet et se présente le plus souvent sous forme de représentations de bateaux, de la plus naïve – telles celles due à Paul-Émile Pajot – aux plus fidèles d'Antoine Roux et de ses successeurs... ce qui offre déjà un large éventail de techniques, de supports et de prix. Il laisse aux spécialistes la peinture de genre.

Peut-on citer encore d'autres domaines entrant dans le champ d'activité de l'antiquaire de marine ?

On peut parler des armes car, depuis plus de deux siècles, différentes ordonnances ont réglementé la fabrication et l'attribution d'armes à l'usage exclusif de la marine.

Parmi ces armes, certaines sont réservées à l'abordage, dont les plus connues sont la hache, le sabre et le poignard d'abordage. Citons aussi les épées et les sabres pour les officiers et l'ensemble des armes à feu : pistolets, revolvers et fusils.

Il serait possible encore de parler des livres : récits de voyages, traités d'architecture navale, livres de bord... Enfin, tout ce qu'on peut imaginer en matière de curiosités et d'objets évoquant le monde fascinant et si diversifié de la mer : assiettes de la Compagnie des Indes, tortue naturalisée, souvenirs de bord de mer, ou encore coquillages...

Comment se présente le marché des antiquités de marine ?

Compte tenu de la diversité de la clientèle et du caractère passionné de l'amateur, c'est une spécialité qui traverse facilement les crises et croît avec le marché grandissant de la plaisance, des sports nautiques et des voyages par mer.

Ce marché n'est pas sujet aux modes. Il semble éclore depuis une dizaine d'années, il est toutefois limité par la difficulté de trouver des objets.

Extrême-Orient

À quelle zone géographique cette spécialité correspond-elle ?

Le terme Extrême-Orient désigne l'ensemble des pays de l'Asie Orientale, qui s'étendent de l'Inde à la Corée : Népal, Tibet, Inde, Birmanie, Laos, Cambodge, Viêt-nam, Chine, Corée, Japon.

Dans le domaine du marché de l'art, le sous-continent indien est la zone frontière entre l'Orient et l'Extrême-Orient : certaines pièces indiennes comme les bijoux, les tapis, les miniatures, les armes blanches, etc., sont généralement classées dans l'art d'Orient ou l'art islamique. En revanche, la statuaire hindouiste ou bouddhiste est le plus souvent présentée dans les ventes d'Extrême-Orient.

Quelles sont ses limites dans le temps ?

Pièces de fouille et bibelots du XIXe siècle peuvent se côtoyer dans la même vente car la nomenclature observée par les spécialistes correspond soit à l'origine géographique des objets, soit à leur nature.

On pourra ainsi trouver dans un catalogue plusieurs chapitres à différentes dénominations, où l'âge d'un objet n'intervient pas dans son classement : céramiques de la Chine et du Japon, ivoires japonais, mobilier chinois...

Toutefois, les limites temporelles de l'art d'Extrême-Orient se situent dans un passé très proche, et le principal souci des experts consiste à éliminer du marché les nombreuses copies récentes, dont certaines sont parfaitement exécutées et difficiles à déceler.

Que trouve-t-on sur le marché?

Le marché de l'Extrême-Orient est sûrement l'un des plus vastes et des plus variés. La diversité des nombreuses civilisations qui en font partie, leur ancienneté et leur longévité laissent aux amateurs d'aujourd'hui un choix immense, tant pour les objets que pour les prix.

Chaque pays et chaque époque ont produit des pièces spécifiques, et il est impossible d'énumérer cette multitude en quelques lignes. On peut toutefois passer en revue les principales créations, situer leur origine et leur temps d'évolution.

La céramique

C'est l'une des spécialités d'Extrême-Orient les plus appréciées chez les collectionneurs européens, et particulièrement les célèbres porcelaines de la Compagnie des Indes, fabriquées pour l'exportation par la Chine et le Japon, du XVIe au XIXe siècle.

Toutefois, les arts du feu sont maîtrisés bien avant cette époque dans plusieurs pays de cette région.

• Chine

Parmi les pièces les plus anciennes qu'on puisse trouver, les statuettes Han (206-220 avant Jésus-Christ), Wei (386-556) et Tang (618-907), sont en terre cuite à décor d'une glaçure colorée de plusieurs couleurs.

Les œuvres de la période Song (960-1279) se distinguent par leurs volumes épurés et la perfection de la couverte monochrome, ornée de craquelures et de décors en relief.

La fameuse couleur céladon, entre le gris-vert et le vert olive, connaît un grand succès à partir de cette époque. Apparaissent ensuite les bleu et blanc, puis la polychromie.

Sous les empereurs Qing (1644-1912), les techniques s'améliorent encore et l'on voit naître aux XVIIe et XVIIIe siècles plusieurs familles de céramique, ainsi nommées selon le ton dominant de leur décor. La famille verte est la plus ancienne, vient ensuite la famille rose dont les couleurs délicates séduisent particulièrement les Occidentaux.

Toutes ces productions se perpétuent jusqu'au début du XXe siècle.

• Japon

Jusqu'au XVIe siècle, les Japonais produisent surtout des pièces similaires aux créations chinoises et coréennes.

En 1644, le célèbre potier Kakiemon découvre de nouvelles techniques qui permettent de varier motifs et couleurs à l'infini, y compris l'or et l'argent. Cette porcelaine d'Arita, appelée aussi Imari, est exportée en nombre vers l'Europe où elle est particulièrement appréciée pour sa finesse et la grande élégance de ses motifs peints, réalistes ou abstraits.

Au début du XIXe siècle, la fabrication de porcelaines s'intensifie, et de nombreuses pièces de cette époque sont disponibles sur le marché.

• Corée

Moins connue et plus rare, la céramique coréenne atteint également une grande maîtrise tant pour les décors que pour les techniques. Les pièces les plus anciennes datent du VIIIe siècle et des céladons sont exécutés à partir du Xe siècle. Les XIe et XIIe siècles voient naître un âge d'or, avec une diversification des formes et des décors, et des techniques originales. En 1231, l'invasion mongole interrompt cette production.

À partir du XVe siècle, les créations coréennes, quoique proches des céramiques chinoises, s'en distinguent par un style particulier, aux dessins vigoureux qui laissent voir les traces du pinceau. Ces pièces sont fabriquées jusqu'à la fin du XIXe siècle.

Les laques

• Chine

L'art de la laque remonte à l'époque des Shang, vers le XVe siècle avant Jésus-Christ. C'est une résine extraite d'un arbre qu'on teinte en noir, en rouge ou en brun.

Appréciée pour sa résistance et sa beauté, la laque (nom féminin qui désigne la matière elle-même) orne de multiples objets : boîtes, meubles, vaisselle, bois de construction... et s'applique sur des supports aussi variés que le bois, le cuir, le chanvre, le papier mâché... On l'étend en couches superposées dont le nombre peut aller jusqu'à trente-six pour une résistance maximale.

La gamme du rouge varie selon les époques du pourpre profond au vermillon, avec des décors polychromes et or peints ou incisés, ou encore rehaussés de nacre, d'ivoire, de pierres dures.
Les laques richement sculptées, désignées sous le nom de laques de Pékin, sont également très courantes.

• Japon

Le laquier est importé au Japon au VIe siècle, et l'art de la laque connaît dès lors un développement continu jusqu'à la fin du XIXe siècle. Au XIIe siècle, les artistes japonais ont acquis une technique parfaite, qui se distingue par une finition particulièrement raffinée.
Toutes sortes de décors sont utilisés, avec de savants effets précieux : fonds parsemés, tachetés ou pailletés d'or, jeux de couleurs ou de relief, ou fonds noirs brillants où se détachent les motifs dorés ou argentés. Les incrustations sont également appréciées.
Ces nombreux décors ornent aussi bien de menus objets que des meubles importants. Chaque époque apporte ensuite ses propres innovations, et les amateurs apprécient particulièrement les périodes des XVIIe et XVIIIe siècles.

Le mobilier

Le mobilier chinois, japonais ou coréen se divise en deux catégories : les meubles laqués et les meubles en bois naturels.
Les premiers, plus luxueux, sont destinés aux temples, aux palais, à l'aristocratie, et relèvent de l'art de la laque.
Les seconds, d'aspect plus sobre, se trouvent dans les demeures bourgeoises, et sont appréciés aujourd'hui pour leurs lignes épurées et leurs décors discrets.
Les ébénistes choisissent avec soin la qualité du bois, appréciant son grain, sa densité et son veinage. Il est ensuite minutieusement poli, puis assemblé à tenons et mortaises, et avec des chevilles de bois. Les sièges, les tables et les consoles sont souvent très élégants. Des coffres et des cabinets de tailles très variées offrent de nombreux tiroirs à décor de ferrures. Les armoires et les buffets, de dimensions plus importantes, se rencontrent moins fréquemment sur le marché.

Les pierres dures

Les objets en pierre dure sont très appréciés et certains d'entre eux ont atteint des prix considérables en vente publique. Il s'agit d'un travail essentiellement d'origine chinoise : petites statuettes représentant des dieux et des déesses, des animaux, parfois sculptés dans un paysage, des vases, des brûle-parfum, des coupes, des boîtes, des bijoux et des accessoires...

Le jade est la pierre la plus recherchée par les Chinois, qui lui attribuent des vertus innombrables, et lui portent une véritable vénération depuis des temps très anciens (2500 avant Jésus-Christ). Le terme de jade s'applique d'ailleurs à deux minéraux différents, la jadéite et la néphrite. Ce sont des pierres opaques aux nuances délicates, de couleurs variées : verre pâle à vert épinard, blanc laiteux à noir, jaune à brun, mauve, à nuances bleutées. Le ton le plus prisé est celui d'une jadéite vert émeraude translucide, unie et sans défauts; cette variété de jade inspira une telle passion à la dernière impératrice de Chine qu'on l'appelle depuis jade impérial.

Toutefois, de nombreuses pierres sont également utilisées par les Chinois : corail, lapis-lazuli, turquoise, agate, serpentine, cristal de roche, stéatite...

Outre la beauté de la couleur, leur prix dépend de la finesse des sculptures, de l'ancienneté et des dimensions de l'objet.

La sculpture

Les premières manifestations d'un art plastique apparaissent très tôt dans le temps, tant en Chine qu'au Japon. Pourtant, l'épanouissement de la statuaire est lié à la religion du Bouddha, dont les premières représentations datent du Ier siècle de notre ère.

Fabriquées dans le Nord de l'Inde, ces sculptures dites gréco-bouddhiques reproduisent les canons de la beauté grecque, souvenir du passage d'Alexandre le Grand dans cette région quelques siècles plus tôt. Le bouddhisme est introduit en Chine au Ve siècle, puis en Corée et enfin au Japon au VIe siècle.

Proche au début de l'iconographie indienne dont elle est issue, la statuaire évolue très rapidement vers un style spécifique à chaque contrée.

Des arts originaux se développent entre le Ve et le XIVe siècle, avec des représentations des multiples dieux et déesses du panthéon bouddhiste.

Des matériaux variés sont utilisés : pierres diverses (grès, schiste, granit, marbre...), bronze patiné et bronze doré (surtout en Corée et au Japon), bois laqué, doré ou polychrome.

Les gestes et les positions rituels correspondent à un code religieux et ont une signification précise. Curieusement, après presque dix siècles de fécondité, la sculpture se fige peu à peu à partir du XIVe siècle dans des œuvres stéréotypées, rarement originales, et ce aussi bien en Chine qu'en Corée et au Japon.

Les bronzes

Les pièces les plus prisées sont les bronzes archaïques chinois, dont certains remontent à l'époque presque mythique des Shang, XVIe (?)-XIe siècle avant Jésus-Christ. Ces vases et récipients étaient utilisés lors de cérémonies religieuses, et enterrés avec les morts.

Des pièces aussi intéressantes sont fabriquées aux époques suivantes, et ce jusqu'à la dynastie Han (206 avant Jésus-Christ-220 après Jésus-Christ).

L'un des motifs décoratifs les plus répandus des époques anciennes est le t'ao-t'ie, sorte de masque représentant un monstre plus ou moins stylisé. Ces pièces archaïques sont appréciées pour leur ancienneté et leur patine, qui va du vert bleuté au vert foncé.

Des bronzes de moindre importance, mais aussi anciens, sont également parvenus jusqu'à nous : pièces de harnachement, miroirs, agrafes, cloches.

À l'époque des Tang (618-907) apparaissent de nouvelles techniques d'origine perse, avec des incrustations d'or ou d'argent. Les pièces moins originales et fabriquées ensuite en grand nombre, les brûle-parfum par exemple, sont généralement assez peu recherchées.

Au Japon, le travail du bronze est assez rare, et les collectionneurs sont plutôt attirés par les créations fin XIXe, dont le décor est proche du style Art nouveau.

Les ivoires

• Chine

Parmi les plus anciens qu'on puisse trouver, les ivoires Ming représentent des dignitaires ou la déesse Guanyin, personnages sculptés dans des défenses d'éléphant et d'une exécution très fine.

Les villes de Pékin et de Canton ont produit de nombreux ivoires entre le XVIIe et le XIXe siècle, et notamment les fameuses boules de Canton entièrement ajourées et au décor d'une grande complexité.

Les coupes libatoires en corne de rhinocéros sont très importantes pour les Chinois qui prêtent à cette matière des pouvoirs magiques. Elles atteignent des prix élevés qui varient selon la beauté des sculptures, les dimensions et l'ancienneté.

• Japon

Pour les Japonais, l'ivoire d'éléphant est une précieuse matière d'importation. Ils utilisent également les dents de baleine ou de narval, l'ivoire d'hippopotame et de mammouth.

Les okimono, statuettes décoratives, illustrent avec réalisme, et même souvent avec humour, de nombreuses scènes de la vie quotidienne : musiciens, commerçants, paysans, scènes familiales... La valeur de ces ivoires dépend bien sûr du talent du sculpteur, et de leur ancienneté : la plupart datent du XIXe siècle.

Les netsuke, fréquemment taillés dans de l'ivoire, font avec les inros l'objet d'un paragraphe à part (voir p. 253).

Les émaux

L'art de l'émail est introduit en Chine vers le XIIIe siècle, probablement transmis par la Perse. Les XIVe et XVe siècles sont considérés comme l'ère classique du cloisonné, et la datation s'établit selon le style et les techniques.

Le décor, d'abord léger, se charge de plus en plus au cours des XVIe et XVIIe siècles. Vases, brûle-parfum, boîtes ou porte-pinceaux sont ornés d'émaux d'un bleu plus ou moins soutenu, rouges, blancs, jaunes et vert foncé.

Les pièces anciennes dont la cuisson est imparfaite sont souvent piquées de trous d'épingles. À partir du XVIIe siècle, le difficultés techniques sont aplanies et des émaux parfaitement lisses ornent des objets de dimensions plus importantes.

L'art du cloisonné apparaît au Japon au XVIIe siècle, et il faut attendre le XIXe siècle pour que les Japonais en maîtrisent parfaitement la technique. Une production abondante se développe alors, très différente des œuvres chinoises.

Les tabatières chinoises

En Chine, la mode des tabatières est lancée par l'empereur Kien-Long au cours du XVIIIe siècle. Ce sont des petites bouteilles coiffées d'un chapeau auquel est fixée une spatule, destinée à ramasser le tabac et à le porter aux narines pour le priser.

Les artistes rivalisent d'imagination pour créer une infinité de modèles, réalisés dans les matières les plus variées : pierres dures, laque, verre, écaille, or, ivoire, porcelaine... Le décor, extrêmement fin, est sculpté ou peint de scènes, de paysages ou d'animaux, et parfois peint de l'intérieur.

Ces petits objets précieux remportent un grand succès auprès des collectionneurs occidentaux.

Les inros et les netsuke japonais

L'inro est une petite boîte plate, à deux ou plusieurs compartiments empilés et encastrés, tenus par un cordonnet de soie. Le netsuke, qui permet d'accrocher l'inro à la ceinture, complète cette parure uniquement masculine.

À la mode à partir du XVIIe siècle, les inros sont destinés à ranger un sceau et des poudres ou pilules médicinales. La plupart sont en bois laqué à décor sculpté ou peint, et comportent une, deux, trois ou quatre cases. Les exemplaires du XVIIe siècle sont généralement plus sobres que ceux des XVIIIe et XIXe siècles. Les plus précieux sont en laque dorée, façonnés par les meilleurs artistes.

Les netsuke possèdent généralement deux trous où l'on fait passer le cordon. Ils sont en bois, en ivoire ou en laque, parfois en porcelaine, et illustrent des sujets très divers. Certains sont de petites sculptures réalistes, représentant des êtres humains, des animaux, des plantes ou de simples objets. Beaucoup d'entre eux sont signés, ce qui permet de les identifier, et les spécialistes ont recensé plus de mille deux cents artistes qui exécutèrent des netsuke.

Collectionneurs et amateurs raffolent de ces petits objets de collection qui sont un merveilleux exemple de la verve féconde des artistes japonais.

Les armes japonaises

Dans ce pays de tradition guerrière, les armes conjuguent efficacité et recherche esthétique.

Le katana est un sabre à lame légèrement courbe, dont toutes les parties sont autant de critères d'appréciation : dessin de la pointe de la lame, dessin de la ligne de trempe, forme des gorges. L'élégance du fourreau et l'ancienneté de l'objet sont également importantes.

Les tsubas sont des gardes de sabre : il s'agit de petits accessoires généralement plats, avec une encoche au milieu pour y passer la lame du sabre, souvent encadrée par deux yeux ou ouvertures plus petites. Ils sont le plus souvent en fer fondu ou martelé, parfois en laiton, ou incrustés d'or et d'argent et presque toujours décorés sur les deux faces. Aux créations fonctionnelles et dépouillées du XVIe siècle succèdent progressivement des tsubas de plus en plus luxueux, qui deviennent, au XIXe siècle, de véritables bijoux. Certains sont signés de maîtres armuriers célèbres et peuvent atteindre des prix très élevés.

Très fonctionnelles, les armures japonaises sont à la fois protectrices et flexibles. Elles se composent de plaques de cuir ou de métal laqué, assemblées par des liens de cuir et de soie. Celles qu'on trouve sur le marché datent pratiquement toutes de l'époque d'Edo (1603-1868), et les plus recherchées proviennent des samouraïs de haut rang : efficacité technique et ornementation sont poussées au maximum.

À défaut de trouver des armures complètes et en bon état, les amateurs peuvent acquérir pour des sommes plus abordables des casques traditionnels, qui comportent un couvre-nuque articulé et deux ailes pour parer aux coups de sabre. Des masques à l'expression terrifiante complètent cette protection. Ces objets sont en fer ou en bois laqué, parfois en cuir bouilli.

Les peintures

En Extrême-Orient, la calligraphie et la peinture sont indissociables, et exécutées par le même artiste, à la fois peintre et lettré. Il existe quatre formats principaux : le rouleau horizontal et le rouleau vertical, les plus importants, la feuille d'album et l'éventail, de taille réduite. On trouve aussi au Japon des peintures sur paravent et sur porte coulissante. Les supports sont la soie et le papier.

Les œuvres monochromes sont particulièrement appréciées : la simplicité des moyens techniques fait appel au langage symbolique et à l'imagination. Le paysage est le genre le plus prisé, mais on trouve ausi des peintures de scènes historiques, des portraits d'ancêtres et de personnages célèbres, des sujets religieux et familiaux, et des représentations d'animaux réels ou mythiques. La composition va du plus extrême dépouillement à une élaboration minutieuse.

Chine, Japon et Corée ont su chacun développer leur style propre, avec différentes écoles qui se sont succédé au cours des âges.

Les estampes japonaises

Nées d'une longue tradition qu'on fait remonter au VIIIe siècle, les estampes japonaises sont des gravures obtenues par le procédé de la xylographie, c'est-à-dire avec des bois gravés. Cet art devient florissant entre le milieu du XVIIe siècle et la fin du XIXe. Appelées *ukiyo-e*

(« images d'un monde flottant »), elles connaissent un immense succès auprès des Japonais.

D'abord monochromes et colorées à la main, puis à l'aide de planches supplémentaires, les estampes sont imprimées en polychromie à partir de 1765, quand Hanorubu en découvre la technique. Dès lors, la voie est ouverte à de très nombreux artistes, qui créent leur propre style et font école.

Ils illustrent des mythes, des faits historiques, l'univers du théâtre, celui des courtisanes, des scènes de la vie quotidienne, des paysages. Les ukiyo-e sont imprimées sur un papier fin, doublé d'une autre feuille. Leurs dimensions sont variées et chaque format a son nom : l'oban (38 x 25 cm), l'aiban (23 x 15 cm), le hashira-e (vertical, 68 x 12,5 cm), etc.

Comme la gravure occidentale, l'estampe japonaise est évaluée selon l'état et le tirage. La précision du trait, l'harmonie de la composition, la présence d'une signature célèbre sont autant de critères d'estimation. Les estampes originales doivent avoir été tirées du vivant de leur auteur : les tirages postérieurs n'ont aucune valeur de collection.

Tableaux chronologiques

Dynasties chinoises

1600-1100 avant Jésus-Christ : les Shang et les Yin.
1100-221 avant Jésus-Christ : les Zhou.
221-206 avant Jésus-Christ : les Qin.
206 avant Jésus-Christ-24 après Jésus-Christ : les Han antérieurs.
25-220 : les Han postérieurs.
220-316 : les Trois Royaumes.
317-589 : les Six Dynasties, dont les Wei (386-556).
581-618 : les Sui.
618-907 : les Tang.
607-1125 : les Liao.
1125-1234 : les Jin règnent sur le Nord.
960-1127 : les Song du Nord.
1127-1279 : les Song du Sud.
1279-1368 : les Yuan mongols.
1368-1644 : les Ming.
1644-1912 : les Qing mandchous.

1912-1949 : la République.
1949 à aujourd'hui : la République populaire.

Périodes japonaises

Étant donné qu'une seule famille impériale a régné et règne toujours au Japon, les spécialistes divisent l'histoire du pays en périodes qui correspondent soit aux grandes étapes de l'histoire de l'art, soit aux changements politiques intervenus au cours des âges.

4000-2000 avant Jésus-Christ : proto-Jomon.
2000-300 avant Jésus-Christ : période Jomon.
300 avant Jésus-Christ-300 après Jésus-Christ : période Yayoi.
300-600 : période Kofun ou des grandes sépultures.
552-645 : période Asuka.
645-709 : période Hakuho.
710-781 : période de Nara.
781-1185 : période de Heian.
1185-1333 : période de Kamakura.
1333-1392 : période des cours du Nord et du Sud.
1392-1569 : période de Muromachi.
1569-1603 : période de Momoyama.
1603-1867 : période d'Edo.
1868-1912 : ère Meiji.
1912-1925 : ère Taisho.
1926 à aujourd'hui : ère Showa.

Dynasties coréennes

Période des Trois Royaumes :
57 avant Jésus-Christ-668 après Jésus-Christ : Silla.
37 avant Jésus-Christ-668 après Jésus-Christ : Koguryo.
18 avant Jésus-Christ-660 après Jésus-Christ : Paikche.
668-935 : Silla unifié ou Grand Silla.
918-1392 : Koryo.
1393-1910 : Yi ou Li.
1910-1945 : occupation japonaise.
1945 à aujourd'hui : période moderne.

Gravure

À l'origine de la gravure, on trouve la xylographie. Quelles sont les principales caractéristiques de cette technique ?

La xylographie est à l'origine des techniques qui permettaient de reproduire un texte ou un dessin. C'est le mode d'expression le plus ancien présenté aussi sous le terme de gravure sur bois.

Il existe deux types de xylographie : la gravure sur bois de fil, expression qui signifie que la planche est sculptée dans le sens des fibres de l'arbre, et la gravure sur bois de bout, c'est-à-dire que les fibres sont taillées transversalement. D'une texture plus fine et plus dure, ce morceau de bois pourra être travaillé au burin tandis qu'une lame fine et triangulaire est nécessaire sur bois de fil.

Quelle fut la première application de la xylographie ?

Outre les textes et les illustrations, la première application de la xylographie fut la réalisation des jeux de cartes à jouer à partir du XIVe siècle. La gravure reproduisait les figures qui étaient ensuite colorées à la main.

Quels sont les bois les plus utilisés pour la xylographie ?

Le meilleur support vient des bois des arbres fruitiers tels que le poirier, le merisier et le cormier, dont les fibres serrées reçoivent bien le dessin inversé.

Qu'appelle-t-on taille d'épargne ?

On appelle taille d'épargne la technique qui consiste à enlever, à épargner, la matière de la planche de bois pour ne laisser en relief que le dessin à reproduire. La taille d'épargne fut un art très florissant au XVIe siècle avec l'un des maîtres du genre, Albrecht Dürer.

Sur le plan technique, quelle est la particularité de l'estampe japonaise ?

L'estampe japonaise n'est pas imprimée à l'encre. Les poudres de couleur sont délayées dans l'eau. C'est cette technique qui donne à l'estampe japonaise ses tons légers et transparents.

Entre la gravure sur bois et la gravure sur plaque de cuivre, a-t-on recours à un autre support ?

Près de la gravure sur bois, des artistes ont exécuté la gravure sur linoléum qui se pratique de la même façon, mais avec une plus grande facilité.

Quelle est la différence entre les gravures coloriées et les gravures en couleurs ?

Les gravures sur bois sont coloriées à la main, après tirage, tandis que pour les gravures en couleurs, c'est la plaque qui est encrée avant tirage.

L'encrage peut se faire sur une seule plaque, ou au repérage, avec une plaque par couleur principale. On fait alors des repères qui sont des petits trous sur la plaque de métal. Les trous sont remplacés par des croix de repérage pour la lithographie ou l'offset.

De quand date l'essor de l'estampe ?

L'essor de l'estampe date de l'invention de son support, le papier. On considère que le papier fit son apparition en Chine vers le IXe siècle, et en occident à la fin du XIVe siècle.

La gravure qu'on appelle gravure en creux ou taille-douce dérive de trois procédés. Lesquels ?

Le premier procédé consiste à attaquer directement, avec le concours d'un burin, le support métallique : acier, cuivre, zinc.

Le deuxième, c'est l'attaque indirecte à l'aide d'un vernis protecteur et d'un acide. Ce procédé donne ce qu'on appelle une eau-forte.

Le troisième est l'attaque directe par l'acide.

Pour l'attaque directe du support métallique, quelle est la différence entre le burin et la pointe-sèche?

Le burin est une lame d'acier taillée en biseau et affûtée. Le burin creuse des sillons plus ou moins profonds dans le métal.

La pointe-sèche est une pointe d'acier qu'on tient presque verticalement, elle creuse le métal en soulevant des barbes qu'on conserve pour donner un noir velouté au trait.

Comment peut-on résumer la technique de l'eau-forte?

On peut résumer la technique de l'eau-forte en six points.

1. Prendre une plaque de métal, la décaper et la chauffer.
2. Étendre une couche de vernis (solide ou liquide).
3. Lorsque le vernis est sec, avec une pointe, dessiner sur ce vernis en enlevant une mince pellicule pour mettre le métal à nu.
4. Plonger la plaque dans un bain d'acide nitrique qui mordra le métal là où il n'y aura plus de vernis.
5. Ôter l'ensemble du vernis. Le dessin apparaîtra sur la plaque.
6. La plaque est prête à être encrée. Il aura été possible de retravailler avec une pointe ou un burin les bords des morsures faites par l'acide.

Comment est réalisé un lavis?

Le lavis est obtenu par l'attaque directe du métal par l'acide qui est étendu au pinceau, en aplats, sur la plaque. Une fois celle-ci rapidement rincée, on verra apparaître les parties dépolies qui retiendront l'encre.

Qu'appelle-t-on gravure au stipple ?

La gravure au stipple est le procédé qui consiste à donner le modelé par des points et non par des traits. C'est un travail très proche de celui du miniaturisme et du pointillisme.

Quels sont les critères d'achat d'une gravure ancienne ?

Outre la notoriété de l'auteur et l'intérêt qu'on prêtera au sujet, il faudra surtout s'attacher à la qualité de conservation. La gravure ne doit pas être tachée ni déchirée. La qualité de l'impression et celle du papier joueront leur rôle. La gravure perd de son prix si la marge a été retaillée, à la suite d'un encadrement, par exemple.

Il faudra également tenir compte du tirage car la qualité s'altère au fur et à mesure des passages sous la presse.

Au XVIIIe siècle, quel fut le principal rôle de la gravure ?

Au XVIIIe siècle, la gravure fut utilisée surtout comme moyen de reproduction pour faire connaître les tableaux célèbres, les tableaux à la mode... et pour répandre les images dans « le grand public »...

Qu'est-ce qu'une gravure originale ?

« Sont considérées comme gravure, estampe et lithographie originales les épreuves tirées en noir ou en couleurs, d'une ou plusieurs planches entièrement conçues et réalisées par le même artiste, quelle que soit la technique employée. » Cette définition au Comité international de la gravure laisse deviner l'étendue du sujet.

Si la gravure est l'art d'inciser ou de creuser un support en bois, en métal ou en toute autre matière, le résultat de l'impression est aussi appelé gravure. L'estampe est le nom plus général donné à l'image reproduite sur papier à partir d'un support gravé en relief ou en creux. La lithographie découle du même procédé mais la gravure est obtenue par un dessin à plat sur une pierre calcaire qui, de nos jours, est de plus en plus abandonné pour le zinc ou des alliages, moins chers et plus maniables.

À partir de la fin du XIXe siècle (vers 1880), les artistes signent au crayon et numérotent les gravures originales avec un chiffre suivi du tirage total.

Qu'est-ce qu'une gravure d'interprétation ?

On désigne ainsi une reproduction d'un tableau de maître par un graveur spécialisé. On peut citer parmi les plus célèbres graveurs : Bernard Audran, Louis-Martin Bonnet, Debucourt, Janinet Lepicié, J.B. Le Prince, Martinet, Charles Simonneau, qui ont réalisé des gravures d'interprétation de la plus haute qualité.

Les gravures anciennes portent souvent, inscrit au bas de la reproduction, le nom du peintre, suivi de la mention « *invent.* » ou « *inv.* ». (pour *invenit*) ou « *pinxit* », « *pinx.* » (pour *pinxit*), ce qui veut dire qu'il a conçu ou peint le tableau. Le nom du graveur est suivi des indications « *sculp.* » ou « *sc.* » (pour *sculpsit*) ou encore *fecit* (a fait).

Horlogerie

Quels sont les premiers instruments de la mesure du temps ?

Si les historiens sont d'accord pour considérer le cadran solaire comme le premier instrument de mesure du temps, ils ignorent quel peuple de l'Antiquité en fut l'inventeur.

Les Égyptiens l'utilisent dès le IIe millénaire avant Jésus-Christ, les Grecs en installent un à Athènes en 433 avant Jésus-Christ et les Romains en placent un sur le Forum en 164 avant Jésus-Christ.

Les Égyptiens ont également inventé la clepsydre, une horloge à eau dont le plus ancien exemplaire connu, exposé au musée du Caire, date de 1400 avant Jésus-Christ. Le principe hydraulique a servi dans tous les pays du Bassin méditerranéen, au Moyen-Orient et jusqu'en Chine, jusqu'à l'apparition de l'horloge mécanique à la toute fin du XIIIe siècle de notre ère.

Quelles sont les plus anciennes horloges connues ?

Il s'agit d'horloges monumentales construites à l'époque médiévale selon le principe du poids moteur : les rouages sont entraînés par la descente continue d'un poids, et ce mouvement fait avancer les aiguilles sur le cadran.

Ce système impose de très hautes positions d'accrochage, et explique pourquoi la plupart des modèles rescapés de la fin du Moyen Âge sont d'usage collectif, entretenus au fil du temps en raison de leur utilité pour la communauté. Ainsi, l'horloge de la place du marché à Rouen, celle du Palais de justice de Paris, qui donna durant des siècles son nom au quartier, et celle de Dijon, toutes trois construites au XIVe siècle.

Malgré les nombreuses restaurations effectuées depuis, il reste encore des pièces d'origine sur ces vénérables mécanismes.

À quel moment apparaît l'horloge individuelle ?

Au début du XVe siècle, l'invention du ressort moteur allège les horloges des poids volumineux qui les empêchaient d'être mobiles. Leur taille diminue progressivement, ce qui contribue à étendre leur usage.

Au XVIe siècle, l'horlogerie connaît un essor considérable, et chaque famille princière se targue d'avoir un horloger à son service. Pour satisfaire leur clientèle, ces artisans s'efforcent d'inventer des complications de plus en plus complexes, comme les sonneries et les indications astronomiques, et ce malgré un mécanisme encore imprécis. Toutes ces pièces sont richement habillées de bronze doré ou de laiton, ornées de ciselures et d'éléments architecturaux : colonnes, chapitaux, arcatures...

À quand remonte la miniaturisation de l'horloge en montre ?

Parallèlement aux recherches qu'ils mènent sur les complications, les horlogers du XVIe siècle s'efforcent de réduire de plus en plus la taille des horloges, et arrivent ainsi à fabriquer les premières montres, suffisamment petites pour être portées autour du cou.

Aussi imprécises que leurs grandes sœurs, mais munies comme elles de sonneries ou d'un réveil, ces montres sont en fait de précieux joyaux, qu'on remet à l'heure plusieurs fois par jour grâce au cadran solaire logé dans le couvercle.

Ces objets de grand luxe prennent les formes les plus variées : certaines sont rondes, ovales, sphériques ou ovoïdes, d'autres sont enchâssées dans des pommeaux de dague ou d'épée. Le décor est toujours très soigné, ciselé ou ajouré.

Quelle est la différence entre l'horloge et la pendule?

En 1650, le mathématicien hollandais Huygens a l'idée d'utiliser le pendule comme organe réglant des horloges. C'est en fait une application des observations de Galilée sur les oscillations du pendule. Dès lors, les horloges prennent le nom d'horloges à pendule, puis tout simplement de pendules.

En 1675, le même Huygens invente le spiral réglant et révolutionne une seconde fois l'industrie horlogère. Il s'agit d'un petit ressort, enroulé en spirale et monté sur le balancier, qui devient l'organe réglant des mécanismes et leur apporte enfin la précision.

Désormais vraiment utilitaires, les pendules se répandent largement dans la bourgeoisie. Les montres profitent également de l'invention du spiral réglant et deviennent un outil indispensable, que les horlogers commencent à fabriquer en série pour en abaisser le coût.

Quels sont les mécanismes les plus anciens qu'on puisse trouver sur le marché?

Des horloges et des montres de la fin du XVIe siècle et du tout début du XVIIe sont régulièrement proposées dans les ventes publiques et chez les spécialistes.

En France comme en Allemagne, les mouvements de ces pièces sont d'abord entièrement en fer, puis dotés d'un rouage en laiton à partir du milieu du XVIe siècle. Leurs critères de valeur sont l'ancienneté, l'état de conservation, le nombre et la complexité de leurs complications, la beauté et la richesse du boîtier, sa qualité d'exécution.

La présence d'une signature ou d'un monogramme permettant d'identifier un horloger et d'établir une datation précise est une source de forte plus-value, qui peut faire doubler le prix de l'objet.

Quelle est l'évolution des styles selon les époques ?

À partir de l'invention de Huygens, l'horlogerie entre dans un nouvel âge et va se démocratiser au fil des époques.

Le mot pendule désigne désormais les modèles de taille petite ou moyenne, alors que le mot horloge est réservé aux pièces nettement plus importantes. Leurs formes et leurs décors évoluent avec les modes successives, exactement comme les meubles : marqueteries Boulle sous Louis XIV, légers galbes soulignés de coquilles pendant la Régence, motifs rocaille et asymétriques jusqu'au milieu du XVIIIe siècle, retour aux lignes droites sous Louis XVI, colonnes et chapitaux néo-classiques aux époques Directoire et Empire, marqueteries aux tons contrastés sous la Restauration, copies et pastiches durant le Second Empire.

Quels sont les différents types de pendules ?

Au fils du temps, de nouvelles créations viennent agrandir la famille des horloges et des pendules.

Nés sous Louis XIV, et très en vogue pendant toute l'époque Louis XV, les cartels sont des pendules murales, dites cartels d'applique quand elles sont fixées directement au mur, et cartels d'alcôve pour les plus petites. Un autre modèle de cartel est posé sur un socle assorti qu'on accroche au mur.

Sous Louis XVI s'épanouissent les pendules à sujet, qui illustrent l'actualité d'alors : pendule au ballon ou à la montgolfière, après l'envol du premier ballon en 1783, au nègre après la publication de *Paul et Virginie* en 1787.

Viennent ensuite les pendules-squelettes dépouillées de tout ornement, où le mécanisme est laissé nu.

Les horloges

L'horloge de parquet est logée dans une caisse en marqueterie ou en placage, souvent rehaussée de bronzes dorés.

De même aspect que l'horloge de parquet, le régulateur est un instrument de précision, d'abord utilisé par les horlogers comme étalon pour le réglage de leurs créations, puis commercialisé à partir du XVIIIe siècle. Pièce de haute technologie, le régulateur est une des horloges anciennes les plus cotées.

Beaucoup plus modeste, mais sûrement plus célèbre, l'horloge comtoise se répand au XVIIIe et au XIXe siècle dans toutes les régions de France. Vendue par des colporteurs, elle connaît un vif succès grâce à la variété de ses modèles et de ses décors, qui illustrent l'histoire à leur façon : fleurs de lis sous l'Ancien Régime, bonnets phrygiens et piques pendant la Révolution...

Les grands horlogers

Quelques génies illustrent l'histoire de l'horlogerie française, et la présence de leur signature sur un cadran donne automatiquement à l'objet une importante plus-value. Il s'agit souvent de dynasties, dont tous les membres n'atteignent pas forcément le même niveau, et la valeur de leurs pièces peut varier selon les prénoms.

Parmi les plus célèbres, citons les Lépine (actifs au XVIIIe et au XIXe siècle), les Le Roy, connus depuis le XVe siècle, notamment Julien (1688-1756) et son fils Pierre (1717-1785), les Lepaute, actifs au XVIIIe siècle, les Janvier, dont le plus connu est Antide (1751-1835), spécialiste des complications multiples, les Berthoud (actifs au XVIIIe et au XIXe siècle), dont l'aîné Ferdinand écrivit de nombreux traités théoriques et pratiques sur l'horlogerie.

Les bronziers

Mécaniciens, astronomes, mathématiciens, chercheurs, les horlogers sont avant tout des hommes de science. Pour habiller élégamment leurs instruments, ils s'adressent aux bronziers, dont les plus fameux sont également ciseleurs, sculpteurs et orfèvres. Cette association nous a laissé les grands chefs-d'œuvre de l'horlogerie, où la création artistique égale la perfection technique.

Les plus grands noms du XVIIIe siècle sont Caffieri, Saint-Germain, Thomire et Gouthière. Leurs sculptures rocaille ou néo-classiques s'épanouissent autour du cadran dans un grand déploiement d'or, et l'harmonie de l'ensemble est structurée par le soin apporté à chaque détail.

Les montres

Avec la découverte du spiral réglant par Huygens, en 1675, les montres, jusqu'alors très imprécises, se révèlent soudain beaucoup plus utiles, et se démocratisent.

Apparus sous Louis XIV, les oignons, sont parmi les premières montres vraiment utilitaires. Émailleurs, miniaturistes et orfèvres conjuguent ensuite leurs talents pour créer des montres de plus en plus raffinées, tout au long du XVIIIe siècle.

Les décors évoluent avec les modes successives, jusque vers 1830, où une production semi-industrielle commence à remplacer l'artisanat.

Louis Breguet (1747-1823), issu d'une famille d'horlogers suisses, fut sans doute le fabricant de montres le plus célèbre de son temps. Ses créations sont aujourd'hui encore reconnues comme des chefs-d'œuvre de précision et d'esthétique.

À quel moment les bracelets-montres apparaissent-ils ?

La légende veut que le premier bracelet-montre ait été commandé à Cartier au tout début de notre siècle par l'aviateur Santos-Dumont, qui avait quelque difficulté à extraire sa montre de son gousset tout en pilotant son avion. En fait, les bracelets-montres existaient déjà depuis la fin du XIXe siècle, mais intéressaient fort peu le public. Et le célèbre aviateur contribua sans aucun doute à en lancer la mode.

Pendant la guerre de 14, des bracelets-montres en acier au cadran protégé par un grillage sont fabriqués pour les soldats. À partir de 1920, le bracelet-montre supplante complètement la montre de poche, et de multiples marques créent leurs propres modèles, en or, en platine, en acier ou en plaqué or.

Quels sont les critères de valeur des bracelets-montres?

La valeur des bracelets-montres anciens varie selon la rareté du modèle, l'état de conservation, le matériau et l'ancienneté. L'âge d'or de la montre mécanique se situe entre les années 20 et 40, et les pièces des années 50 et 60, de qualité équivalente, sont nettement moins chères.

Comme dans tous les secteurs de l'horlogerie, les complications techniques donnent toujours une importante plus-value à un objet.

De nombreuses marques intéressent les collectionneurs : Cartier, Patek-Philippe, Breguet, Rolex, Jaeger-LeCoultre, Longines, Vacheron-Constantin, Universal, Audémars-Piguet, Movado, Oméga...

Jouets anciens

Les jouets anciens sont-ils des objets de collection?

Les jouets anciens composent d'excellents thèmes de collection, d'autant plus qu'ils sont extrêmement diversifiés. Parmi les plus recherchés, les poupées qui, bien qu'entrant dans la catégorie des jouets anciens, n'ont pas toujours été de simples jouets.

Le jouet remonte à la plus haute Antiquité mais il fut d'abord lié à certaines pratiques religieuses et funéraires. En Égypte, les enfants étaient ensevelis avec leurs jouets.

Les premiers jouets furent très simples, à l'image des illustrations du Moyen Âge, et ce n'est qu'à partir de la Renaissance que le jouet devint une véritable industrie. D'abord destiné à une clientèle aisée, le jouet se popularisa au fur et à mesure de la découverte de nouveaux matériaux et de la fabrication en série.

Comment peut-on classer les poupées anciennes?

Malgré la diversité de ce vaste domaine, une première classification permettra de s'y retrouver, même si l'on ne retient que quelques noms.

D'abord, les poupées Jumeau qui n'ont rien à voir avec les jumeaux car c'est une marque imposée par Pierre Jumeau (1845-1899) et son fils Émile qui transforma l'entreprise familiale en une importante industrie. Le sculpteur Carrier-Belleuse fut le créateur du « jumeau triste ». Ce qui faisait le charme de ces poupées Jumeau, c'était à la fois la finesse des visages aux sourcils rapprochés et aux yeux rêveurs, et l'élégance des parures.

Parmi les autres marques célèbres, Steiner (1855-1898), Jules Nicolas qui fut l'un des premiers à articuler ses poupées au charme indéfinissable, et Bru (1868-1899) dont les poupées étaient recherchées pour la très grande qualité de la porcelaine et une coloration particulièrement raffinée.

Ce sont les poupées dites bouche fermée qui sont généralement les mieux cotées.

Qu'est-ce qui augmente la valeur d'une poupée ancienne ?

La valeur d'une poupée ancienne sera considérablement augmentée si elle possède ses vêtements d'origine et plus encore un trousseau complet. Par exemple, une poupée Bleuette, que *La Semaine de Suzette* présentait en 1905, peut valoir 4 000 F, et le double si le trousseau est en bon état.

Les accessoires qui accompagnaient la poupée présentent-ils aussi un intérêt ?

Les accessoires sont également des pièces de collection car ils sont, autant que les vêtements, le reflet de la mode à l'époque de leur création.

On recherchera les objets miniatures tels que les pots à eau, les tables de toilette, les petites bassines, les cuisinières et la batterie de cuisine, les meubles de salon et ceux de la chambre à coucher ainsi que les différents landaux et berceaux.

Dans l'immense variété des poupées de collection, qu'appelle-t-on les bébés-caractère ?

Les bébés-caractère sont ainsi appelés parce que les visages reproduisent les expressions des nouveau-nés. Ils ont fait leur apparition au début du XXe siècle et sont le résultat des progrès faits dès le XIXe siècle pour le traitement de la porcelaine selon les techniques mises au point en Allemagne.

En possession d'une poupée de collection, pourquoi est-il fâcheux de trouver un cheveu ?

Les collectionneurs appellent cheveu une fêlure dans la tête. C'est en faisant sonner la porcelaine avec l'ongle qu'on doit obtenir un son cristallin qui indique l'absence de fêlure.

En cas de fêlure, la poupée risque de perdre plus de la moitié de sa valeur.

Si les plus belles poupées anciennes ont la tête en porcelaine, dans les catalogues, le corps est souvent indiqué : en composition. Que désigne ce terme ?

Le terme en composition désigne une matière obtenue à partir de papier, de colle, de sciure de bois et de plâtre. Cette matière était employée au XIXe siècle pour fabriquer le corps et les membres.

Les bateaux sont-ils des jouets ou des documents historiques ?

Les collectionneurs de bateaux ont le choix entre deux types de collections. D'une part, le bateau jouet proprement dit qui sera généralement en tôle avec une propulsion à vapeur, mécanique ou électrique. Ils auront la forme des chalutiers ou celle des paquebots. D'autre part, plus document historique que jouet, il existe la maquette souvent inspirée par les grands voiliers, les frégates de haute mer et les bâtiments qui s'illustrèrent au cours des batailles navales.

Autour des bateaux, on retrouvera ce qu'on appelle les travaux de pont, autant de petits objets taillés dans des os de baleine ou dans des bois divers.

Quelle est l'origine du soldat de plomb?

Le soldat de plomb est le descendant de la figurine historique que les Romains fabriquaient en terre cuite ou en bois.

C'est vers la fin du XVIIIe siècle que les figurines de métal firent leur apparition. Déjà jouets pour les uns, pour les autres, elles servaient au cours d'instruction militaire des enfants rois (Louis XIII, Louis XIV). Les cavaliers et les porte-drapeaux sont les pièces les plus cotées.

Pourquoi les trains électriques sont-ils plus qu'un jouet?

Les trains électriques, et plus largement les circuits anciens qui comprennent aussi la locomotive à vapeur, sont plus qu'un jouet car ils sont les éléments essentiels d'une collection qui permet de reconstituer les différentes étapes de la vie du rail depuis le XIXe siècle.

Le chemin de fer en modèle réduit a fait naître toute une industrie qui donne le choix entre plusieurs échelles de reproduction. Les différentes largeurs de voies sont toujours spécifiées sur les catalogues où l'on retrouve les plus célèbres marques : Märklin, Hornby, Jep avec sa locomotive *La Flèche d'or*, etc.

Qu'est-ce qui ajoute à la valeur des petites voitures automobiles?

Les reproductions les plus fidèles des automobiles, avec les caractéristiques de chaque marque, auront encore plus de valeur si elles sont présentées dans leur boîte d'origine.

Les modèles les plus recherchés sont, pour la France, les fabrications de Georges Carette, au cours des années 1886 à 1917. Son usine était établie à Nuremberg. C'est également en Allemagne qu'on trouvait les fabricants des voitures les mieux cotées, Märklin et Bing.

Quelle est l'origine et la date de naissance du fameux Mécano?

Un certain Frank Hornby, de Liverpool, qui fabriquait des jouets pour ses enfants, a eu l'idée du Mécano et fit une demande de brevet en 1901. Par la suite, il fonda la société Hornby et diversifia sa production, avec notamment les trains et les voitures.

Quelle est la matière qui a été en faveur entre 1930 et 1950 pour fabriquer notamment les animaux de la ferme?

Les animaux de la ferme, qui ont d'abord été fabriqués en bois, le furent ensuite en Quiralu, un alliage d'aluminium qui offrait la possibilité de réaliser des animaux et des personnages légers mais résistants et peu coûteux puisque tirés en série.

Que désigne-t-on par le terme penny-toys?

Penny-toys est l'expression utilisée par les collectionneurs anglais pour désigner les petits jouets anciens, très simples, très bon marché et qu'on appelait en France les jouets de quatre sous.

Les fameuses images d'Épinal ont donné naissance à un jouet très accessible. Lequel?

Les images d'Épinal ont créé le pantin à découper. Composé généralement de sept pièces de différentes couleurs pour le costume, le corps et les quatre membres, une fois découpés, permettaient de reconstituer le personnage. Certains de ces pantins à découper peuvent être animés par un jeu de ficelles ou de tirettes.

Le loto n'a pas toujours été uniquement le jeu d'argent qu'il est devenu aujourd'hui. Dans le passé, quelles étaient les caractéristiques de ce jeu?

Le loto était un jeu à la fois de distraction et d'éducation. Sous le Second Empire, les jetons numérotés devaient être posés dans les cases correspondantes mais celles-ci étaient peintes sur des planches illustrées qui permettaient, par exemple, d'apprendre les différents monuments de Paris.

Parmi les jouets anciens, l'ours en peluche est l'un des plus appréciés. Pourquoi est-il parfois appelé Teddy-bear?

En novembre 1902, au cours d'une battue à l'ours dans le Sud des États-Unis, le président Theodore Roosevelt qu'on appelait familièrement Teddy refusa de tuer un ourson sans défense. Quelques jours plus tard, cette scène fut illustrée par un dessin paru dans le *Washington-Post*; ce qui donna l'idée à un commerçant de Brooklyn de présenter, sous le nom de Teddy, un ours en peluche qu'il exposait dans sa vitrine.

Qui était Pinocchio?

Ce personnage au long nez nommé Pinocchio était un pantin en bois et en carton, né en Italie vers 1910. C'était un personnage d'un roman pour la jeunesse qui inspira le peintre Attillo Mussino, lequel dessina la marionnette telle qu'elle devait encore apparaître dans le dessin animé de Walt Disney.

De quand date l'essor des jouets scientifiques?

C'est au cours du XIXe siècle que les jouets scientifiques ont été créés, reflétant les principales découvertes des sciences et techniques. Un réalisme étonnant fait encore le charme et l'intérêt des machines à vapeur miniatures, d'où une petite fumée s'échappe par la haute cheminée tandis que le bruit et le mouvement sont étonnamment rendus.

Quels sont les principaux jouets scientifiques anciens?

Parmi les nombreux jouets scientifiques, les collectionneurs continuent à s'intéresser à l'ancêtre du cinématographe, c'est-à-dire à la lanterne magique. Il est intéressant aussi de retrouver les plaques de verre sur lesquelles étaient peintes les images projetées.

Dans le même esprit, considérant que le jouet ancien est plus qu'un jouet, les premiers phonographes et leurs ancêtres à rouleaux. Les appareils photographiques, de plus en plus recherchés par les collectionneurs, rentrent également dans le domaine de la curiosité scientifique.

La fin du XIXe siècle vit la création des jeux magnétiques. En quoi consistaient-ils ?

Les jeux magnétiques étaient l'illustration perfectionnée des jeux questions-réponses pour la grammaire, l'histoire, la géographie... Les questions étaient posées sur un plan fixe tandis qu'un disque comportant les réponses se positionnait en regard de la question grâce à un aimant.

Qu'appelle-t-on les anamorphoses ?

Il s'agit d'images difformes, incompréhensibles qui, par l'effet d'un jeu optique, deviennent soudain perceptibles. L'effet de surprise est obtenu par l'intermédiaire d'un cylindre aux parois réfléchissantes (miroir ou métal poli) qui, posé sur l'image d'abord indéchiffrable, redresse les lignes et les couleurs pour en donner un reflet lisible.

Qu'est-ce qu'un kaléidoscope ?

Il s'agit d'un jouet optique formé d'un tube à œilleton qui, placé devant une source lumineuse, permet de voir les figures géométriques multicolores qui se décomposent et se recomposent en nouvelles images au moindre mouvement. Ces paysages abstraits sont obtenus par des petits morceaux de verre de couleurs mobiles reflétés par un jeu de miroirs.

Quels jeux optiques peut-on considérer comme les ancêtres du cinéma ?

Différents systèmes d'animation à partir des ombres chinoises ou des lanternes magiques à images fixes ont donné naissance à des appareils qui créent l'illusion du mouvement.

Le phénakistiscope, apparu en 1833, se compose d'un disque en carton percé de fentes à travers lesquelles le spectateur aperçoit des images reflétées par un miroir. Lorsqu'on fait tourner le disque, les images décomposées en gestes successifs semblent s'animer.

Le zootrope, inventé en 1867 par l'Anglais Charles May, repose sur le même principe, mais sans l'intermédiaire d'un miroir. Les images fixées sur une bande, placée à l'intérieur d'un tambour tournant, sont visionnées à travers des créneaux. Le nom de l'appareil vient des animaux en marche le plus souvent représentés sur les bandes circulaires.

Le praxinoscope, inventé par le Français Émile Raynaud en 1877, permet une animation des images placées sur la paroi circulaire d'un tambour en les reflétant par un jeu de douze miroirs au centre du cylindre. Émile Raynaud peignait lui-même les images décomposées en gestes successifs qui étaient reproduites sur des bandes chromolithographiées, véritables films de dessins animés en couleurs.

De quels jeux anciens s'inspirent les flippers ?

Certains jeux d'adresse, où les joueurs lancent des billes sur un plan incliné vers des arceaux (billard anglais) ou des cavités demi-sphériques (billard japonais ou chinois), ont donné l'idée des flippers mécaniques où la bille rebondit en marquant des points avant de disparaître dans une trappe en fin de course.

À partir de 1947, les flippers électriques avec affichage automatique des points gagnés se sont compliqués de leviers multiples qui renvoient les billes sur des plots ou des champignons à ressort qu'elles font clignoter.

Quelle est l'origine des machines à sous ?

Les premières machines à sous sont apparues aux États-Unis vers 1870. En France, au début du XXe siècle, les cagnottes artisanales à décor naïf fonctionnaient sur le même principe, avec des billes projetées sur un plateau incliné percé d'orifices numérotés de plus ou moins grande valeur. D'autres modèles verticaux, les roulettes murales, comportaient un disque divisé en tranches de couleurs qui tournait sous l'action d'un ressort qu'un petit personnage, soudain surgi, bloquait sur une couleur où était indiqué le montant du gain.

À partir des années 30, un nouveau jeu de hasard à monnayeur, le jack-pot américain, envahit le marché. Il se caractérise par des jeux d'images : pommes, cerises, clochettes peintes sur trois rouleaux tournants déclenchés par un levier qu'on libère par l'introduction d'une pièce de monnaie. Si les rouleaux s'arrêtent par hasard en alignant trois figurines semblables, la cagnotte dégringole avec un bruit de ferraille dans un réceptacle en métal. On a donné le nom de bandit manchot à cet appareil à levier qu'on manœuvre d'une seule main et qui vous vole votre argent plus souvent qu'il ne fait tomber la cagnotte.

D'où viennent les boîtes à musique à monnayeur?

Le Français Pierre Bussoz (1872-1958) a fabriqué de nombreuses machines à sous, notamment des boîtes à musique qui fonctionnaient avec des disques 78 tours dont la mise en marche était déclenchée par des pièces de monnaie.

L'Américain Wurlitzer lui racheta en 1920 son brevet d'appareil à monnayeur et construisit à son tour en séries des juke-boxes de plus en plus perfectionnés, très recherchés aujourd'hui par les collectionneurs.

Numismatique

Qu'est-ce que la numismatique?

La numismatique est, selon les définitions les plus générales, la science des monnaies et médailles. L'existence de pièces de monnaie depuis 2 600 ans donne de précieux repères dans l'histoire des civilisations.

La monnaie, qui s'est substituée au troc primitif, est le reflet de l'économie d'un pays. Elle offre aussi, par les motifs et les signes frappés dans le métal, le témoignage artistique d'une civilisation pour une période déterminée.

Quel est l'apport de la numismatique à l'histoire?

La monnaie est la marque de l'autorité qui a décidé sa création. Pas de monnaie sans le droit de battre monnaie. La monnaie est donc l'expression d'une idéologie politique, le témoignage d'un appareil étatique organisé. L'empreinte monétaire du pouvoir apporte aux utilisateurs de la monnaie la garantie que la nature et le poids des métaux employés, sous forme de lingots ou de pièces, sont conformes à une définition constante de leur valeur économique.

Quelle est l'origine de la monnaie?

L'invention d'une monnaie frappée d'une marque officielle dans un métal remonte au milieu du VIIe siècle avant Jésus-Christ, en Asie Mineure. Les premières pièces étaient en électrum, alliage d'or et d'argent. C'est le roi de Lydie, Crésus (561-546), qui a institué le bimétallisme d'or et d'argent (l'or provenant des pépites trouvées dans le fleuve Pactole).

Quelles sont les grandes familles de monnaies qui peuvent être autant de thèmes de collection?

On peut citer trois grandes familles :
– les monnaies antiques (grecques, romaines et byzantines);
– les monnaies anciennes (médiévales et royales françaises);
– les monnaies modernes des XIXe et XXe siècles.

À part les monnaies nationales françaises, les grands États européens (Italie, Saint Empire romain germanique, Espagne, Grande-Bretagne, Russie), les États-Unis et l'Amérique latine sont autant de thèmes de collection intéressants.

Quelles sont les principales monnaies grecques?

Les statères d'argent qui représentent à l'avers une tortue de mer, et au revers une incuse carrée (empreinte en creux). Les statères d'argent appelés les poulains de Corinthe, avec une représentation de Pégase, furent frappés sans interruption de 625 à 300 avant Jésus-Christ

Les chouettes d'Athènes en argent, monnayées de 575 à 86 avant Jésus-Christ, sont rares en bon état de conservation.

Les statères d'or frappés par Philippe II de Macédoine et par son fils Alexandre le Grand reflètent la puissance des rois de Macédoine au IVe siècle.

À quel poids de métal correspondent les espèces monétaires grecques?

Dans le système monétaire athénien (mais chaque ville avait son système), un drachme ou hémi-statère pèse 4,36 g de métal précieux. Une obole ou un sixième de drachme pèse six fois moins, soit 0,73 g.

Quelles sont les principales monnaies romaines?

Inspirés par les monnaies grecques, les Romains ont émis des didrachmes d'argent, puis des deniers d'argent créés en 187 avant Jésus-Christ. Institué par Auguste, l'aureus d'or frappé pendant trois siècles valait 25 deniers. César fut le premier, en 44 avant Jésus-Christ, à faire frapper une monnaie à son effigie.

Les autres pièces représentent diverses divinités : Apollon, Cérès, Junon, Jupiter, Mars, Minerve, Vénus, etc.

Quelle est l'originalité des monnaies gauloises?

Les monnaies gauloises sont d'abord inspirées des modèles grecs et romains, mais elles comportent des signes abstraits empruntés aux populations celtiques d'Europe centrale. Parfois même, les têtes antiques sont dissociées en motifs abstraits à signification symbolique. Cette dislocation des motifs auxquels s'ajoutent des signes symboliques est particulièrement remarquable dans la figuration des visages et des animaux gravés sur les statères d'or et d'argent des différentes ethnies.

Quelles sont les principales pièces gauloises?

Les principaux modèles sont d'abord, au IIIe et au IIe siècle avant Jésus-Christ, les statères d'or imités d'après les modèles de Philippe II et les drachmes d'argent, notamment de Marseille. Mais grâce aux gisements aurifères et argentifères du sol gaulois, les diverses tribus indépendantes avant la conquête romaine émettent des modèles stylisés extrêmement diversifiés à tendance abstraite.

Les Gaulois eurent aussi recours à des techniques originales, comme les pièces fourrées faites de cuivre recouvert d'une pellicule d'or, et les pièces en potin (alliage d'étain et d'un peu d'argent), qui étaient fondues dans un moule gravé.

Les monnayages, originaux qui n'échappèrent pas aux dévaluations, disparurent après la conquête romaine.

Quelle est l'origine des monnaies byzantines ?

Après le transfert de la capitale romaine à Byzance, en 324, Constantin Ier conserva le solidus ou sou d'or, un septième de livre. Cette monnaie eut cours jusqu'au XIe siècle.

Diverses pièces de bronze circulèrent sous le Bas-Empire, les nummi (pluriel de *nummus*, en latin : pièce de monnaie). La création, à la fin du Ve siècle du follis de bronze, pièce de grande dimension qui valait quarante nummi, apporta une certaine stabilité. Les changements de poids et de formes firent dégénérer les nummi puis les nomisma, créés au Xe siècle, en dévaluations successives.

Comment classer les monnaies françaises ?

Il est d'usage de retenir quatre grandes catégories : les monnaies mérovingiennes (V^e^ et VIIIe siècles), les monnaies carolingiennes (VIIIe-Xe siècles), les monnaies royales françaises (987-1791), les monnaies contemporaines (1791-1992).

Quelles sont les principales monnaies mérovingiennes et carolingiennes ?

Directement inspirées par le système monétaire romain, les premières pièces d'or mérovingiennes sont les tiers de solidus, appelées tremissis ou trieus. Certaines pièces portent l'effigie du roi Dagobert avec, au revers, la mention « Elgius » qui désigne saint Éloi.

Chez les Carolingiens, l'unité de monnaie est le denier d'argent apparu au VIIe siècle et qui reste en usage pendant près de six siècles. Une nouvelle pièce est créée vers 820, l'obole, qui vaut un demi-denier.

Comment évoluent les monnaies royales françaises?

De la monarchie féodale instituée par Hugues Capet, en 987, à Saint Louis (1226-1270), la monnaie capétienne prolonge la monnaie carolingienne avec des émissions de deniers et d'oboles en argent.

À partir de Saint Louis, les rois s'efforcent de limiter la circulation de la monnaie seigneuriale aux seules terres relevant du seigneur. En 1266, le roi ordonne la reprise de la monnaie d'or avec l'écu d'or de Saint Louis. Il crée, d'autre part, le gros tournoi d'argent émis pour douze deniers.

Philippe IV le Bel institue des monnaies d'or superbes qui témoignent de la vitalité de l'art gothique : la masse d'or, la chaise d'or et l'agnel d'or, qui soulignent les liens entre la royauté et la religion.

À partir de 1513 apparaissent les testons français, pièces où figure la tête du souverain.

Sous le règne d'Henri II (1547-1559), les monnaies portent leur date d'émission, usage qui se perpétue sous tous les « Louis » de la monarchie.

Quand le franc apparaît-il?

La première monnaie à porter le nom de franc est le franc à cheval de Jean le Bon, émis le 5 décembre 1360 pour payer la rançon du roi prisonnier des Anglais. Cette pièce gothique représente, à l'avers, le roi vêtu d'une cuirasse fleurdelisée et l'épée haute galopant sur son cheval.

Une autre pièce d'or courante sera le franc à pied, émis par Charles V (1364-1380).

Qui était Jean Warin?

Nommé en 1629 Conducteur de la monnaie du Moulin (l'atelier où on utilisait la frappe mécanique au balancier), ce graveur de génie rénove la technique de la frappe des monnaies et poursuit sa carrière en mettant son immense talent au service de Louis XIII puis de Louis XIV. En 1646, il est nommé Tailleur général des monnaies jusqu'à sa mort en 1672.

On lui doit des pièces d'un classicisme parfait, notamment les louis d'or, les quatre louis, les huit louis et les dix louis au buste nu ou au buste habillé, ainsi que le louis d'argent de soixante sols qui porte au revers l'écu de France, ce qui lui vaudra le nom d'écu.

Sous Louis XIV, les monnaies d'or et d'argent permettent de suivre l'évolution physique du visage royal.

Comment se caractérisent les monnaies contemporaines?

La Constitution de 1791 mit fin au monnayage de la monarchie absolue de droit divin. Le « règne de la loi » remplace le « roi par la grâce de Dieu ». La première pièce de la Convention reprend le type du « génie gravant la Constitution » déjà représenté sous Louis XVI. Le louis d'or est remplacé par une pièce d'or de vingt-quatre livres qui porte en légende « République française »... légende remplacée en 1809 par les mots « Empire français ».

La Restauration et le Second Empire maintiennent le système monétaire, mais font naître de nombreuses pièces de quarante et vingt francs en or, les pièces de cinq francs (déjà instituées par la Convention), de deux et un franc, divisée en pièces de cinquante et vingt-cinq centimes.

De la IIIe République, on retiendra les pièces de cinq francs en argent à la semence gravées par Roty, les pièces de cent francs en or de 1889 et les sous troués en nickel pur de vingt-cinq, vingt, dix et cinq centimes.

Parmi les monnaies d'argent, les dernières pièces en circulation de vingt et dix francs furent gravées par Turin à l'effigie de la République, de 1929 à 1938 (avec au revers la devise « Liberté, Égalité, Fraternité »).

La pièce de cent francs gravée par Bazor fut frappée à cinquante exemplaires pour les années 1929 et 1932, à trois cents exemplaires pour 1933. Pour les années 1935 et 1936, les frappes plus nombreuses ne furent jamais mises en circulation à la suite des dévaluations successives du franc.

Les monnaies d'argent ont-elles encore cours?

Les dernières pièces de cinq francs à la semence furent émises sous la Ve République, de 1959 à 1969, mais elles furent remplacées par des pièces en cupronickel à partir de 1970.

La pièce de dix francs actuelle est composée d'un alliage de cupronickel et d'aluminium. Elle fut fabriquée à la suite du décret du 23 septembre 1974 qui lança un grand concours monétaire, remporté par le peintre Georges Mathieu.

Peinture ancienne

Quelles sont les différentes époques qu'on regroupe sous le titre de peinture ancienne?

On regroupe sous le titre de peintures ancienne les primitifs et les miniaturistes qui correspondent à notre Moyen Âge, les peintres de la Renaissance, le baroque, le classicisme et l'académisme.

Un tout autre genre fleurit au début du XIXe siècle avec le romantisme : Delacroix s'impose comme chef d'école aux côtés de Géricault et de Chassériau. Le romantisme, proche de la nature, mène aux peintres de Barbizon, tels Millet, Théodore Rousseau, Daubigny, Corot, Rosa Bonheur.

Il est d'usage de situer vers 1840 la rupture entre peinture ancienne et peinture moderne. C'est-à-dire que le réalisme, notamment de Courbet, et l'impressionnisme relèvent de la peinture moderne.

Quelles sont les caractéristiques des peintres dits primitifs?

Tout d'abord, c'est avec eux que la peinture commence à sortir de l'anonymat (bien que les attributions offrent fort peu de garanties). Les primitifs se dégagent de l'influence des miniaturistes et ne sont plus tenus aux sujets religieux dont l'illustration était la principale raison de peindre à une époque où la lecture était peu répandue. Il en découle ces autres caractéristiques : la précision et le respect du sujet.

Les historiens d'art distinguent trois grandes catégories : les primitifs flamands, les primitifs italiens et les primitifs français.

Un grand moment de la peinture ancienne fut la Renaissance. Que doit-on retenir de cette période?

La Renaissance est une époque où la nature est déjà une grande source d'inspiration. Le portrait tient aussi une grande place. La peinture exalte les heures de gloire des personnages importants. C'est aussi l'époque où apparaissent les écoles où des maîtres enseignent en faisant travailler des élèves sur leurs propres œuvres, ce qui est souvent source de litiges au moment des attributions et des authentifications.

C'est à partir du XVe siècle seulement que les peintres ont pris l'habitude de signer leurs œuvres (voir p. 302).

Les peintures exécutées au temps de la Renaissance témoignent des tendances des différents pays. Les Flamands ont laissé les portraits de beautés sculpturales tandis que les Hollandais s'attachaient à transcrire les détails d'un riche intérieur ou, au contraire, des paysages baignés d'eau, de soleil. L'Espagne encore mystique impose une peinture tragique, tourmentée.

La France sera le creuset où se retrouveront ces diverses influences. Toutefois, sous le règne de François Ier, l'art français se dégage de la Renaissance italienne par l'importance que prend l'art du portrait, notamment avec Jean Clouet.

Quelles sont les principales caractéristiques de l'art baroque ?

Au cours des XVIe, XVIIe et XVIIIe siècles, l'art baroque s'est plus particulièrement développé en Italie, en Allemagne et en Espagne mais, dans l'ensemble, n'a pas correspondu à la sensibilité française. Plus qu'en peinture, c'est surtout en sculpture et en décoration que les accumulations d'effets surchargés qui caractérisent l'art baroque sont encore visibles.

Qu'est-ce que le classicisme ?

La base du classicisme, ou art classique, est une volonté de représenter la beauté à la suite de longues études sur nature que les classiques tiennent pour le seul véritable modèle.

C'est d'abord par la connaissance et l'imitation de la nature que l'artiste parviendra à donner du corps à ses compositions. Les œuvres de la période classique étaient le plus souvent inspirées par l'histoire et par la mythologie. Le thème de « Vénus au bain », par exemple, était le moyen de faire accepter les nus...

Quelle fut l'importance de l'académisme ?

L'académisme fut plus qu'une école car, fondé par Louis XIV, il devait contribuer à faire rayonner tous les talents qui firent la gloire du Grand Siècle et de la France.

Plus libres, ensuite, pendant la Régence et le règne de Louis XV, les artistes créèrent des œuvres reflétant le charme et l'élégance.

Dans toute cette période, nous n'avons que l'embarras du choix et de nos goûts pour citer Mignard, Quentin de La Tour, Lebrun, Boucher, Chardin, Watteau ou Fragonard.

La Révolution a-t-elle bouleversé la peinture?

En ce qui concerne la peinture, la Révolution n'a fait que marquer un temps d'arrêt. De cette époque, on ne retient guère que David qui assure la transition avec l'Empire où il s'illustra comme le premier peintre de Napoléon. Son immense tableau, *Le Sacre*, en est le témoignage.

Après le classicisme et l'académisme, quelle révolution fut provoquée par le romantisme?

La révolution provoquée par le romantisme fut surtout cet affranchissement de l'art par rapport à l'Antiquité et à la mythologie. Les peintres commencèrent à se dégager de l'art officiel pour un art du cœur ou de l'imagination.

Considérée comme le type même de la peinture romantique, la toile d'Eugène Delacroix, *La Mort de Sardanapale*, rencontra une certaine incompréhension mais suscita l'intérêt sans réserve de Victor Hugo.

Géricault, Ingres, Chassériau qui imposa un nouveau canon de la plastique féminine ont aussi marqué le romantisme.

L'école de Barbizon apporta-t-elle un souffle nouveau?

Oui, l'école de Barbizon apporta même le grand air car, à la fin du XIXe siècle et au début du XXe, les peintres éprouvèrent le besoin de sortir de leurs ateliers et allèrent planter leur chevalet en pleine nature. C'est ainsi qu'aux alentours de Fontainebleau se créa l'école de Barbizon où l'eau, les arbres, les ciels de l'Île-de-France, offrirent un paradis aux paysagistes.

Cette nature, croquée sur place sur le motif, se retrouve encore bien vivante dans les tableaux de Jean-Baptiste Corot, de Daubigny, de Millet et de bien d'autres.

C'est au Salon de 1824 que des paysagistes anglais exposèrent pour la première fois leurs œuvres à Paris. Parmi celles-ci, la toile de Bonington, *Vue des côtes normandes*, eut une influence considérable, ouvrant la voie à l'impressionnisme.

Quel est le principal caractère de l'impressionnisme ?

À l'origine, l'impressionnisme procède de cette même volonté de peindre sur nature. On connaît le titre donné par un critique à la toile de Monet, *Impression, soleil levant* (1874). Cette vision résume une partie de la démarche des impressionnistes : traduire une impression qui, face à la nature, est souvent provoquée par un certain éclairage.

Ce système esthétique néglige la description où se sont illustrés notamment Claude Monet, Renoir, Pissarro, Berthe Morisot, Seurat, Sisley puis Degas et Cézanne.

Quels sont les supports les plus utilisés en peinture ?

Les supports les plus courants sont la toile tendue sur châssis, le papier entoilé et l'Isorel qui, depuis quelques années, remplace le bois.

Quel que soit le support, il doit recevoir une préparation qu'on nomme apprêt et qui assure un bon état de conservation, tout comme le vernis qu'on passera sur la peinture quand elle aura séché.

Quel cadre choisir ?

Tout comme la peinture, le cadre subit les variations imposées par la mode. D'une façon générale, les cadres ouvragés et lourds ne correspondent plus à la mise ne valeur de la peinture contemporaine. Pour certaines peintures très colorées, on se contentera d'une simple baguette unie. Une peinture plus nuancée gagnera à être présentée dans un cadre plus recherché... C'est une question de goût, mais de bon goût.

Entre la bordure du cadre et le bord de la toile, la marie-louise est comme une bande neutre qui fait une utile transition. Sa couleur doit être nuancée en fonction des couleurs de la toile et de la couleur du cadre.

Quel est le rapport entre ce que nous appelons les formats et ce que les peintres et les encadreurs appellent le point?

Le point n'est pas une mesure de superficie mais une appellation qui désigne des formats. Il existe trois formats principaux : le format figure, le format paysage et le format marine avec des numéros qui vont de 1 à 120.

On dira par exemple « un 5 figure » pour un tableau de 35 × 27 cm; « un 12 paysage » pour un tableau de 61 × 46 cm; « un 25 marine » pour un tableau de 81 × 54 cm, etc.

On désigne toujours la hauteur en premier pour donner le format d'une œuvre. Voici le tableau complet des points et des formats en centimètres et inches (la mesure en inches – 1 inch = 2,54 cm – est de moins en moins employée, même dans les pays anglo-saxons).

NUMÉROS	FIGURE		PAYSAGE		MARINE	
	cm	in.	cm	in.	cm	in.
0	18 × 14	7 × 5 1/2	18 × 12	7 × 4 3/4	18 × 10	7 × 4
1	22 × 16	8 2/3 × 6 1/3	22 × 14	8 2/3 × 5 1/2	22 × 12	8 2/3 × 4 3/4
2	24 × 19	9 1/2 × 7 1/2	24 × 16	9 1/2 × 6 1/3	24 × 14	9 1/2 × 5 1/2
3	27 × 22	10 3/4 × 8 2/3	27 × 19	10 3/4 × 7 1/2	27 × 16	10 3/4 × 6 1/3
4	33 × 24	13 × 9 1/2	33 × 22	13 × 8 2/3	33 × 19	13 × 7 1/2
5	35 × 27	13 3/4 × 10 2/3	35 × 24	13 3/4 × 9 1/2	35 × 22	13 3/4 × 8 2/3
6	41 × 33	16 1/4 × 13	41 × 27	16 1/4 × 10 2/3	41 × 24	16 1/4 × 9 1/2
8	46 × 38	18 × 15	46 × 33	18 × 13	46 × 27	18 × 10 2/3
10	55 × 46	21 2/3 × 18	55 × 38	21 2/3 × 15	55 × 33	21 2/3 × 13
12	61 × 50	24 × 19 2/3	61 × 46	24 × 18	61 × 38	24 × 15
15	65 × 54	25 1/2 × 21 1/4	65 × 50	25 1/2 × 19 2/3	65 × 46	25 1/2 × 18
20	73 × 60	28 3/4 × 23 2/3	73 × 54	28 3/4 × 21 1/4	73 × 50	28 3/4 × 19 2/3
25	81 × 65	31 3/4 × 25 1/2	81 × 60	31 3/4 × 23 2/3	81 × 54	31 3/4 × 21 1/4
30	92 × 73	36 1/4 × 28 3/4	92 × 65	36 1/4 × 25 1/2	92 × 60	36 1/4 × 23 2/3
40	100 × 81	39 1/3 × 31 3/4	100 × 73	39 1/3 × 28 3/4	100 × 65	39 1/3 × 25 1/2
50	116 × 89	45 2/3 × 35	116 × 81	45 2/3 × 31 3/4	116 × 73	45 2/3 × 28 3/4
60	130 × 97	51 1/4 × 38 1/4	130 × 89	51 1/4 × 35	130 × 81	51 1/4 × 31 3/4
80	146 × 114	57 1/2 × 44 3/4	146 × 97	57 1/2 × 38 1/4	146 × 89	57 1/2 × 35
100	162 × 130	63 3/4 × 51 1/4	162 × 114	63 3/4 × 44 3/4	162 × 97	63 3/4 × 38 1/4
120	195 × 130	76 3/4 × 51 1/4	195 × 114	76 3/4 × 51 1/4	195 × 97	76 3/4 × 44 3/4

Quelle est la particularité du dessin à l'encre de Chine?

Employée pure, l'encre de Chine est d'un noir parfait. L'encre de Chine est composée de noir de fumée, de gélatine et de camphre. Au Moyen Âge, cette encre – dite de Chine – était fabriquée à partir du noir de fumée des chandelles dissoutes dans de l'eau gommée.

Quelle est la particularité du pastel?

Le pastel est une invention française dont les nuances infinies enchantèrent le XVIIIe siècle. Il est encore très apprécié malgré sa fragilité et le fait qu'un pastel ne soit pas réparable.

Les pastels vendus en boîte, aujourd'hui, n'ont pas tout à fait les mêmes tons que dans le passé. Malgré sa diversité et ses nouvelles applications, le mot pastel restera toujours associé au nom de Maurice Quentin de La Tour.

À quoi tient le charme de la sanguine?

Faite d'argile ferrugineuse aux teintes allant du rouge clair au rouge sombre, la sanguine est une des couleurs qui se rapproche le plus de celle de la chair. Le nu à la sanguine est ainsi proche de la vérité et les sculpteurs l'emploient souvent pour leurs vigoureux dessins.

Quelle est la composition du fusain?

Appelé carbone en Italie, le fusain est un charbon de bois. Par son utilisation directe, il est le matériau de prédilection des débutants, mais les peintres professionnels s'en servent tout autant. On peut dire que le fusain est l'outil de base du dessin.

Quelle est l'histoire du crayon Conté?

C'est en 1794 que, pour cause de rupture du commerce avec la Grande-Bretagne nous privant des gisements de Cumberland dont on tirait le graphite depuis le XVIIe siècle, un fabricant nommé Conté trouva la formule qui devait immortaliser son nom.

Conté entreprit la réalisation d'un crayon artificiel en utilisant l'argile mêlée au graphite pulvérisé et soumis à la cuisson. Il obtint ainsi une nouvelle matière d'un noir moins luisant que celui qui était employé pur mais qui permit des variations sur ce graphite connu encore aujourd'hui sous le nom de crayon Conté.

Quelles sont les différentes abréviations qu'on doit connaître pour lire un catalogue de vente?

T = toile; A = aquarelle; G = gouache; Pa = pastel; Pn = panneau; B = bois; C = carton; D = dessin; F = fusain; L = lavis.

Peinture moderne

Dès les premières années du XXe siècle, la peinture va subir des bouleversements. Quels sont les principaux mouvements qui vont jalonner notre siècle et transformer la vision de la peinture?

1989 : fauvisme; 1907 : cubisme; 1909 : *Manifeste du futurisme*; 1910 : cubisme analytique; 1915 : groupe dada; 1918 : réalisme soviétique; 1924 : *Manifeste du surréalisme*; 1947 : abstraction lyrique; 1948 : art brut; 1955 : art cinétique; 1956 : pop art en Grande-Bretagne; 1960 : pop art à New York; 1964 : figuration narrative; 1965 : art minimal; 1967 : art conceptuel; 1968 : hyperréalisme américain; 1969 : Support Surface; 1977 : Pattern Painting; 1980 : graffitistes et figuration libre.

Quel est le mouvement pictural considéré comme la première révolution artistique du XXe siècle?

Le fauvisme, premier mouvement d'avant-garde de notre siècle, réunit autour de Matisse des créateurs aussi différents que Marquet, Camoin, Manguin Puy, Derain, Vlaminck, Friez, Dufy et Braque. Une épopée commune relativement courte, de 1905 à 1908. Et c'est le critique d'art Louis Vauxcelles qui, au Salon de 1905, les qualifie de fauves.

Leurs buts : s'attacher aux tons purs, créer une surface planifiée par la couleur, utiliser une simplification d'effets poussée à l'extrême. Après un succès rapide, le groupe se séparera vers 1908 et Braque s'orientera alors vers le cubisme.

Quelle est la toile qui marque l'origine du cubisme?

Il s'agit des *Demoiselles d'Avignon* de Picasso, terminée en 1907. Le peintre travaillait en France depuis déjà trois ans.

Comment se développe le cubisme de 1907 à 1914?

C'est également au critique Louis Vauxcelles qu'on doit le terme cubisme. En 1908, en effet, il compare la peinture de Braque à une juxtaposition de cubes, lors de sa première exposition. Les principaux protagonistes du cubisme seront Picasso, Braque, Juan Gris et Léger.

Un travail géométrisant, une décomposition des formes qui aboutira, en 1910, au cubisme analytique professé par Braque et Picasso. C'est la fin de la traditionnelle perspective classique qui régnait sur la peinture depuis la Renaissance. Un même objet peut être représenté comme éclaté sur une toile, conçu à travers différentes prises de vue.

Puis, tout à la fin du mouvement, en 1913, le cubisme synthétique marque une nouvelle évolution. Finie la représentation du réel, l'objet doit être rendu dans son essence à travers un système de signes. La guerre de 14 dispersera les créateurs dans des horizons différents.

Qu'est-ce que le futurisme?

Avant tout, un art profondément italien, même s'il se développa ensuite dans toute l'Europe. À l'origine de ce mouvement, en 1909, il convient de souligner l'influence du *Manifeste du futurisme* du critique Marinetti.

Les futuristes glorifient le modernisme, et particulièrement la vitesse et le mouvement. Boccioni, Balla, Severini, Carra, Russolo animent le futurisme à travers le mythe du machinisme. Autour de 1916, le futurisme va se disloquer.

Quelles sont les deux sculptures, exposées en 1913 et en 1917 par Marcel Duchamp, qui vont transformer la notion d'œuvre d'art et concourir à la naissance du mouvement dada ?

En 1913, Marcel Duchamp expose un porte-bouteilles de la marque Hérisson, acheté au Bazar de l'Hôtel de Ville. Puis, en 1917, il envoie à New York, au Salon des indépendants, un urinoir. Ces *Ready Made* ont pour but de faire tomber de son piédestal l'art traditionnel. Une volonté de choquer, mais aussi une remise en cause de la culture.

Qu'est-ce que le dadaïsme ?

Bizarrement, le mouvement dada (1915-1922), dans son esprit corrosif, va éclater en deux lieux opposés, New York et Zurich. À New York, en 1915, Francis Picabia va rencontrer Marcel Duchamp le subversif. Parallèlement, en pleine guerre, les artistes fuyaient en Suisse. C'est là que va naître le mouvement dada, en 1916, à Zurich, regroupant Tristan Tzara, le sculpteur Jean Arp, et les écrivains Hugo Ball et Richard Hülsenbeck.

Puis les deux groupes se rencontreront grâce à Picabia. Paris deviendra le point d'attache de ces artistes réunissant Picabia, Tzara, Breton, Soupault, Aragon, Éluard.

Par la suite, la naissance du surréalisme fera diverger les uns et les autres. Dada souhaitait casser la notion d'art telle qu'elle était conçue jusqu'alors, comme le furent les *Ready Made* de Duchamp.

Qu'est-ce que le surréalisme ?

En 1924, Breton fait paraître le *Manifeste du surréalisme*. Le surréalisme se révolte contre la rationalité, le concret de la réalité. Gloire aux rêves, au délire, à l'imagination et à la psychanalyse, voire à l'écriture automatique ou aux expériences vers l'au-delà.

Autour des théoriciens écrivains agissent des peintres : Max Ernst, André Masson, Picabia, Arp, Man ray, De Chirico ou, en Belgique, René Magritte.

La première exposition de peinture surréaliste eut lieu en 1925.

Plus tard, Dalí se joint aux autres, tout comme Alberto Giacometti, Victor Brauner, Hans Bellmer, Oscar Dominguez. Le mouvement fait tache d'huile dans toute l'Europe.

Le surréalisme est un art profondément intellectuel, où chaque artiste peut cependant développer sa personnalité. Des perspectives fantomatiques de Magritte jusqu'aux collages ou aux extravagances de Dalí.

1966, le grand prêtre du surréalisme meurt, son mouvement aussi.

Qui a créé la première aquarelle abstraite ?

Vassili Kandinsky, auteur d'un des ouvrages théoriques sur l'art abstrait, *Du spirituel dans l'art*, crée en 1910 la première aquarelle abstraite. Un choc pour tous les spécialistes de la peinture.

Il raconta que la nécessité de se tourner vers l'abstraction lui vint en voyant une de ses toiles posée à l'envers ; il la trouva sublime, et dès lors, la figuration devint pour lui inutile. Toutefois, la vue des meules de Monet le conduisait déjà vers l'abstraction.

Historiquement, l'art abstrait s'ébauche en 1910 avec Kandinsky. Comment et avec qui va-t-il évoluer ?

La musique entre aussi pour une grande part dans l'abstraction. Wagner va inspirer à Kandinsky une atmosphère colorée tout comme chez le Tchèque Kupka.

Vers 1912, Delaunay inaugurera un nouveau travail vers l'abstraction s'appuyant sur la couleur.

Ils seront relayés par Malevitch et son carré noir sur un fond blanc.

En Belgique, un peintre va jouer un rôle important pour l'abstraction. Qui est-il ?

Pieter Mondrian (1872-1944) va créer un univers abstrait totalement personnel qui, pourtant, va influencer des générations d'artistes. D'abord des entrecroisements de verticales et d'horizontales, passant ensuite, au moment de la guerre de 14, à des toiles influencées par l'univers maritime, cercles, croix, puis carrés.

Une nouvelle forme d'art qui prendra le nom de néo-plasticisme régit par un principe l'entrecroisement de verticales et d'horizontales soulignées de noir, séparant des carrés de surface colorée de teinte pure.

Quand eut lieu à Paris la première exposition internationale d'art abstrait?

En 1929, le critique Michel Seuphor allié au peintre Torrès-Garcia avait regroupé, sous la revue intitulée *Cercle et Carré*, des artistes qui réfutaient le surréalisme. Et c'est encore Michel Seuphor qui organisa à Paris cette exposition. *Cercle et Carré* devait disparaître en 1930.

La Seconde Guerre mondiale va éteindre pour un temps le feu de l'art abstrait. Pourtant, l'art abstrait va renaître à travers différents courants. Quel est le courant français?

Si « l'école » dérivée du travail de Mondrian, axée sur une abstraction géométrique, ne faiblit pas, l'abstraction lyrique, en 1947, réagit contre la tendance Mondrian. Dans cette école de Paris qui suit juste la guerre, cette nouvelle tendance de l'abstraction regroupe des peintres comme Mathieu, Hartung, Wols et Bryen.

Parallèlement, après la guerre, aux États-Unis naît une autre forme d'abstraction purement américaine. Laquelle?

Dès 1947, aux États-Unis, Jackson Pollock se lance dans une aventure tout à fait nouvelle qui renverse l'art de peindre tel qu'il était conçu depuis des siècles. L'artiste joue totalement de son corps, en grandes coulées et jets de peinture tels les *« dripping »* de Pollock.

De là va naître l'expressionnisme abstrait qui privilégie l'action par rapport à la conception, d'où l'autre appellation de Action Painting.

On retrouve ici d'autres grands peintres américains tels Motherwell, De Kooning, Mark Rothko. L'Amérique a enfin sa peinture, d'un très haut niveau.

Quelle est l'origine du terme art brut?

C'est le peintre Jean Dubuffet qui emploiera ce terme à la fin de la guerre. Un art imaginatif, hors des sentiers battus de la culture, qui peut aussi bien se rattacher aux créations des aliénés que des « sauvages » ou des enfants.

Peu importe les moyens – accumulation de matières, tissus, boue, terre – ou les techniques – grattage... Dubuffet ouvre la voie à de nouveaux champs d'expérimentation.

Que fut le groupe Cobra (1948-1951)?

Cobra fut un mouvement typique du Nord de l'Europe. Son nom a été formé par l'assemblage des premières lettres des capitales *Co*penhague, *Br*uxelles et *A*msterdam où travaillaient trois groupes de peintres. Se reconnaissant des préoccuations communes, ces trois mouvements danois, hollandais et belge allaient se réunir sous le nom de Cobra à Paris en 1948.

Asger Jorn (Danois), Appel, Corneille, Constant (Hollandais), Alechinsky (Belge) le composent principalement.

Un désir, ne pas se laisser enfermer dans un carcan de théories. Un refus, ne pas avoir à choisir entre l'abstraction et le réalisme. Cobra a choisi une solution médiane, très personnelle.

Qu'est-ce que l'art cinétique?

En 1955, l'art cinétique naît avec Vasarely. Une forme d'art abstrait qui fait intervenir la notion de mouvement à travers un espace en plusieurs dimensions. Ainsi, l'observateur d'une œuvre de Vasarely peut croire voir l'œuvre « bouger » selon l'angle perçu. Une forme d'illusion d'optique déterminée par un travail de construction des lignes, de décomposition des formes et de l'alliance des couleurs.

Cinq ans plus tard, aux États-Unis, naîtra l'op'art ou optical art, qui rejoint dans son principe le travail de Vasarely.

À la fin des années 60, naît le pop art d'abord en Grande-Bretagne, puis aux États-Unis. Comment et pourquoi?

Pour bien comprendre la naissance du pop art, il faut le resituer dans son contexte sociologique et historique. Une nouvelle imagerie est née sous le signe de la société de consommation, affiches, bandes dessinées, cinéma, publicité, musique. Les artistes vont reprendre à leur compte cette imagerie populaire, en adoptant une attitude soit distanciée, soit critique, soit dans une mise en lumière.

Le pop art, gai, amusant parfois, illustre parfaitement la société de consommation en devenir. Certains y ont vu un désaveu de cette société, d'autres, plus simplement, un éclairage de cette société.

Qu'est-ce que le pop art américain?

Enfants de la civilisation de consommation, les artistes du pop art américain réagissent contre l'expressionnisme abstrait. Ils souhaitent le retour au concret, à la réalité.

Un de leurs buts premiers est de mettre en valeur ce qui, auparavant, était jugé indigne de l'art : des bouteilles de Coca-Cola aux pin-up, en passant par la bande dessinée ou les boîtes de soupe. Ils recherchent la simplicité assortie d'un effet puissant.

Qui sont les grands artistes du pop art américain?

Tous ont d'abord travaillé pour la publicité ou ont dessiné pour la mode, les journaux ou les bandes dessinées. Ils sont donc parfaitement au fait de l'art de leur temps.

Andy Warhol dessinait des chaussures pour un magazine de mode, Tom Wesselmann avait étudié le dessin animé, Roy Lichtenstein était étalagiste et dessinateur de mode, James Rosenquist affichiste. Jasper Johns, Robert Rauschenberg, Claes Oldenburg sont encore des phares du mouvement, sans oublier Jim Dine, Robert Indiana ou le sculpteur George Segal.

Quelles sont les techniques employées par les artistes du pop art?

Tout est possible ici, de la technique picturale traditionnelle à l'utilisation d'un appareil de projection pour agrandir une image.

Ainsi, Lichtenstein éliminait les trames et faisait tirer des multiples de ses œuvres tandis que Warhol se lançait dans la sérigraphie en série. Le pop art utilisait aussi des introductions d'objets dans la peinture elle-même.

Qui fut baptisé le « pape du pop »?

Andy Warhol (1931-1987) fut le plus connu des artistes du pop art. Si ses extravagances et son sens médiatique ont sans doute beaucoup participé à ce succès, ses œuvres n'en sont pas moins les plus connues du pop art.

Ses fameuses boîtes de soupe Campbell, et, en 1964, l'exposition les unes sur les autres de simples caisses de bois ornées de sérigraphies de marques de produits alimentaires : Heine, Del Monte...

Témoin de l'actualité, il crée une série « Mort et Désastre », reproduit de multiples fois le visage de Jackie Kennedy ou l'image de Marilyn Monroe. Un travail froid, distancié, passant par la mécanisation de ses créations. L'image totale de l'Amérique société de consommation.

Le pop art, sans doute par ses excès, va provoquer la naissance de plusieurs mouvements aux États-Unis. Quels sont-ils?

D'abord l'art minimal, puis l'art conceptuel et en réaction, l'hyperréalisme.

Qu'est-ce que l'art minimal?

Il naît vers 1965, à New York. Art analytique, rigoureux et froid, il regroupe des artistes comme Frank Stella, Judd, Sol LeWitt, Robert Morris ou Dan Flavin.

Qu'est-ce que l'art conceptuel?

L'art conceptuel qui surgit à la suite de l'art minimal aux États-Unis vise à faire de l'idée en art une priorité par rapport à la production artistique. Tout comme Duchamp, ces artistes considèrent que l'art n'est plus seulement un problème de forme mais de conception mentale. L'art devient une sorte d'analyse du statut de l'art lui-même.

Le plus connu des participants à l'art conceptuel est Joseph Kosuth : ainsi, il expose, à côté d'une chaise, sa définition tirée du dictionnaire et sa photographie. Une attitude qui se veut froide, non émotive, l'idée devient en elle-même œuvre d'art. À côté de Joseph Kosuth, on peut regrouper Robert Barry, Weimer et Huebler.

Qu'est-ce que l'hyperréalisme?

C'est encore aux États-Unis que l'hyperréalisme va s'imposer, en opposition à l'art minimal et conceptuel, autour des années 70. Un désir, reproduire la réalité quotidienne avec une précision quasi photographique. La photographie apparaît souvent à la base du travail pictural.

Tous les thèmes sont abordés, du paysage urbain le plus banal jusqu'aux sculptures humaines de Hanson et De Andrea qui troublent l'esprit du spectateur, tellement elles semblent vivantes.

Alors que le pop art se développe aux États-Unis, l'Europe continue à bouger en transformant encore la notion d'art. En 1960, à Milan, naît le terme de nouveau réalisme. Comment et pourquoi?

En 1960, à Milan, le critique Pierre Restany annonce dans un manifeste l'avènement de ce mouvement : le nouveau réalisme.

Arman, César, Dufrêne, Hains, Klein, Raysse, Rotella, Spoerri, Villeglé se regroupent dans une même optique : prendre des matériaux issus du quotidien, les utiliser pour créer des œuvres expressives.

Compressions de César, accumulations de poupées ou d'instruments de musique d'Arman, affiches lacérées de Villeglé. Ultérieurement Niki de Saint-Phalle et ses « Nana », Christo et ses empaquetages les rejoindront.

Dix ans après sa création, le mouvement verra sa fin.

Qui fut l'artiste qui eut la plus grande influence dans le nouveau réalisme ?

Yves Klein, qui mourut en 1962 âgé seulement de trente-quatre ans. Il est particulièrement connu pour ses monochromes ou ses empreintes de corps nu sur une toile.

Qu'est-ce que le happening ?

Encore une fois, Duchamp, le mouvement dada, voire les surréalistes, peuvent être considérés comme les grands ancêtres du happening. Les notions traditionnelles de l'art sont rejetées ; ainsi la toile, voire la sculpture, sont abandonnées.

Le happening est une séance d'improvisation collective, une sorte de psychodrame où les participants réagissent sur un thème par des actions gestuelles qui prétendent libérer la créativité de chacun. C'est la vie même, transformée en œuvre d'art.

Un groupe allemand va pousser loin cette notion de happening, c'est Fluxus. Qui est-il ? Comment travaille-t-il ?

Fluxus, vers 1962, regroupe des musiciens comme John Cage et la musique prend la première place. Puis Fluxus s'étend à l'art en général avec Beuys, Robert Filliou... et pour la musique Nam June Paik. Tout est utilisé : la musique, la vidéo, les happenings ou les performances.

Art abstrait, happening... l'art multiplie les moyens de s'exprimer. En 1963, à Florence, une exposition ouvre la voie à une autre forme de création picturale. Laquelle ?

Il s'agit de la figuration narrative. Aucune volonté de revenir à la figuration traditionnelle d'autrefois, mais plutôt créer une peinture qui, à travers une forme de réalisme, devra être critique par rapport au monde vivant. Un art qui doit être ouvert sur le monde qui l'entoure.

Cueco, Recalcati, Fromanger, Rancillac, Arroyo, Aillaud, Pignon, Prassinos, participent à cette aventure.

Avec une remise en cause des mouvement épurés comme l'art minimal ou conceptuel, Support Surface propose aussi de nouvelles directions. Lesquelles ?

Au début des années 70, le groupe Support Surface rassemble des créateurs qui sont pour la plupart issus du Sud de la France : Bioulès, Devade, Dezeuze, Viallat, Cane, Saytour, Valensi...

Ils rejettent les formes d'art intellectuel de ces dernières années. Vive la peinture, la couleur, un véritable éclatement de matière colorée ! C'est simple, il existe une surface à remplir, par le travail pictural, et un support, la toile, peu importe s'il existe un châssis qui supporte la toile.

Toujours en cette fin des années 60, les happenings de toutes sortes continuent à agiter le monde des galeries. Qui en sont les protagonistes ?

Plus précisément, certains artistes nomment leur travail le body art. Une étrange façon de « créer » sur son propre corps. Telle Gina Pane qui se lacère la peau avec des lames de rasoir, ou encore Michel Journiac.

En 1977, un grand musée d'art contemporain ouvre ses portes à Paris. Lequel ?

Il s'agit bien sur du Centre Georges-Pompidou ou Centre national d'art contemporain. Sa construction aura provoqué bien des mouvements contradictoires. Son emplacement d'abord, dans le Marais, centre historique de Paris ; son architecture ensuite, avec ses tuyaux colorés apparents qui le firent qualifier d'usine.

Après l'agitation des années 60-70, la décennie 70-80 apparaît plus calme. Cependant, en 1979, en Italie naît la transavangarde. Qui est-elle ?

C'est un critique italien, Achille Bonito-Oliva, qui inventera cette dénomination. Chia, Cucchi, Clemente font partie de cette première puis Paladino et Di Maria.

Tous refusent, une fois encore, la loi de l'art conceptuel. Leur art marque un retour vers la tradition, tout au moins à travers une technique qui emploie à nouveau les moyens d'autrefois : crayon, voire même une sorte de perspective. Ils glorifient leurs propres racines, leur individualité.

Dans le monde entier, d'autres artistes semblent pouvoir se référer à la transavangarde. Qui et où ?

En France, on a coutume de rattacher Garouste à la sensibilité du mouvement italien, en Allemagne, Baselitz, ou Schnabel aux États-Unis.

Les années 80 marquent-elles un vrai retour à la figuration ?

D'un côté, aux États-Unis d'abord puis en Europe, en ce début de la décennie des eighties, les graffitistes remuent à nouveau le monde de l'art. Originaires des bas quartiers de New York, les Américains exercent leur art sur les murs, dans le métro, ils inaugurent un art qui va être récupéré par les galeries.

Ils se nomment Basquiat, Haring, parmi les plus grands de l'époque, et font un pied de nez aux valeurs établies.

En France, les graffitistes vont, eux aussi, imprégner de leurs pochoirs les murs de Paris et des grandes villes, tels Ménager ou Bleck le Rat.

Enfin, les années 80 seront marquées par un mouvement de jeunes artistes : la figuration libre. Quel est ce mouvement ?

Bien que ces jeunes peintres se réfèrent à une culture contemporaine bien vivante qui tire ses sources de la bande dessinée, du rock et de la communication, ils ne sont pas comparables aux créateurs du pop art américain.

Chacun s'exprime à travers une peinture très personnalisée, colorée, vivante, que ce soit Combas, Boisrond, Di Rosa ou Blanchard.

Les faux en peinture

Les tableaux anciens sont-ils d'une authenticité souvent contestée ?

Très souvent contestée, l'authenticité des tableaux anciens est sans cesse à prouver, notamment par les marchands en cas d'achats-placements d'une clientèle informée exigeant des garanties formelles. Les spectaculaires changements d'attributions des œuvres dans les musées tel le Louvre prouvent les recherches en vue de détecter les anciennes attributions erronées.

Les confusions d'autrefois n'ont plus cours depuis les acquis de connaissances dus à la science, mais elles ont largement contribué au scepticisme affiché.

Faut-il distinguer plusieurs sortes de faux ?

Parmi la multitude de faux exécutés sur des siècles, il est nécessaire de faire des différences. Entre le faux malhabile qui ne trompe personne, et le plus élaboré des travaux destiné à abuser les experts, sont nombreux les exemples frauduleux dont il faut exclure les copies sincères. On notera le paradoxe que représentent certains faux exécutés sur commande par des artistes devenus plus célèbres que ceux dont ils réalisèrent des contrefaçons des œuvres les plus recherchées.

Les premiers faux à buts commerciaux ont été réalisés dans les ateliers mêmes des maîtres débordés tels les Brueghel, Rubens ou Rembrandt. Il s'agissait en fait de répliques collectives d'ateliers, exécutées par les élèves de ces artistes qui n'intervenaient souvent que par une simple indication ou signature. Cela en conformité avec les règles corporatives qui interdisaient aux assistants de signer de leur nom, autorisant seul le chef d'atelier à apposer sa marque et à vendre les différents travaux comme étant de lui. On ne pourra qualifier de faux les répliques réalisées avec le concours effectif du maître. Pour honorer ses nombreuses commandes, Corneille de Lyon faisait travailler sa femme, ses enfants, ses frères, ses neveux, et même des parents éloignés et des voisins.

Ces travaux de l'époque des artistes fameux se reconnaissent à certaines faiblesses et différences de maîtrises de style. Avec l'évolution des techniques picturales et les moyens de détection scientifiques des contrefaçons, les faussaires utilisèrent de nouvelles méthodes visant à neutraliser certains examens. Chaque faussaire a sa manière, influencée par les écoles de son pays d'origine. Faux anciens, modernes et contemporains n'ont rien de commun, sauf leur vocation : tromper.

Le travail d'un copiste autorisé des musées peut-il être transformé en faux ?

Avec une préférence marquée pour les peintures impressionnistes et modernes particulièrement demandées actuellement, une part intéressante du travail est déjà faite pour le faussaire. Néanmoins, les musées français imposant certaines astreintes aux copistes comme le changement de format, le faussaire transforme plus ou moins le sujet pour laisser croire à une œuvre faisant partie d'une même période que celle du tableau connu.

Pour les copies de peintures anciennes, le faussaire procédera par des opérations de vieillissement toujours les mêmes, salissant les couleurs pour les atténuer, frottant certaines couleurs à l'aide de tampons contenant de la pierre ponce pulvérisée pour simuler l'usure de certaines parties.

Il devra doubler la toile pour cacher la mention obligatoire exigée des musées français : « Reproduction » à l'encre indélébile.

Quelles sont les différentes opérations auxquelles se livre un faussaire pour exécuter une œuvre ?

Plusieurs possibilités s'offrent à lui selon qu'il s'agit d'une peinture sur toile, sur bois ou sur cuivre.

Dans le premier cas, il devra veiller à la fabrication d'un châssis construit dans le bois du pays d'origine. Du bois ancien, si possible. Mais il est fréquent que les châssis endommagés soient changés sans que cela soit suspect. Ne pas posséder de châssis d'époque ne sera donc pas un handicap. La peinture sera exécutée sur toile ancienne. À défaut, il doublera une toile quelconque d'une autre toile faisant croire à un marouflage – doublage d'une toile visant à consolider celle qui supporte la peinture –, opération banale de restauration ou de préservation.

La surface à peindre déterminée, il appliquera une épaisse couche d'enduit préparatoire similaire à celui que l'artiste employait. Il établira une ébauche à la mine de plomb s'inspirant d'une œuvre authentique pour en créer une légèrement différente, mais bien « à la manière de ». Sachant que les anciens ont travaillé d'une manière académique en respectant certaines règles de perspective, de composition, de rapports, il s'efforcera de s'y soumettre.

L'instant de la pose des couleurs est décisif. Le faussaire en peinture sait reproduire les coups de pinceaux, l'utilisation des brosses, reconstituer la palette avec les couleurs qui ont viré avec le temps, veillant à travailler les glacis ou les épaisseurs caractéristiques. Il terminera en passant un vernis jaunissant dont il provoquera la craquelure selon un schéma particulier, faisant la distinction entre les craquelures des différents siècles. Il aura généralement négligé de provoquer la craquelure de la peinture elle-même et de la préparation. S'il possède une toile d'époque déjà peinte mais sans valeur, il profitera de la peinture d'origine et des craquelures d'origine, travaillant dans ce cas avec des couleurs légères et diluées, dites couramment « jus ». Il évitera de creuser artificiellement des craquelures dans la peinture même avec un stylet, aussi fin soit-il – vieille astuce qui ne trompe plus personne aujourd'hui. Il évitera des procédés du début du siècle trop divulgués.

Dans le cas d'une peinture sur panneau, le faussaire choisira le bois ancien correspondant aux essences les plus employées dans les pays d'origine des peintures modèles. Flamandes et hollandaises sont exécutées sur des panneaux de chêne dont la dessication naturelle est impossible à reconstituer il utilisera alors des peintures acryliques qui pénètrent facilement le chêne et permettent une apparence particulièrement fine. Attention à la coupe biaisée des panneaux, elle ne devra comporter aucune trace de taille récente.

L'authenticité des œuvres modernes et contemporaines est-elle également contestée ?

Certaines œuvres modernes et contemporaines ayant acquis une valeur considérable, il est évident que ce sont celles-ci – sujets privilégiés des faussaires – qui éveillent le plus de doutes sur leur authenticité.

Un acquéreur, investisseur possible, exigera davantage de garanties quant à l'authenticité d'une pièce réalisée par un plasticien fortement coté.

Sur quels critères se fondera un vendeur pour garantir l'authenticité d'une œuvre moderne ou contemporaine ?

Les garanties données pour ces œuvres ne sont pas fondées sur les mêmes critères que ceux qui justifient les pièces anciennes. On donnera la priorité au pedigree de l'œuvre plus récente en s'attachant à retrouver son passé depuis sa création.

Dans le cas de l'œuvre d'un artiste important, elle devra nécessairement être mentionnée dans le catalogue raisonné constitué par l'expert spécialiste de l'artiste. Certaines œuvres irréprochables se révéleront pourtant invendables sans le certificat de l'expert spécialisé dont l'expertise est incontournable.

Quand la signature est-elle apparue ?

Tout laisse à penser que les œuvres les plus anciennes ont été marquées plutôt que signées par leurs auteurs. Au Moyen Âge, les peintres, les enlumineurs, les imagiers n'ont que rarement signé. Et fréquemment, ils le firent en latin. Au XIVᵉ siècle, certains artistes inscrivaient leur nom sur l'encadrement qui, d'ailleurs, faisait généralement partie du panneau sur lequel était peinte l'œuvre elle-même.

L'usage de la signature s'est répandu au XVᵉ siècle. Mais au nom en toutes lettres se sont parfois substitués un symbole, un emblème, de simples initiales ou même des armes parlantes.

Au XVIᵉ siècle, il n'était pas rare qu'en guise de signature le peintre, tel Raphaël, s'introduise comme un figurant dans un sujet comportant des personnages. Michel-Ange n'a signé qu'une seule toile : *La Vergine della Febbre*, et encore l'a-t-il fait par dépit en apprenant que son œuvre avait été faussement attribuée à un artiste rival. Rubens a peu signé. Son monogramme PPR ne serait que la marque de son atelier. Cranach signait à une période d'un dragon ailé et couronné, une bague dans la gueule; Vinkenbooms : d'un pinson sur une branche d'arbre – *Vink* signifiant pinson et *booms*, arbre. Sur des toiles d'une authenticité certaine, on constate que

Rembrandt utilisait une orthographe fantaisiste : « Rambrandt », « Rimbran », ou raccourcissait carrément son prénom, supprimant la dernière syllabe.

Plus tard, si la signature s'est imposée avec une calligraphie évidente, à d'autres périodes, en France notamment, comme il était exclu que le nom de l'artiste figurât sur les portraits royaux – outrecuidance qui n'était pas envisageable –, les peintres étendaient souvent cette forme d'humilité courtisane aux membres de la famille royale, par extension à la noblesse, et à certaines personnes qu'ils désiraient honorer.

Les signatures apocryphes sont-elles fréquentes?

Trop fréquentes. L'usage abusif de la fausse signature s'est répandu dès qu'une œuvre a acquis une plus-value notable grâce à la signature de son auteur. Qu'il s'agisse d'œuvres anciennes ou modernes de valeur, il est indispensable lors d'un achat de s'assurer de l'authenticité de la signature.

Qu'est-ce qu'une signature apocryphe?

Une signature est qualifiée d'apocryphe lorsqu'elle n'est pas authentique, et dans le cas où elle est fortement douteuse. Définie ainsi, dans tous les cas, comme apposition ultérieure à la réalisation de l'œuvre sur laquelle elle apparaît.

Quelle est la différence entre une signature apocryphe et une signature fausse?

Le terme apocryphe pourrait très exceptionnellement laisser planer un doute sur l'éventualité d'une signature apposée postérieurement à l'exécution de l'œuvre par l'artiste lui-même.

La désignation de signature fausse ne laisse place à aucune ambiguïté : elle n'est pas de l'artiste supposé.

Sur quel type d'œuvres la signature apocryphe est-elle le plus souvent apposée ?

Les signatures apocryphes sont apposées délictueusement presque toujours dans un but frauduleux. Le commerce international de l'art a suscité de nombreuses vocations de faussaires au cours des périodes ascendantes. Certaines œuvres contemporaines fausses passent, non signées, les frontières. Le faussaire en signatures faisant également le voyage pour intervenir sur le sol étranger.

Par ailleurs, pour éviter les taxes douanières dues au passage d'œuvres authentiques importantes, certains font appel au « spécialiste » pour recouvrir la signature originale d'une peinture – support à une fausse signature sans intérêt, susceptible d'être ôtée facilement le moment venu.

Des signatures apocryphes sont apposées lors de circonstances inattendues : il n'est pas rare que des restaurateurs de tableaux reproduisent une signature authentique effacée par maladresse au cours d'une opération de nettoyage, afin que l'incident passe inaperçu. S'estimant lésés, des possesseurs de toiles attribuées, de tradition familiale, à des artistes ayant omis de les signer, le font eux-mêmes. De nombreux tableaux « à la manière de » acquièrent grâce à une signature apocryphe la valeur d'un original s'ils ne font pas l'objet d'une expertise. Lors de partages d'héritages, des lots comprenant des tableaux sans valeur sont revêtus de signatures trompeuses. Des signatures seront également apposées sur des tableaux donnés en gages de prêts d'argent.

Comment procèdent les faussaires en signatures ?

Prenant modèle sur les signatures originales, le faussaire en signatures s'est généralement exercé longuement. Il utilise le même type de pinceaux dont se servait l'artiste plagié, à l'époque supposée de sa création – car la signature d'un même artiste a souvent varié au cours de son œuvre. Le faussaire choisit la couleur se rapprochant le plus de la nuance vieillie. Il termine par un travail de patine reproduisant le plus fidèlement possible l'apparence superficielle visible.

Comment détecte-t-on une signature apocryphe ?

L'examen de la calligraphie a son importance. Une étude comparative avec les signatures authentiques est nécessaire.

Il est désormais inutile que l'expert utilise son habituelle lampe à ultra-violets qui lui permettait, jusqu'à ces dernières années, de repérer les repeints; aujourd'hui, les faussaires recouvrent leurs travaux de vernis s'opposant à la lampe de Wood devenue totalement inefficace dans ce cas précis. Un simple dévernissage de la signature douteuse permettra un examen correct.

Particulièrement significative est l'absence de craquelures sur une signature située dans un environnement craquelé.

En cas de difficulté de conclusion, un prélèvement infime de pigments colorant la signature permettra de constater s'il existe une compatibilité de constituants avec la couleur originale.

Faut-il distinguer le faussaire en signatures du faussaire en peinture ?

Chaque faussaire a sa spécialité. Le spécialiste des signatures peut ne pas savoir peindre. Il n'est pas rare qu'un faussaire en signatures intervienne sur un faux élaboré pour tromper même un expert.

Le faussaire en peinture n'est pas forcément habile en calligraphie. Néanmoins, ce dernier interviendra souvent après le faussaire en signatures pour recouvrir entièrement l'œuvre, signature comprise, d'un vernis opposant une forte résistance aux ultraviolets utilisés pour un premier examen banalisé.

Quels types de craquelures peut-on découvrir sur un tableau ancien ?

Un même tableau peut présenter plusieurs réseaux de craquelures caractéristiques installées au cours du temps : la fine craquelure de la couche préparatoire, le faïençage de la couche picturale et la craquelure du vernis. Celle-ci pouvant être multipliée si plusieurs couches de vernis ont été superposées.

Les craquelures apparentes d'une peinture sont-elles déterminantes dans l'identification de celle-ci ?

Non, car les faussaires utilisent des procédés visant à provoquer des craquelures artificielles.

Un faussaire peut-il provoquer artificiellement les causes de vieillissement d'un tableau ?

Les facteurs de vieillissement d'un tableau sont multiples. Provoquées par des années de changements possibles de son environnement thermique et hygrométrique, les vibrations subies, la lumière, la pollution de l'air, les dégradations se produisent lentement, sauf dans certains cas.

Le faussaire, qui travaille pour un effet visuel extérieur, s'attachera surtout à provoquer la craquelure la plus évidente : celle du vernis. Après avoir roulé la toile et l'avoir placée dans un congélateur, il la sortira de l'endroit glacé pour l'exposer immédiatement au-dessus d'une source de chaleur.

Encore actuellement, des feux de bois sont allumés dans les cours des ateliers de faux, florentins, où des assistants passent longuement les toiles encore fraîches au-dessus de ces feux dont la chaleur provoque immanquablement craquelures et cloques. Le faussaire reprendra le travail pour lui apporter quelques restaurations évidentes qui pourront apparaître à l'examen aux ultraviolets.

Est-il vrai qu'avant d'être réintroduits dans le circuit commercial, les tableaux volés subissent des transformations ?

Après un périple mis au point par des organisations de vol passant par l'enlèvement de l'œuvre jusqu'à sa vente, le tableau subit des transformations afin de le rendre non identifiable. Changement de couleurs par endroits, ajouts de sujets et autres subterfuges sont couramment utilisés.

Quels sont les pièges à éviter lors de l'acquisition d'un tableau ancien ou moderne?

Le piège le plus pervers réside dans l'expertise elle-même. Une règle : exiger un original et non une photocopie. Car les faussaires ou des marchands peu scrupuleux fournissent les copies de certificats qui ont été établis, eux, pour des œuvres authentiques.

Les certificats sont exigibles mais parfois, le refus d'un expert ou d'un ayant droit peut être arbitraire et il n'y a pas de recours contre certaines décisions. Dans ce cas : ne pas acheter une pièce qui risque de ne plus pouvoir se revendre.

Quant au passé d'une œuvre sur lequel on se renseigne, il peut être sujet à caution. Des preuves sont à demander : sa provenance, le nom de ses derniers possesseurs, son apparition dans une vente publique, sa participation éventuelle à des expositions.

Les possibles restaurations subies seront, elles aussi, de bonnes indications sur des transformations lui ôtant de la valeur. Il est intéressant, après s'être renseigné sur les critères de qualité d'une œuvre, de vérifier si ceux-ci ne lui ont pas été attribués abusivement, telle une attrayante composition florale remplaçant la tête ensanglantée de saint Jean-Baptiste dans une scène de décollation, ou l'application d'un rouge valorisant sur les toits originalement gris – moins cotés – de maisons dans un paysage de Vlaminck.

Se méfier des termes évasifs sur une facture qui doit être rédigée selon des termes légaux extrêmement précis si l'on veut être protégé et pouvoir faire reprendre un achat ne correspondant pas au libellé de la facture.

Quelle est la valeur de ces œuvres « à la manière de... » lancées sur le marché?

Elles ont l'intérêt que leurs acheteurs leur attribuent. Tout le monde ne peut pas acquérir un Renoir, pas plus qu'un diamant de 20 carats... certains substituent à ce dernier un zircon, un saphir blanc ou un morceau de cristal, et s'en satisfont.

L'achat de ce genre d'œuvre serait plutôt compensatoire à un désir difficile à satisfaire. Leur valeur artistique est sujet à polémiques. De toute évidence, elles ne transmettent pas l'élan fondamental de la création originale. Certains disent qu'elles sont dépourvues d'âme... sinon de technique.

Quels sont les examens scientifiques auxquels soumettre les œuvres douteuses ?

Les examens à l'œil nu sous différentes lumières ou rayonnements ne sont pas négligeables. Mais il est particulièrement intéressant de pouvoir les fixer par la photographie.

Chaque exposition révèle un autre aspect de la peinture : la lumière tangentielle éclairant l'œuvre d'un faisceau rasant, formant avec elle un angle faible, permet de repérer tous les reliefs de la matière picturale ou des reliefs accidentels des parcelles qui se soulèvent en écailles pouvant se détacher.

La lumière monochromatique de sodium éclaire en jaune unique permettant un examen non influencé par les couleurs. Elle traverse les couches superficielles, vernis et glacis, donnant une autre version de l'œuvre et permet de mieux lire des inscriptions ou des signatures car certaines couleurs affaiblies deviennent noires à son rayonnement.

Les rayons ultraviolets en fluorescence révèlent les anomalies de la surface picturale, les repeints, tous les maquillages, l'adhérence des vernis. Les radiations d'infrarouges pénètrent plus profondément la couche picturale, permettant la lecture d'effets cachés.

On notera l'utilité de la photographie en macro ou en micro. La macrophotographie grossit l'image une douzaine de fois. La microphotographie permet de saisir ce qui est invisible à l'œil.

Indispensable pour connaître les constituants de la couleur et la grosseur du broyage des pigments très utiles, l'un des examens les plus importants et les plus révélateurs est la radiographie des tableaux. Non seulement elle permet une investigation parfaite de l'état des supports, le premier travail d'élaboration de l'œuvre, les techniques employées par l'artiste. Mais aussi, il lui arrive spectaculairement de faire apparaître une peinture cachée sous une autre peinture qui la recouvre. Quand on sait que les peintres peignaient jusqu'au XIXe siècle avec des couleurs composées de pigments naturels végétaux, animaux, minéraux, on conçoit mieux la fonction irremplaçable des analyses donnant les composants des pigments. S'ils se révèlent d'origine chimique, la peinture ne peut pas être antérieure au XIXe siècle, à quelques exceptions près pour certains éléments natifs présents dans le sol.

Actuellement, d'autres examens faisant appel au nucléaire sont au point. On entre dans le domaine où il est maintenant possible de voir l'atome...

Les laboratoires du musée du Louvre ou ceux de la police judiciaire sont-ils accessibles au public ?

Les particuliers peuvent requérir les services de laboratoires ou d'entreprises privés pratiquant les types d'examens indispensables. Mais leurs résultats seuls ne suffisent pas à établir les conclusions formelles sur l'authenticité d'une œuvre attribuée ou non. Seul l'expert spécialisé pourra en s'appuyant sur ces données scientifiques étayer son propre jugement. Car rien ne peut remplacer le travail du spécialiste dans lequel interviennent ses connaissances de l'œuvre de l'artiste, de l'évolution de sa manière, de sa technique évolutive. Même les techniques de recherche les plus sophistiquées – telles celles des accélérateurs de particules –, ne peuvent se subsituer au jugement humain qui, au-delà des composants matériels, apprécie l'acte même de la création.

(Voir en annexe les établissements spécialisés p. 419).

Dans quelle mesure les faussaires peuvent-ils encore tromper ?

Depuis les récentes découvertes scientifiques exploitables dans le domaine de la détection des faux, on serait tenté d'affirmer que tous les faux peuvent être découverts. Mais encore faut-il que les œuvres concernées subissent les examens qui permettent des conclusions formelles. Or certains appareillages appartenant à des institutions de l'État sont inaccessibles aux particuliers.

Les travaux proposés par les laboratoires sont coûteux et doivent être pratiqués à bon escient et dans tous les cas décodés par un expert spécialisé qui fera entrer en ligne de compte d'autres facteurs.

Comment éviter la prolifération des faux en peinture dans le futur ?

La production des faux ne cessera pas tant que le commerce de certaines œuvres d'art sera fructueux. Bien au contraire l'élargissement de la demande internationale, notamment celle des pays privés de passé ou des témoignages artistiques européens anciens et modernes, ne cessera de les susciter. En revanche leur détection sera de plus en plus rapide et sûre grâce aux certitudes fournies par les examens scientifiques.

Tapis

Quels sont les différents types de tapis?

Il existe deux grandes familles :
– les tapis de nomades qui, en règle générale, sont entièrement fabriqués en laine – chaîne, trame et velours. Le décor est stylisé ou géométrique et comporte peu de coloris mais des tons opposés;
– les tapis dits d'atelier avec un « ustad » (maître qui chante les couleurs), réalisés, en principe, sur chaîne et trame coton... ou soie pour les plus beaux et velours de laine ou de soie, parfois de poils de chèvre ou de chameau. Le décor est curviligne avec une palette de couleurs plus nuancée et plus importante. Dans les Savonneries entre quelquefois du jute.

La plupart des tapis réalisés en Égypte, en Espagne musulmane ou en Anatolie sont, sauf exception, entièrement en laine – chaîne, trame et velours.

Quelles sont les différentes techniques utilisées pour fabriquer des tapis?

• **Les tapis velours** aux points noués : sur des fils de chaîne unis sont noués des brins de laine ou de soie colorés qui forment le dessin du tapis. Entre ces rangées de nœuds, on passe des fils de trame qui tassent et donnent une solidité à l'ensemble.

• **Les tapis plats ou ras** comme ceux d'Aubusson et les kilims, dont la technique est la même que celle de la tapisserie – entrecroisement des fils de trame avec les fils de chaîne.

• **Les tapis tuftés,** réalisés d'après une maquette sur du canevas fortement tendu sur un cadre. La maquette, ou un calque, est appliquée au dos du canevas. Le tuftage proprement dit se fait à l'aide d'une sorte de pistolet, dans lequel on introduit le fil composé de quatre brins de laine. L'ouvrière tufte en suivant les contours du dessin, l'aiguille pique le canevas et implante la laine brin à brin. Pour un tapis coupé, le brin sera immédiatement coupé. Sur un tapis bouclé, le fil traverse et retraverse le canevas sans être jamais coupé.

Le tuftage une fois terminé, une toile est appliquée sur l'envers du tapis qui sera ensuite enduit de latex pour fixer les poils. Pour finir, on égalise les poils sur l'endroit avec une tondeuse qui peut servir aussi à créer des reliefs et des creux.

Dans quelles régions trouve-t-on principalement ces techniques ?

Les points noués se trouvent en Orient (Perse, Turquie, Caucase), et en Extrême-Orient (Inde, Pakistan, Chine).

Les nœuds forment le velours du tapis. Il existe principalement deux types de noeud : le nœud symétrique, appelé turc ou Ghiordes, et le nœud asymétrique dit persan ou Senneh.

Le nœud turc enserre deux fils de chaîne avec les deux extrémités du brin qui ressortent symétriquement au milieu des deux fils de chaîne en formant la boucle du nœud.

Dans le nœud persan, l'une des extrémités du brin est entièrement enroulée autour du fil de chaîne, tandis que l'autre extrémité contourne le fil de chaîne suivant (le nœud est donc asymétrique). Au bout d'une rangée complète de nœuds, on passe un ou plusieurs fils de trame.

Comme on peut le supposer, l'appellation de ces nœuds correspond, à peu près, à la localisation géographique où ils sont en usage. Selon la qualité et la finesse des matériaux (laine, soie, coton...), la densité des nœuds varie de cent mille à plus de un million au mètre carré.

Les tapis plats ou ras concernent les kilims turcs, persans ou roumains. En France, les tapis d'Aubusson, et en Scandinavie les tapis tissés.

Les tapis tuftés existent partout au XXe siècle et principalement à Taiwan et Hong Kong où ils sont exécutés d'après des modèles européens.

Quelles sont les teintures utilisées pour colorer les fils?

En règle générale, mais naturellement il y a des exceptions, pour les tapis anciens ou de collection, on emploie des couleurs à base végétale ou animale. Pour les autres, des couleurs chimiques.

Quels sont les critères d'ancienneté d'un tapis?

En principe, les tapis contemporains sont postérieurs à la Seconde Guerre mondiale, les tapis modernes ont été réalisés entre 1920 et 1950 environ, les tapis anciens entre 1850 et 1930 environ et les tapis de collection ont vu le jour avant 1850.

Existe-t-il des coloris plus rares que d'autres et plus recherchés?

Oui, le vert, le jaune et l'ivoire.

Les métiers utilisés pour la fabrication des tapis sont-ils analogues à ceux employés pour la tapisserie?

Les métiers horizontaux, dits nomades, sont faciles à déplacer et les métiers verticaux, dits villageois, sont fixes. Il en existe des variantes.

Ce sont les fils de la chaîne qui forment les franges du tapis qui peuvent être nouées, nattées ou tressées.

Quelles sont les caractéristiques qui, a priori, permettent de situer l'origine d'un tapis?

Les tapis persans ont plus généralement des motifs floraux, les tapis caucasiens des motifs géométriques.

Les décors floraux sont, en effet, de tradition perse et hellénistique. Le tapis persan, le fleuron des tapis d'Orient, a connu son apogée du XVIe au XVIIIe siècle, sous la dynastie séfévide (1502-1732) : les grands peintres conçoivent alors des motifs et les matériaux les plus précieux sont utilisés pour la fabrication de tapis – laine fine, soie et fils d'or et d'argent.

Les décors géométriques sont dérivés de l'art des nomades de l'Asie centrale. Les décors à figures sont d'influence chinoise.

Déchiffrer l'écriture des tapis est assez complexe. Certains motifs sont purement décoratifs, d'autres ont un sens symbolique. Mais pour un esprit occidental, scientifique et quelque peu matérialiste, il n'est pas facile de comprendre et d'interpréter les signes d'un esprit métaphysique teinté d'ésotérisme.

Nous ne pouvons pas, dans le cadre de ces questions, entrer dans tous les détails du langage des tapis.

Pour les Anciens, dans le langage cosmique, le cercle représente le symbole du ciel, le carré celui de la terre. Parmi les motifs les plus fréquents, on trouve : la fleur allégorique aux multiples pétales qui représente l'étoile, source de lumière, centre de la spiritualité; ces fleurs allégoriques évoluent vers différentes formes. La fleur de narcisse blanche stylisée est signe de pureté. Les croissants de lune ou les poissons sont l'expression de la lumière, de la nature et de la fertilité. Le botheh, forme stylisée de l'embryon, est lié à l'arbre, à la feuille. Il signifie essentiellement la puissance de Dieu multipliée à l'infini : motif très fréquent et différent selon les contrées. Cyprès et thuyas représentent l'arbre de vie. Le mihrab est la niche sacrée orientée vers La Mecque. Le gul ou gol, un octogone décoratif, est un motif traditionnel du Caucase, de tribus nomades et de tapis turcs anciens.

Voici les grands noms.

– des tapis persans : Tabriz, Senneh, Heriz, Kachan, Sarrouk, Bidjar, Goum, Kashgaï, Bakhtiari, Kirman, Khorasan, Beloutche, Ispahan, Naïn, Kurdistan;

– des tapis d'Asie Mineure : Hereke, Chivaz, Anatol (Moudjour, Kir-Chehir, Yuruk, Pergame), Ghiordes, Konia, Kilim, Kayseri, Saf, Sivas, Brousse, Koula, Ladik, Melas, de Smyrne (Ouchak, Bourlou, Demirdji);

– des tapis du Caucase : Tchetchen, Ghilan ou Khila, Daghestan, Karabagh, Kazak, Kouba, Chirvan, Soumak.

Qu'appelle-t-on un tapis de prière ?

Il s'agit d'un tapis dont le décor a la forme d'une niche, ou mihrah, orientée vers La Mecque pour faire sa prière.

Contrairement à certaines idées reçues, l'appellation tapis de prière n'a rien à voir avec les dimensions du tapis.

Comment différencier un tapis en soie d'un tapis en coton mercerisé ?

L'aspect étant le même, brillant, il faut brûler une petite mèche, la soie ayant une origine animale dégagera une odeur de chair brûlée.

Comment reconnaître un tapis au point noué ?

Sur l'endroit, ouvrir le velours et voir si à la base il y a un nœud.

Quel genre de supercherie risque-t-on de rencontrer ?

Se méfier des tapis lavés chimiquement. Les tapis modernes ont souvent des couleurs trop violentes et qui, juxtaposées, sont du plus mauvais effet. Pour rendre les coloris plus pâles et plus harmonieux, on opère un lavage chimique. Comme les produits employés sont très agressifs pour la laine, on les passe très rapidement et la décoloration ne se fait qu'en surface. En ouvrant le velours, il sera aisé de constater la différence de tons.

Existe-t-il une autre forme de maquillage ?

Sur les tapis anciens, faire bien attention qu'il n'y ait pas eu de peintures pour masquer une usure. Prendre un chiffon blanc imbibé d'eau et frotter pour voir si la couleur s'en va ou non. Ce genre de maquillage se pratique surtout pour les couleurs sombres – le marron et le noir –, plus fragiles.

Le bon état de conservation d'un tapis est-il un élément d'importance ?

Tout dépend de la fonction du tapis. Évidemment, si un tapis est placé dans une salle à manger ou une entrée, il doit être en parfait état. Dans un salon, mieux vaut un tapis ancien, même un peu usé, qu'un tapis moderne.

Un tapis doit-il être nettoyé régulièrement ?

Il doit être lavé à l'eau et au savon par un spécialiste... mais attention au dégorgement des couleurs. Ce lavage doit être prévu tous les ans si le tapis est placé dans une zone active (salle à manger ou entrée), tous les trois ans dans les autres zones.

Un tapis se restaure-t-il ?

Certainement, car il est fait à la main. Mais il convient de demander à un spécialiste si le tapis vaut la peine d'être restauré étant donné le coût du travail (main-d'œuvre spécialisée).

Comment se porte le marché du tapis ?

Le marché est plutôt plat depuis sept ou huit ans. Une prime, cependant, pour les beaux tapis caucasiens du XIXe siècle, mais ils sont malheureusement de plus en plus rares. On a toujours intérêt à consulter des spécialistes :
– Le Bon Marché, 3e étage, magasin 1, 22, rue de Sèvres, 75007 Paris.
– Benadava, 28, rue La Boétie, 75008 Paris.
– Galerie Chevalier, 17, quai Voltaire, 75007 Paris.
– Hadjer et Fils, 102, faubourg Saint-Honoré, 75008 Paris.
– R. Mikaeloff, 23, rue La Boétie, 75008 Paris.
– Y. Mikaeloff, 10-14, rue Royale, 75008 Paris.
– Royal Tapis, 77, rue de Sèvres, 75006 Paris (tapis modernes).
– Galerie Triff, 35, rue Jacob, 75006 Paris (pour les kilims).

Que peut-on acheter aujourd'hui ?

Les tapis turcs anciens du XVIIIe et du XIXe siècle qui sont sous-estimés et offrent un bon rapport qualité-prix. Ils sont intéressants, même s'ils sont un peu usés.

Comment sont considérés les tapis d'Afrique du Nord ?

Ils sont peu ou pas considérés.

Quelle est l'importance des marques de provenance ?

De telles marques sur les tapis sont extrêmement rares. Mais il peut y avoir, ce qui est intéressant et nettement moins rare, une date ou une date après l'hégire (622 de l'ère chrétienne). Il faut donc ajouter 622 ans pour obtenir l'année correspondant à notre calendrier.

Tapisserie

Qu'entend-on par tapisserie ?

Une vraie tapisserie – la tapisserie de lisse – est entièrement faite à la main. Son tissu même se forme petit à petit et résulte de l'entrelacs, sur un métier de haute ou de basse lisse, des fils de chaîne (ensemble des fils parallèles disposés dans le sens de la longueur) avec les fils de trame (ensemble des fils passés au travers des fils de chaîne, dans le sens de la largeur) pour former le décor. C'est un tissage double face.

À chaque changement de couleur, le lissier laisse dépasser sur l'envers un petit bout de fil de trame avant de l'engager dans son ouvrage. Sur une vraie tapisserie, il y a autant de « petits bouts qui dépassent » que de passages à une autre couleur sur l'endroit.

Quelle différence y a-t-il entre la tapisserie de lisse et la tapisserie au point ou au canevas, la broderie, la tapisserie Jacquard et la tapisserie imprimée?

Contrairement à la tapisserie de lisse, la tapisserie au point et la broderie sont exécutées à l'aiguille sur un tissu préalablement existant, un canevas pour la tapisserie au point, un textile quel qu'il soit pour la broderie. Ainsi, la célèbre tapisserie de Bayeux et en réalité une broderie de laine sur fond de toile.

Dans la tapisserie Jacquard, faite sur un métier mécanique, les fils de trame vont d'une lisière à l'autre et le nombre des couleurs est limité pour chaque pièce fabriquée sur le métier.

La tapisserie imprimée est réalisée par sérigraphie sur un tissu de laine à trame très serrée. L'impression se fait à la main d'après un dessin d'artiste spécialement conçu à cet effet.

Qu'appelle-t-on lisses?

Ce sont des cordelettes formant des anneaux souples qui enserrent et séparent les fils de chaîne. Ces lisses sont reliées à une barre de bois, la perche, sur les métiers de haute lisse, ou fixées directement sur une lame de bois, la barrelette, sur les métiers de basse lisse.

Les fils de la chaîne sont tendus parallèlement entre deux cylindres mobiles, les ensouples, en deux nappes verticales (haute lisse) ou horizontales (basse lisse).

Sur les métiers de haute lisse, les deux nappes verticales sont séparées selon un écartement déterminé par le bâton d'entre-deux, en avant les fils pairs, en arrière les fils impairs qui sont passés dans les lisses reliées à la perche des lisses. En tirant sur ces lisses, le lissier amène la nappe arrière en avant pour obtenir le croisement de la chaîne.

Les fils de la trame sont embobinés sur des broches, autant de broches qu'il y a de coloris dans le décor. Pour tisser, le haut lissier, qui travaille sur l'envers, passe chaque broche entre les nappes dans un sens puis dans l'autre, après avoir tiré sur les lisses pour inverser la position des nappes. L'aller-retour de la broche se nomme une duite. Au bout de quelques duites, la trame est tassée à l'aide d'un peigne.

Le carton de la tapisserie est placé derrière le lissier qui se retourne pour le regarder mais il a marqué à la pierre noire ou à l'encre sur la chaîne les grands traits du dessin qu'il a relevé sur le carton à l'aide d'un calque.

Sur les métiers de basse lisse, chaque fil de la chaîne, séparée en deux nappes, passe par une lisse, fils pairs par les lisses d'une même barrelette, fils impairs par les lisses d'une autre. Ces barrelettes sont reliées à une pédale ou marche, que le lissier actionne avec le pied pour dégager tour à tour la nappe des fils pairs ou celle des fils impairs.

Les fils de trame sont enroulés sur des flûtes, qui font entre les doigts du lissier de rapides va-et-vient, tandis que ses pieds, avant chaque passée, inversent le croisement des fils de chaîne.

Le carton, qui permet au lissier de suivre son travail, est placé directement sous la chaîne; il tisse également à l'envers. Il utilise aussi un peigne pour tasser la trame.

Les tapisseries de haute lisse ont-elles une valeur supérieure à celles de basse lisse?

C'est une idée fausse qu'il convient de combattre. Il n'y a aucune différence de valeur entre une tapisserie de haute ou de basse lisse... d'autant qu'il est généralement très difficile, une fois le travail terminé, de déterminer si l'ouvrage a été réalisé sur un métier ou sur un autre.

On peut seulement dire que le bas lissier a l'avantage d'avoir ses deux mains libres pour ses passées mais le désavantage de ne pas pouvoir juger de l'ensemble de son ouvrage, tandis que le haut lissier, en se mettant derrière la chaîne verticale, peut contrôler l'ensemble de son ouvrage.

Qu'appelle-t-on coutures de relais?

Des coutures – il y en a des milliers sur une tapisserie – qu'il est nécessaire de faire pour combler le vide – le relais – produit à l'intersection de deux coloris. Ces relais sont cousus après le tissage de la tapisserie. Ce n'est pas un défaut, il s'agit d'un caractère inhérent à la tapisserie.

Quels sont les matériaux utilisés pour tisser une tapisserie?

De la laine ou du coton pour les fils unis de la chaîne... parfois même du lin ou de la soie.

De la laine, de la soie, du lin, voire des fils d'or ou d'argent, pour les fils colorés de la trame qui forment le dessin.

Les Chinois, pour la chaîne comme pour la trame, utilisaient de la soie.

Comment les fils de la trame étaient-ils colorés?

Jusqu'au XIXe siècle, les colorants étaient exclusivement d'origine végétale ou animale. Les teintures étaient faites par les lissiers eux-mêmes.

Au Moyen Âge, les coloris étaient peu nombreux, quinze ou vingt seulement: les bleus de l'indigo, les jaunes tirés de la gaude, les rouges de la garance. L'écarlate ou carmin, obtenu à partir d'un insecte, la cochenille, n'apparaît en France qu'à la fin du XVIe siècle, introduit par une famille de teinturiers: les Gobelin.

Au XVIIe siècle, déjà, les coloris sont plus nombreux, créés à partir de minéraux. C'est au XVIIIe et au XIXe siècle qu'ils se multiplient au point d'atteindre près d'un millier de tons et, pour chacun, une trentaine de nuances différentes... qui n'avaient plus la solidité des couleurs de grand teint du Moyen Âge et de la Renaissance: beaucoup ont passé avec le temps.

La tapisserie, à force de vouloir imiter les dégradés subtils de la peinture, a perdu en force et en lisibilité et abandonné son originalité: des passages francs d'une couleur à l'autre, des modelés robustes. Au XXe siècle, les lissiers ont volontairement et heureusement réduit le nombre des coloris.

Comment peut-on définir les tapisseries suivantes : une mille-fleurs, une feuille de chou, une aristoloche, une verdure, une verdure historiée, une chancellerie, une tapisserie à alentour, une tapisserie à décor de grotesques, une ténière, une tenture, une portière ?

Les mille-fleurs, apparues vers la fin du XVe siècle sur les bords de Loire, sont des tapisseries typiques présentant sur un fond généralement bleu foncé, parfois vert, exceptionnellement rouge, des semis de fleurs plus ou moins stylisées sur lesquels sont placés des personnages, des animaux, des armoiries (*La Dame à la licorne*).

Les tapisseries dites à feuilles de choux ou aristoloches montrent, sur un fond de larges feuilles ourlées, des plantes à fleurs jaunes grimpantes (aristoloches) que peuplent, çà et là, des oiseaux, des papillons, des insectes; certaines sont ornées d'un personnage mythologique en leur centre.

Une verdure est une tapisserie à décor de paysage où les tons de vert dominent. Dans une verdure historiée, la forêt, les lacs, les étangs, etc., forment le cadre mettant en valeur une scène historique, mythologique...

Une chancellerie est une tapisserie aux armes de France que le roi offrait à son nouveau Chancelier. On a tendance à appeler chancellerie toute tapisserie dont le sujet principal représente les armes d'une noble famille. Dans ce cas, il s'agit plutôt d'une tapisserie armoriée.

Une tapisserie à alentour est une tapisserie dont le sujet est traité comme un tableau et entouré, en trompe l'œil, d'un cadre doré, d'un fond imitant le tissu, de guirlandes de fleurs...

Une tapisserie à décor de grotesques reproduit les motifs à la mode en Italie, puis en France, sous la Renaissance, aussi bien en architecture qu'en décor intérieur. Ces motifs sont inspirés des peintures découvertes par les Romains à la fin du XVe siècle sur les murs et les plafonds des ruines souterraines de la maison de Néron qui leur faisaient penser à des grottes.

Une ténière est une tapisserie dans le style de Teniers (David Teniers II, 1610-1690) qui réalisa un très grand nombre de cartons évoquant des scènes paysannes prises sur le vif. Elles ont été tissées au XVIIIe siècle, bien après la mort du peintre.

Une tenture est un ensemble de tapisseries sur un même sujet.

Une portière est une tapisserie qui ferme l'ouverture d'une porte ou en couvre le panneau.

Quels sont les grands centres de tapisserie?

Au XVIe siècle, prééminence de Bruxelles et des Flandres (Audenarde, Enghien). Le XVIIe siècle est marqué par la rivalité entre Bruxelles et les ateliers français – Ateliers de Paris, puis Manufacture royale des Gobelins, de Beauvais, Manufacture royale d'Aubusson et de Felletin.

On pourrait citer d'autres ateliers mais de moindre importance en Italie, en Allemagne et en Grande-Bretagne.

Au XVIIIe siècle, prééminence des ateliers français – les Gobelins, Beauvais, Aubusson et Felletin.

Au XIXe siècle, les lissiers ont perdu le secret des teintures et ont tendance à refaire les tapisseries des siècles précédents. Un mouvement, cependant, est intéressant, celui représenté, à la fin du siècle en Grande-Bretagne, par William Morris.

Comment une bordure peut-elle fournir une indication sur l'époque à laquelle a été réalisée une tapisserie?

L'existence même de la bordure, sa taille et son décor... autant de données qui varient selon les époques. En conséquence, la bordure peut aider à dater une tapisserie.

Au XVe siècle, il n'existe pratiquement pas de bordure, les lisières délimitent la composition. Au début du XVIe siècle apparaît une étroite bordure à décor de fleurs ou d'attributs guerriers. Puis la bordure s'élargit dans la seconde moitié du siècle et s'orne de motifs floraux de plus en plus touffus. Le décor floral cède ensuite la place à des personnages, à des allégories, à de petites scènes dans des cartouches. Ainsi, la bordure continue de s'élargir et devient à caissons ou à compartiments, au point d'être envahissante par rapport au sujet central et principal.

Au XVIIe siècle, des bordures moins larges mais des compositions serrées de fleurs, de fruits, des trompe-l'œil de cuirs et de pierres. La bordure n'écrase plus le sujet de la tapisserie mais le met en valeur... sauf pour les tapisseries de Simon Vouet dont les bordures débordent même sur la composition.

Au XVIIIe siècle, la tapisserie cherche à copier la peinture et la bordure imite le cadre de bois doré ou en trompe l'œil de marbre. Dans la seconde partie du siècle, la bordure disparaît quelquefois totalement car la tapisserie est faite pour s'inscrire sur un panneau de boiserie.

Qu'est-ce qu'un carton de tapisserie ?

Le modèle, grandeur réelle, d'un projet de tapisserie.

Quels sont les peintres cartonniers les plus connus ?

Lebrun... même s'il n'a pas personnellement exécuté le carton mais seulement le projet.

Oudry, Boucher, Simon Vouet, Teniers – les tapisseries d'après Teniers ont été réalisées après sa mort.

Quelles sont les grandes époques de la tapisserie ?

La tapisserie remonte à des temps très anciens, même en Occident où, dès le XIIe siècle, on signale des ateliers à Poitiers, Saumur, Limoges... et dans des monastères. Nous laisserons de côté le Moyen Âge car, malgré l'engouement des rois de France qui mettaient des tapisseries partout, sur les murs, sur les meubles... il ne reste pas grand-chose de ces merveilles de l'époque médiévale en dehors de la célèbre tenture de l'*Apocalypse d'Angers* : cette œuvre d'un lissier parisien du XIVe siècle, Nicolas Bataille, comprenait sept pièces mesurant 4 mètres de long sur environ 6 mètres de haut illustrant l'Apocalypse de saint Jean.

Au XIVe et au XVe siècle, suprématie des deux foyers de la tapisserie : Arras et Tournai.

À la fin du XVe siècle apparaissent, comme nous l'avons vu, les mille-fleurs attribuées à des ateliers dits des bords de Loire, tandis que les Flandres produisent de somptueux tableaux, des décors couvrants animés par une foule de personnages avec des éléments d'architecture, des effets de perspective. L'art flamand de la tapisserie évolue vers des scènes grandioses à sujets religieux, mythologiques, historiques...

Vers la fin du XVe siècle débute l'âge d'or de Bruxelles qui va durer pendant tout le XVIe, marqué par des tapisseries d'une grande beauté dues au talent des peintres.

Au XVIe siècle, à partir de 1515, date de la commande des *Actes des Apôtres* à Raphaël, la peinture, dans l'esprit de la Renaissance, impose ses lois à la tapisserie. Ce siècle est riche en œuvres en tout genre : mille-fleurs, tapisseries à feuilles de choux, tapisseries à décor de grotesques et tapisseries historiées de scènes religieuses, mythologiques, inspirées de l'Antiquité, de la vie paysanne...

Henri IV, dès qu'il arrive au pouvoir, manifeste le désir de faire revivre des manufactures de tapisseries et d'en créer de nouvelles pour concurrencer Bruxelles. En 1601, il interdit l'entrée en France de tapisseries étrangères. Et le roi attire des lissiers flamands en leur octroyant des privilèges importants.

Dès le début du XVIIe siècle, divers ateliers s'ouvrent à Paris : l'atelier du faubourg Saint-Marcel en l'hôtel des Gobelins que le roi a loué pour Marc et Jérôme de Comans et François de La Planche, manufacture royale dès 1607; l'atelier de la grande galerie du Louvre; l'atelier du faubourg Saint-Germain n'ouvre qu'en 1633.

Henri IV crée la charge de « peintre pour les tapisseries du roi » dont le premier titulaire est Henry Lerambert.

Louis XIII continue dans la voie tracée par son père. Simon Vouet revenu d'Italie fonde un atelier de cartonniers qui travaillent d'après ses tableaux, mais il laisse aux lissiers toute liberté d'interprétation. D'autres peintres, tels Philippe de Champaigne ou Nicolas Poussin, vont fournir des cartons. Autant d'artistes qui travaillent à la fois pour la peinture de chevalet, la décoration intérieure et les cartons de tapisserie.

Les œuvres du XVIIe siècle – durant les deux premiers tiers – sont généralement de grandes dimensions, laissant le champ libre pour des scènes à personnages, scènes religieuses, mythologiques... d'un style majestueux.

En 1662, Louis XIV et Colbert réunissent en un même lieu – l'hôtel des Gobelins – les ateliers de la capitale et celui de Maincy qui appartenait à Fouquet et que le roi a saisi, plaçant son ancien directeur, Charles Lebrun, à la tête de la Manufacture royale des Gobelins.

Lebrun exerce une forme de dictature sur l'ensemble des arts et les modèles qu'il fournit célèbrent la gloire du Roi-Soleil. Les esquisses pour des tapisseries, jetées sur le papier par le maître, sont traduites en cartons par une équipe d'artistes peintres.

Les tapisseries qui sortent alors des Gobelins sont d'une qualité qui force l'admiration par la beauté de la composition, celle des coloris, encore limités, et par la perfection d'exécution. *L'Histoire du Roy* ou *L'Histoire d'Alexandre*, qui exaltent la grandeur de son règne, sont offertes par Louis XIV aux différentes cours d'Europe.

La mort de Colbert en 1683, qui entraîne la disgrâce de Lebrun, atteint cruellement la Manufacture des Gobelins qui, pendant quatre ans, de 1690 à 1694, va subir la tutelle du peintre Mignard, favori de Louvois, qui affirme la primauté de la peinture. Plus de liberté d'interprétation pour les Gobelins qui sont tenus de respecter les moindres dégradés. Cinq cents coloris deviennent nécessaires. La tapisserie perd en force et en beauté. En 1694, l'état des finances contraint la Manufacture à fermer pour cinq ans.

Parallèlement, en 1664 est fondée la Manufacture royale de Beauvais, qui va connaître un grand développement à partir de 1685, sous la direction de Philippe Behagle, et produire des pièces de qualité, moins solennelles que celles des Gobelins, plus aimables et décoratives : elles chantent la nature – les oiseaux, les fleurs, les paysages – et s'inspirent, grâce à l'ornemaniste Jean Bérain, des grotesques de Raphaël.

Aubusson en 1665, Felletin en 1689 obtiennent le titre de Manufacture royale et vont tisser des tapisseries d'après des cartons de Lebrun que Colbert a fait copier à leur intention.

Le XVIIIe siècle est une période faste pour la tapisserie qui a bénéficié de commandes royales importantes et de la collaboration de grands peintres pour la création de modèles. Mais, pour la société raffinée de l'époque, la tapisserie n'est qu'un élément de décor.

Mansart rouvre les Gobelins en 1699 et là, comme à Beauvais, à Aubusson ou à Felletin, on reproduit les cartons du XVIIe siècle de Lebrun et on retisse, aussi, les modèles de Bruxelles comme la *Tenture des chasses de Maximilien* ou *Les Mois Lucas*.

Dans le même temps, les grandes scènes bibliques, mythologiques, historiques ne sont pas abandonnées... continuant la tradition de Lebrun – *Histoire d'Esther* de Jean-François de Troy ou *Les Chasses de Louis XV* d'après les cartons de J.-B. Oudry, qui impose le respect absolu du tableau : d'où la création d'une nouvelle gamme de tons avec des teintures de petit teint qui ont mal résisté aux dégradations du temps.

Enfin, un nouveau style s'impose et Claude III Audran crée, dans l'esprit de Bérain, les fameuses tapisseries à alentour. Et n'oublions pas les ténières, très prisées pendant tout le siècle.

En 1733, Oudry est nommé surinspecteur des Gobelins et, un an plus tard, directeur de la Manufacture royale de Beauvais qui, sous son règne, connaît une ère de prospérité. François Boucher fournit des modèles à succès plusieurs fois répétés – « Tenture des fêtes à l'italienne », « Seconde Tenture chinoise ».

En 1731 s'ouvre également pour Aubusson une période de réussite, grâce à la présence du peintre Dumons et de celle d'un teinturier, si longtemps attendu.

Au XIXe siècle, après la Révolution, s'affirme le déclin de la tapisserie, dont la renaissance n'interviendra qu'au XXe siècle.

Quelles questions se poser avant l'achat d'une tapisserie?

Quel est mon budget? Quelle est la dimension de mon mur et de quel recul puis-je disposer?

Préférer un fragment en bon état à une tapisserie ayant sa mordure mais qui serait soit endommagée, soit pâlie.

Comment accrocher une tapisserie?

Avec un système de bandes Velcro, d'un côté sur la tapisserie, de l'autre pointée sur le mur. Ainsi, la tension se répartit uniformément sur la tapisserie qui ne gondole pas.

Un fragment de tapisserie a-t-il de la valeur?

Bien sûr, si la composition est plaisante, s'il est agréable et en bon état de conservation. Un fragment se place souvent plus facilement qu'une grande tapisserie.

Doit-on faire nettoyer régulièrement la tapisserie?

Selon l'endroit où elle est placée... tous les sept ou dix ans.

Qu'est-ce qu'un rentrayage?

Au XIXe siècle, les tapisseries ont souvent été employées en tentures murales et on n'a pas craint de les découper à la largeur d'un panneau déterminé. Lorsque le morceau coupé a subsisté, on a pu rentrayer les deux parties de la tapisserie en nouant, par-derrière, les fils de la chaîne.

Si l'opération a été bien faite, elle ne nuit pas à la beauté ni à la valeur de la tapisserie mais le commissaire-priseur ou le marchand se doit de le signaler à l'acheteur.

Quels sont les grands chefs-d'œuvre de la tapisserie ?

La Dame à la licorne, fin XVe-début XVIe siècle, musée de Cluny.
David et Bethsabée, début XVIe siècle, musée d'Écouen.
Les Chasses de Maximilien, XVIe siècle, musée du Louvre.
La *Tenture des grotesques* à fond jaune, époque Louis XIV, musée d'Aix-en-Provence.

Est-il important que les tapisseries comportent une marque ?

C'est un élément intéressant mais qui n'influe pas forcément sur le prix d'une tapisserie. Mieux vaut une belle tapisserie non signée qu'une tapisserie quelconque comportant une marque. Il faut savoir que les marques se trouvaient souvent sur le galon inférieur, et c'est précisément cette partie qui était endommagée en premier car elle pouvait traîner par terre ; les galons étaient ensuite supprimés ou retournés. Par conséquent, beaucoup de tapisseries ne comportent pas leur marque d'origine.

En ce qui concerne les tapisseries de Bruxelles, l'édit de Charles Quint faisant obligation de tisser une marque de la ville date de 1528 : avant cette date, il n'était pas d'usage de tisser la marque de la ville.

Dans la plupart des cas, les tapisseries ne comportent pas de marque.

Comment se porte le marché de la tapisserie ?

On peut considérer la tapisserie comme un placement de père de famille qui n'a pas encore atteint, et de loin, son plafond. Pas de hausse spectaculaire comme sur les tableaux modernes, mais pas de grande baisse non plus : en somme, de faibles écarts.

La tapisserie est un élément de décoration important et il y a toujours une demande. Elle est souvent employée par de grosses sociétés, pour un bureau du conseil ou dans de grands hôtels. Mais les tapisseries sont difficiles à trouver en bon état.

Quelques marchands se consacrent exclusivement aux tapisseries (et parfois aux tapis) :

– Galerie Jacqueline Boccara, 184, faubourg Saint-Honoré, 75008 Paris.

– Galerie Chevalier, 17, quai Voltaire, 75007 Paris, et 64, boulevard Mission-Marchand, 92400 Courbevoie.

– Hadjer et Fils, 102, faubourg Saint-Honoré, 75008 Paris.

– Mme Potignon-Lefortier, 54, faubourg Saint-Honoré, 75008 Paris.

Comment en savoir plus sur les tapisseries?

Voici une petite bibliographie :

– D. et P. Chevalier, P. F. Bertrand, *Les Tapisseries d'Aubusson et Felletin*, Solange Thierry Éditeur, Paris, 1988.

– Maurice Fenaille, *État général des tapisseries de la Manufacture des Gobelins depuis son origine jusqu'à nos jours, 1600-1900*, Paris, 1923, 5 volumes.

– Madeleine Jarry, *La Tapisserie des origines à nos jours*, Paris, 1958.

– Fabienne Joubert, *La Tapisserie médiévale au musée de Cluny*, Paris, 1987.

– Édith A. Standen, *European Post Medieval Tapestries and Related Hangings in the Metropolitan Museum of Art*, New York, 1985.

– Nicole de Pazzis-Chevalier, *La Tapisserie ancienne*, dans le catalogue de l'exposition « Tapisseries françaises des XVIIe et XVIIIe siècles », Brive 8 juin-27 septembre 1989.

Certains de ces ouvrages sont épuisés et ne se trouvent plus qu'en bibliothèque.

Verre

Quelles sont les origines du verre ?

Voir chapitre « L'archéologie » (p. 111).

Comment évolue la fabrication du verre en France après l'époque gallo-romaine ?

Avec la chute de l'Empire romain, à la fin du Vᵉ siècle, s'ouvre une période fort mal connue de l'histoire du verre. Les invasions barbares engendrent des troubles qui entraînent probablement la fermeture de nombreux ateliers, et peu à peu se perdent les techniques rapportées du Moyen-Orient par les Romains.

La production de verres utilitaires semble inexistante à partir du VIIᵉ siècle, et cette éclipse va durer jusqu'à la fin du XVᵉ siècle.

On trouve dans les musées et parfois en ventes publiques quelques rares verreries de ces époques, mais leur nombre restreint n'a jamais permis d'études approfondies de ce domaine.

Quelle est la production de verre au Moyen Âge ?

Si les verres utilitaires sont pratiquement inexistants, l'art du vitrail est, en revanche, l'une des gloires du Moyen Âge. Ses origines sont assez mal connues, et l'emploi de verre de couleur n'est signalé que vers les Xᵉ-XIᵉ siècles, en France et en Italie.

Au cours des siècles suivants, le vitrail s'est imposé et son usage a modifié l'architecture des églises et des cathédrales, qui s'articule autour de ces mosaïques de verre illustrant des scènes religieuses. Cet art sacré s'enrichit constamment jusqu'au XVIᵉ siècle, puis tombe en désuétude à partir du siècle suivant.

Comment s'accomplit la redécouverte du verre utilitaire par l'Occident ?

Au début du XVᵉ siècle, le sac de Damas par les Mongols puis en 1453, la prise de Constantinople par les Turcs font fuir de nombreux verriers à Venise. Les artisans s'installent dans l'île de Murano où le sable se prête parfaitement à la fabrication du verre, et en peu d'années, Venise exerce un véritable monopole sur le marché du verre en Europe.

Héritiers des techniques de l'Antiquité, les artisans vénitiens élaborent aussi de nouveaux procédés : verre filé, craquelé, millefiori ou mille-fleurs.

Au XVIe et au XVIIe siècle, de nombreux verriers s'installent dans toute l'Europe et fabriquent une verrerie luxueuse, réservée aux privilégiés. Il faut attendre le XVIIIe siècle pour que se généralise l'usage du verre.

Quelles sont les grandes étapes du développement de la verrerie en France ?

Les XVIe et XVIIe siècles voient l'implantation de verreries dans des villes importantes, favorisées par l'installation d'artisans vénitiens. L'un d'entre eux, Bernardo Perrotto, dit Bernard Perrot, fonde vers 1660 une fabrique à Orléans dont le verre façon Venise obtient un vif succès.

Alchimiste et chercheur, Perrot est le plus célèbre verrier de son temps, le premier en France à essayer de se libérer de l'influence italienne. Extrêmement rares, ses œuvres sont exposées dans des musées, ou figurent dans de grandes collections.

Au XVIIIe siècle se développe une verrerie d'usage dans pratiquement toutes les provinces, avec une grande diversité d'objets, de formes et de couleurs.

Quels sont les principaux types de verre ?

À partir du XVIIe siècle, la production se divise en deux catégories, verre noble et verre commun, dont les compositions diffèrent.

Dans la verrerie commune, le verre de fougère, très économique, est le plus utilisé entre le XVIe et le XVIIIe siècle. Il est ainsi nommé car la potasse contenue dans la cendre de fougère remplace la soude comme fondant. Les verres chambourin et pivette font aussi partie de la verrerie commune.

La verrerie noble recouvre les importations qui viennent d'abord de Venise, puis de Bohême ou de Grande-Bretagne, et les imitations locales de ces productions de luxe. On les nomme à l'époque cristal ou verre cristallin, car le but est d'obtenir la perfection du cristal de roche. Ces créations n'ont rien à voir avec ce qu'on appelle cristal aujourd'hui.

Qu'est le verre opaque ?

On trouve dans cette catégorie deux produits distincts : le verre opalin et la porcelaine de verre.

Le verre opalin blanc et opaque, dit *lattimo*, a été inventé à Venise à la fin du XVe siècle. Il se répand d'abord au XVIIe siècle, pour remplacer la vaisselle d'argent fondue sur ordre royal, puis surtout au cours du XVIIIe siècle, sous la forme de flacons et de gobelets.

La porcelaine de verre est conçue comme une imitation de la céramique. Le verrier Bernard Perrot en fabrique dès 1662, puis de nombreux ateliers en produisent conjointement au verre opalin.

En 1727, Réaumur met au point un procédé dont le résultat est appelé porcelaine de Réaumur mais sa fabrication fut abandonnée au profit de la vraie porcelaine.

Qu'est-ce qu'un fixé sous verre ?

Il s'agit d'un décor peint apposé directement sur une plaque de verre. Contrairement au processus de la peinture sur toile ou sur papier, le peintre commence par les premiers plans et les détails, puis termine par le fond de la composition.

Cet art, qui apparaît à Venise au moment de la Renaissance, se répand dans toute l'Europe, puis sur d'autres continents aux siècles suivants. Il se développe sous deux formes : un art dit savant, qui reproduit les œuvres des grands peintres, et un art populaire, qui connaît un immense succès et illustre essentiellement des scènes religieuses.

À la fin du XIXe siècle, la mode des chromolithographies, images en couleurs obtenues par impression, détrône complètement les fixés sous verre dont la fabrication cesse peu après.

Qu'est le verre églomisé?

Le peintre et doreur Jean-Baptiste Glomi (mort vers 1786) a laissé son nom à une technique décorative proche du fixé sous verre. Il s'agit de dessiner à l'envers, ou de calquer, un motif sur un fond orné d'une pellicule noire, puis de gratter délicatement celle-ci sur les traits du dessin. Une feuille d'or est ensuite collée et le décor final apparaît en or sur fond noir.

Glomi décora ainsi des coffrets, des miroirs, des cadres... et fut rapidement et abondamment imité, en France mais également en Autriche et en Allemagne.

Des panneaux en verre églomisé furent aussi utilisés par quelques ébénistes pour le décor des meubles au XVIIIe siècle.

Qu'appelle-t-on opalines?

On désigne sous ce nom une production de la verrerie française, aux teintes opalescentes et translucides. Il s'agit en fait de cristal, donc de verre à base de plomb, coloré à l'aide d'oxydes métalliques.

La première période, qui va de 1810 à 1835 environ, est d'une élégance sobre et classique, égayée par le raffinement des couleurs : bleu Charles X, particulièrement doux, vert amande, gorge-de-pigeon, l'une des nuances les plus prisées, rose violacé aux subtils dégradés.

À partir de 1840, de nouveaux procédés mécaniques de soufflage et de moulage transforment la fabrication des opalines, et leur qualité baisse : les formes sont plus lourdes, les couleurs vives et les décors assez chargés.

À la fin du XIXe siècle, une production médiocre a remplacé les objets de luxe du début du siècle.

Que sont les verres de couleur?

Il convient de distinguer les verres teintés naturellement en raison de leurs composants de base, et qui seraient transparents si ceux-ci étaient suffisamment purs, et les verres colorés volontairement à l'aide d'oxydes métalliques, et qui sont translucides ou opaques.

Il s'agit toujours, pour les premiers, de productions régionales, et leur couleur particulière permet souvent d'établir leur origine. La teinte la plus courante est le vert dans toutes ses nuances, des simples reflets au ton le plus foncé. Ce vert est particulièrement répandu dans l'Ouest et le Sud-Ouest, alors que la teinte qui prédomine en Provence et dans le Sud-Est est l'ambre.

Quelle a été l'évolution du verre à boire?

L'expression verre à boire existe dès le XIVe siècle, et désigne tous les récipients destinés à la boisson, quel que soit leur matériau.

À ce moment-là, leurs formes sont encore influencées par l'Antiquité : coupes semi-circulaires ou rhyton (vase à boire en forme de corne ou de tête d'animal).

À partir du XVe siècle apparaissent les formes modernes et définitives du verre à boire : gobelet et verre à pied.

En plus des variations stylistiques propres à chaque contrée, dimensions et formes changent selon la boisson qui va remplir le verre : eau, vin, bière, cidre, eau-de-vie...

Au XVIIIe siècle, la mode des cristaux de Bohême impose sur les tables le verre transparent.

Qu'est le cristal de Bohême?

À la fin du XVIIe siècle, les verriers de Bohême mettent au point un nouveau procédé qui donne au verre la brillance si recherchée du cristal de roche, et une dureté très supérieure au *cristallo* vénitien. Très lourd et très dense, ce cristal de Bohême se prête parfaitement à la taille et à la gravure, et son pouvoir de réfraction est de grande qualité. Il n'en faut pas plus pour qu'il s'impose rapidement dans toute l'Europe.

Ses formes massives restent fidèles à la tradition germanique, mais sa solidité permet l'invention de multiples décors gravés : armoiries, scènes mythologiques, fantaisies décoratives inspirées de Bérain, pastorales... viennent orner verres, coupes et flacons de luxe. La guerre de Sept Ans (1756-1763) et le succès du *flint-glass* anglais vont sonner le glas de cette industrie.

Le cristal

Qu'est-ce que le cristal?

Selon les normes françaises Afnor, imposées depuis 1962, pour que le verre puisse être considéré comme du cristal :

– il doit avoir un indice de réfraction égal ou supérieur à 1,545;

– dans sa composition, à base de potasse, de sables très purs et d'une certaine quantité de débris de cristal, il doit entrer au moins 25 % d'oxyde de plomb qui donne au verre sa limpidité et augmente sa sonorité, sa densité et son éclat.

À quelle époque remonte l'origine du cristal?

Le désir de copier le cristal de roche a conduit les hommes à rechercher, pendant des siècles, le secret de cette transparence, et à imiter sa dureté, sa limpidité, sa brillance miroitante à la lumière.

À la fin du XVe siècle, à Venise, les verriers de Murano mettent au point un verre pratiquement incolore, assez pur et dur, en ajoutant du manganèse aux diverses matières premières : ils l'appellent *cristallo.* Ce cristallo se prête bien au travail à la pince et les Vénitiens en tirent des ouvrages d'une grande finesse déployant des prouesses de virtuosité.

L'Europe tente alors d'imiter le cristallo. La Bohême, avec de la potasse et du quartz broyé, obtient un verre brillant plus dur que le cristallo qui supporte parfaitement la taille et la gravure. Les cristaux de Bohême taillés, de formes massives, aux riches coloris imitant les pierres-précieuses ou semi précieuses, sont exportés dans toute l'Europe.

En 1663, Colbert, pour développer l'industrie française, avait encouragé des maîtres verriers de la République de Venise à venir s'installer à Paris pour « la manufacture et la fabrication de toutes sortes d'ouvrages de cristal ». C'est ainsi que Mazzolay, gentilhomme verrier de Murano, s'établit faubourg Saint-Antoine dans une ancienne verrerie. Ce même Mazzolay fonde, en 1666, la Manufacture royale en cristaux de Bayel, qui deviendra Les Cristalleries royales de Champagne.

Cependant, le vrai cristal apparaît en Grande-Bretagne où émigrèrent des verriers vénitiens. C'est George Ravenscroft, verrier londonien ayant travaillé à Venise, qui, en 1676, trouve la formule de ce « verre au plomb » que les Anglais nomment *flint-glass* (*flint* signifie silex) en raison du silex entrant dans sa composition. Les verreries d'Europe vont tenter d'imiter ce *flint-glass* qui, en France, prend le nom de cristal et ne sera tout à fait au point que durant la seconde moitié du XVIIIe siècle.

M. de Beaufort, directeur des Verreries royales de Saint-Louis, a effectué des recherches pour rivaliser avec la Grande-Bretagne. Saint-Louis est la première manufacture sur le continent qui parvient à réaliser, en 1781, les premiers ouvrages en cristal au plomb, analogue à celui de Grande-Bretagne. Le fait est reconnu par l'Académie royale des sciences, le 12 janvier 1782.

Quelles sont les grandes cristalleries ?

D'autres s'engagent dans la même voie que M. de Beaufort : ainsi, Philippe-Charles Lambert pour la Manufacture des cristaux et émaux de la Reine, installée à Sèvres en 1784, dans les dépendances du parc de Saint-Cloud, sous le patronage de Marie-Antoinette. Les productions en cristal de Sèvres vont rapidement surpasser celles des Anglais par la beauté de la matière. Quelques années plus tard, la Manufacture est transférée à Montcenis près du Creusot (en Saône-et-Loire). Les fours s'éteignent en 1832.

Au XIXe siècle, de nombreuses cristalleries voient le jour. La Manufacture de Vonêche, en Belgique, créée en 1778, rachetée en 1802 par Aimé-Gabriel d'Artigues, devient trois ans plus tard la plus grande cristallerie de l'Empire. À la suite des guerres napoléoniennes, Vonêche se retrouve hors des frontières. M. d'Artigues rachète alors la Verrerie Sainte-Anne à Baccarat et obtient l'autorisation d'ouvrir la Verrerie de Vonêche à Baccarat, en 1817. À partir de cette date, elle produit du cristal. En 1823, la cristallerie est vendue à trois associés et devient société anonyme sous le nom de Compagnie des cristalleries de Baccarat. Elle connaît une rapide expansion.

En 1829, Saint-Louis devient aussi société anonyme sous le nom de Compagnie des verreries et cristalleries de Saint-Louis, dont les productions concurrencent celles de Baccarat tant par la beauté de la matière que par la qualité artistique de ses créations.

On peut citer encore d'autres manufactures de moindre importance : Choisy-le-Roi (1821-1851), Bercy (1827-1835), Clichy qui a connu son âge d'or sous le Second Empire, la Guillotière à Lyon, fondée vers 1840.

La Verrerie Daum de Nancy, qui date de 1878, ne se lancera dans le cristal qu'en 1934, brutalement, pour répondre à une commande de verrerie de cent mille pièces pour le paquebot *Normandie*.

Chez Lalique, ce n'est qu'en 1945 avec Marc Lalique, la seconde génération, que le cristal remplacera le verre. Les créations du génial René Lalique étaient en verre, mais un verre spécial qu'il mettait lui-même au point; il avait l'éclat et l'apparence du cristal... et l'avantage de supporter le moulage à la presse.

À l'étranger, on pourrait citer les Manufactures de Bohême, celle d'Orrefors et Kosta en Suède, du Val-Saint-Lambert en Belgique.

Comment fabrique-t-on le cristal?

Les divers éléments entrant dans la composition du cristal sont toujours à peu près les mêmes : trois parties de silice ou sable blanc très pur, deux parties de minium de plomb, une partie de potasse et une certaine quantité de débris de cristal appelés groisil, qui facilite la fusion du mélange. Dans certaines manufactures, on ajoute quelques oxydes métalliques en faible quantité pour affiner le mélange lors de sa fusion.

Ce mélange cuit au four, à très haute température, environ 1 500 °C, dans des pots en terre argileuse pendant quinze à vingt heures ou davantage. Ces creusets sont généralement fabriqués par des potiers dans le cadre de la manufacture.

Comment se travaille le cristal?

Le travail du cristal se fait à chaud, entièrement à la main, en utilisant les mêmes méthodes que pour le verre.

Une certaine quantité de cristal, la paraison, est cueillie dans le pot à l'extrémité d'une canne creuse. Le verrier souffle à la bouche cette paraison à l'intérieur d'un moule pour obtenir une préforme. Un aide – le « gamin » – apporte un peu de cristal au bout d'une canne pleine en acier pour faire la jambe, puis encore un peu pour le pied, qu'un poseur fixe sur le verre, la carafe ou le vase. La pièce subira plusieurs recuissons suivies d'un refroidissement. Elle subira encore diverses opérations avant de recevoir son décor.

Le façonnage à chaud – entre 1 000 et 600° – se fait avec des outils très sommaires : palette simple, ou double pour les pieds, pince, ciseaux, mailloche.

Le métier de verrier s'apprend généralement très jeune, il suppose un savoir-faire résultant d'une longue expérience, d'un apprentissage des gestes toujours recommencés... les mêmes depuis des siècles.

Quelles sont les techniques de décor du cristal?

Les principales techniques d'ornementation – la taille et la gravure à la roue – s'effectuent à froid.

La taille – à côtes plates, en biseau, à carreaux, la taille diamant, la taille mate ou à facettes – se pratique à l'aide d'une meule humide, à main levée, en respectant les tracés faits au bitume de Judée. Sur les profonds biseaux, les pointes de diamant... jouera la lumière.

La gravure s'effectue de la même façon : ciseler cette matière fragile et la recouvrir de fines gravures est un travail délicat. On peut également graver à l'acide : la pièce est plongée dans un bain et seules les parties non protégées par du bitume de Judée sont gravées en creux et peuvent être ensuite dorées à l'or fin, par exemple. Après quoi, la pièce est polie à la pierre d'agate ou au sable fin. La gravure à l'acide est souvent utilisée pour réaliser des monogrammes ou des blasons. La gravure au diamant, mise au point à Venise au XVIIe siècle, est très adaptée aux verres à fines parois de Murano. Procédé pratiqué aussi avec succès à Nuremberg, en Silésie, au Tyrol ou à Anvers.

Parmi les autres procédés de décor, citons les décors peints ou émaillés, les décors à l'aventurine créés par les Vénitiens au XVIIe siècle. L'aventurine est un quartz à inclusions de micas de couleurs diverses, ce qui lui donne un aspect pailleté : le cristal, auquel on ajoute du protoxyde de cuivre et des parcelles de fer, acquiert durant la cuisson des reflets pailletés et dorés.

Quelle différence existe-t-il entre le cristal doublé et le cristal de couleur?

Le cristal de couleur est coloré dans la masse par l'adjonction de métaux solubles dans le verre au moment de la cuisson : du fer pour du bleu ou du jaune, du cuivre et du cobalt pour du bleu, du nickel ou du manganèse pour du violet.

Ou bien la coloration peut être obtenue par l'apport de composés minéraux qui ne se dissolvent pas dans le mélange durant la fusion mais qui, au cours du refroidissement, aboutissent à la formation de particules très fines qui, par diffraction, produiront des effets de coloration très riches : rubis à l'or, rouge au cuivre, jaune à l'argent, rose au sélénium...

Les verres doublés sont des verres de couleur, doublés en partie, selon un dessin déterminé, d'une paroi de cristal incolore.

De quand datent les opalines de cristal?

À partir du moment où les manufactures ont pu maîtriser parfaitement la technique du cristal, elles ont songé, en utilisant les méthodes employées pour opacifier le verre – le verre blanc de lait – et le colorer, à remplacer le verre par du cristal. Il semble que la première manufacture à produire des opalines de cristal soit celle du Creusot, à l'extrême fin du XVIIIe ou à l'aube du XIXe siècle.

Les opalines ne sont pas signées et on ignore bien souvent de quelle manufacture elles proviennent. Celles de la première époque – 1810-1835 –, la grande époque, ont des formes élégantes et des coloris tendres et subtils : vert amande, bleu Charles X, ou gorge-de-pigeon qui est le plus recherché.

Peut-on appeler sulfures les boules presse-papiers?

Non, mais la confusion est fréquente. C'est Georges Bontemps qui, en 1845, parvient à retrouver les secrets du verre filigrané perdus depuis la Renaissance, d'où sont issus les premiers serre-papiers – les mille-fleurs –, produits d'abord par les Cristalleries de Saint-Louis.

Le succès est fulgurant, si bien que Baccarat et Clichy se lancent à leur tour dans la fabrication de boules presse-papiers dont l'âge d'or s'étend de 1845 à 1861.

D'autres objets – boutons de portes, boules d'escaliers, bouchons de carafes, de confituriers... – s'ornent de boules mille-fleurs, les unes à motifs dressés – pompons ou bouquets –, les autres avec un décor posé à plat. Les thèmes sont variés : fleurs, bouquets, fruits, animaux, plutôt tardifs associés à des guirlandes de mille-fleurs ou à des filigranes en torsades.

La production a continué à Saint-Louis et Clichy jusque vers 1880, et jusqu'en 1907 à Baccarat. Les boules presse-papiers sont ensuite tombées dans l'oubli, un oubli de courte durée puisque des collectionneurs en Amérique, d'abord, puis en France comme Jeanne Lanvin, Colette... ont été conquis par ces boules de cristal qui atteignent aujourd'hui, quand elles sont bonnes d'époque, des prix très élevés (au-delà de 100 000 F pour les plus rares).

Qu'appelle-t-on sulfures ?

Tout objet en cristal orné dans la masse, c'est-à-dire comportant l'inclusion d'un motif décoratif, soit un camée en pâte céramique, soit un ordre de chevalerie ou un petit sujet émaillé sur or. Certaines pièces rares sont agrémentées de guirlandes de mille-fleurs.

La technique des sulfures, déjà en honneur dans la Rome antique et à Venise sous la Renaissance, est apparue d'abord en Grande-Bretagne et en Autriche à la fin du XVIIIe siècle.

En France, les manufactures de Baccarat, de Saint-Louis, du Creusot, de Bercy, de Clichy ont produit des sulfures.

Cette production est encore d'actualité, témoins le sulfure du couronnement de la reine d'Angleterre ou des portraits de diverses personnalités chez Baccarat.

LIVRE V

FISCALITÉ ET CIRCULATION DES ŒUVRES D'ART

Fiscalités et circulation des œuvres d'art

Ce n'est pas tout de bien connaître les meubles et les objets, pour les mieux apprécier, il importe aussi de mesurer l'incidence de la fiscalité sur la détention de biens artistiques. Les vols, les recels, les trafics douteux risquent parfois de poser des problèmes aux détenteurs de bonne foi. Il faut savoir se prémunir contre des risques imprévisibles au moment d'un achat. C'est alors qu'interviennent les assurances qui offrent différentes options. Enfin, la circulation des œuvres d'art d'un pays à l'autre fait l'objet d'une législation douanière complexe, même si la mise en œuvre de la Communauté européenne tend progressivement à la libre circulation des œuvres d'art.

La fiscalité

Les transactions provoquent inévitablement l'application de certaines taxes, notamment la fameuse plus-value qui a provoqué bien des controverses. Il faut se méfier aussi des contrôles fiscaux qui, par méconnaissance de la législation, peuvent être lourds de conséquences. Il convient de ne pas oublier non plus les problèmes posés par les successions...

Existe-t-il une fiscalité spécifique pour les œuvres et les objets d'art ?

La fiscalité de l'art est, en effet, marquée par des dispositions particulières, dont certaines sont avantageuses pour les collectionneurs. Ces règles s'appliquent à la détention des œuvres ou des objets d'art, aux transactions dont ils sont l'objet, ainsi qu'à leur transmission par succession.

Existent-ils des impôts spécifiques frappant la détention d'œuvres d'art ?

Non. Les œuvres d'art sont, en effet, exonérées de l'impôt sur la fortune.

L'article 885.1 du Code général des impôts stipule : « Les objets d'antiquité, d'art ou de collection [...] ne sont pas compris dans les bases d'imposition à l'impôt sur les grandes fortunes. »

Quels sont les différents impôts auxquels sont soumises les transactions sur les œuvres d'art ?

Il s'agit principalement de la taxe à la valeur ajoutée. Cette taxe est collectée par les marchands et les galeries d'art qui doivent donc les intégrer dans les prix de vente et les reverser à l'administration fiscale.

Il existe deux taux de TVA applicables : un taux de 5,5 % sur les ventes d'œuvres d'art originales, et un taux de 18,6 % sur les œuvres et les objets qui ne sont pas considérés comme des œuvres d'art originales (mobilier, objets de collection). Le régime de la TVA est particulier en ce qui concerne les œuvres d'art. Les marchands peuvent, en effet, calculer la TVA sur leur marge réelle (prix de vente moins prix d'achat) alors que dans le système normal, c'est l'intégralité du prix qui sert de base au calcul de la TVA. En contrepartie de cette base de calcul minorée, les marchands qui utilisent le système de la marge ne peuvent récupérer la TVA sur leur achat.

Jusqu'en septembre 1991, les ventes aux enchères réalisées par des marchands étaient exonérées de TVA. Depuis cette date, le chiffre d'affaires réalisé par des marchands en ventes publiques est assujetti à la TVA comme leurs autres ventes.

De la même manière, depuis octobre 1991, les importations réalisées en vue de ventes publiques sont soumises à la TVA. (Voir p. 40.)

Par ailleurs, les marchands d'art sont soumis aux taxes (impôts sur les bénéfices industriels ou commerciaux) qui frappent en France toute activité commerciale.

Qui perçoit la taxe sur les plus-values dans les échanges intracommunautaires?

Cette taxe relève des services fiscaux. De plus, la taxe forfaitaire sur les plus-values applicable aux œuvres originales et objets de collection exportés vers un pays tiers est perçue par les services des douanes si leur valeur déclarée est supérieure à 20 000 F. Pour tous renseignements, consulter les bureaux des douanes spécialisés pour l'exportation des biens culturels. (Voir p. 406.)

Les plus-values encaissées lors de la vente d'une œuvre d'art sont-elles imposables?

Elles sont en effet soumises à l'impôt, mais dans le cadre d'un régime particulier : la taxe forfaitaire.

La taxe forfaitaire a été créée par la loi de 1976 portant imposition généralisée des plus-values. Au lieu d'intégrer à leurs revenus les plus-values résultant des ventes d'œuvres ou d'objets d'art, les particuliers sont simplement redevables d'une taxe calculée forfaitairement sur le montant de la vente.

Sont imposables les ventes de bijoux, d'objets d'art, de collection et d'antiquités lorsque leur montant excède 20 000 F (de 20 000 à 30 000 F, la base taxable est réduite). Les ventes à l'exportation sont taxables dans les mêmes conditions.

Les taux de la taxe sont de 7,5 % pour les métaux précieux, de 7 % pour les œuvres ou les objets d'art et de collection. Ces taux sont ramenés à 4,5 % en cas de ventes aux enchères publiques.

Les modalités de règlement de la taxe sont particulières. En effet, le Code général des impôts prévoit que la taxe est supportée par le vendeur mais versée par l'intermédiaire participant à la transaction ou à défaut par le vendeur. Dans le cas des ventes publiques, la taxe est prélevée par le commissaire-priseur ; lorsque l'objet est vendu à un marchand, si ce dernier n'effectue pas immédiatement ce prélèvement, il se trouvera dans la nécessité d'acquitter la taxe pour le compte du vendeur sans qu'il lui soit possible de lui en demander le remboursement.

La situation est donc avantageuse pour le particulier vendeur, d'autant qu'il dispose également de la faculté d'opter pour le régime de droit commun des plus-values (imposition de la plus-value réelle) qui peut être intéressant si le bien est détenu depuis longtemps. Le calcul de la plus-value réelle tient compte en effet de l'érosion monétaire, des dépenses de restauration et d'un abattement de 3,33 % par année de détention au-delà de la première.

Il faut souligner que ces règles sont applicables aux plus-values, donc exclusivement aux ventes effectuées par des particuliers (la revente d'une œuvre d'art par un professionnel est un bénéfice commercial qui fait l'objet d'une taxation spécifique et non d'une plus-value).

Un particulier qui vend une œuvre d'art à un marchand doit-il payer un impôt s'il réalise un bénéfice lors de cette vente ?

Fiscalement, le particulier ne réalise pas un bénéfice mais une plus-value. Il peut déclarer cette plus-value dans le cadre de sa déclaration annuelle de revenus. Il devra alors signaler à l'administration qu'il entend soumettre la vente de l'œuvre d'art au régime de droit commun des plus-values mobilières. L'administration fiscale lui remettra une attestation qui lui permettra d'échapper à la taxe forfaitaire.

Dans ce cas, la plus-value enregistrée sera calculée en tenant compte de la dépréciation monétaire (il est évident qu'on comprend qu'un objet acheté 100 000 F il y a dix ans soit revendu 200 000 F aujourd'hui ; s'il génère une plus-value apparente de 100 000 F, en réalité, en monnaie constante, la plus-value est beaucoup plus faible). L'administration publie tous les ans un tableau des coefficients d'érosion monétaire. Ainsi, pour reprendre l'exemple, 100 000 F de 1980 représentent 184 000 F en francs de 1990, corrigés de l'érosion monétaire, la plus-value brute de l'objet acheté 100 000 F en 1980 et revendu 200 000 F en 1990 ne sera plus

100 000 F mais 200 000 F – 184 000 F, soit 16 000 F. Mais la plus-value corrigée de l'érosion monétaire supporte un abattement annuel de 3,33 % par année de détention, avec une franchise de un an. Par conséquent, dans le cas évoqué, l'objet a été conservé pendant dix ans, il donne droit à neuf ans d'abattement, soit environ 30 %. La plus-value nette que le vendeur devrait dans ce cas incorporer à ce revenu serait donc de 16 000 F – 30 %, soit 11 200 F. Selon la tranche d'imposition dans laquelle il se trouve, il pourra donc déterminer l'incidence fiscale de la plus-value sur ses impôts. En comparant le chiffre obtenu avec celui de la taxe forfaitaire, il pourra décider quelle est la formule la plus avantageuse pour lui.

Comment fonctionne la taxe forfaitaire ?

L'exemple précédent montre que le calcul est relativement complexe. En outre, l'administration sait que les particuliers sont généralement mal informés de leurs obligations fiscales, elle sait également qu'en matière d'objets d'art, les contrôles sont très difficiles. En effet, les ventes d'objets d'art (à l'exception des ventes publiques) ne sont pas enregistrées comme le sont, par exemple, les ventes d'immeubles. De plus, les particuliers collectionneurs sont très souvent dans l'incapacité de prouver à quel prix ils ont acheté les objets : soit parce qu'ils ont depuis longtemps perdu les factures, soit parce qu'ils ont hérité de ces objets et qu'il n'y a pas eu d'inventaire précis mentionnant la valeur objet par objet lors de la succession.

C'est pourquoi l'administration fiscale a mis en place un système de taxation forfaitaire basé sur un élément beaucoup plus facile à contrôler et évidemment connu du vendeur : le prix de cession.

Le principe est que toute vente d'œuvre d'art par un particulier, sauf dans le cas où le vendeur opte pour l'inclusion de la plus-value correspondante dans son revenu, est soumise à une taxe calculée proportionnellement au prix de vente.

Quelles sont les transactions soumises à la taxe forfaitaire ?

Ce sont les ventes, mais également les exportations réalisées par des particuliers. Les ventes et les exportations réalisées par des marchands sont exonérées puisque les produits rentreront dans leurs bénéfices commerciaux qui supporteront un impôt spécifique.

Les œuvres et les objets concernés par la taxe forfaitaire sont les œuvres d'art et les objets de collection et d'antiquité (voir ci-dessus les définitions fiscales des œuvres d'art). Toutefois, l'administration a exonéré les ventes d'un montant unitaire à 20 000 F et, pour éviter les effets de seuil – c'est-à-dire la multiplication des transactions à 19 999 F... –, a établi un abattement partiel pour les ventes comprises entre 20 000 et 30 000 F.

Pour éviter des « habillages » de transaction, par exemple, un salon comportant mille pièces vendu à la même personne et faisant l'objet de huit factures et huit paiements différents de 15 000 F ou un collier de perles vendu pièce à pièce, l'administration se réserve le droit de vérifier s'il ne s'agit pas d'une transaction unique. Ce contrôle tiendra compte de la nature des objets vendus (sont-ils ou non constitutifs d'un ensemble homogène ?), du fait qu'il s'agisse du même acquéreur et de la période sur laquelle s'échelonnent les transactions.

Qui effectue les formalités et qui règle la taxe à l'administration fiscale ?

Trois situations peuvent se produire :

• **Les objets vendus en vente publique.** C'est le commissaire-priseur qui retiendra sur le prix de vente le montant de la taxe forfaitaire. Il la déduira donc de la somme versée au vendeur, et réglera directement le montant à l'administration fiscale.

• **Les objets vendus par des particuliers à des marchands.** Si en principe la taxe est due par le particulier vendeur, l'administration a trouvé plus simple de mettre à la charge du marchand la collecte et la déclaration de la taxe. Lorsque le marchand se met d'accord avec le particulier vendeur, il doit donc déduire du prix réglé au vendeur la taxe forfaitaire. Très souvent, le marchand effectue lui-même son calcul sans en parler au vendeur, car il est psychologiquement difficile d'évoquer des questions fiscales avec des particuliers qui ne sont pas au courant et que cela pourrait inquiéter. À partir du moment où la transaction est faite, le marchand devient en quelque sorte redevable de la taxe forfaitaire à la place du vendeur. Lorsqu'il effectue sa déclaration de TVA, il devra donc régler la taxe forfaitaire pour tous les achats effectués à des particuliers, pour un prix supérieur à 20 000 F.

Toutefois, si le vendeur particulier a opté pour l'incorporation de la plus-value à son revenu imposable, il devra remettre au marchand le document enregistrant son option que l'administration fiscale aura remis. Le marchand saura ainsi qu'il n'aura pas à payer la taxe forfaitaire.

• **Les objets vendus par un particulier à un autre particulier.** Dans ce cas, le vendeur est tenu d'aller chercher lui-même à la recette des impôts un formulaire de déclaration à la taxe forfaitaire, et de déposer la déclaration et le règlement correspondant.

Très souvent, les vendeurs omettent d'effectuer cette déclaration, parce qu'ils ne sont pas au courant de cette obligation. En cas de contrôle, le particulier aurait à payer la taxe et les pénalités. Mais l'inconvénient le plus important, surtout s'il s'agit d'une transaction d'un montant élevé, est que, en cas de contrôle ultérieur, il pourrait leur être difficile de justifier l'origine des fonds encaissés. L'administration fiscale risquerait alors de penser que ce particulier a des recettes occultes, alors que sa transaction était parfaitement légitime.

La vente d'une automobile ancienne est-elle assujettie à la taxe forfaitaire ?

Lorsqu'un particulier vend son véhicule, ni lui ni l'acheteur ne doivent payer de taxe. En revanche, si la voiture est considérée comme un objet de collection, le vendeur devra acquitter la taxe forfaitaire (ou opter pour le droit commun des plus-values si cela est plus intéressant pour lui).

La difficulté est de distinguer un véhicule d'occasion, même ancien, et une voiture de collection (une traction avant Citroën doit-elle être mise sur le même plan qu'une Bugatti royale ?). Comme la question a été soulevée, l'administration fiscale a précisé les critères permettant la distinction.

Ce sont, en particulier : l'ancienneté, la rareté (un véhicule produit en grande série ne rentrera donc qu'exceptionnellement dans la catégorie des véhicules de collection), le prix (qui doit être nettement supérieur au prix d'un véhicule courant d'aujourd'hui), le fait que ce type de véhicule ne soit plus fabriqué. Peuvent s'y ajouter des critères qui ne tiennent plus directement au véhicule : son origine, le fait qu'il ait été fabriqué ou possédé par une ou des célébrités ou associé à des événements importants, en un mot, tout ce qui peut lui donner un intérêt historique particulier... Il n'est pas nécessaire que tous les critères soient réunis. Mais à l'inverse, un seul critère n'est pas forcément déterminant.

Ce qui est certain, c'est que, comme en matière d'œuvres ou d'objets d'art, le temps qui passe fait rentrer dans la catégorie des objets de collection des véhicules jusque-là considérés comme d'intérêt secondaire.

Existe-t-il des règles fiscales particulières aux œuvres d'art en matière de succession ?

Il n'y a pas d'avantages officiellement attribués aux œuvres ou objets d'art, en dehors de la possibilité d'acquitter les droits de succession en procédant à une dation en paiement (voir Qu'est-ce qu'une dation ?, p. 357). La procédure reste peu courante et l'administration est exigeante sur la qualité et chiche dans l'appréciation des valeurs de dation.

Toutefois, les héritiers peuvent bénéficier de la « tolérance » selon laquelle la valeur successorale des biens meubles, dont font partie les œuvres d'art, est calculée sur la base de 5 % du total de l'actif successoral.

Cette disposition n'a cependant pas de valeur absolue, le fisc pouvant faire la preuve de la sous-évaluation.

Le Code général des impôts (CGI) prévoit en particulier que la valeur déclarée ne peut être inférieure à celle mentionnée dans des polices d'assurance de moins de dix ans, et oblige les héritiers et les compagnies à déclarer les polices en cours au jour du décès (dans la pratique, ces déclarations sont rarement effectuées).

Enfin, en cas de vente publique dans les deux ans suivant le décès, la valeur aux enchères est automatiquement substituée par l'administration, si elle en a connaissance, à celle de la déclaration de succession.

Même en tenant compte de ces restrictions, la détention d'œuvres et d'objets d'art reste assez favorable dans une optique successorale, ne serait-ce que parce qu'elle se prête assez facilement au don manuel.

Existe-t-il une définition fiscale particulière des œuvres d'art?

Cette définition résulte des textes et des instructions administratives organisant la taxation des plus-values réalisées par les particuliers à l'occasion de la vente d'œuvres ou d'objets d'art.

Les œuvres et les objets concernés sont définis par référence aux textes douaniers (ce qu'on appelle « le tarif extérieur commun », qui est identique pour tous les pays de la CEE).

Ce sont, en particulier :

– les tableaux, les peintures et les dessins faits entièrement à la main, y compris les aquarelles, les gouaches, les pastels (sauf les dessins industriels et les articles manufacturés décorés à la main);

– les gravures, les estampes et les lithographies originales;

– les statues et les sculptures originales, les émaux et les céramiques originaux;

– les tirages photographiques réalisés directement par le photographe ou sous son contrôle, dans la limite de trente exemplaires du même cliché;

– les timbres-poste et assimilés;

– les collections et les spécimens pour collection : botanique, zoologie, minéralogie... mais aussi les pièces d'intérêt historique, archéologique, paléontologique, ethnographique et numismatique (sauf les monnaies et les médailles de moins de cent ans d'âge);

– les objets d'antiquité ayant plus de cent ans d'âge (donc, en particulier, les meubles et les objets d'art décoratif).

En outre, sont considérés comme œuvres d'art au sens fiscal :

– les tapis et les tapisseries;

– les perles, les pierres fines non montées, les bijoux et les articles de bijouterie et de joaillerie, les pièces d'orfèvrerie et les ouvrages composés de métaux précieux, de pierres fines et de joaillerie;

– les livres et les manuscrits de moins de cent ans d'âge, mais dont la valeur unitaire excède 20 000 F;

– les meubles de moins de cent ans d'âge, mais dont le prix est supérieur à 20 000 F, peuvent éventuellement être assimilés à un objet de collection.

Une photographie est-elle une œuvre d'art au sens fiscal du terme ?

À la suite d'un arrêt de la Haute Cour de justice des Communautés européennes en 1989, il a été défini que les photographies ne relevaient pas du chapitre douanier « gravures, estampes et lithographies originales ». Il s'agit d'une définition douanière, mais cette décision devrait constituer une référence pour la réglementation fiscale.

Depuis le 1er janvier 1992, en France, les photographies d'art sont assimilées à des œuvres d'art originales pour l'application du taux réduit de TVA à 5,5 %.

Les œuvres d'art originales bénéficient-elles d'un statut fiscal privilégié ?

En effet, les œuvres d'art originales bénéficiaient d'un système de taxation à la TVA plus favorable. Lorsqu'ils vendaient des œuvres d'art originales, les marchands pouvaient choisir entre la TVA calculée sur leur marge réelle, c'est-à-dire la différence entre leur prix d'achat et leur prix de vente, et une marge évaluée forfaitairement sur la base de 30 % du prix de vente.

Lorsque la marge réelle était supérieure à 30 % du prix, il était intéressant pour le marchand ou le galeriste d'opter pour ce régime. Cette faculté existait également à l'importation. C'est-à-dire que lors de l'importation d'un tableau, par exemple, l'assiette du calcul de la TVA due par l'importateur était établie sur la base de 30 % du prix d'importation.

En 1991, ce mode de calcul forfaitaire a été supprimé, mais pour ne pas pénaliser le marché français par rapport à ses concurrents étrangers, les œuvres d'art originales ont été admises au bénéfice du taux de TVA réduit à 5,5 %, alors que les autres œuvres d'art, en particulier les meubles et les objets qui ne bénéficiaient pas de la marge forfaitaire, restaient soumis au taux normal de 18,6 %. Ce régime est prévu jusqu'au 31 décembre 1992.

Ces dispositions sont également applicables à l'importation. Les importateurs d'œuvres d'art originales sont soumis à la TVA au taux de 5,5 % sur la valeur d'importation ; ceux qui importent des meubles ou des objets n'étant pas considérés comme des œuvres d'art originales acquittent la TVA sur la valeur d'importation au taux de 18,6 %.

Qu'est-ce que la garantie?

La garantie est un service de l'administration fiscale qui contrôle le titre des métaux précieux. Il faut savoir que les règles ne sont pas identiques dans tous les pays. Par exemple, aux États-Unis, l'alliage d'or le plus courant en bijouterie est un alliage à 14 carats alors qu'en France, il est à 18 carats (alliage contenant 750/1 000 d'or pur) et quelquefois 24 carats (or pur).

Les titres légaux sont définis par le Code général des impôts pour les ouvrages d'or, d'argent ou de platine. La tolérance de titre est de 3 millièmes pour l'or, de 5 millièmes pour l'argent et de 10 millièmes pour le platine.

L'administration de la garantie contrôle et certifie ces titres après avoir effectué sur ces pièces un test. À cette occasion, les ouvrages en métaux précieux sont poinçonnés. Chaque pièce comporte deux poinçons : l'un, en losange, est le poinçon du fabricant; le second, celui dont les caractéristiques sont modifiées périodiquement par l'administration pour des raisons de sécurité, correspond au poinçon de garantie. À l'occasion du contrôle, l'administration perçoit un droit fixe qui rémunère le service rendu.

Pour garantir, d'où le nom du service, le titre, les bijoux ou les pièces de joaillerie comportant des métaux précieux doivent être poinçonnés. Ce poinçonnage confirme que l'alliage utilisé est bien au titre légal. À l'occasion de ce poinçonnage, une taxe est perçue.

Si un particulier ou un marchand proposait à la vente des bijoux ou des œuvres d'art non poinçonnés, il serait en infraction. Le Code des douanes oblige les professionnels ou les amateurs qui détiennent des objets en métaux précieux à justifier à première demande des agents des douanes l'importation ou l'acquisition régulière de ces pièces, faute de quoi, les objets sont présumés de contrebande, et leurs détenteurs encourent la confiscation et des amendes douanières importantes.

Comment l'administration distingue-t-elle les bijoux et les métaux précieux ?

Cette distinction a des effets non pas en ce qui concerne les droits de garantie mais en ce qui concerne le taux de TVA et, pour les particuliers, le taux de la taxe forfaitaire.

Le taux de TVA pour les bijoux est, en effet, de 22 % et non pas de 18,6 %. En ce qui concerne les métaux précieux, le taux de la taxe forfaitaire est de 7,5 % au lieu de 7 % pour les objets d'art.

Le principe généralement admis (y compris d'ailleurs dans nombre de pays étrangers) est la relation entre la valeur vénale de la pièce et la valeur des métaux précieux, pierres précieuses ou perles fines qui y sont incorporés. Si les composants précieux représentant plus de 50 % de la valeur vénale de la pièce, l'objet sera considéré comme un bijou joaillerie ou un objet de métal précieux. Si, au contraire, cette proportion est inférieure à 50 %, la pièce sera considérée comme un objet de collection.

Quels sont les droits à payer à la garantie ?

Pour chaque bijou présenté à la garantie, il faut verser une somme forfaitaire qui rémunère le coût de l'administration : 250 F pour l'or et le platine, et 100 F pour l'argent.

Un droit proportionnel est calculé en fonction du poids de métal précieux. Ce droit est calculé sur la base suivante : 5,30 F le gramme pour le platine, 2,70 F le gramme pour l'or et 0,13 F pour l'argent.

En fait, sauf pour les ouvrages très légers où le droit fixe peut représenter un montant élevé, ces taxes sont donc relativement modestes.

Certains bijoux sont-ils exonérés des droits de garantie ?

En effet, sont exonérés :

– les pièces fabriquées avant 1798, c'est-à-dire celles portant des poinçons français ou étrangers antérieurs à cette date ;

– les pièces de très faible poids (moins de 5 dixièmes de grammes pour l'or et le platine, moins de 5 grammes pour l'argent) ;

– enfin, les objets qui ne pourraient être poinçonnés sans être détériorés.

Comment s'effectue le contrôle des bijoux et des métaux précieux?

Les fabricants doivent se faire connaître auprès du bureau de la garantie dont ils dépendent et y déposer le modèle de leur poinçon.

Les marchands, commissaires-priseurs, crédits municipaux (mont-de-piété), s'ils détiennent ou font commerce même de façon occasionnelle de bijoux ou de métaux précieux, doivent s'enregistrer au bureau de la garantie dont ils dépendent. Par ailleurs, ils doivent tenir un registre coté et paraphé par la mairie sur lequel ils inscrivent tous les objets qu'ils achètent, vendent ou qui leur sont remis en dépôt. Ce registre doit comporter la description, le titre ainsi que l'identité de ceux à qui ils ont été achetés et qui les ont confiés pour vente (ce registre est analogue au registre de police auxquels sont soumis les antiquaires et les brocanteurs).

Les marchands qui ont un registre de police normal, et qui n'effectuent que très occasionnellement des transactions sur des bijoux, peuvent se servir de ce registre. Toutefois, les bijoux et les objets en métaux précieux devront être inscrits avec une encre de couleur différente qui facilitera le contrôle éventuel des services de la garantie.

Quelles sont les sanctions en cas d'irrégularité?

Si un objet non poinçonné par la garantie est trouvé chez un marchand, il sera saisi. De la même manière, tout objet dont il apparaîtrait qu'il est revêtu de faux poinçons ou de poinçons rapportés (certaines personnes peu scrupuleuses récupéraient la partie poinçonnée d'un objet pour la rapporter sur un autre) sera également saisi.

Bien que cela ne soit pas clairement indiqué dans les textes, les mêmes sanctions sont applicables dans le cas où un particulier serait trouvé porteur d'objets non poinçonnés. Toutefois, dans ce cas, si le particulier avait acheté régulièrement cet objet à un professionnel dont c'est l'activité habituelle, il pourrait se retourner contre ce dernier.

En salle des ventes, le commissaire-priseur annonce généralement « en règle », ou « à charge de contrôle ». Dans ce dernier cas, l'acquéreur doit présenter l'objet au bureau de la garantie (ou sur place à l'hôtel Drouot).

Les œuvres d'art sont-elles soumises à l'impôt de solidarité sur la fortune ?

Non, lors de la mise en place de l'impôt sur les grandes fortunes qui a été ultérieurement transformé en impôt de solidarité sur la fortune, le gouvernement et les députés estimaient que la protection du patrimoine national et la promotion de la culture justifiaient l'exonération des œuvres et des objets d'art.

Cette exonération est très favorable puisqu'elle ne prévoit même pas de durée minimale de détention des objets. On pourrait – hypothèse d'école – concevoir qu'un milliardaire vende tous ses biens, immeubles ou actifs financiers, et achète des œuvres d'art, il se trouverait *de facto* exonéré de l'impôt sur la fortune dès le moment où il aurait effectué cette transaction.

Le collectionneur qui cède ou achète un objet en vente publique doit-il payer des impôts ou des droits ?

Le vendeur doit payer la taxe forfaitaire (voir ci-dessus), sauf s'il a pu remettre au commissaire-priseur le certificat d'option pour l'incorporation de la plus-value à son revenu imposable.

Il doit également payer la TVA sur les honoraires et éventuellement les frais forfaitaires du commissaire-priseur. Si, par exemple, outre les honoraires légaux de 7 %, le commissaire-priseur a décompté des frais forfaitaires de publicité, de catalogue, d'expertise, etc., pour 10 %, soit au total 17 %, le vendeur doit supporter non seulement ces 17 % mais également la TVA correspondante soit, sur la base des taux actuels, 17 % × 18,60 % = 3,16 %).

Quant à l'acheteur, il doit supporter les droits d'enregistrement payables en sus du prix marteau. Ces droits, qui étaient il y a quelques années de 7 %, ont été réduits à 2 % en 1990.

L'acheteur doit, par ailleurs, supporter la TVA sur les honoraires tarifés du commissaire-priseur (actuellement, selon le prix de l'adjudication, la TVA sera dégressive de 1,674 % à 0,465 %).

Lorsqu'on achète une œuvre d'art directement à l'artiste, doit-on payer la TVA?

Oui. Depuis le 1er octobre 1991, les artistes sont soumis à la TVA, au taux de 5,5 % (disposition valable jusqu'au 31 décembre 1992). Par conséquent, leurs ventes effectuées à des marchands ou à des particuliers devraient normalement être majorées de la TVA. Toutefois, pour limiter l'incidence de ces nouvelles règles, il a été prévu une franchise pour les artistes qui réalisent des recettes annuelles inférieures à 245 000 F. Ces artistes pourront donc vendre leur œuvre en exonération de TVA tant qu'ils seront en deça de ce seuil.

En revanche, les artistes réalisant un chiffre d'affaires supérieur ou ayant volontairement opté pour la TVA devront facturer la TVA en sus de leur prix de vente.

Y a-t-il des impôts ou des droits de douane à payer lorsqu'on rapporte en France un objet d'art acheté à l'étranger?

Il n'y a pas de droit de douane sur les œuvres et les objets d'art à l'importation dans toute la CEE.

En revanche, l'importateur doit acquitter la TVA sur la valeur en douane (qui correspond au prix qu'il a payé à l'étranger – d'où l'intérêt de disposer d'une facture permettant d'établir la valeur en douane). Le taux est de 5,5 % pour les œuvres d'art originales, et de 18,6 % pour les œuvres et les objets qui ne sont pas considérés comme des œuvres d'art originales.

Le taux majoré – actuellement 22 % – est applicable aux bijoux, à la joaillerie et aux ouvrages de métaux précieux.

En ce qui concerne les ouvrages de métaux précieux, il convient également d'acquitter les droits de garantie pour les pièces exécutées après 1798 et qui n'auraient pas déjà été poinçonnées en France (cas d'un bijou exporté puis réimporté en France).

Est-il possible de donner des objets d'art à ses héritiers ? Doit-on, dans ce cas, payer des droits de succession ?

En effet, il est possible de donner des œuvres d'art à ses héritiers. Mais, dans ce cas, sont théoriquement exigibles des droits de mutation à titre gratuit identiques aux droits de succession.

Évidemment, sauf s'il s'agit d'œuvres très connues et répertoriées, par exemple des objets classés, la donation n'est pas portée à la connaissance de l'administration : le risque est donc faible que soit réclamé au bénéficiaire le droit de mutation.

Comment l'administration fiscale évalue-t-elle les œuvres d'art dans les déclarations de succession ?

Les dispositions du Code général des impôts permettent à l'administration de retenir d'office le prix obtenu en vente publique dans les deux ans de l'ouverture de la succession.

Pour établir la valeur successorale, l'administration fiscale peut également utiliser les valeurs mentionnées dans les polices d'assurances ou dans des inventaires existant avant le décès.

Dans la pratique, l'administration n'utilisera ces éléments que pour des successions importantes ou lorsqu'il y a sous-estimation manifeste de l'actif successoral.

Il faut garder présent à l'esprit que la valeur de référence est celle du jour du décès. Dans la mesure où le marché de l'art enregistre des fluctuations de prix importantes, il est nécessaire de tenir compte de cette date de référence.

Existe-t-il des cas d'exonération des droits de succession ?

Oui. Les objets d'art qui ont fait l'objet d'une donation ou d'un legs à l'État (c'est le cas d'objets qui, par testament, sont donnés à des musées) ne sont pas pris en compte dans l'actif successoral.

D'autre part, depuis 1988, les objets et les œuvres d'art importants se trouvant dans des bâtiments classés sont exonérés de droits de succession (ainsi que le bâtiment lui-même à condition que les héritiers s'engagent envers l'État à maintenir dans les lieux les œuvres ou les objets d'art). Cet engagement fait l'objet d'un contrat à durée indéterminée passé entre les héritiers et l'administration.

Existe-t-il des avantages fiscaux lorsqu'on donne des œuvres d'art à des musées?

Oui. Tout d'abord, il existe l'exonération des droits de succession (voir ci-dessus). Il est possible d'effectuer une donation avec réserve d'usufruit, le propriétaire de l'œuvre en gardant la jouissance de son vivant.

Depuis une loi de 1987 sur le mécénat d'entreprise, les sociétés qui achètent des œuvres d'art et s'engagent à les remettre à l'État dans un délai de dix ans peuvent déduire de leur bénéfice imposable le prix d'acquisition de l'objet (si cette société conserve l'objet dix ans, elle déduira chaque année 10 % du prix, si elle le garde 5 ans, 20 %...). À condition d'autoriser le public à voir l'œuvre acquise.

Quelles sont les obligations de l'administration en cas de donation ou de legs?

L'administration est normalement tenue de respecter les dispositions testamentaires. Par exemple, si le défunt a légué une œuvre à condition qu'elle soit régulièrement présentée au public, le musée bénéficiaire du legs devra effectivement exposer l'œuvre faute de voir, éventuellement, le legs remis en cause.

C'est ce qui explique qu'un certain nombre de legs aient été refusés par l'administration car leurs conditions étaient difficiles à remplir.

Qu'est-ce qu'une dation?

C'est un mode de règlement des droits de succession (et également, désormais, de l'impôt de solidarité sur la fortune), mais au lieu de régler par des moyens classiques les impôts dus, le contribuable peut proposer à l'administration de lui remettre en paiement des œuvres d'art. C'est une procédure relativement lourde, généralement réservée à de très grandes successions.

Les héritiers proposent des œuvres d'art pour une certaine valeur. L'administration accepte ou non la proposition de dation et fixe la valeur qu'elle considère acceptable pour les objets. Si le contribuable donne son accord sur la valeur déterminée par l'administration, la dation peut s'effectuer.

Cette procédure spéciale s'est appliquée pour de grandes successions ou, en particulier, celles d'artistes renommés (Picasso, Chagall).

Qu'appelle-t-on le droit de suite ?

Le droit de suite n'est pas un impôt, mais on peut l'y assimiler puisque c'est une charge obligatoire. Il s'agit d'un droit qui a été institué en 1920 au bénéfice des artistes et de leurs héritiers sur le produit des ventes publiques de leurs œuvres. L'idée était d'intéresser les artistes et leurs ayants droit au bénéfice tiré du commerce de leurs œuvres.

À l'origine, la loi prévoyait que la taxe soit due non seulement à l'occasion des ventes publiques, mais pour toutes les transactions commerciales, y compris les ventes réalisées par des galeries d'art.

Compte tenu de la difficulté des contrôles, le droit de suite n'a été effectivement mis en place que pour les ventes publiques. Il a été remplacé pour les galeries par une taxe sur leur chiffre d'affaires qui est reversée à la Sécurité sociale des artistes.

Cette taxe est calculée sur la base de 3 % du prix d'adjudication des œuvres en vente publique. Elle est collectée par le commissaire-priseur qui la prélève sur le prix de vente et la reverse aux artistes ou à leurs ayants droit, généralement par l'intermédiaire d'une société d'auteurs (SPADEM ou ADAGP).

Ce droit est limité dans le temps, il existe du vivant de l'artiste et pendant cinquante ans après son décès. Des prorogations du fait des deux guerres mondiales ont été instituées de sorte que, à l'heure actuelle, le droit est établi pour cinquante-six ans après le décès de l'artiste.

Les vols, les recels et les trafics

Il peut arriver qu'un objet acheté en toute innocence provienne d'un vol et que l'acquéreur se trouve soupçonné de recel par la police. Et que se passe-t-il si le propriétaire d'un objet disparu le retrouve entre les mains d'un marchand ou d'un acquéreur de bonne foi ? Nous verrons qu'il n'est pas facile d'en obtenir la restitution. Les particuliers comme les professionnels ont donc intérêt à prendre certaines précautions.

Que se passe-t-il si l'on achète des objets volés?

On risque tout d'abord d'être exposé à des difficultés avec les services de police puisque, *a priori*, le détenteur d'un objet volé est présumé coupable de recel.

À supposer que la bonne foi soit établie, le propriétaire légitime est en droit de demander au détenteur de l'objet volé la restitution de son bien. Selon les cas, le détenteur pourra ou non obtenir du propriétaire le remboursement du prix qu'il a payé pour acquérir l'objet.

Celui qui achète de bonne foi une œuvre d'art volée peut-il demander au propriétaire de lui rembourser le prix qu'il a lui-même payé?

Toujours en supposant que la bonne foi du détenteur a été reconnue, celui-ci n'aura droit au remboursement du prix qu'il a payé que s'il a lui-même acheté l'objet dans un circuit commercial normal (en vente publique, chez un marchand, dans un salon d'antiquité...). Il s'agit d'une application de l'article 2280 du Code civil.

Au contraire, s'il a acheté l'objet à un tiers (particulier ou non), mais hors circuits commerciaux normaux, il n'aura pas droit au remboursement et devra restituer l'objet sans être indemnisé. Le Code civil a ainsi entendu protéger l'acquéreur qui se fournit auprès des commerçants ou des intermédiaires patentés.

Le propriétaire de l'œuvre volée peut-il la récupérer si elle est découverte chez un tiers de bonne foi?

Si l'œuvre est découverte dans un délai maximal de trois ans après le vol, le propriétaire peut la revendiquer et en obtenir la restitution par l'acquéreur de bonne foi. Toutefois, pour éviter qu'une telle disposition soit de nature à décourager les transactions, le propriétaire devra rembourser à l'acquéreur le prix que ce dernier a payé avant d'obtenir la restitution de son bien.

Ce droit de l'acquéreur à remboursement n'est reconnu que s'il a acheté l'objet dans un circuit commercial régulier. Par conséquent, le propriétaire, après avoir remboursé le prix de l'objet à l'acquéreur, pourra se retourner contre le vendeur – commissaire-priseur ou marchand – et lui demander à son tour de lui rembourser la somme qu'il aura versée à l'acheteur.

En revanche, si l'objet a été acheté à un particulier ou en dehors des circuits commerciaux, le propriétaire pourra revendiquer l'objet – toujours dans un délai maximal de trois ans après la date du vol – sans avoir à rembourser le prix d'achat à l'acquéreur.

Les œuvres provenant des musées sont-elles soumises à des règles particulières en cas de vol?

En effet, les objets provenant du domaine public de l'État sont imprescriptibles et inaliénables.

Comme ils sont inaliénables, ils ne peuvent légalement avoir été vendus. Si donc ils se trouvent entre les mains d'une personne privée, c'est qu'à un moment quelconque (qui peut être très éloigné dans le temps), il y a eu vol ou soustraction frauduleuse de l'objet.

Comme ces objets sont imprescriptibles, l'État peut les revendiquer entre les mains du détenteur sans limitation dans le temps (ce qui entraîne, en particulier, que la prescription de trois ans, mais également la prescription de trente ans, ne sont pas opposables à l'État). En outre, l'État n'est pas tenu de rembourser le prix d'achat de l'objet à l'acquéreur de bonne foi.

Dans la pratique, il est évident que se posent des problèmes de preuve pour des objets qui auraient été volés dans des musées depuis très longtemps (a-t-on gardé traces des inventaires? ceux-ci sont-ils suffisamment précis pour démontrer que l'objet incriminé figurait bien dans les collections de l'État?...).

Les mêmes règles s'appliquent-elles aux biens d'Église ?

Non. En effet, à l'exception des objets qui se trouvaient dans les cathédrales, généralement regroupés dans les trésors, qui ont été transférés à l'État au début du siècle lors de la séparation de l'Église et de l'État, les autres objets ont été transférés aux collectivités territoriales ou à des associations culturelles. Ces derniers objets, les plus nombreux, n'appartiennent pas au domaine public de l'État. En principe, ils obéissent donc aux règles ordinaires en matière de prescriptions et de revendications.

Toutefois, pour compléter la protection des objets les plus importants, un grand nombre d'entre eux ont fait l'objet d'un classement. Lorsqu'un objet, même s'il appartient à un propriétaire privé (ce qui est, par exemple, le cas d'un couvent, d'une association culturelle, etc.), est classé, il devient imprescriptible, c'est-à-dire qu'en cas de vol, il peut être revendiqué sans limitation de durée.

Que risque-t-on si l'on achète une œuvre d'art volée ?

Les risques sont de deux sortes :

• **Risque pénal.** Si l'acquéreur est considéré de mauvaise foi, il se rend coupable de recel. Une loi de 1987 a aggravé les peines applicables pour ce délit qui est désormais sanctionné de peines pouvant aller jusqu'à dix ans de prison (en cas de récidive ou de recel aggravé) et d'amendes représentant jusqu'à la moitié de la valeur des objets recelés.

Au surplus, le receleur ne détient aucun droit sur la marchandise en sa possession qui sera donc confisquée et restituée à son propriétaire (si on le retrouve...).

• **Risque civil.** Si l'acheteur est reconnu de bonne foi, il n'est pas coupable de recel, mais il devra restituer l'objet, si le propriétaire lui en fait la demande, dans un délai de trois ans après le vol. Selon les cas (voir ci-dessus), il aura droit ou non au remboursement par le propriétaire du prix qu'il aura payé lors de l'achat de l'objet.

Comment se définit la bonne foi ?

La bonne foi est une notion subjective. Son appréciation relève, la plupart du temps, des circonstances dans lesquelles l'achat de l'œuvre volée est intervenu.

En droit français, la mauvaise foi ne se présume pas, elle doit donc être prouvée.

Les services de police et les juges prennent en considération les conditions dans lesquelles a été effectué l'achat. Ils considéreront en particulier :

• **Le lieu et le moment de l'acquisition.** Si, par exemple, l'achat a été réalisé de nuit dans un coin reculé des Puces hors d'une boutique, ou à la sauvette, cela pourra constituer une présomption de mauvaise foi.

• **Les modalités de règlement.** Évidemment, une transaction réglée complètement en espèces sera considérée comme plus suspecte qu'un achat réglé par chèque pour totalité ou pour partie.

• **Le prix.** S'il existe une disproportion trop grande entre la valeur de l'objet et le prix payé, on aura tendance à considérer que l'acquéreur aurait dû se méfier de cette trop bonne affaire.

• **La qualité du vendeur.** Si l'achat a été effectué auprès d'une personne inconnue de l'acquéreur et dont l'acquéreur ne peut situer avec précision qui il est, ou au moins où il exerce, il y aura à nouveau une présomption aggravante.

En règle générale, les services de police cherchent à « remonter » les objets volés jusqu'au cambrioleur. Si l'acquéreur est en mesure de fournir l'identité de la personne à qui il a acheté l'objet, sa situation s'en trouve largement améliorée; dans le cas contraire, il risque d'être présumé receleur.

C'est à partir de la combinaison de ces principaux critères que la justice pourra être amenée à considérer que l'acheteur est de bonne ou de mauvaise foi.

Au plan civil, si la mauvaise foi est établie, l'acheteur ne peut se prévaloir de la prescription de trois ans et la prescription sera alors de trente ans.

Quelles précautions doit-on prendre lors de l'achat d'une œuvre d'art pour se prémunir contre le recel?

Les précautions peuvent se déduire des circonstances mentionnées ci-dessus et qui permettent de définir la bonne ou la mauvaise foi.

A priori, il y a des endroits et des moments où il n'est pas recommandé d'acheter. Certains déballages mal contrôlés sont connus pour être des lieux de transit d'œuvres volées.

Si le prix des objets est très bas (sauf si, étant spécialisé dans un domaine, l'acheteur est sans doute la seule personne à pouvoir mettre un prix sur un objet d'apparence anodin...), il faut être d'autant plus prudent. Si un doute quelconque surgit, il vaut mieux s'abstenir.

En toutes circonstances, le paiement par chèque en totalité ou en partie est à privilégier dès lors qu'on a affaire à un vendeur qu'on ne connaît pas bien. Une facture est également recommandée, ce qui est de droit selon les dispositions d'un décret de mars 1981.

Enfin, il faut par tous les moyens s'assurer de l'identité du vendeur (au minimum, sa carte de visite ou son cachet, le numéro de sa voiture, etc.; idéalement, les mentions portées sur ses pièces d'identité).

Les professionnels doivent-ils prendre des précautions particulières?

Les professionnels sont assujettis à des règles particulières de contrôle destinées à lutter contre le recel.

Ils doivent tenir un registre des objets immobiliers (qu'on appelle le livre de police) sur lequel doivent figurer la description, l'origine et le prix d'achat de tous les objets qu'ils proposent à la vente. Sur ce livre et pour chaque objet, l'identité du vendeur doit être mentionnée. Si un professionnel détient un ou des objets volés et que ces objets ne figurent pas sur son livre de police, cela constituera une grave présomption de recel.

Par ailleurs, pour lutter contre les foires, les déballages et les vide-greniers sur lesquels opèrent des personnes souvent mal contrôlées, les organisateurs de ces manifestations doivent, depuis 1987, tenir un registre sur lequel sera mentionnée l'identité de toutes les personnes qui présentent des objets à la vente.

Si l'on a des doutes sur l'origine d'un objet, comment peut-on s'informer ?

Il n'existe pas actuellement de bases de données complètes répertoriant les œuvres d'art volées.

Toutefois, les services de police et les organisations professionnelles (syndicats d'antiquaires, de brocanteurs ou de galeries d'art, compagnies de commissaires-priseurs, compagnies d'assurances spécialisées) entretiennent des fichiers d'œuvres volées.

Pour les œuvres d'une certaine importance, la première démarche peut consister à interroger l'Office central pour la répression du vol d'œuvres et d'objets d'art [1]. Il s'agit d'un service spécialisé qui a compétence pour tous les vols commis en France et qui entretient des relations continues avec ses homologues de l'étranger, directement ou par le canal d'Interpol. Ce service a également des relations avec les compagnies d'assurances et les grandes administrations culturelles (Direction des musées de France, par exemple).

Si l'on est victime d'un vol portant sur des objets importants, il peut être également intéressant, en même temps qu'on saisit les services de police ou de gendarmerie territorialement compétents, d'en aviser l'Office. En effet, s'il s'agit d'œuvres importantes, et même classées, l'Office dispose de circuits d'informations rapides pour diffuser l'information, en particulier vers les postes douaniers.

De toute façon, le fait d'interroger les services de police ou les syndicats est une sage précaution, mais ne garantira pas totalement que l'œuvre en question n'a pas été volée.

Que doit faire le propriétaire s'il découvre chez un tiers un objet qui lui a été volé ?

Tout d'abord, avec discrétion, s'assurer qu'il s'agit bien de son objet. Très souvent, les services de police et de gendarmerie sont saisis par des personnes qui croient avoir reconnu des objets leur appartenant : vérification faite – avec bien des tracas – pour le marchand qui exposait l'œuvre –, on constate que le propriétaire s'était mépris.

Lorsqu'on a acquis la conviction que l'objet est bien le sien, il faut

1. *Office central pour la répression du vol d'œuvres et objets d'art :* Voir annexes p. 418.

aviser les services de police. Mais à cette occasion, il est nécessaire de pouvoir justifier du lieu et de la date du vol. L'idéal est de pouvoir donner aux policiers ou aux gendarmes une copie du procès-verbal de la plainte. En effet, il est indispensable que le délit d'origine soit clairement établi pour permettre aux services de répression d'agir.

Si le recel est établi, le propriétaire peut-il récupérer immédiatement l'objet lui appartenant?

Ce n'est pas toujours le cas. D'abord, il est rare que le détenteur de l'objet avoue séance tenante qu'il est bien receleur. Dans ce cas, il faudra attendre que la justice ait tranchée pour pouvoir récupérer l'objet qui, généralement, a été mis sous scellés et transféré au greffe.

En revanche, si le recel n'est pas contesté, le juge (la police n'a pas compétence pour le faire) peut accepter la restitution de l'objet au propriétaire avant la fin du procès.

Que deviennent les œuvres d'art saisies chez un receleur si on ne retrouve pas leur propriétaire?

Dans la plupart de ces cas, le jugement qui condamne le receleur décide également la confiscation des objets recelés. Ces objets reviennent donc à l'État qui soit les remettra à des musées, soit les vendra par l'intermédiaire de l'administration des domaines.

Le même régime s'applique généralement pour les objets qui ont été saisis en douane.

Est-il possible de récupérer un objet volé qui a été exporté clandestinement à l'étranger?

On constate que les œuvres d'art importantes sont souvent transférées à l'étranger très rapidement après le vol. Dans ce cas, il est très difficile de récupérer les objets.

En effet, les législations sont différentes et, quelquefois, elles accordent au détenteur des droits importants (c'est, par exemple, le cas en Italie où même des objets appartenant à des États n'ont pu être récupérés).

Dans certains pays, la notion de recel est différente de celle de la France ainsi que les délais de prescription qui s'y attachent. La prescription du recel peut être, par exemple, de cinq ans à partir du vol. Il suffit donc aux malfaiteurs de mettre l'objet en lieu sûr pendant quelques années. Ils pourront ensuite le ressortir sans craindre de poursuites ni la remise en cause de leurs « droits » de propriété.

Cependant, les services de police, les musées, etc., ont mis au point des formules de coopération et de réciprocité qui permettent, dans certains cas, d'obtenir la restitution des objets volés. La plupart du temps, ces restitutions ne se font pas sur la base de la législation, mais font d'avantage appel à la bonne volonté, éventuellement stimulée par des pressions amicales...

Les faux

Qu'est-ce qu'un faux?

Le faux est à la fois une notion objective et subjective.

Objectivement, un faux en matière d'art est la fabrication frauduleuse d'une imitation d'une œuvre originale en vue de tromper l'amateur à qui l'œuvre sera présentée comme une œuvre originale.

L'intervention physique peut se faire à des degrés différents. Il peut s'agir de la signature d'un artiste célèbre rajoutée sur un tableau, d'une fausse estampille portée sur un meuble. Il peut également s'agir de transformations apportées à un objet pour en « améliorer » la valeur vénale (par exemple, adjonction de bronze sur un meuble, ajout de personnages sur un tableau de paysage, etc.). Cela peut être, enfin, une œuvre complètement réalisée, avec l'intention de tromper, à l'imitation d'un maître (faux tableaux, fausse verrerie, etc.). Sans intervention physique sur l'œuvre, celle-ci sera considérée comme un faux s'il y a présentation de faux certificats d'authenticité ou de certificats de complaisance. Peuvent également constituer des faux des tirages excédant notablement ceux qui sont admis dans certaines disciplines artistiques (bronze, gravures, lithographies, photographies, etc.).

La notion de faux suppose non seulement une intervention physique directe ou indirecte, mais également une intention frauduleuse.

Par exemple, une galerie de tableaux s'est spécialisée dans la fabrication de copies de tableaux. Les tableaux sont vendus comme copies, ce ne sont pas des faux. En revanche, si un acquéreur jouant sur la ressemblance revend ultérieurement cette copie comme une œuvre originale de l'artiste, le tableau deviendra un faux.

Les amateurs sont-ils légalement protégés contre les faux?

Il existe différents textes visant à réprimer les faux en matière artistique. Une loi de 1905 réprime les fausses signatures et les fausses marques. La loi de 1957 sur la propriété artistique définit également un délit de contrefaçon.

Toutefois, jusqu'à une période récente, il n'y avait aucune obligation spécifique en ce qui concerne les copies et les œuvres d'art, ce qui facilitait la diffusion de faux. On a même vu des objets provenant de la calcographie du Louvre vendus comme des originaux par des professionnels peu scrupuleux.

Depuis le décret de mars 1981, les reproductions, les fac-similés, les surmoulages, etc., d'œuvres d'art doivent être clairement indiqués à l'acquéreur lors de la vente. De plus, les œuvres de cette nature produites après la publication de ce décret de 1981 doivent porter de façon indélébile la mention « reproduction ».

Quel recours a-t-on si l'on achète un faux?

Le recours est le même qu'en cas d'achat d'une œuvre d'art qui se révèle dépourvue d'authenticité. Il faudra demander la nullité de la vente. Si l'on peut en sus prouver la mauvaise foi du vendeur, il sera possible de demander des dommages-intérêts.

Toutefois, comme en matière d'authenticité, il est préférable de trouver une solution amiable, en s'adressant au besoin aux syndicats professionnels pour régler le litige. Il est également possible de s'adresser aux Directions régionales de la répression des fraudes qui sont en mesure d'agir de façon généralement très efficace. Il existe également un service de police spécialisé dans la lutte contre les faux qui peut intervenir lorsqu'il s'agit d'opérations d'envergure.

Les problèmes les plus difficiles à résoudre sont ceux liés aux multiples – bronzes, lithographies, verreries –, mettant en œuvre des moyens mécaniques de reproduction. En effet, les textes sont souvent imprécis sur les limites de tirage.

Les artistes peuvent-ils intervenir lorsque leurs œuvres sont contrefaites ?

La loi de 1957 sur la propriété artistique a donné aux artistes ainsi qu'à leurs ayants droit des moyens d'agir contre les faussaires ou ceux qui diffusent des faux.

En particulier, l'artiste, ou ses ayants droit, peut demander, sans recours préalable à la justice, à un commissaire de police de procéder à la saisie d'une œuvre d'art qu'il estimerait contrefaite sous sa signature.

Après saisie, s'il est prouvé qu'il s'agit effectivement d'un faux, l'artiste ou ses ayants droit peuvent demander que l'œuvre soit confisquée et leur soit remise, ou bien qu'elle soit purement et simplement détruite.

L'assurance des œuvres d'art

De nombreux problèmes se posent pour bien assurer les œuvres d'art : comment définir les œuvres assurées ? Comment faire la preuve de leur existence en cas de disparition ? Comment évaluer le montant du dommage et en obtenir le remboursement ?

Il convient de connaître les diverses formules proposées par les compagnies d'assurances. Mais il faut savoir que la meilleure couverture des risques implique, bien évidemment, des polices d'assurances plus onéreuses.

Quels sont les principaux risques assurables?

Il n'y a pas de limite théorique puisque certaines compagnies d'assurances acceptent de couvrir des risques très particuliers. Par exemple, le risque de confiscation d'une œuvre d'art qui serait prêtée à un musée étranger et qui serait revendiquée par le pays d'accueil... C'est un risque pratiquement nul mais on peut concevoir qu'un prêteur demande une garantie à ce titre; l'emprunteur serait dès lors tenu d'obtenir de la compagnie assurant l'opération une extension de garantie.

Les risques les plus courants sont les suivants :

– le vol;

– les dommages physiques aux œuvres suite à un incendie ou à un dégât des eaux;

– les dommages en cours de transport ou de manutention (en particulier, casse pour les pièces fragiles).

Comment couvrir ces risques?

Il existe plusieurs types de polices d'assurances qui sont adaptées aux diverses situations possibles : les assurances dites multirisques, les assurances en valeurs agréées, les assurances tous risques ainsi que les assurances transports dites « clou à clou », les assurances « d'aliment » qui seront ajustées en fonction des mouvements des œuvres d'art, etc.

Ci-après sont exposées les règles concernant les principales polices d'assurances susceptibles de couvrir des œuvres d'art.

Comment fonctionnent les polices d'assurances multirisques?

Ce sont les polices les plus courantes. Généralement, elles couvrent à titre principal un local dont le collectionneur peut être propriétaire ou locataire. Les garanties couvrent, en particulier, l'incendie ainsi que les risques annexes comme le dégât des eaux, le bris de glace, la tempête, ainsi que les catastrophes naturelles depuis quelques années.

En plus des risques directement liés au bâtiment, ces polices couvrent les risques additionnels qui ne sont plus exclusivement liés au local (par exemple, le recours des voisins, la responsabilité civile du souscripteur...). Elle couvre enfin – c'est ce qui intéresse directement les propriétaires d'œuvres d'art – le contenu des locaux, en particulier contre le vol et les dégâts qui peuvent être occasionnés lors d'un cambriolage.

Dans ce type de police, les œuvres d'art ne sont pas clairement individualisées, c'est-à-dire que n'est pas annexé à la police un descriptif des œuvres d'art ou des objets de collection. La garantie résulte généralement d'une certaine fraction du capital global assuré qui se calcule soit directement par détermination d'un pourcentage, généralement 15 à 20 % du capital total (bâtiment et contenu), soit un certain nombre de fois l'indice de référence sur lequel sont indexés les capitaux de la police, par exemple 100, 200, 300 fois l'indice. Ainsi, un pavillon ou un appartement assuré pour 2 millions de francs pourra contenir des œuvres ou des objets d'art (souvent appelés dans les polices objets précieux) pour un montant de 15 à 30 %, soit 300 000 à 400 000 F.

Ces polices sont simples, puisqu'elles ne nécessitent pas d'expertise préalable ni de descriptif détaillé en annexe. En outre, les taux apparents de prime sont généralement relativement bas puisqu'ils résultent d'abord du risque incendie qui est tarifé de façon beaucoup plus favorable que le risque vol.

En revanche, elles présentent des inconvénients dès lors qu'il existe un patrimoine artistique important.

En effet, lorsque le sinistre survient, des difficulés se posent, qui ne sont pas toujours faciles à résoudre :

– la définition des œuvres assurées;
– la preuve de l'existence de ces œuvres;
– l'évaluation du dommage;
– leurs risques d'exclusion de garantie.

Quels problèmes pose la définition des objets en matière d'assurances d'œuvres d'art?

Les polices multirisques font appel à des définitions qui ne sont pas toujours faciles à mettre en œuvre; souvent, il est seulement fait mention d'objets précieux, sans autre précision. Ces objets sont également définis comme ceux dont la valeur unitaire excède un certain montant fixé dans la police ou, variante, un certain nombre de fois l'indice.

Dans certaines polices, la définition résulte de la mention directe de certaines catégories d'objets : bijoux, tableaux, bibelots, etc. Des polices mentionnent également des exclusions, en particulier pour certains types de collection : numismatique, philatélie, etc.

Évidemment, la relative imprécision de ces définitions peut poser des problèmes pour savoir ce qui est, ou ce qui n'est pas, couvert par les polices.

Les bijoux et l'argent liquide sont-ils couverts par les assurances multirisques ?

En ce qui concerne les espèces, elles sont généralement exclues des garanties. Toutefois, à condition que cela soit prévu dans des conditions particulières de la police et avec des conditions de protection spécifiques (dépôt des espèces dans un coffre présentant des caractéristiques acceptées par la compagnie d'assurances), les espèces peuvent être couvertes dans la limite des montants définis.

Quant aux bijoux, ils font partie des objets précieux et sont généralement traités de la même manière que les œuvres ou les objets d'art. Toutefois, comme ces pièces sont la première cible des cambrioleurs, dès lors que leur valeur peut être importante, il est souhaitable de le signaler spécifiquement à la compagnie d'assurances pour que des conditions particulières en fassent état, ou bien de souscrire une assurance en valeur agréée.

N'y a-t-il pas un problème de preuve en cas de sinistre ?

Dans une police multirisques qui est basée sur les déclarations de l'assuré, que la compagnie d'assurances ne contrôlera qu'*a posteriori,* c'est à l'assuré d'apporter la preuve des dommages qu'il a subis.

Il n'est pas toujours facile de prouver qu'on était propriétaire de tel ou tel objet volé. C'est pourquoi on recommande généralement aux assurés de conserver par-devers eux les photographies, les factures ou tout autre document d'inventaire, d'expertise, etc., leur permettant d'apporter la preuve de l'existence des œuvres volées. On constate fréquemment que ces précautions apparemment simples ne sont pas prises.

Dans ce cas, la compagnie d'assurances peut légitimement refuser l'indemnisation du sinistre ou de la fraction du sinistre correspondant aux pièces pour lesquelles les preuves satisfaisantes ne lui ont pas été fournies.

Comment est déterminé le montant des dommages dans une police multirisques?

Lorsque survient le sinistre, l'expert missionné par la compagnie d'assurances doit évaluer la valeur des objets volés ou endommagés.

Lorsque l'objet est endommagé, l'évaluation est relativement aisée car il reste des éléments permettant à l'expert d'apprécier la valeur de l'objet avant le sinistre. Il lui reste, bien entendu, à apprécier l'incidence des dégâts subis par l'œuvre sur sa valeur, mais ce processus est identique même pour les polices plus élaborées.

En revanche, lorsque l'objet a disparu, l'évaluation devient problématique. L'expert doit, en effet, reconstituer à partir des éléments fournis par l'assuré la nature exacte de l'objet et sa valeur. Lorsqu'il n'existe ni photographie de bonne qualité, ni descriptif précis, ni enfin preuve d'achat récente, cet exercice est très complexe et se traduit souvent par des litiges, d'autant que les compagnies d'assurances ne prennent pas en compte la valeur sentimentale qui peut s'attacher aux objets dérobés.

Lorsque l'expert est en mesure de reconstituer la nature exacte de l'objet, il lui faut procéder à une évolution. À ce stade, les critères d'évaluation peuvent également être source de difficultés.

Quelle est la valeur de référence sur laquelle l'expert doit fonder l'évaluation du dommage?

On considère diverses valeurs qui se traduiront par des évaluations très différentes. On distingue, en particulier, la valeur à neuf, la valeur de remplacement, la valeur vénale, etc. La valeur de remplacement ou valeur à neuf est plus élevée que la valeur vénale. Pour simplifier, il est possible de dire que la valeur vénale sera généralement évaluée ou fixée par référence au prix atteint dans les ventes publiques. En revanche, la valeur de remplacement sera celle observée dans des galeries d'art ou chez des antiquaires.

Très souvent, l'écart peut atteindre 30 % ou plus. On comprend donc bien que, selon le type de valeur retenu par l'expert ou par la police, l'indemnisation de l'assuré peut être sensiblement différente. En principe, les conditions générales ou particulières de la police précisent la valeur retenue. Lorsqu'une police multirisques couvre des objets d'art relativement nombreux, il est souhaitable de faire préciser en clair, dans les conditions particulières, que la valeur de référence sera la valeur de remplacement.

En cas de sinistre, l'évaluation des risques peut-elle avoir des conséquences sur l'indemnisation de l'assuré ?

Les polices multirisques sont des polices établies sur la base de la déclaration de l'assuré. Lorsque survient le sinistre, la première intervention de l'expert de la compagnie d'assurances sera de vérifier que les déclarations sont exactes.

Évidemment, dans certains cas limites, l'assuré peut avoir sciemment minoré ses risques pour payer une prime moins élevée. À l'extrême, il peut même avoir fait des déclarations frauduleuses. Si la mauvaise foi et la fraude étaient établies, l'assuré serait déchu de ses droits d'indemnisation. Toutefois, la plupart du temps, c'est plutôt par négligence que l'assuré n'a pas correctement décrit les risques concernant à la fois la valeur des biens assurés et le facteur de risque de sinistre. La réglementation propre aux assurances permet aux compagnies de limiter leur indemnisation en s'appuyant sur ce qu'on appelle les règles proportionnelles.

Les compagnies d'assurances ont-elles le droit de réduire leur indemnisation s'il apparaît que les valeurs assurées étaient sous-estimées ?

La règle proportionnelle de capitaux du Code des assurances prévoit que l'indemnisation peut être réduite proportionnellement à la différence entre les valeurs déclarées par l'assuré et les risques réels constatés.

Par exemple, si pour une police globale de 2 millions de francs, le pourcentage garantissant les œuvres d'art est de 20 %, soit 400 000 F, et qu'il apparaît à l'occasion du sinistre que le local contenait pour 1 million de francs d'œuvres d'art, l'indemnité ne sera pas calculée sur la base des dommages plafonnés à 400 000 F, mais sur la base de 40 % du sinistre. Si donc il a été volé 300 000 F d'œuvres d'art, l'indemnité versée correspondra à 40 % de 300 000 F, soit 120 000 F.

Les compagnies d'assurances peuvent-elles également réduire leur indemnisation dans le cas où les risques étaient sous-estimés ?

Si lors du contrôle après sinistre, on constate que le risque réel était plus important que le risque déclaré, la compagnie d'assurances peut éventuellement appliquer la règle proportionnelle de prime.

Cette règle sanctionne les aggravations de risques constatées par rapport aux déclarations initiales de l'assuré. Par exemple, si dans une résidence secondaire, l'assuré n'a pas déclaré l'inoccupation du local – ce qui se serait traduit par une prime plus élevée –, la compagnie d'assurances pourra réduire l'indemnité au prorata de la surprime qu'elle aurait perçue si elle avait été avisée de cette aggravation du risque. Si donc cette inoccupation aurait dû se traduire par une majoration de la prime de 50 %, l'indemnité sera réduite en conséquence.

Les aggravations de risques peuvent concerner les systèmes de protection, le fait que les serrures utilisées ne soient pas agréées, les cas de volets non fermés pendant une absence prolongée, le non-branchement d'un système d'alarme s'il en était prévu un, etc., bref, tout ce qui figure généralement dans les conditions générales ou particulières de la police. L'application de ces règles est souvent à l'origine de difficultés.

Pour les éviter, il faut savoir que les compagnies d'assurances acceptent de plus en plus souvent – à condition que cela leur soit demandé lors de la souscription de la police – de renoncer à l'application des règles proportionnelles. Cette renonciation doit figurer explicitement dans la police d'assurances.

Une compagnie d'assurances peut-elle résilier une police couvrant des œuvres d'art?

Oui. Une compagnie d'assurances peut résilier sa garantie s'il apparaît une aggravation des risques qu'elle jugerait trop importante. Elle dispose également d'un droit de résiliation en cas de sinistre. Il faut cependant comprendre que si la compagnie peut résilier la police en cas de sinistre, cela ne la dispensera pas, évidemment, d'indemniser l'assuré avant de procéder à la résiliation.

En dehors de l'application des règles proportionnelles, existe-t-il des cas dans lesquels la compagnie d'assurances peut refuser d'indemniser l'assuré?

Oui, il existe un certain nombre de cas.

Tout d'abord, pour des questions de forme. Par exemple, les polices prévoient que l'assuré doit informer les compagnies d'assurances du sinistre dans un délai très court (généralement deux à trois jours). Ce délai est justifié par la nécessité pour la compagnie d'effectuer les constats, de prendre des précautions pour éviter une aggravation du sinistre, etc. Si l'assuré n'effectue pas la déclaration dans les délais, il peut être déchu de ses droits à indemnisation. Toutefois, il faut savoir que ces délais ne courent qu'à partir du moment où l'assuré a eu connaissance du sinistre. Si en retrouvant votre résidence secondaire après trois mois d'absence, vous constatez qu'un cambriolage a été commis, c'est à partir de ce moment-là que le délai courra, même s'il apparaissait que l'effraction a eu lieu deux mois plus tôt.

Par ailleurs, la compagnie d'assurances n'est pas tenue d'indemniser l'assuré s'il apparaît que celui-ci a fait – de mauvaise foi – de fausses déclarations. Il faut rappeler à ce sujet que la mauvaise foi ne se présume pas, c'est donc à la compagnie d'établir que l'assuré a intentionnellement donné des informations erronées.

Compte tenu de la spécificité de la réglementation de l'assurance, comment peut-on défendre ses intérêts ?

Les compagnies d'assurances sont placées sous la tutelle d'une administration du ministère des Finances, la Direction des assurances. Dans le cas où il y aurait un abus manifeste de la part d'une compagnie, l'assuré peut s'adresser à cette direction qui, après examen du dossier, s'il se confirme que la compagnie a pris une position anormale, interviendra auprès d'elle. Cette démarche doit être réservée aux situations extrêmes.

Au stade du sinistre, il est dans un premier temps plus utile de recourir à un expert d'assuré.

Quel est le rôle d'un expert d'assuré ?

Dans les polices d'assurances, en particulier les polices multirisques, figure la plupart du temps, parmi les garanties, une rubrique « honoraires d'expert ». Très souvent, les assurés ignorent que cette rubrique leur permet de faire prendre en charge par la compagnie d'assurances la totalité ou une partie des honoraires d'un expert d'assuré qu'ils peuvent choisir eux-mêmes. Cet expert intervient pour les aider à défendre leurs intérêts face, en particulier, à l'expert désigné par la compagnie. L'intervention de l'expert d'assuré est utile à un double titre.

Tout d'abord, en examinant la police, il attire l'attention de l'assuré sur les difficultés qui pourraient survenir, ce qui lui permettra de répondre aux objections éventuelles. Par exemple, si la compagnie d'assurances fait état de protection insuffisante ou veut mettre en jeu les règles proportionnelles de capitaux ou de prime pour limiter son indemnisation, l'expert d'assuré pourra informer son client de ses droits effectifs en fonction des termes de la police et des circonstances de fait.

Par ailleurs, lorsque des difficultés quant à l'évaluation des dommages surviennent, l'expert d'assuré s'efforcera d'obtenir l'indemnisation maximale, cela d'autant plus que sa rémunération est généralement calculée au pourcentage des indemnités versées par la compagnie d'assurances à l'assuré.

Existe-t-il des polices plus adaptées que les polices multirisques pour les œuvres ou les objets d'art?

En ce qui concerne les œuvres d'art, il existe des polices généralement considérées comme mieux adaptées à la garantie des objets ou des œuvres d'art, ce sont les polices dites en valeur agréée qui peuvent prendre la forme de polices tous risques. La structure de ces garanties est différente de celle des polices multirisques :
– elles ne couvrent que les objets d'art, à l'exclusion des risques propres au bâtiment qui les renferme;
– elles sont dites en valeur agréée car elles font appel à une expertise préalable au terme de laquelle l'assureur et l'assuré se mettent d'accord sur les objets couverts, l'importance des risques tenant compte des conditions de protection ainsi que des valeurs garanties.

Pratiquement, la compagnie d'assurances et l'assuré déterminent ensemble les objets ou les œuvres d'art qui seront assurés. Ils se mettent d'accord sur le nom d'un expert spécialisé qui détermine la valeur de ces objets. D'autre part, la compagnie missionne un inspecteur qui examine les conditions de sécurité. À partir de ce double examen, la compagnie s'engagera sur un capital et un taux de prime. En cas de sinistre, toute discussion sera écartée puisque la valeur des biens et l'ampleur des risques ont été préalablement reconnues par la compagnie. Dans ces conditions, les seules sources de litiges peuvent être liées à la dégradation des objets; dans ce cas, reste posée la question de l'évaluation.

Évidemment, la valeur étant fixée, il est nécessaire de la réactualiser à intervalles réguliers. C'est pourquoi ces polices prévoient une actualisation tous les ans ou tous les deux ans au maximum.

Ce type de police évite les litiges, en revanche, il présente certains inconvénients :
– le coût;
– l'obligation d'actualiser les valeurs;
– la question de la mise en place d'une protection spécifique.

Les polices en valeur agréée sont-elles plus onéreuses que les polices multirisques ?

Elles sont en effet plus coûteuses.

L'assuré doit supporter les frais d'expertise puis les actualisations périodiques. Par ailleurs, les taux de prime qui sont généralement basés sur les risques de vol sont beaucoup plus élevés que les taux de prime en incendie. Les taux sont eux-mêmes variables en fonction des objets garantis. Les taux de prime annuelle les plus favorables sont ceux concernant les meubles (2 à 4 ‰ du montant des capitaux garantis). En ce qui concerne les œuvres d'art originales, les tableaux, les dessins, les sculptures, ces taux sont de l'ordre de 5 à 6 ‰. Ils peuvent atteindre 10 ‰ ou nettement plus (15 ‰) pour les objets fragiles (verrerie, céramique), ainsi que pour les objets de vitrine (bijoux, numismatique) qui sont généralement la cible privilégiée des cambrioleurs.

Au contraire, les polices multirisques sont généralement tarifées sur des taux qui sont de 1 à 2 ‰ au maximum. Toutefois, il faut prendre en compte que, dans les polices multirisques, pour le calcul de prime, ces taux s'appliquent non seulement aux œuvres d'art mais également à la valeur de l'immeuble et de l'ensemble de son contenu.

Les assureurs sont-ils plus exigeants en ce qui concerne les protections dans les polices de valeur agréée ?

Généralement, oui. Comme les capitaux couverts sont souvent importants, la compagnie d'assurances exigera presque systématiquement l'implantation de protection des accès (porte blindée, barreaux aux fenêtres, etc.) complétée par des systèmes d'alarme. Comme la compagnie exigera des systèmes d'alarme agréés, ceux-ci seront généralement plus coûteux. Enfin, pour certains objets – bijoux, petits objets de vitrine, etc. –, la compagnie pourra également exiger qu'ils soient placés dans un coffre, au moins pendant les périodes d'inoccupation.

Comment s'assurent les galeries et les antiquaires?

Les galeries et les antiquaires souscrivent des polices particulières, d'une part pour couvrir leur stock et les objets qu'ils détiennent en magasin (qu'ils soient leur propriété ou en dépôt), et, d'autre part, pour les transports en vue de salons ou d'expositions.

Généralement, en ce qui concerne les stocks, comme il n'est pas possible d'individualiser objet par objet leur composition et leur valeur, on détermine un montant de stock avec une valeur unitaire maximale par objet. Cette garantie est ajustée au coup par coup, lorsque rentre en stock un objet important quand sa valeur excède le maximum fixé pour chaque œuvre, ou éventuellement en cas de fluctuation importante de la valeur globale du stock.

Des garanties similaires sont souscrites par les commissaires-priseurs ou par les commissionnaires de l'hôtel des ventes, qui sont chargés du stockage des objets d'art destinés aux ventes aux enchères.

Quelquefois, ces polices garantissent également les transports mais comme il s'agit de risques particuliers, ce sont généralement des polices spécifiques qui sont souscrites pour garantir le transport de clou à clou, c'est-à-dire pour tous les risques de manutention et de transport depuis le décrochage de l'œuvre ou son enlèvement jusqu'à son réaccrochage ou son installation à destination. Comme ces risques sont généralement plus importants, les taux sont majorés.

Les primes d'assurances étant assez élevées pour les galeries, de 3 à 6 ‰ selon la nature des œuvres détenues en stock et l'étendue des garanties accordées, il n'est pas rare que les marchands ou les galeries ne s'assurent pas ou ne s'assurent que pour certaines œuvres, en particulier celles qu'ils prennent en dépôt. Il est donc sage, lorsqu'on confie un objet important à un professionnel pour une vente ou une exposition, de demander justification de l'assurance.

Comment sont assurées les expositions temporaires?

En ce qui concerne les expositions, il existe généralement des polices spécifiques qui couvrent les œuvres contre tous les risques pendant l'acheminement aller et retour ainsi que durant l'exposition.

Compte tenu du coût très élevé des primes, lié en particulier à la forte augmentation de valeur des œuvres d'art importantes durant les dernières années (par exemple, lors de l'exposition Van Gogh à Amsterdam, en 1990, le total des sommes assurées représentait plus de 10 milliards de francs, ce qui correspondait à la valeur de vingt à trente Airbus).

Même en négociant des taux de prime favorables, cela représente des sommes colossales qui absorbent souvent 30 à 40 % des budgets globaux prévus pour l'organisation des expositions. Cette situation aboutit actuellement à interdire un certain nombre de manifestations.

Pour contourner cette difficulté, on voit se développer des garanties d'État. L'administration des pays d'accueil se substitue aux compagnies d'assurances en garantissant aux prêteurs privés ou publics une indemnisation en cas de vol, perte ou dommage.

Comment sont assurés les musées?

Très souvent, les collections publiques, pour des raisons budgétaires, ne sont pas assurées. L'État ou les collectivités qui les possèdent sont, selon l'expression des compagnies d'assurances, « leur propre assureur ». En soi, cette pratique se comprend. Dans bien d'autres domaines, l'État n'est pas assuré. Il en est ainsi de l'armée, de certaines grandes entreprises comme la SNCF, etc.

Toutefois, l'absence d'assurance n'a pas pour seul inconvénient d'interdire l'indemnisation des collectivités en cas de sinistre. Il a également pour effet de priver les propriétaires publics du service des compagnies d'assurances. En effet, les compagnies spécialisées ne sont pas seulement des actuaires qui prélèvent des primes en fonction des statistiques de sinistre, et règlent des indemnités. Elles sont également des spécialistes des questions de sécurité et des mesures de prévention contre les dommages. Dans ce sens, il est sans doute regrettable que l'assurance des collections publiques ne se soit pas développée.

C'est généralement à l'occasion de souscription de garantie que, en liaison avec les compagnies d'assurances, les propriétaires font l'inventaire détaillé de leurs biens, le bilan des risques encourus et améliorent en conséquence les conditions de conservation et de protection des œuvres ainsi que la collecte des informations qui seront indispensables pour rechercher les pièces, en particulier en cas de vol.

Quelles précautions faut-il prendre en matière d'assurances lors du transport d'œuvres d'art ?

Le contrat de transport est régi par des règles particulières. Le transporteur ne peut être tenu responsable de l'intégralité des valeurs des biens qui lui sont confiés. On comprend, en effet, que cela le mettrait dans l'obligation de souscrire des polices pour des capitaux énormes avec une gestion extrêmement difficile, puisque le montant des garanties et la nature des biens assurés changeraient en permanence.

La réglementation propre aux transporteurs admet donc les clauses de limitation de responsabilité qui sont généralement définies comme une certaine valeur maximale pour une unité de poids ou de volume donnée ou un colis. Les clauses du contrat de transport pourront donc prévoir que la responsabilité du transporteur est limitée à un certain montant par colis, par exemple 25 000 F avec un plafonnement complémentaire de responsabilité par kilo, ou par mètre cube, etc.

Dans le cas des œuvres d'art, leur valeur excède le plus souvent les plafonds de garanties du transporteur. Il est donc nécessaire que le propriétaire de l'œuvre (collectionneur ou marchand) demande au transporteur une extension de garantie spécifique pour son objet, ou qu'il souscrive directement auprès de son propre assureur une police spécifique.

N'existe-t-il pas un risque fiscal lorsqu'on souscrit des polices spécifiques aux objets ou aux œuvres d'art ?

En effet, les compagnies d'assurances sont tenues de déclarer à l'administration fiscale les polices couvrant les œuvres ou les objets d'art pour un capital égal ou supérieur à 100 000 F. Bien que les œuvres d'art soient exclues du champ de l'impôt de solidarité sur la fortune, cette déclaration peut inquiéter les propriétaires d'œuvres d'art, car il est certain que cela constituera un élément incitatif pour l'administration lorsqu'elle sélectionne les contribuables à contrôler. Cela peut également constituer une gêne importante lors de la liquidation des successions.

Au contraire, les polices multirisques, même lorsque le plafond garanti excède 100 000 F, n'ont pas à être déclarées.

L'existence de cette règle fiscale a, semble-t-il, conduit d'assez nombreux collectionneurs à s'assurer auprès de compagnies étrangères. En effet, lorsque les polices sont souscrites à l'étranger (ce qui n'est pas le cas des polices souscrites auprès des sièges français de compagnies étrangères), les compagnies ne sont évidemment pas soumises aux règles fiscales françaises. Il faut cependant souligner que cette pratique n'est pas régulière. Elle le devient cependant progressivement avec la mise en œuvre du marché unique européen.

Est-il utile de faire marquer ses œuvres d'art?

Compte tenu de la multiplication des cambriolages, et de la difficulté pour les services de police lorsqu'ils récupèrent des objets de savoir à qui ils appartiennent, il peut en effet être intéressant de faire marquer les objets d'art.

De nombreux systèmes ont été proposés (insert métallique détectable aux rayons X, puce électronique, marquage avec des encres réagissant aux rayons ultraviolets, et même... extrait parfumé détectable par des chiens spécialement dressés!).

Ces différents systèmes ont souvent l'inconvénient d'être onéreux. Ils supposent l'intervention de techniciens pour poser les marquages sans dégrader les œuvres d'art. En outre, ces marquages doivent être personnalisés aux noms des propriétaires, sous forme d'un code permettant d'interroger les fichiers informatiques où est répertoriée l'identité de leur propriétaire. Lorsque l'objet est volé, le fichier enregistre le vol, ce qui peut permettre aux services de police de s'assurer qu'un objet douteux est lié à un cambriolage, et de remonter jusqu'au propriétaire pour lui restituer l'objet.

Parmi les systèmes proposés sur le marché, celui qui semble actuellement présenter le meilleur rapport qualité/prix est le marquage avec des encres réagissant aux rayons ultraviolets.

En conclusion, quelles sont les précautions à prendre lorsqu'il s'agit d'assurer un patrimoine constitué d'œuvres ou d'objets d'art?

• **Prendre des mesures élémentaires de protection.** Par exemple, fermer la porte à clé lorsqu'on sort de chez soi, même pour une demi-heure (de très nombreux cambriolages ont lieu pendant la journée, en profitant de portes qu'on a simplement claquées derrière soi). Éviter la pratique qui consiste à laisser les clés sous le paillasson, au-dessus du chambranle de la porte ou sous le tapis de la contremarche, les voleurs connaissent bien ces pratiques... et il faut rappeler que la plupart des polices d'assurances excluent l'indemnisation des sinistres s'il y a eu usage de fausses clés (*a fortiori*, les clés du propriétaire lui-même). Fermer les volets dès qu'on doit quitter les lieux pour une journée ou davantage (les polices prévoient souvent cette obligation de fermeture).

• **Les mesures plus sophistiquées** telles que le système d'alarme sont à recommander. Il faut savoir que les compagnies d'assurances ne reconnaissent pas tous les systèmes. Il convient donc de s'assurer que le système implanté a fait l'objet d'un agrément par l'APSAD (Assemblée plénière des sociétés d'assurances dommages). Toutefois, si le système n'est pas agréé, il gardera malgré tout un pouvoir dissuasif envers les éventuels cambrioleurs.

La meilleure protection reste encore l'occupation du local de façon permanente.

Il convient de disposer d'un inventaire précis accompagné de photographies de bonne qualité et si possible de factures ou de documents justifiant de l'acquisition pour pouvoir établir, en cas de sinistre, l'existence des œuvres ou des objets d'art et faciliter la détermination de leur valeur. Pour les pièces importantes, les photographies et les descriptifs peuvent considérablement faciliter les recherches ultérieures de police et de gendarmerie. Évidemment, les documents correspondants ne doivent pas être gardés dans les lieux puisqu'ils pourraient être détruits en cas d'incendie ou emportés par les malfaiteurs avec leur butin. Ces documents doivent donc être stockés dans un autre lieu ou dans un coffre à la banque.

• **Relire avec attention sa police d'assurances,** et le cas échéant, la renégocier avec l'agent de la compagnie ou son courtier. En particulier, il faut vérifier, pour les polices multirisques, les règles proportionnelles et effectuer un contrôle minimal de la conformité des moyens de protection, en particulier des serrures (le coût de remplacement d'une serrure ancienne par une serrure agréée représente un investissement de quelques centaines de francs et peut éviter beaucoup de désagréments si les voleurs passent par la porte d'entrée, ce qui est souvent le cas).

• **Respecter impérativement les délais de déclaration.** À la fois en déposant une plainte auprès des services de police ou de gendarmerie (même si on a l'impression qu'il n'y a que fort peu de chance de récupérer son bien), et en avisant immédiatement du sinistre sa compagnie d'assurances par lettre recommandée.

Le cas échéant, il faut préciser dans cette déclaration s'il s'agit d'une résidence secondaire, qu'on vient simplement de découvrir le sinistre même s'il a certainement eu lieu plusieurs jours ou semaines auparavant.

• **Si le sinistre semble d'une certaine importance, recourir sans tarder à un expert d'assuré.**

• **Enfin, choisir le type de police le plus adapté** en tenant compte de la nature des risques, des problèmes de coûts, des problèmes fiscaux, etc. Par exemple, il peut être intéressant de faire coexister une police d'assurances multirisques pour un capital élevé en négociant un pourcentage d'objets précieux plus important que les 15 ou 20 % traditionnels, de manière à bénéficier du taux de prime incendie relativement bas, cette police ayant pour objectif de couvrir les objets d'art courants.

Par ailleurs, il est prudent de souscrire une assurance en valeur agréée sur les pièces les plus importantes.

La circulation des œuvres d'art et les problèmes douaniers

Les douanes ont pour mission de contrôler la circulation des œuvres d'art, non seulement pour encaisser des taxes, mais aussi pour protéger le patrimoine national. Les modalités d'importations et d'exportations des œuvres d'art ainsi que le montant des taxes varient d'un pays à l'autre.

Il reste à espérer, au moins pour les pays de la Communauté européenne, que les barrières douanières seront bientôt levées pour faire prévaloir le principe de la libre circulation des œuvres d'art, en dépit des restrictions invoquées par certains pays au nom de la protection de leur patrimoine artistique.

La circulation des biens culturels est-elle libre en Europe ?

En principe, oui. Depuis le 1er janvier 1993, la communauté européenne (CEE) [1] est devenue un espace sans frontières intérieures où les marchandises circulent sans formalités douanières...

Toutefois, certains biens culturels font l'objet d'une réglementation particulière. Le traité de Rome a, en effet, prévu (article 36) des restrictions à la liberté de circulation pour certaines œuvres représentatives du génie artistique de la nation et qualifiées de « trésors nationaux ». Il s'agit d'empêcher la sortie du territoire de chaque état communautaire, des œuvres d'un intérêt majeur qui font partie du patrimoine artistique national et doivent y rester.

Il est donc admis que chaque état organise la protection de ses « trésors nationaux » par une réglementation restrictive.

Quel est le système français de protection du patrimoine artistique ?

La France, toujours soucieuse d'une réglementation rationnelle de caractère général, a renversé le problème en imposant à tous les biens culturels un certificat attestant qu'ils ne sont pas « trésor national ». Avec cette espèce de « passeport » délivré par le ministère de la culture, les œuvres d'art peuvent être exportées « librement » vers un état de la CEE.

Qu'en est-il pour l'exportation des biens culturels en dehors de la CEE ?

Les choses se compliquent. Pour sortir du territoire national vers un état autre qu'un état de la CEE, le certificat accordé après contrôle par les bureaux compétents du ministère de la culture doit être complété par une autorisation d'exportation délivrée par la direction générale des douanes, service des autorisations financières et commerciales (SAFICO), 42, rue de Clichy, 75009 Paris, tél. : 42.81.91.44.

1. Les états membres de la CEE étaient les suivants au 1er janvier 1993 : Allemagne, Belgique, Danemark, Espagne, France, Grèce, Irlande, Italie, Luxembourg, Pays-Bas, Portugal, Royaume-Uni.

Tous les biens artistiques sont-ils soumis à cette réglementation draconienne ?

En dessous d'un certain seuil de valeur, certains biens artistiques ne sont pas soumis à contrôle administratif pour sortir de France. Un décret d'application de la loi du 31 décembre 1992 établit de nombreuses catégories dont les seuils sont plus ou moins élevés. Ils sont, par exemple, de 100 000 F pour les dessins, gravures, estampes, photos, cartes géographiques de plus de 200 ans d'âge, de 350 000 F pour les sculptures, meubles, tapis, tapisseries, jouets, armes, spécimens provenant de collections numismatiques, paléontologiques, minéralogiques ainsi que pour les livres de plus de 100 ans d'âge et les moyens de transport de plus de 75 ans d'âge et les moyens de transport de plus de 75 ans d'âge, de 1 000 000 F pour les tableaux de plus de 50 ans d'âge.

Certaines catégories sont délibérément interdites à l'exportation sans certificat : objets archéologiques, parties de monuments historiques, incunables et manuscrits, archives de plus de 50 ans d'âge. Les autres objets en dessous des seuils définis peuvent circuler librement dans la CEE, mais pour l'exportation de ces biens vers un état n'appartenant pas à la CEE, une déclaration en douane reste nécessaire.

Où s'adresser pour obtenir le certificat attestant qu'un objet d'art n'a pas le caractère de « trésor national » ?

Nouvelle complication... les bureaux compétents dépendent de la nature de l'objet en question. On s'adressera, par exemple, à la Direction des musées de France pour les dessins, tableaux, sculptures, spécimens de collection, véhicules de plus de 75 ans d'âge; à la direction du livre, pour les livres de plus de 100 ans d'âge, les gravures, estampes, cartes géographiques anciennes, photos, etc. ; à la Direction des archives de France pour les archives de toute nature comportant des éléments de plus de 50 ans d'âge; enfin à la Direction du patrimoine pour les objets archéologiques et découvertes sous-marines. Ces services délivrent des formulaires assortis d'une notice explicative.

Pour tout renseignement sur les seuils, les classements par catégories, et les bureaux de douane, il faut s'adresser à la Direction des musées de France, 6, rue des Pyramides, 75001 Paris, tél. : 40.15.34.16 ou à la Direction du Patrimoine, 3, rue de Valois, 75001 Paris, tél. : 40.15.87.32. Voir en annexe, page 406, les adresses des divers organismes compétents.

Est-il possible d'obtenir une exportation temporaire d'un bien culturel considéré comme un « trésor national » ?

Oui, à titre exceptionnel et dans les cas suivants : pour une manifestation culturelle; pour une restauration; pour une expertise ou une étude; pour un dépôt dans une collection publique. Dans ces divers cas, l'autorisation de sortie doit être demandée au ministère de la culture, ou à l'une des directions indiquées plus haut, selon la nature du bien culturel en question (voir adresses p. 406).

Quelles sont les modalités d'exportation des œuvres d'art pour les divers pays de la Communauté européenne ?

• **Belgique et Luxembourg :** autorisation d'exportation pour les œuvres de plus de cent ans d'âge ou dont les auteurs sont décédés depuis plus de cinquante ans. L'autorisation ne peut être refusée que dans des cas exceptionnels (dommage grave au patrimoine national). Pas de procédure spéciale de contrôle au moment de l'exportation. Au Luxembourg, les licences sont présumées accordées si l'administration n'a pas répondu dans un délai de un mois.

• **Allemagne :** autorisation du ministère de l'Intérieur nécessaire seulement pour des œuvres majeures, enregistrées dans les Länder et auprès de l'État fédéral. Il faut produire à la sortie une déclaration du service culturel du Land d'origine attestant qu'il peut être procédé à l'exportation. Régime libéral dans la pratique.

• **Irlande :** licence d'exportation du ministère de l'Éducation nécessaire pour tout objet archéologique ainsi que pour les documents et les tableaux de plus de cent ans d'âge. Le régime d'application est, dans les faits, libéral; la procédure aussi.

• **Pays-Bas :** une déclaration de non-opposition du ministère de la Culture doit être fournie pour l'exportation de tableaux d'une valeur supérieure à 20 000 florins et supérieure à 80 000 florins pour les autres œuvres d'art et antiquités (soit 60 000 FF et 240 000 FF). Régime libéral et d'application facile. Pas de problème de délai pour l'obtention des déclarations de non-opposition.

• **Royaume-Uni :** les exportations doivent être autorisées par le Département du Commerce pour les œuvres ou les objets de plus de cinquante ans d'âge et d'une valeur supérieure à 16 000 livres (environ 160 000 FF). Les objets de moins de cinquante ans d'âge et de moins de 16 000 livres peuvent être exportés librement dans le cadre d'une *« open general export licence »*.

Une licence spéciale est prévue pour les objets d'archéologie. À noter, pour les œuvres ou les objets comportant le portrait d'un personnage important de l'histoire anglaise et d'une valeur supérieure à 2 000 livres, la nécessité d'un certificat de la National Portrait Gallery. L'État dispose d'un droit de préemption. Dans la pratique, régime libéral.

• **Danemark :** en principe, pas de restriction à l'exportation.

• **Espagne :** autorisation expresse et préalable de l'administration pour les œuvres et les objets de plus de cent ans d'âge ainsi que pour les biens inscrits dans l'Inventaire général.

Interdiction d'exportation des œuvres déclarées d'intérêt culturel, ou interdites d'exportation par l'administration. L'administration dispose d'un droit de préemption peu favorable aux exportateurs.

Le certificat de la Direction générale des Beaux-Arts autorisant l'exportation doit être joint à l'œuvre lors de l'exportation (délai d'obtention : 2 mois plus 1 mois ; le défaut de réponse de l'administration vaut refus). Régime strict, sortie difficile.

• **Italie :** à l'exception des œuvres d'artistes vivants et des productions de moins de cinquante ans d'âge, toutes les exportations sont soumises à licence (délai de 3 à 6 mois), quelle que soit leur valeur.

Les critères d'interdiction de sortie sont vagues et étendus (les textes font référence à un « intérêt artistique, historique, archéologique ou ethnologique », sans que soit invoqué l'intérêt national). L'administration dispose d'un droit de préemption. Système rigoureux.

• **Grèce :** toute œuvre antérieure à 1830 est classée d'office et donc interdite à l'exportation. Cela couvre en particulier les œuvres antiques, médiévales et byzantines. Un accord de l'administration est nécessaire, sauf pour les œuvres de faible valeur. Régime strict.

• **Portugal :** le principe est l'interdiction de toute exportation des œuvres d'art ancien, sauf autorisation exceptionnelle. Toute vente à l'exportation doit faire l'objet d'une déclaration préalable permettant à l'État de faire usage de son droit de préemption.

Que faut-il en conclure ?

Globalement les pays du Nord (Grande-Bretagne, Danemark, Hollande, Allemagne, Irlande, Belgique, Luxembourg) ont des procédures de contrôles plutôt libérales. Les pays du Sud (Italie, Grèce, Espagne, Portugal) ont une politique restrictive qui tend à retenir les biens artistiques considérés comme trésors nationaux. La France se prétend d'esprit libéral, mais oppose à la circulation des œuvres d'art, une réglementation compliquée difficilement applicable.

Si vous partez à l'étranger, avec l'idée d'effectuer des achats importants, mettez-vous déjà en rapport avec un transporteur spécialisé et demandez-lui les coordonnées de ses correspondants dans votre pays de destination.

Lors des transactions, faites clairement préciser sur la facture l'âge et la valeur de l'objet, et à toutes fins utiles, demandez au vendeur qu'il vous garantisse que l'objet ne tombe pas sous le coup d'une prohibition d'exportation.

Quelles sont finalement les limites de la libre circulation des œuvres d'art dans la Communauté européenne ?

Le principe de la libre circulation entre pays de la Communauté, instauré par les articles 30 et 34 du traité de Rome, connaît une exception importante pour certains biens artistiques considérés comme « trésors nationaux ».

L'article 36 de ce même traité admet, comme nous l'avons vu, des interdictions d'exportation pour les œuvres particulièrement représentatives du génie national. Mais ces interdictions tolérées ne peuvent être invoquées comme un prétexte arbitraire pour contourner le principe de la liberté du commerce entre les États membres.

La notion de « trésor national » n'est malheureusement pas définie dans le traité, si bien que la marge d'interprétation varie d'un pays à l'autre. C'est ainsi que la France a prétendu s'opposer à la sortie d'une sculpture antique ou d'un vase chinois du XIVe siècle entré depuis longtemps dans ses collections. Il est difficile de soutenir qu'il s'agisse là de trésors nationaux. En cas de contestation, la Haute Cour de justice européenne pourrait se prononcer sur l'interprétation de la notion de trésor national.

Qu'en serait-il si la Grèce continuait à revendiquer les frises de marbre du Parthénon enlevées par lord Elgin et toujours détenues par le British Museum ? La question est posée...

ANNEXES

Textes de référence

Décret du 3 mars 1981

Les définitions des œuvres et des objets d'art sont d'une importance primordiale pour toute transaction sur le marché de l'art. Elles font l'objet d'un décret du 3 mars 1981 sur la répression des fraudes en matière de transactions d'œuvres d'art et d'objets de collection, élaboré par le ministère de la Culture et de la Communication.

Art. 1er. – Les vendeurs habituels ou occasionnels d'œuvres d'art ou d'objets de collection ou leurs mandataires, ainsi que les officiers publics ou ministériels procédant à une vente publique aux enchères doivent, si l'acquéreur le demande, lui délivrer une facture, quittance, bordereau de vente ou extrait du procès-verbal de la vente publique contenant les spécifications qu'ils auront avancées quant à la nature, la composition, l'origine et l'ancienneté de la chose vendue.

Art. 2. – La dénomination d'une œuvre ou d'un objet, lorsqu'elle est uniquement et immédiatement suivie de la référence à une période historique, un siècle ou une époque, garantit l'acheteur que cette œuvre ou objet a été effectivement produit au cours de la période de référence.

Lorsqu'une ou plusieurs parties de l'œuvre ou objet sont de fabrication postérieure, l'acquéreur doit en être informé.

Art. 3. – À moins qu'elle ne soit accompagnée d'une réserve expresse sur l'authenticité, l'indication qu'une œuvre ou un objet porte la signature ou l'estampille d'un artiste entraîne la garantie que l'artiste mentionné en est effectivement l'auteur.

Le même effet s'attache à l'emploi du terme « par » ou « de » suivi de la désignation de l'auteur.

Il en va de même lorsque le nom de l'artiste est immédiatement suivi de la désignation ou du titre de l'œuvre.

Art. 4. – L'emploi du terme « attribué à » suivi d'un nom d'artiste garantit que l'œuvre ou l'objet a été exécuté pendant la période de production de l'artiste mentionné et que des présomptions sérieuses désignent celui-ci comme l'auteur vraisemblable.

Art. 5. – L'emploi des termes « atelier de » suivis d'un nom d'artiste garantit que l'œuvre a été exécutée dans l'atelier du maître cité ou sous sa direction.

La mention d'un atelier est obligatoirement suivie d'une indication d'époque dans le cas d'un atelier familial ayant conservé le même nom sur plusieurs générations.

Art. 6. – L'emploi des termes « école de » suivis d'un nom d'artiste entraîne la garantie que l'auteur de l'œuvre a été l'élève du maître cité, a notoirement subi son influence ou bénéficié de sa technique. Ces termes ne peuvent s'appliquer qu'à une œuvre exécutée du vivant de l'artiste ou dans un délai inférieur à cinquante ans après sa mort.

Lorsqu'il se réfère à un lieu précis, l'emploi du terme « école de » garantit que l'œuvre a été exécutée pendant la durée d'existence du mouvement artistique désigné, dont l'époque doit être précisée et par un artiste ayant participé à ce mouvement.

Art. 7. – Les expressions « dans le goût de », « style », « manière de », « genre de », « d'après », « façon de », ne confèrent aucune garantie particulière d'identité d'artiste, de date de l'œuvre, ou d'école.

Art. 8. – Tout fac-similé, surmoulage, copie ou autre reproduction d'une œuvre d'art ou d'un objet de collection doit être désigné comme tel.

Art. 9. – Tout fac-similé, surmoulage, copie ou autre reproduction d'une œuvre d'art originale au sens de l'article 71 de l'annexe III du Code général des impôts, exécuté postérieurement à la date d'entrée en vigueur du présent décret, doit porter de manière visible et indélébile la mention « Reproduction ».

Art. 10. – Quiconque aura contrevenu aux dispositions des articles 1er et 9 du présent décret sera passible des amendes prévues pour les contraventions de la cinquième classe.

Article 278 septies

La loi de finances pour 1992 (n° 91-1322 du 30 décembre 1991), *J.O.* du 31.12.91, a intégré un nouvel article dans le Code général des impôts ainsi rédigé :

Art. 278 septies. – Jusqu'au 31 décembre 1992, la taxe sur la valeur ajoutée est perçue au taux de 5,5 % en ce qui concerne les opérations d'achat, de vente, de livraison, d'importation, de commission, de courtage ou de façon portant sur les œuvres d'art originales dont la définition est fixée par décret.

Décret du 23 décembre 1991

Le décret n° 91-1326 du 23 décembre 1991 pris en application du 3 du I de l'article 4 de la loi n° 91-716 du 26 juillet 1991 est relatif à la définition des œuvres d'art originales visées à l'article 291 du Code général des impôts. Il risque d'être modifié à la demande des professionnels.

Art. 1er. – Pour l'application des dispositions du 9 du II de l'article 291 du Code général des impôts, sont considérées comme œuvres d'art originales les réalisations ci-après :

1. Tableaux, peintures, dessins, aquarelles, gouaches, pastels, monotypes, entièrement exécutés de la main de l'artiste;
2. Gravures, estampes et lithographies, tirées en nombre limité directement de planches entièrement exécutées à la main par l'artiste, quelle que soit la matière employée;
3. À l'exclusion des articles de bijouterie, d'orfèvrerie et de joaillerie, productions en toutes matières de l'art statuaire ou de la sculpture et assemblages, dès lors que ces productions et assemblages sont exécutés entièrement de la main de l'artiste; fontes de sculpture à tirage limité à huit exemplaires et contrôlé par l'artiste ou ses ayants droit;
4. Tapisseries tissées entièrement à la main, sur métier de haute ou de basse lisse, ou exécutées à l'aiguille, d'après maquettes ou cartons d'artistes et dont le tirage, limité à huit exemplaires, est contrôlé par l'artiste ou ses ayants droit;
5. Exemplaires uniques de céramique, entièrement exécutés de la main de l'artiste et signés par lui;
6. Émaux sur cuivre, entièrement exécutés à la main, dans la limite de huit exemplaires numérotés et comportant la signature de l'artiste ou de l'atelier d'art, à l'exclusion des articles de bijouterie, d'orfèvrerie et de joaillerie;

7. Photographies dont les épreuves sont exécutées soit par l'artiste, soit sous son contrôle ou celui de ses ayants droit et sont signées par l'artiste ou authentifiées par lui-même ou ses ayants droit, et numérotées dans la limite de trente exemplaires tout formats et supports confondus. Toute épreuve posthume doit être indiquée comme telle au dos de façon lisible.

Écoles et formations

IESA, Institut d'Études Supérieures des Arts :
111, rue du Faubourg St-Honoré, 75008. Tél : 42.25.23.57.
Enseignement sur trois ans alliant savoir théorique et approche concrète de l'œuvre d'art. Directeurs : Jean-Marie et Françoise SCHMITT.

ICART, Institut Supérieur des Carrières artistiques :
53, rue de l'Abbé Carton, 75014. Tél. : 45.39.72.01.
Études supérieures de négoce et de communication dans l'art. Directeur : Denis HUISMAN.

EAC, École d'Art et de Communication :
12, rue de La Boétie, 75008. Tél. : 42.66.03.10.
Université européenne d'art et de communication. Directrice : Claude VIVIER.

ESIAG, École Supérieure Internationale d'Art et de Gestion :
334, rue de Vaugirard, 159 rue Blomet 75015. Tél. : 48.42.45.08.
Enseignement de la gestion des entreprises culturelles et artistiques.

EEAA, École Européenne des Antiquaires et Amateurs d'Art :
2-4, Cité de l'Ameublement, 75011. Tél. : 43.72.69.02.
École pratique de formation au métier d'antiquaire.

IDETH, Institut d'Études Techniques et Historiques des objets d'art :
11, rue Saint-Simon, 78000 Versailles. Tél. : 39.49.58.78.
Formation générale et supérieure aux métiers d'art. Préparation aux métiers de l'audiovisuel.

IPST, Institut de la Promotion Supérieure du Travail :
39, allée Jules Guesde, 31000 Toulouse. Tél. : 61.53.02.35.
Formation théorique et pratique au marché de l'art et des antiquités.

IPA, Initiation aux Pratiques Artistiques :
8, rue P. et V. Billaud, 17200 Royan. Tél. : 46.05.46.99.
Stages intensifs de connaissance des meubles et de dépistage des faux.

Principaux centres d'antiquités, marchés aux puces, salons et foires d'antiquaires

Principaux centres d'antiquités

PARIS

Le Village Suisse
78, avenue de Suffren, 54, avenue La Motte-Picquet (75015). 150 antiquaires généralistes et spécialistes. Sauf mardi et mercredi.
Le Louvre des Antiquaires
2, place du Palais-Royal (75001). 250 boutiques dans un décor luxueux. Sauf lundi.
Le Village Saint-Paul (75004)
70 boutiques dans le pittoresque quartier du Marais, au carrefour de la rue Saint-Paul et de la rue Charlemagne. Sauf dimanche et lundi.
Le Carré Rive Gauche (75007)
Entre le quai Voltaire et la rue des Saints-Pères, en passant par la rue de Beaune, qui recoupe la rue de Lille et la rue de Verneuil. 120 antiquaires et galeries d'art présentent 2 km de vitrines : toute l'antiquité de grande qualité, de l'archéologie aux Arts déco, avec de nombreux experts et spécialistes parmi les plus réputés. Sauf dimanche.
Les Antiquaires au Bon Marché
38, rue de Sèvres (75007). 30 boutiques de meubles et de bibelots. Un groupement d'antiquaires traditionnels dans le plus ancien des grands magasins. Sauf dimanche.
Le Triangle Rive Droite (75008)
Entre l'avenue Matignon, le faubourg Saint-Honoré et leurs alentours. Une trentaine d'antiquaires parmi les meilleurs pour les meubles classiques de haute qualité, et de nombreuses galeries d'art célèbres. Sauf dimanche.

La Cour aux Antiquaires
54, rue du Faubourg-Saint-Honoré (75008). Une vingtaine de généralistes et spécialistes. Meubles et objets raffinés, bijoux, art russe. Sauf dimanche.
La Halle d'Auteuil
13, avenue Théophile-Gautier (75016). Une dizaine de boutiques de charme et un restaurant sympathique. Déballage sur le trottoir le premier samedi du mois : les petites puces du 16e arrondissement. Sauf dimanche et lundi.

PROVINCE

Aix-en-Provence (13)
Le Village des Antiquaires
Sur la RN7 à 7 km d'Aix vers Avignon. Antiquités, brocante, décoration.

Beaune (21)
Le Village des Antiquaires
21, boulevard Saint-Jacques. Bons spécialistes des meubles XVIIIe. Bibelots, livres anciens.

Bordeaux (33)
La Cité des Antiquaires
282, avenue Thiers. Une vingtaine d'antiquaires compétents dans un cadre moderne.

Lille (59)
Marché de la Treille
23 et 25, rue des Chats-Bossus. Une quarantaine de bons généralistes et spécialistes. Meubles régionaux, curiosités.

Limoges (87)
Le Marché Brousseau
8, rue Brousseau. Une trentaine de bons professionnels toutes spécialités. Samedi, dimanche et lundi.

Lyon (69)
La Cité des Antiquaires
117, boulevard Stalingrad. 150 boutiques dans un cadre moderne. Bons antiquaires classiques et spécialistes. Jeudi, samedi et dimanche matin.
Le Marché Auguste Comte
Une dizaine d'antiquaires groupés dans la rue du même nom qui compte elle-même une cinquantaine d'antiquaires réputés. Sauf dimanche.

Nice (06)
La Promenade des Antiquaires
7, promenade des Anglais. 25 boutiques luxueuses, bons spécialistes de l'argenterie, de l'Extrême-Orient, des curiosités de marine et de l'art moderne.
Le Marché Ségurane
Rue Ségurane et rue de Foresta. Une vingtaine d'antiquaires traditionnels : curiosités, livres, tableaux.

Rouen (76)
Les Antiquaires de la rue Damiette
Meubles et objets normands, meubles classiques, estampes, faïences, curiosités. Sauf dimanche.

Tours (37)
Les Antiquaires de la rue de la Scellerie
Meubles, bibelots, poupées, livres.

Principaux marchés aux puces

PARIS

Désormais ouvert dès le vendredi à l'aube et jusqu'au lundi, **le marché aux puces de Saint-Ouen** compte actuellement neuf centres principaux groupés entre l'avenue Michelet et la rue Jules-Vallès. Un centre d'information, 154, rue des Rosiers, facilitera vos recherches, parmi plus de 2 000 stands et boutiques.

Le Marché Vernaison : le berceau des Puces, est aussi le plus vaste. On y trouve des meubles de tout genre, plus ou moins anciens.
Le Marché Paul-Bert : ouvert en 1946 sur un terrain en partie réservé aux brocanteurs spoliés sous l'Occupation, est l'un des plus actifs où toutes les spécialités sont représentées.
Le Marché Biron : qu'on appelle le « faubourg Saint-Honoré des Puces ». Meubles classiques soignés, meubles anglais, meubles régionaux, bronzes, lustres, tableaux, gravures, verrerie.
Le Marché Cambo : créé en 1972, se trouve tout à côté du marché Biron qu'il tend à imiter. Il a l'avantage d'être installé dans un bâtiment couvert.
Le Marché Jules-Vallès (7-9, rue Jules Vallès) : un petit marché dans la rue du même nom, où l'on trouve des livres, des affiches, des horloges comtoises, des automates et des pendules. Il est menacé de disparition, mais tient bon.
Le Marché Malik (53, rue Jules Vallès) : devenu depuis quelques années le grand centre des nippes en tout genre, des jupons de la Belle Époque aux blue-jeans, des bottes aux chapeaux de cow-boy.
Le Marché des Rosiers (3, rue Paul-Bert) : on y trouve un peu de tout, notamment du 1900, 1925, 1960.
Le Marché des Malassis (142, rue des Rosiers) : ouvert en 1989, regroupe 250 marchands dans un cadre moderne. Chine traditionnelle et parking.
Le Marché Dauphine (140, rue des Rosiers) : le dernier-né des marchés aux puces, ouvert en 1991 dans des structures de verre et de métal avec près de 300 marchands, venus pour la plupart des autres marchés.

D'autres marchés aux puces sont implantés à proximité du Boulevard périphérique, notamment à la **porte de Vanves** dans le prolongement de la rue Didot, et à la **porte de Montreuil**. C'est le royaume des ferrailleurs et des brocanteurs les moins fortunés de la profession, qui étalent sur les trottoirs la « drouille » de dernière qualité. Ce qui n'empêche pas d'y faire parfois des trouvailles.

Enfin **le Marché d'Aligre**, dans le 12e arrondissement, regroupe, en lisière du faubourg Saint-Antoine, une vingtaine de brocanteurs en tout genre dont beaucoup de marchands d'habits, de nippes et de dentelles anciennes.

PROVINCE

On trouve des marchés aux puces hebdomadaires dans les villes suivantes et aux jours suivants :

Aix-en-Provence (13) : mardi, jeudi, samedi.
Antibes (06) : jeudi, samedi. Place de Verdun.
Bordeaux (33) : tous les jours, sauf samedi. Saint-Michel.
Cannes (06) : samedi sur les Allées.
Clermont-Ferrand (63) : dimanche matin. Gare routière.
Grenoble (38) : dimanche. Rue de Stalingrad.
Limoges (87) : samedi, dimanche, lundi. Rue Brousseau.
L'Isle-sur-la-Sorgue (84) : samedi, dimanche.
Marseille (13) : vendredi, samedi, dimanche. Madrague.
Nantes (44) : samedi matin. Place Viarme.
Nice (06) : lundi. Cours Saleya.
Nîmes (30) : lundi, mercredi.
Orléans (45) : samedi matin.
Perpignan (66) : dimanche matin. Parc Attractions.
Strasbourg (67) : mercredi, samedi. Vieil hôpital.
Saint-Tropez (83) : mardi, samedi matin. Place des Lices.
Toulouse (31) : samedi, dimanche. Place Saint-Sernin.
Vaux-en-Velin (69) : samedi et dimanche matin.
Villefranche (06) : dimanche.

Et quelques marchés aux puces mensuels importants :

Annonay (07) : deuxième dimanche. Place de la Libération.
Annecy (74) : dernier samedi. Vieille Ville.
Chartres (28) : quatrième dimanche, lundi. Place Saint-Pierre.
Clermont-Ferrand (63) : premier samedi. Place du 1er-Mai.
Marseille (13) : deuxième dimanche. Cours Julien.
Ollioules (83) : deuxième dimanche. Marché floral.
Reims (51) : premier dimanche. Parc Expositions.
Seine-Port (77) : premier dimanche.
Toulon (83) : troisième dimanche. Sainte-Musse.
Valence (26) : premier dimanche. Place Belat.

Principaux salons et foires d'antiquaires

Mi-janvier : Versailles (78), Bordeaux (33), Strasbourg (67), Orange (84), Paris, (hippodrome d'Auteuil).
Fin janvier : Grenoble (38), Nogent-sur-Marne (94).
Début février : Bordeaux-Lac (33), Paris (Porte Champerret, 75017).
Mi-février : Neuilly-sur-Seine (92).
Début mars : Chatou (78), Brest (29).
Pâques : Antibes (06), Biarritz (64).
Début avril : Paris (cirque d'Hiver).
Fin avril-début mai : Montpellier (34).
Début mai : Dijon (21).
Fin mai-début juin : Paris (avenue du Maine), Tournus (71).
Début juin : Paris (place Saint-Sulpice), Caen (14).
Mi-juillet : Cannes (06).
Fin juillet : Apt (84).
Fin juillet-début août : Biennale de Monaco, années impaires.
Mi-août : Barjac (30).
Fin août : Annecy (74), Saint-Tropez (83).
Début septembre : Bar-le-Duc (55).
Fin septembre : Chatou (78), Paris (parc floral de Vincennes).
Fin septembre-début octobre : Paris, Biennale au Grand Palais (années paires).
Début octobre : Rouen (76), Paris (boulevard Blanqui).
Mi-octobre : Colmar (68).
Fin octobre : Marseille (13), Lyon (69), Paris (Porte Champerret).
Début novembre : Toulouse (31), Le Touquet (62), Paris (jardins du Trocadéro et quai Branly).
Mi-novembre : Reims (51).
Fin novembre : Metz (57), Enghien-les-Bains (95), Boulogne-sur-Seine (92).
Début décembre : Nîmes (30), Chambéry (73), Clermont-Ferrand (63).
Fin décembre : Cannes (06).

Hôtels des ventes et autres lieux de ventes publiques à Paris

Hôtels des ventes

La Compagnie des commissaires-priseurs parisiens dispose aujourd'hui de quatre lieux de vente différents et très spécialisés : Drouot-Richelieu, Drouot-Nord, Drouot-Véhicules et Drouot-Montaigne.

• **Drouot-Richelieu :** on y vend surtout des tableaux, des meubles et des objets d'art.
9, rue Drouot, 75009 Paris. Tél. : (1) 48.00.20.20. Fax : 48.00.20.33.
Ouvert du lundi au samedi, de 11 h à 18 h.
Entrée du public : 9, rue Drouot.
Livraison des objets : 6, rue Rossini, 75009.
Parking public : ouvert 24 heures sur 24 (400 places). Entrée : 12, rue Chauchat, 75009.

• **Drouot-Nord :** spécialisé dans les ventes courantes et objets usuels, mobilier de bureau, saisies de faillites, etc.
64, rue Doudeauville, 75018 Paris. Tél. : (1) 48.00.20.99.
Ouvert le matin de 8 h 45 à 12 h 30.
Livraison des objets : 22-25, rue d'Oran, 75018.
Parking public : 80 places. Entrée : 23, rue d'Oran, 75018.

• **Drouot-Montaigne :** installé dans une partie du théâtre des Champs-Élysées. Est réservé aux ventes de prestige.
15, avenue Montaigne, 75008 Paris. Tél. : (1) 48.00.20.80. Fax : 48.00.20.86.

• **Drouot-Véhicules :** deux adresses :
– 17, rue de la Montjoie, 93210 La Plaine-Saint-Denis. Tél. : 48.00.20.81.

Ventes tous les mardis à 14 h.
– 30, rue des Fillettes, 93300 Aubervilliers.
Ventes tous les jeudis à 14 h, et le premier vendredi de chaque mois à 14 h pour les véhicules utilitaires.
Pour tous renseignements, tél. : 48.00.20.90.
Les expositions ont lieu le matin même de la vente, de 10 h à 12 h.

Autres lieux de ventes publiques à Paris

• **Hôtel des ventes du Crédit municipal de Paris :** les ventes ont lieu trois fois par semaine, généralement les lundi, mercredi et vendredi à 10 h 30. Soit par spécialités (bijoux, argenterie...), soit par objets divers, meubles, tableaux...

55, rue des Francs-Bourgeois, 75004 Paris. Tél. : (1) 42.71.25.43. Fax : 42.71.06.56.

• **Salle des ventes des Domaines :**

Objets et bibelots : 17, rue Scribe, 75009 Paris. Tél. : 44.94.78.00.

Véhicules, matériaux divers : 87, boulevard Félix-Faure, 93307 Aubervilliers. Tél. : 48.33.54.21.

• **Auctioneers à Paris :** les principales entreprises anglo-saxonnes de ventes aux enchères sont représentées à Paris.

– **Sotheby's :** 3, rue de Miromesnil, 75008 Paris. Tél. : 42.66.40.60.

– **Christie's :** 68, rue de l'Université, 75007 Paris. Tél. : 45.44.16.30.

– **Phillips :** 38, rue de Penthièvre, 75008 Paris. Tél. : 45.62.76.66.

Formalités douanières Adresses utiles

• Demande de certificats d'exportation :

- Direction des archives de France (DAF)
60, rue des Francs-Bourgeois
75003 Paris
Tél. : (1) 40 27 67 07

- Direction du livre et de la lecture (DLL)
27, avenue de l'Opéra
75001 Paris
Tél. : (1) 40 15 74 57

- Centre national de la cinématographie
12, rue de Lübeck
75784 Paris Cedex 16
Tél. : (1) 44 34 38 57

- Direction des musées de France (DMF)
Bureau du mouvement des œuvres et de l'inventaire
6, rue des Pyramides
75001 Paris
Tél. : (1) 40 15 34 66

- Direction du patrimoine (DP)
3, rue de Valois
75042 Paris Cedex 01
Tél. : (1) 40 15 87 32

En les contactant, vous recevrez un formulaire accompagné d'une notice explicative que vous pourrez ensuite renvoyer à la direction concernée.
Les autorités administratives se chargeront alors de faire instruire votre dossier par les autorités scientifiques compétentes. Sachez qu'elles peuvent exiger la présentation matérielle du bien dans leurs locaux. À Paris, ce local est situé au 11, rue Léon-Jouhaux dans le 10ᵉ arrondissement. En province, le lieu vous sera indiqué par le service en charge de votre dossier.

• Bureaux de douanes spécialisés pour l'exportation de biens culturels :

- Bordeaux
1, quai de la Douane
BP 60
33024 Bordeaux Cedex
Tél. : 57 81 03 60

- Lyon
41, rue Sala
BP 2353
69215 Lyon Cedex 02
Tél. : 78 42 01 76

- Marseille
2, rue Henri Barbusse
13241 Marseille Cedex 01
Tél. : 91 91 50 91

- Nantes
15, quai Ernest Renaud
BP 702
44027 Nantes Cedex 04
Tél. : 40 73 52 15

- Paris
238, quai de Bercy
Bâtiment H1
75572 Paris Cedex 12
Tél. : (1) 40 01 02 06

- Strasbourg
4, quai Kléber
67056 Strasbourg Cedex
Tél. : 88 76 42 24 poste 40 11

Les commissaires-priseurs de France

PROVINCE

80100 ABBEVILLE
RASKIN – TAILLEUR
PLACE DE LA GARE
(1) 40.51.78.38

47000 AGEN
MISEREY
462, AV. DU Dr JEAN-BRU
53.66.10.92

13090 AIX-EN-PROVENCE
HOURS Georges – HOURS Robert
DE VALAURIE, SCP[1]
CHEMIN DE LA VIERGE-NOIRE
42.64.02.37 • Fax 42.59.29.12

81000 ALBI
JOANNY
14, RUE BERNARD-DE-CASTANET
63.38.03.05 • Fax 63.47.18.38

61000 ALENÇON
CORD – BIGET, SCP
19, RUE ODOLANT-DESNOS
33.32.00.02

80000 AMIENS
LERUSTE – GUFFROY, SCP
17, RUE DE LA RÉPUBLIQUE
22.91.54.64 • Fax 22.92.77.66

49100 ANGERS
BRANGER, SCP
12, RUE DES ARÈNES
41.88.63.89 • Fax 41.81.03.07

49100 ANGERS
COURTOIS
52, RUE DU MAINE
41.60.55.19 • Fax 41.60.86.34

16000 ANGOULÊME
GÉRARD-TASSET – JUGE, SCP
14, REMPART DE L'EST
45.92.14.63 • Fax 45.38.41.71

74000 ANNECY
TEULERE
93, BOULEVARD DU FIER
50.57.25.05 • Fax 50.57.42.61

07100 ANNONAY
BLANC
32, RUE SADI-CARNOT
75.67.70.60 • Fax 75.37.26.83

06600 ANTIBES
CONSEIL
8, AVENUE PASTEUR
93.34.08.52

61200 ARGENTAN
AUDHOUI
11, RUE GEORGES-MEHEUDIN
33.67.09.96 • Fax 33.36.27.17

95100 ARGENTEUIL
RÉGIS – THIOLLET, SCP
19, RUE DENIS-ROY
39.61.01.50 • Fax 39.61.34.77

13200 ARLES
HOLZ
26, RUE JEAN-LE-BAS
90.49.84.70 • Fax 90.93.89.41

59280 ARMENTIÈRES
CELISSE
6, RUE MARCHÉ-AUX-TOILES
20.77.21.91

62000 ARRAS
CATTEAU – LAMART-CATTEAU, SCP
7, RUE ÉMILE-LEGRELLE
21.71.57.16

13400 AUBAGNE
GERMAIN
22, AVENUE JEANNE-D'ARC
42.03.80.36 • Fax 42.03.84.60

32000 AUCH
BRISCADIEU
129, RUE VICTOR-HUGO
62.05.41.20 • Fax 62.05.91.58

56400 AURAY *
GUIGNARD
97.21.22.98 • Fax 97.21.91.61

15000 AURILLAC
JALENQUES
37, AVENUE ARISTIDE-BRIAND
71.48.08.23 • Fax 71.64.86.72

71400 AUTUN
DUFRECHE
6, RUE PERNETTE
85.52.01.43 • Fax 85.86.33.11

89000 AUXERRE
SINEAU
21, RUE PIERRE-LAROUSSE
86.52.17.98 • Fax 86.51.66.74

21130 AUXONNE
DROIN
2 BIS, RUE CARNOT
80.31.14.45 • Fax 80.31.48.41

84000 AVIGNON
DESAMAIS
2, RUE DU REMPART-ST-LAZARE
90.86.35.35 • Fax 90.86.67.61

50300 AVRANCHES
POULAIN
RUE NATIONALE
33.58.08.34 • Fax 33.58.42.48

55000 BAR-LE-DUC
VAXELAIRE
40, QUAI VICTOR-HUGO
29.79.20.64 • Fax 29.79.65.71

10200 BAR-SUR-AUBE *
POMEZ – BOISSEAU
53, RUE GÉNÉRAL-DE-GAULLE
25.73.34.07 • Fax 25.73.14.39

1. SCP : société civile professionnelle
* Bureau annexe

14400 BAYEUX
HAVARD – BAILLEUL, SCP
7, RUE DES BOUCHERS
31.92.04.47 • Fax 31.92.21.27

64100 BAYONNE
CARAYOL
22, AVENUE DUBROCQ
59.59.88.73 • Fax 59.24.35.82

21200 BEAUNE
HERRY
23, RUE RICHARD
80.22.28.87 • Fax 80.24.70.58

60000 BEAUVAIS
LUEZ
103, RUE DE LA MADELEINE
44.45.04.71

90000 BELFORT
GAUTHIER
29, AVENUE WILSON
84.28.00.71 • Fax 84.55.05.85

24100 BERGERAC
BIRABEN
82, RUE POZZI
53.58.57.51 • Fax 53.57.16.67

27300 BERNAY
VICAT
1, ROUTE D'ORBEC
32.43.47.41 • Fax 32.44.00.03

25000 BESANÇON
PERETZ
11, RUE DE L'ÉGLISE
81.80.37.37 • Fax 81.53.41.90

25000 BESANÇON
RENOUD-GRAPPIN
13, RUE PASTEUR
81.82.14.14

62400 BÉTHUNE
DUHAMEL
AVENUE FERME-DU-ROY
21.57.63.18 • Fax 21.01.07.81

34500 BÉZIERS
BAUER-ABRAHAM
59, AVENUE WILSON
67.62.20.14 • Fax 67.76.04.47

64200 BIARRITZ *
CARAYOL
6, RUE DU CENTRE
59.24.21.88 • Fax 59.24.35.82

41000 BLOIS
POUSSE-CORNET
7, RUE DE SIGNEULX
54.78.45.58 • Fax 54.78.68.01

76210 BOLBEC
HERMONVILLE
37, RUE GAMBETTA
35.31.06.53 • Fax 35.39.95.63

33300 BORDEAUX
COURAU – DUBOURG
DUVAL Jacques – DUVAL Philippe, SCP – RICKLIN – BLANCHY, SCP
136, QUAI DES CHARTRONS
56.43.02.02 • Fax 56.50.40.60

33000 BORDEAUX
TOLEDANO
21, COURS DE VERDUN
56.79.24.05 • Fax 56.01.22.65

33100 BORDEAUX
VERGNE – JEAN DIT CAZAUX – DUBERN, SCP
280, AVENUE THIERS
56.32.32.32 • Fax 56.40.92.83

62200 BOULOGNE
PROUVOT
12, RUE DU POT-D'ÉTAIN
21.31.39.51 • Fax 21.87.38.94

01000 BOURG-EN-BRESSE
KOHN
1 bis, RUE DU GÉNÉRAL-DEBENEY
74.23.30.18 • Fax 74.22.10.25

18000 BOURGES
DARMANCIER – HEITZ, SCP
11, RUE FULTON
48.24.02.90

38300 BOURGOIN-JALLIEU *
CHAMPION-GONDRAN – GONDRAN, SCP
6, RUE JOSEPH-SEIGNIER
74.43.80.10 • Fax 74.31.72.15

29200 BREST
THIERRY – MARTIN – LANNON, SCP
26, RUE DU CHÂTEAU
98.44.27.22 • Fax 98.46.23.72

54130 BRIEY
4, AVENUE JOHN-KENNEDY
82.46.15.54

19100 BRIVE
KACZOROWSKI
143, AVENUE DU 8-MAI-1945
55.24.11.12 • Fax 55.74.05.07

14000 CAEN
CONSTANTIN
7, RUE MELINGUE
31.86.08.13

14000 CAEN
DEPREZ
53, RUE DE GEÔLE
31.85.45.54

46000 CAHORS
REY
44, AVENUE JEAN-JAURÈS
65.30.13.80 • Fax 65.23.94.81

62100 CALAIS
PILLON
24, RUE DELAROCHE
21.97.33.76 • Fax 21.96.02.31

59400 CAMBRAI
BERTRAND
26, RUE DES CORDIERS
27.81.20.47 • Fax 27.81.65.61

06400 CANNES
ISSALY, SCP
69, AVENUE FÉLIX-FAURE
93.39.01.35 • Fax 93.68.28.32

06400 CANNES
APPAY – GAIROARD – BESCH, SCP
20, RUE JEAN-JAURÈS
93.38.41.47 • Fax 93.39.33.93

11000 CARCASSONNE
DELEAU
7 bis, RUE J.-J.-ROUSSEAU
68.47.23.29 • Fax 68.47.62.88

81100 CASTRES *
JOANNY
21, RUE DU TRÉSOR
63.59.75.43 • Fax 63.72.17.29

51000 CHÂLONS-SUR-MARNE
CASINI-VITALIS
42, RUE DES MARTYRS-DE-LA-RÉSISTANCE
26.65.83.94 • Fax 26.66.84.40

71100 CHALON-SUR-SAÔNE
BRETAUDIÈRE – DELAPORTE, SCP
9, RUE FÉLIX-RENAUD
85.46.39.98 • Fax 85.43.22.25

73000 CHAMBÉRY
LOISEAU – LAFAURY, SCP
140, RUE MARGERIAZ
79.69.54.81 • Fax 79.96.98.34

08000 CHARLEVILLE-MÉZIÈRES
BAUER
20, RUE D'ALSACE
24.57.42.66 • Fax 24.57.15.44

28000 CHARTRES
LELIÈVRE Jean et Jean-Pierre – MAICHE, SCP
1 bis, PLACE GÉNÉRAL-DE-GAULLE
37.36.04.33 • Fax 37.36.34.71

28200 CHÂTEAUDUN
BULLES
19, RUE DE LA MADELEINE
37.45.15.74 • Fax (1) 46.33.81.15

36000 CHÂTEAUROUX
LANE
5, RUE LEMOINE-LENOIR
54.34.11.06 • Fax 54.34.28.91

02400 CHÂTEAU-THIERRY
HELLMANN-WAGON
17 bis, AVENUE DE SOISSONS
23.83.25.05

86100 CHÂTELLERAULT
VAILLANT
6, RUE COGNET
49.21.28.87 • Fax 49.23.24.54

52000 CHAUMONT
DUVILLIER
3 bis, BOULEVARD THIERS
25.03.12.91 • Fax 25.32.41.52

50100 CHERBOURG
BOSCHER
4, RUE NOYON
33.20.56.98 • Fax 33.20.03.31

37500 CHINON
ALIX
57, RUE DU FBG-SAINT-JACQUES
47.93.12.64

58500 CLAMECY
BOUGARTCHEV
8, RUE DE PRESSURES
86.27.19.00

63000 CLERMONT-FERRAND
AGUTTES – VASSY, SCP
19, RUE DES SALINS
73.93.44.86 • Fax 73.35.54.34

16100 COGNAC
CHAMPION
19, RUE FRANÇOIS-PORCHE
45.82.13.78 • Fax 45.82.07.98

60200 COMPIÈGNE
LOIZILLON
18, RUE DES CORDELIERS
44.40.06.16 • Fax 44.40.01.73

91100 CORBEIL
BONDUELLE – LANCRY, SCP
10, QUAI DE L'ESSONNE
64.96.03.08 • Fax 64.96.06.79

58200 COSNE-SUR-LOIRE
HAUTIN
33, RUE DU 14-JUILLET
86.28.01.97

77120 COULOMMIERS
BAUVE
1, PLACE DU 27-AOÛT
64.03.10.90

50200 COUTANCES
BOUREAU
14, RUE DE L'ÉCLUSE-CHETTE
33.07.07.33

40100 DAX
DONZEAU
171 bis, AV. ST-VINCENT-DE-PAUL
58.74.90.05 • Fax 58.56.15.94

14800 DEAUVILLE *
LE HOUELLEUR
16, RUE GÉNÉRAL-LECLERC
31.88.21.92 • Fax 31.88.65.76

76200 DIEPPE
GIFFARD
10, RUE HOUARD
35.84.10.33

21000 DIJON
SADDE
13, RUE PAUL-CABET
80.66.19.17 • Fax 80.67.81.99

21000 DIJON
LEVITTE
46, RUE DES GODRANS
80.30.59.41

21000 DIJON
DE VREGILLE – BIZOUARD, SCP
44, RUE DE GRAY
80.73.17.64 • Fax 80.74.21.57

39100 DÔLE
MAÇAIGNE
CITÉ BARBEROUSSE
84.72.25.27

59500 DOUAI
DECLERCK Paule – DECLERCK Patrick, SCP
45, RUE DU GOUVERNEMENT
27.88.83.64 • Fax 27.91.86.25

29100 DOUARNENEZ *
THIERRY – MARTIN – LANNON
37, RUE JEAN-JAURÈS
98.92.61.41 • Fax 98.46.23.72

80600 DOULLENS
HERBETTE
19, RUE ANDRÉ-TEMPEZ
22.32.48.48 • Fax 22.77.06.23

83000 DRAGUIGNAN
CHARBIT
PASSAGE DE L'INDUSTRIE
94.68.19.17

28100 DREUX
GRANGER
4, RUE AUX TANNEURS
37.46.04.22 • Fax 37.42.88.97

76480 DUCLAIR
SEGUINET
129, RUE JULES-FERRY
35.37.50.61 • Fax 35.37.71.88

59140 DUNKERQUE
GIRARD
RUE GUSTAVE-DEGANS
28.63.42.69 •Fax 28.63.46.32

76500 ELBEUF
DUPEYROUX
85, RUE DES MARTYRS
35.77.03.81

95580 ENGHIEN
CHAMPIN – LOMBRAIL - GAUTIER SCP
2, RUE DU DOCTEUR-LERAY
34.12.68.16 • Fax 34.12.89.64

51200 ÉPERNAY
PETIT
4, RUE MARCELLIN-BERTHELOT
26.55.23.44 • Fax 26.54.44.08

88000 ÉPINAL
MARQUIS
10, RUE GÉNÉRAL-DE-GAULLE
29.82.54.08 • Fax 29.35.02.75

91150 ÉTAMPES
COLOBERT
5, RUE MAGNE
64.94.02.33 • Fax 69.92.03.41

27000 ÉVREUX
THION
63, RUE ISAMBART
32.33.13.59 • Fax 32.33.46.11

76400 FÉCAMP
WEMAERE
51, RUE JULES-FERRY
35.28.10.84 • Fax 35.28.37.99

77300 FONTAINEBLEAU
OSENAT
5, RUE ROYALE
64.22.27.62 • Fax 64.22.38.94

85200 FONTENAY-LE-COMTE
THELOT
16, RUE SAINT-JEAN
51.69.04.10 • Fax 51.51.06.79

35300 FOUGÈRES *
LIVINEC
7, RUE PIPON
99.31.58.00 • Fax 99.65.52.64

45500 GIEN
RENARD
35, QUAI DE NICE
38.67.01.83 • Fax 38.67.66.50

50400 GRANVILLE
ROBIN
177, RUE JEANNE-JUGAN
33.50.03.91 • Fax 33.90.49.92

06130 GRASSE
VILATTE-FABRE
14, BD MARÉCHAL-LECLERC
93.70.68.53

38000 GRENOBLE
GAUCHER – TOROSSIAN, SCP
6, RUE THIERS
76.46.66.61 • Fax 76.47.21.67

38000 GRENOBLE
BLACHE
15, RUE DE BONNE
76.46.73.66 • Fax 76.87.30.10

23000 GUÉRET
TURPIN
39, RUE FR.-ROOSEVELT
55.52.83.62 • Fax 55.63.33.65

14600 HONFLEUR
DUPUY
7, RUE SAINT-NICOL
31.89.01.06 • Fax 31.89.10.63

36100 ISSOUDUN
FRAYSSE
22, RUE DU PUITS-À-COGNET
54.03.12.28 • Fax 54.03.17.89

89300 JOIGNY
SAUSVERD
34, RUE ARISTIDE-BRIAND
86.62.00.75 • Fax 86.62.49.00

44500 LA BAULE *
DERIGNY *
40.22.39.51 • Fax 40.22.34.65

36400 LA CHÂTRE *
FRAYSSE
54.03.12.28 • Fax 54.03.17.89

72200 LA FLÈCHE
MANSON
5, RUE PAPE-CARPANTIER
43.94.03.81 • Fax 43.94.43.63

61300 L'AIGLE
BLANCHETIÈRE
18, AVENUE MONT-SAINT-MICHEL
33.24.05.11

33210 LANGON *
TOLEDANO
24, RUE LAFARGUE
56.76.87.70 • Fax 56.01.22.65

52200 LANGRES *
DUVILLIER
RUELLE DE LA POTERNE
25.87.35.92 • Fax 25.32.41.52

LANNION *
THIERRY-MARTIN-LANNON, SCP

02200 LAON
MARTIN
RUE ROZE
23.23.47.27

85000 LA ROCHE-SUR-YON
RAYNAUD
31, RUE DE LORRAINE
51.05.29.84 • Fax 51.46.08.21

17000 LA ROCHELLE
LAVOISSIÈRE
PRIOLLAUD
18, RUE SAINT-LOUIS
46.41.13.62 • Fax 46.41.64.91

53000 LAVAL
MOUEZY-HIRET, SCP
21 ter, RUE DES RUISSEAUX
43.53.23.77

53000 LAVAL
DAVEAU
4, RUE DU BRITAIS
43.53.90.82

36300 LE BLANC *
LANE (voir Châteauroux)
54.34.11.06 • Fax 54.34.28.91

76600 LE HAVRE
REVOL, SCP
203, BD DE STRASBOURG
35.21.21.27 • Fax 35.43.24.28

76600 LE HAVRE
LESIEUR – LE BARS, SCP
77, RUE LOUIS-BRINDEAU
35.22.54.52 • Fax 35.21.06.23

72000 LE MANS
BUTANT
RUE DES URSULINES
43.24.47.07

72000 LE MANS
HERVOUIN
20, RUE DE WAGRAM
43.23.36.11 • Fax 43.23.67.31

43000 LE PUY
GARNIER
10, BD DE LA RÉPUBLIQUE
71.09.03.85 • Fax 71.02.26.01

27700 LES ANDELYS
COUSIN
15, RUE SADI-CARNOT
32.54.30.04 • Fax 32.54.46.95

33500 LIBOURNE
DURAND-DEVILDER
2, QUAI DE L'ISLE
57.51.29.80 • Fax 57.25.10.55

59000 LILLE
MERCIER – VELLIET – THULLIER, SCP
14, RUE DES JARDINS
20.06.10.14 • Fax 20.55.64.09

59800 LILLE
DESBUISSON, SCP
2, RUE SAINTE-ANNE
20.06.25.81 • Fax 20.74.49.56

87000 LIMOGES
GALATEAU
5, RUE CRUCHE-D'OR
55.34.33.31 • Fax 55.32.59.65

87000 LIMOGES
ROLLIN
12, RUE DE LA RÉFORME
55.77.60.00 • Fax 55.77.76.78

14100 LISIEUX
LEBRUN
PLACE LE HENNUYER
31.62.12.03

95290 L'ISLE-ADAM
ELKAIM
1, RUE MELLET
34.69.00.63 • Fax 34.69.39.30

39000 LONS-LE-SAUNIER
FENAUX
145, CHEMIN DE LA FERTÉ
84.24.41.78 • Fax 84.24.81.52

56100 LORIENT
GUIGNARD
25, RUE PAUL-GRIEYSSE
97.21.22.98 • Fax 97.21.91.61

27400 LOUVIERS
PRUNIER
28, RUE MENDÈS-FRANCE
32.40 22.30 • Fax 32.25.15.05

54300 LUNÉVILLE *
LEROY – LŒVENBRUCK
42, RUE SAINTE-ANNE
83.57.99.57 • Fax 83.54.52.67

69002 LYON
CHENU – DUMAS – SCRIVE, SCP
19, RUE DU PR-PAUFIQUE
78.42.01.34 • Fax 78.37.68.17

69002 LYON *
GUILLAUMOT, SCP
19, RUE DU PR-PAUFIQUE
78.37.88.08 • Fax 78.37.68.17

69006 LYON
ANAF
13 BIS, PLACE JULES-FERRY
78.65.05.05 • Fax 78.65.09.09

69007 LYON
CONAN – AUCLAIR – CONAN, SCP
1, RUE CRONSTADT
72.73.45.67 • Fax 78.61.07.95

69008 LYON
GENIN – LESEUIL – RAMBERT, SCP
31, RUE DES TUILIERS
78.00.86.65 • Fax 78.00.32.17

69009 LYON
MILLIARÈDE Alain – MILLIARÈDE Aline – MILLIARÈDE Madeleine, SCP
3, AV. SIDOINE-APOLLINAIRE
78.47.78.18 • Fax 78.83.80.34

71000 MÂCON
LOPARD-DESSOLIN
1054, QUAI MARÉCHAL-DE-LATTRE-DE-TASSIGNY
85.38.75.07 • Fax 85.38.65.54

78600 MAISONS-LAFFITE *
LOISEAU – SHMITZ – DIGARD
33, AV. GÉNÉRAL-DE-GAULLE
39.73.95.64 • Fax 39.73.03.14

04100 MANOSQUE
RAYMOND
ZI ST-JOSEPH
AVENUE DU 1er-MAI
92.87.62.69 • Fax 92.72.80.48

78200 MANTES
FILLAIRE
12 bis, RUE L.M.-CESNE
30.33.50.50

13005 MARSEILLE
FEDE
10, RUE JEAN-MARTIN
91.85.08.97 • Fax 91.49.42.08

13006 MARSEILLE
VEROLA
47, RUE FALQUE
91.81.10.81 • Fax 91.53.98.98

13008.MARSEILLE
D'AUTHIER – DE SISGAW – CHARRIAUD
19, RUE BORDE
91.79.46.30 • Fax 91.79.80.14

13008 MARSEILLE
CLAVEL – BONNAZ, SCP
102, AVENUE JULES-CANTINI
91.78.33.57 • Fax 91.78.43.94

13008 MARSEILLE
TABUTIN – DE DIANOUS, SCP
102, AVENUE JULES-CANTINI
91.79.19.93 • Fax 91.25.97.41

59600 MAUBEUGE
NAU
186, AVENUE JEAN-JAURÈS
27.64.70.22 • Fax 27.64.23.44

53100 MAYENNE
BLOUET
12, RUE RÉAUMUR
43.04.13.74 • Fax 43.00.25.20

77100 MEAUX
DE CORNEILLAN
54, RUE DE L'ABREUVOIR
64.34.11.97 • Fax 64.33.83.61

77000 MELUN
PERON
19, RUE DE DAMMARIE
64.37.02.12 • Fax 64.37.61.99

48000 MENDE
MEISSONNIER
12, AVENUE FOCH
66.65.14.71

45200 MONTARGIS
BARON
PONT DE LA REINETTE
38.85.07.99 • Fax 38.98.78.96

82000 MONTAUBAN
COHET-FÉRAUD, SCP
24, RUE DU FORT
63.63.84.79 • Fax 63.66.34.71

42600 MONTBRISON *
CARLIER – IMBERT, SCP
77.32.53.12 • Fax 77.37.54.93

40000 MONT-DE-MARSAN *
DONZEAU
QUAI SILGY
58.74.90.05 • Fax 58.56.15.94

26200 MONTÉLIMAR *
CASSAGNE
1, AVENUE DE VILLENEUVE
75.02.09.26

26200 MONTÉLIMAR *
DUVAL – DE LOSTALOT
75.56.58.27 • Fax 75.55.26.61

03100 MONTLUÇON
DAGOT
2, PLACE DE LA POTERIE
70.05.11.34 • Fax 70.05.97.50

34000 MONTPELLIER
BILLY – MARQUES
CHEMIN DE POUTINGON
67.47.28.00 • Fax 67.47.47.74

62170 MONTREUIL-SUR-MER
ANTON
20, GRANDE-RUE
31.06.05.70 • Fax 21.05.70.26

29600 MORLAIX
BOSCHER – ORIOT, SCP
39, RUE DE PARIS
98.88.08.39 • Fax 98.88.15.82

03000 MOULINS
SADDE
8, PLACE D'ALLIER
70.44.05.28 • Fax 70.44.53.80

54000 NANCY
TEITGEN
107, RUE SERGENT-BLANDAN
83.28.13.31 • Fax 83.90.30.14

54000 NANCY
LEROY – LŒVENBRUCK, SCP
52, RUE DE NABECOR
83.57.99.57 • Fax 83.54.52.67

54000 NANCY
HERTZ, SCP
23, RUE GUSTAVE-SIMON
83.32.00.76 • Fax 83.32.70.41

44200 NANTES
ANTONIETTI François, SCP
8, QUAI ANDRÉ-RHUYS
40.20.33.77 • Fax 40.35.32.93

44000 NANTES
PETIT, SCP
3, RUE J.F.-TALMA
40.74.41.28 • Fax 40.14.07.71

44000 NANTES
COUTON – TALANDIER
10/14, RUE MISÉRICORDE
40.89.24.44 • Fax 40.47.09.99

44100 NANTES
DOUILLARD – SANSON, SCP
5, PASSAGE LAVOISIER
40.69.24.01 • Fax 40.69.64.08

11100 NARBONNE
LAUDET
1, QUAI D'ALSACE
68.32.10.33

58000 NEVERS
MICHAUD Marcel, François et Jean-Marie, SCP
7, RUE SAINT-DIDIER
86.61.28.28

06000 NICE
COURCHET – PALLOC, SCP
50, RUE GIOFFREDO
93.85.85.50 • Fax 93.62.45.11

06000 NICE
JAPHET Christiane – JAPHET Stéphane, SCP
15, RUE DANTE
93.97.29.29 • Fax 93.86.46.76

06000 NICE
FUSADE – WETTERWALD, SCP
11 bis, RUE PERTINAX
93.62.14.71 • Fax 93.62.69.97

30000 NÎMES
CHAMPION – KUSEL, SCP
69, RUE NATIONALE
66.67.52.74 • Fax 66.76.20.96

79000 NIORT
DEZAMY
52, RUE DE LA GARE
49.24.03.03 • Fax 49.24.29.93

28400 NOGENT-LE-ROTROU
ECKLE
13, RUE ABBÉ-BEULE
37.52.01.85 • Fax 37.52.39.64

60400 NOYON
MACAIGNE
37, RUE DE LILLE
44.44.04.60

45000 ORLÉANS
BINOCHE – DE MAREDSOUS, SCP
39, RUE DU POT-DE-FER
38.53.00.25 • Fax 38.81.25.76

45000 ORLÉANS
SAVOT
2, IMPASSE NOTRE-DAME-DU-CHEMIN
38.53.80.93 • Fax 38.53.73.80

45000 ORLÉANS
DARD
13, RUE DE PARISIS
38.53.11.05

76450 OURVILLE-EN-CAUX
PICOT
RUE DES DAMES-CANY
35.27.62.76

91120 PALAISEAU
MARTIN DU NORD – DE BOUVET, SCP
66, RUE DE LA SABLIÈRE
60.14.46.62 • Fax 69.20.81.46

09100 PAMIERS
RIBAUTE
23, PLACE DU MARCHÉ-AU-BOIS
61.67.11.86 • Fax 61.60.02.38

79200 PARTHENAY
VERGNAULT
56, AVENUE VICTOR-HUGO
49.64.06.03 • Fax 49.94.63.32

64000 PAU
DUCOUSSO – GESTAS – BICHAMBRE, SCP
33, RUE ÉMILE-GUICHENNE
59.27.10.81

24000 PÉRIGUEUX
SUZE
9, RUE BODIN
53.08.60.84 • Fax 53.07.45.32

66000 PERPIGNAN
PUJOL – REVOUL, SCP
4, AVENUE RIBÈRE
68.54.09.10 • Fax 68.55.43.45

45300 PITHIVIERS
DUCELLIER
2, BOULEVARD BEAUVALLET
38.30.12.45 • Fax 38.30.60.82

86000 POITIERS
CHEVALIER
22, BOULEVARD-DU-GRAND-CERF
49.37.80.81 • Fax 49.37.13.80

86000 POITIERS
PLASSART
4, RUE DES GAILLARDS
49.01.71.24 • Fax 49.41.65.00

27500 PONT-AUDEMER
DE BEAUPUIS
14, RUE DOULT-VITRAN
32.41.14.08 • Fax 32.42.16.55

56300 PONTIVY
RENAULT
62, RUE GÉNÉRAL-DE-GAULLE
97.25.09.32 • Fax 97.25.03.94

14130 PONT-L'ÉVÊQUE
LE HOUELLEUR
16, RUE THOURET
31.64.00.26 • Fax 31.88.65.76

95300 PONTOISE
MARTINOT – SAVIGNAT, SCP
3.BIS, RUE SAINT-MARTIN
30.31.01.83 • Fax 30.73.80.20

07000 PRIVAS *
BLANC
3, AVENUE DE CHOMERAC
75.64.43.36 • Fax 75.37.26.83

77160 PROVINS
FELETIN
6, RUE BATAILLE
64.00.17.14 • Fax 60.67.71.62

29000 QUIMPER
THOMAS
7, BOULEVARD DE KERGUELEN
98.95.08.33

78120 RAMBOUILLET
FAURE – REY, SCP
14, RUE D'ANGIVILLER
34.83.01.32 • Fax 34.83.00.45

51100 REIMS
DAMOISY – GUIZZETTI, SCP
25, RUE DU TEMPLE
26.47.32.59 • Fax 26.40.44.87

51100 REIMS
DAPSENS
31, RUE DE CHATIVESLE
26.47.26.37

35000 RENNES
GALLAIS – LIVINEC – PINCEMIN, GAUDUCHEAU, SCP
30, PLACE DES LICES
99.31.58.00 • Fax 99.65.52.64

63200 RIOM
RUY
23.bis, RUE DELILLE
73.38.24.31 • Fax 73.63.17.60

42300 ROANNE
ENGLES-LANFREY
23, RUE BENOÎT-MALON
77.72.52.22 • Fax 77.70.15.23

17300 ROCHEFORT
DIJEAU
332, AVENUE CAMILLE-PELLETAN
46.99.00.46 • Fax 46.83.96.41

12000 RODEZ
FALABREGUES
19, RUE DU 11-NOVEMBRE
65.68.37.79 • Fax 65.68.62.65

26100 ROMANS-SUR-ISÈRE
CASSAGNE
26, RUE DE LA RÉPUBLIQUE
75.02.09.26

41200 ROMORANTIN *
POUSSE
54.78.45.58 • Fax 54.78.68.01

29211.ROSCOFF *
BOSCHER – ORIOT
98.88.08.39 • Fax 98.88.15.82

59100 ROUBAIX *
MERCIER
VELLIET, THULLIER, SCP
22, RUE DU CURÉ
20.73.00.30 • Fax 20.73.07.40

76000 ROUEN
D'ANJOU
20, RUE DE LA-CROIX-DE-FER
35.98.73.49 • Fax 35.89.87.65

76000 ROUEN
DENESLE
20, RUE DE LA-CROIX-DE-FER
35.71.54.48 • Fax 35.88.12.48

76000 ROUEN
FOURNIER
20, RUE DE LA-CROIX-DE-FER
37.70.32.89 • Fax 35.88.01.29

76000 ROUEN
BISMAN
25, RUE DU GÉNÉRAL-GIRAUD
35.71.13.50 • Fax 35.71.50.17

17200 ROYAN
GEOFFROY
6, RUE POINCARÉ
46.38.69.35 • Fax 46.39.28.05

18200 SAINT-AMAND-MONTROND
MAUDIEU
57, AV. GÉNÉRAL-DE-GAULLE
48.96.41.73 • Fax 48.96.05.45

22000 SAINT-BRIEUC
GUICHARD – JUILLAN, SCP
10, RUE DE GOUËT
96.33.15.91 • Fax 96.33.80.57

88100 SAINT-DIÉ
GUÉRIN
65, RUE DE LA PRAIRIE
29.56.13.34 • Fax 29.55.47.24

52100 SAINT-DIZIER
BOISSEAU (suppléant)
19, rue de la commune de Paris
25.73.34.07

42000 SAINT-ÉTIENNE
BALLOT
7, RUE LAMAIZIÈRE
77.93.42.76 • Fax 77.93.77.00

42100 SAINT-ÉTIENNE
CARLIER – IMBERT, SCP
RUE DE LA RICHELANDIÈRE
ALLÉE DROUOT
77.32.53.12 • Fax 77.37.54.93

15100 SAINT-FLOUR *
JALENQUES
2, PLACE ODILON-DE-MERCŒUR
71.60.39.96 • Fax 71.64.86.72

78100 SAINT-GERMAIN-EN-LAYE
LOISEAU – SCHMITZ – DIGARD, SCP
13, RUE THIERS
39.73.95.64 • Fax 39.73.03.14

64500 SAINT-JEAN-DE-LUZ
LE MOUEL-CHOUFFOT
6, RUE DU 17-PLUVIÔSE
59.26.28.18 • Fax 59.26.71.15

50000 SAINT-LÔ
MORIN
18, RUE CARNOT
33.57.01.35

35400 SAINT-MALO
MOY, SCP
14, RUE ALPHONSE-THÉBAULT
99.56.46.18

44600 SAINT-NAZAIRE
DERIGNY
78, RUE ARISTIDE-BRIAND
40.22.39.51 • Fax 40.22.34.65

62500 SAINT-OMER
FOURQUET
201, RUE DE DUNKERQUE
21.93.23.11 • Fax 21.93.75.75

17310 SAINT-PIERRE-D'OLÉRON
DIJEAU
46.99.00.46 • Fax 46.83.96.41

02100 SAINT-QUENTIN
MUNE, SCP
14, RUE DE MULHOUSE
23.62.28.30 • Fax 23.67.69.36

171000 SAINTES *
GEOFFROY
36, BD GUILLET-MAILLET
46.93.39.14 • Fax 46.39.28.05

39110 SALINS-LES-BAINS *
FENAUX
1, RUE DU CHAMP-BENOIZ
84.24.02.71 • Fax 84.24.81.52

13300 SALON-DE-PROVENCE *
HOURS – DE VALAURIE, SCP
42.64.02.37 • Fax 42.59.29.12

24200 SARLAT *
BIRABEN (voir Bergerac)
53.28.59.88 • Fax 53.57.16.67.

49400 SAUMUR
SEGERON
2, RUE DUPETIT-THOUARS
41.51.03.17 • Fax 41.67.28.16

08200 SEDAN *
BAUER
1, RUE ANCIENNE-PORTE-DE-BOUILLON
24.27.08.74 • Fax 24.57.15.44

21140 SEMUR-EN-AUXOIS
DE VREGILLE – BUZOUARD (Adm.)
10, RUE DE VAUX
80.73.17.64

60300 SENLIS
BERQUAT – MAY, SCP
63, FAUBOURG SAINT-MARTIN
44.53.03.42 • Fax 44.53.01.94

89100 SENS
VIVIER
61, RUE DE LA RÉPUBLIQUE
86.65.15.37 • Fax 86.95.44.90

34200 SÈTE *
BAUER-ABRAHAM
16, QUAI VAUBAN
67.74.35.26 • Fax 67.76.04.47

02200 SOISSONS
COLLIGNON-LAURENT, SCP
3, PLACE SAINT-MÉDARD
23.53.79.01 • Fax 23.59.43.10

65000 TARBES
ADAM
22, RUE DU DOCTEUR-ROUX
62.36.19.85 • Fax 62.36.18.27

89700 TONNERRE
DEVILLENEUVE
11, RUE DE LA BONNETERIE
86.55.12.49 • Fax 86.54.47.45

83100 TOULON
BOURCIER – COURET – MAUNIER – ANSELME, SCP
54, BOULEVARD CLEMENCEAU
94.92.62.88 • Fax 94.91.61.01

31000 TOULOUSE
ARNAUNE – PRIM, SCP
4, RUE DES TROIS-JOURNÉES
61.23.40.00

31000 TOULOUSE
TAJAN-BLONDEAU – LAVAIL, SCP
8, RUE LABEDA
61.23.58.78 • Fax 61.27.29.28

31000 TOULOUSE
GALY – FOURE-LABROT, SCP
4, RUE DES TROIS-JOURNÉES
61.22.41.92 • Fax 61.21.36.00

31000 TOULOUSE
CHASSAING – RIVET – FOURNIE, SCP
7, RUE D'ASTORG
61.23.30.55 • Fax 61.23.53.99

59200 TOURCOING
BRUNET Jean-Jacques – BRUNET Jean-Pierre, SCP
33, RUE MOTTE
20.25.08.07 • Fax 20.25.10.00

71700 TOURNUS *
LOPARD-DESSOLIN
4, QUAI DE VERDUN
85.38.75.07 • Fax 85.38.65.54

37000 TOURS
ODENT – FRAISSE
20, RUE MICHEL-COLOMBE
47.66.70.79 • Fax 47.20 54.55

10000 TROYES
POMEZ P. et Th. – BOISSEAU A. et J.-F. SCP
1, RUE DE LA PAIX
25.73.34.07 • Fax 25.73.14.39

26000 VALENCE
DUVAL – DE LOSTALOT, SCP
11, RUE DES ALPES
75.56.58.27 • Fax 75.55.26.61

59300 VALENCIENNES
ENAULT – MACAIGNE, SCP
115, RUE DE FAMARS
27.42.27.27 • Fax 27.46.30.37

50700 VALOGNES *
BOSCHER
16, RUE DU 20-JUIN
33.40.10.35 • Fax 32.20.03.31

56000 VANNES
MANDART
9, RUE SAINT-GUENHAEL
97.47.26.32

41100 VENDÔME
ROUILLAC
ROUTE DE BLOIS
54.80.24.24 • Fax 54.77.61.10

55100 VERDUN
HERTZ
1, PLACE DE LA GARE
29.86.24.67 • Fax 83.32.70.41

27200 VERNON
DUTEL
12, AVENUE MENDÈS-FRANCE
32.21.67.23 • Fax 32.21.36.66

91370 VERRIÈRES *
MARTIN DU NORD – DE BOUVET
2.bis, RUE D'ESTIENNE-D'ORVES
69.20.18.91 • Fax 69.20.81.46

78000 VERSAILLES
PERRIN Paul – PERRIN Olivier – ROYÈRE – LAJEUNESSE, SCP
3, IMPASSE DES CHEVAU-LÉGERS
39.50.69.82 • Fax 39.49.04.17

78000 VERSAILLES
MARTIN – DESBENOIT, SCP
3, IMPASSE DES CHEVAU-LÉGERS
39.50.58.08 • Fax 30.21.32.48

78000 VERSAILLES
MACHOIR – BAILLY, SCP
5, RUE RAMEAU
39.50.55.06 • Fax 39.50.53.29

02140 VERVINS
VALENTIN
8, RUE DE LA RÉPUBLIQUE
23.98.34.34 • Fax (1) 47.55.10 76

70000 VESOUL
JIVOUL
10, RUE DE LA BANQUE
84.75.46.46

03200 VICHY
LAURENT
16, AVENUE DE LYON
70.59.09.40 • Fax 70.97.47.96

38200 VIENNE
CHAMPION-GONDRAN – GONDRAN, SCP
7, RUE TESTE-DU-BAILLER
74.85.36.65 • Fax 74.31.72.15

18100 VIERZON *
DARMANCIER – HEITZ
IMPASSE DE BELLEVUE
48.24.02.90

69100 VILLEURBANNE *
COMMISSAIRES-PRISEURS DE VILLEFRANCHE-SUR-SAÔNE
74.68.18.94 • Fax 74.68.16.95

69400 VILLEFRANCHE-SUR-SAÔNE
CHAUSSIN – BREMENS – GUILLAUMOT Georges et Pierre-Yves, SCP
1725, ROUTE DE RIOTTIER
74.68.18.94 • Fax 74.68.16.95

12200 VILLEFRANCHE-DE-ROUERGUE *
FALABRÈGUES
10, AVENUE ÉMILE-SOULIE
65.69.20.83 • Fax 65.68.62.65

14500 VIRE
TOUTAIN
4, RUE DU COTIN
31.68.17.19

51300 VITRY-LE-FRANÇOIS
ARCHAMBAULT
9, RUE DU FG-LÉON-BOURGEOIS
26.74.75.02 • Fax 26.74.17.79

YVETOT
6, RUE FÉLIX-FAURE
35.98.73.49

PARIS

ADER (ANTOINE)
ADER (RÉMI)
TAJAN, SCP
12, RUE FAVART
75002
42.61.80.07 • Fax 42.60.79.09

ARTUS
GRIDEL
BOSCHER (DANIEL)
FLOBERT, SCP
15, RUE DE LA-GRANGE-BATELIÈRE
75009
47.70.87.29 • Fax 42.46.71.44

AUDAP
GODEAU (ALAIN)
SOLANET
32, RUE DROUOT
75009
47.70.67.68 • Fax 42.47.05.76

BEAUSSANT-LEFÈVRE, SCP
46, RUE DE LA VICTOIRE
75009
40.23.92.12 • Fax 42.81.20.73

BERLINGHI
5, RUE CHARLES-VII
94130 NOGENT-SUR-MARNE
48.75.57.78 • Fax 48.77.12.28

BINOCHE
GODEAU (ANTOINE), SCP
5, RUE LA BOÉTIE
75008
47.42.78.01 • Fax 47.42.87.55

BOISGIRARD
2, RUE DE PROVENCE
75009
47.70.81.36 • Fax 42.47.05.84

BONDU (DOMINIQUE), SCP
17, RUE DROUOT
75009
47.70.36.16 • Fax 45.23.09.30

BOSCHER (MICHEL)
STUDER
FROMENTIN, SCP
3, RUE D'AMBOISE
75002
42.60.87.87 • Fax 42.60.36.44

BRIEST
24, AVENUE MATIGNON
75008
42.68.11.30 • Fax 42.68.12.67

DE CAGNY
4, RUE DROUOT
75009
42.46.00.07 • Fax 45.23.33.21

CARDINET
KALCK, SCP
17, RUE LE-PELETIER
75009
48.24.06.11 • Fax 48.24.06.31

CHAMBELLAND
GIAFFERI
VEYRAC
DOUTREBENTE, SCP
117, RUE SAINT-LAZARE
75008
42.94.10.24 • Fax 42.94.95.11

CHARBONNEAUX
134, RUE DU FAUBOURG-SAINT-HONORÉ
75008
43.59.66.56 • Fax 42.56.52.57

CHAYETTE
CALMELS, SCP
12, RUE ROSSINI
75009
47.70.38.89 • Fax 45.23.01.46

CHEVAL
ROBERT, SCP
33, RUE DU FAUBOURG-MONTMARTRE
75009
47.70.56.26 • Fax 42.46.79.56

CHOCHON (MARIE-FRANÇOISE)
ALLARDI, SCP
15, RUE DE LA GRANGE-BATELIÈRE
75009
47.70.72.51 • Fax 48.00.96.54

CORNETTE DE SAINT-CYR
24, AVENUE GEORGE-V
75008
47.23.47.40 • Fax 47.20.48.02

COUTURIER
DE NICOLAY, SCP
10, RUE DE L'UNIVERSITÉ
75007
49.27.02.14 • Fax 49.27.02.75

DAUSSY
DE RICQLÈS, SCP
46, RUE DE LA VICTOIRE
75009
48.74.38.93 • Fax 42.85.25.48

DELAVENNE
LAFARGE, SCP
12, RUE DE LA-GRANDE-BATELIÈRE
75009
47.70.45.95 • Fax 45.23.18.92

DELORME
14, AVENUE DE MESSINE
75008
45.62.31.19 • Fax 45.62.29.20

DEURBERGUE
19, BOULEVARD MONTMARTRE
75002
42.61.36.50 • Fax 40.20.05.87

DUMOUSSET
DEBURAUX, SCP
105, RUE DE LA POMPE
75116
47.04.84.03 • Fax 47.55.08.89

FERRI
53, RUE VIVIENNE
75002
42.33.11.24 • Fax 42.33.40.00

GILLET
SEURAT
15, RUE RAYMOND-POINCARÉ
92000 NANTERRE
47.25.00.87 • Fax 47.21.86.59

GRANDIN
18, RUE MAZARINE
75006
46.34.01.50 • Fax 43.54.52.34

GROS
DELETTREZ, SCP
22, RUE DROUOT
75009
47.70.83.04 • Fax 45.23.01.64

HOEBANX-COUTURIER, SCP
10, RUE CHAUCHAT
75009
47.70.82.66 • Fax 42.46.35.82

IONESCO
185, AV. CHARLES-DE-GAULLE
92200 NEUILLY
47.45.55.55 • Fax 47.45.54.31

JUTHEAU, SCP
13, RUE DE LA-GRANGE-BATELIÈRE
75009
48.00.95.22 • Fax 48.00.00.23

LABAT
THIERRY, SCP
10, RUE DE LA-GRANGE-BATELIÈRE
75009
48.24.70.18 • Fax 42.46.74.38

LANGLADE
12, RUE DESCOMBES
75017
42.27.00.91

LAURIN
GUILLOUX
BUFFETAUD
TAILLEUR, SCP
12, RUE DROUOT
75009
42.46.61.16 • Fax 47.70.12.51

LE BLANC
32, AVENUE DE L'OPÉRA
75002
42.66.24.48

LE MOUEL (JEAN-MARIE)
LE MOUEL (YVES), SCP
22, RUE CHAUCHAT
75009
47.70.86.36 • Fax 47.70.43.26

LENORMAND
DAYEN, SCP
12, RUE HIPPOLYTE-LEBAS
75009
42.81.50.91 • Fax 40.16.94.66

LE ROUX
18, RUE DE LA-GRANGE-BATELIÈRE
75009
47.70.83.00

LIBERT
CASTOR, SCP
3, RUE ROSSINI
75009
48.24.51.20 • Fax 48.00.91.07

LOMBRAIL
TEUCQUAM, SCP
21, AVENUE BALZAC
94210 LA VARENNE-SAINT-HILAIRE
43.97.29.93 • Fax 42.83.68.48

LOUDMER, SCP
45, RUE LAFAYETTE
75009
48.78.89.89 • Fax 48.78.91.00

MATHIAS
18, RUE DE LA GRANGE-BATELIÈRE
75009
47.70.00.36 • Fax 42.46.60.63

MERCIER
132, BOULEVARD RASPAIL
75006
43.26.17.15 • Fax 40.46.83.65

MILLON
ROBERT, SCP
19, RUE DE LA GRANGE-BATELIÈRE
75009
48.00.99.44 • Fax 48.00.98.58

MORAND (RICHARD ET LUDOVIC), SCP
7, RUE ERNEST-RENAN
75015
47.34.81.13 • Fax 45.66.54.03

MORELLE
MARCHANDET, SCP
50, RUE SAINTE-ANNE
75002
42.96.69.22 • Fax 40.20.09.96

NERET-MINET
COUTAU-BEGARIE, SCP
8, RUE SAINT-MARC
75002
40.13.07.79 • Fax 42.33.61.94

OGER
DUMONT, SCP
22, RUE DROUOT
75009
42.46.96.95 • Fax 45.23.16.32

PESCHETEAU-BADIN
FERRIEN, SCP
16, RUE DE LA GRANGE-BATELIÈRE
75009
47.70.88.38 • Fax 48.01.04.45

PICARD (JEAN-LOUIS)
5, RUE DROUOT
75009
47.70.77.22 • Fax 47.70.77.44

POULAIN
LE FUR, SCP
70, AVENUE DE BRETEUIL
75007
45.67.11.31 • Fax 42.73.35.95

DE QUAY, SCP
8, RUE ROSSINI
75009
47.70.61.15 • Fax 47.70.55.71

RABOURDIN
CHOPPIN DE JANVRY, SCP
4, RUE ROSSINI
75009
47.70.34.91 • Fax 47.70.38.86

RENAUD
6, RUE DE LA GRANGE-BATE-LIÈRE
75009
47.70.48.95 • Fax 48.00.95.75

RIBEYRE
BARON, SCP
5, RUE DE PROVENCE
75009
47.70.87.05 • Fax 45.23.22.92

RIEUNIER
BAILLY-POMMERY, SCP
25, RUE LE PELETIER
75009
45.23.44.40 • Fax 48.24.25.95

ROGEON
16, RUE MILTON
75009
48.78.81.06 • Fax 42.85.14.12

ROSTAND
30 bis, RUE BERGÈRE
75009
47.70.50.11

SIBONI
MABILLE-VANKEMMEL, SCP
38, RUE DU DOCTEUR-ROUX
92330 SCEAUX
46.60.84.25 • Fax 46.60.35.97

TOUATI
7, ALLÉE DE LA FONTAINE
93340 LE RAINCY
43.01.84.71 • Fax 43.81.81.71

TRIPIER
8, RUE DROUOT
75009
47.70.95.36 • Fax 48.00.91.12

WAPLER
18, RUE DE MARIGNAN
75008
42.25.58.78 • Fax 42.56.11.21

WATINE-ARNAULT
11, RUE FRANÇOIS-Ier
75008
47.23.93.87 • Fax 47.23.93.89

Les experts

Les associations d'experts

Les différentes associations d'experts communiquent sur demande les adresses de leurs membres, selon leurs spécialités :

• **Le Syndicat français des experts professionnels en œuvres d'art** regroupe la plupart des experts auxquels s'adressent les commissaires-priseurs pour la rédaction de leurs catalogues de vente.
81, rue Saint-Dominique, 75007 Paris. Tél. : (1) 47.05.50.26.

• **La Chambre nationale des experts spécialisés** (CNES) en meubles, tableaux, estampes, livres, objets d'art et de collection est surtout active en province. Elle délègue des experts sur les principaux salons d'antiquités.
4, rue de Longchamp, 06000 Nice. Tél. : 93.82.21.40.

• **La Compagnie nationale des experts** réunit des spécialistes pour leur compétence dans un domaine déterminé (livres, tableaux, instruments scientifiques, etc.).
10, rue Jacob, 75006 Paris. Tél. : (1) 40.51.00.81, de 14 h à 18 h.

• **La Compagnie d'expertise en antiquités et objets d'art** est surtout concernée par les successions, les partages et les expertises sur salons d'antiquaires.
9, cité Trévise, 75009 Paris. Tél. : (1) 40.66.81.77 et (1) 40.22.05.51.

• **L'Union française des experts spécialisés en antiquités et objets d'art** est une association de professionnels et de collectionneurs hautement spécialisés.
8, rue Saint-Marc, 75002 Paris. Tél. : (1) 40.26.18.32.

• **Le CEE** (Cabinet d'Experts Européens) regroupe des spécialistes des jouets, poupées, automates.
Permanence : Gérard ETIENBLED, Louvre des Antiquaires, 19 allée Riesener, 2 place du Palais Royal, 75001. Tél. : 42.61.68.17.

Les syndicats et les groupements d'experts

• **Le Syndicat national des antiquaires.** Négociants en objets d'art, tableaux anciens et modernes.
1 bis, rue Clément-Marot, 75008 Paris. Tél. : (1) 47.20.31.87.
Fax : (1) 47.23.51.83.

• **Le Syndicat national du commerce de l'antiquité et de l'occasion.**
18, rue de Provence, 75009 Paris. Tél. : (1) 47.70.88.78.
Fax : (1) 48.01.09.81.

• **La Confédération internationale des négociants en œuvres d'art.**
Sécrétariat : 1 bis, rue Clément-Marot, 75008 Paris. Tél. : (1) 47.20.31.87.

• **Organismes de gestion des œuvres d'art :**
– **SPADEM**, Société des auteurs des arts visuels.
15, rue Saint-Nicolas, 75012 Paris. Tél. : (1) 43.42.58.58.
Fax : (1) 43.42.16.52.
– **ADAGP**, Société des auteurs dans les arts graphiques et plastiques.
11, rue Berryer, 75008 Paris. Tél. : (1) 43.59.09.79.

• **Comité des galeries d'art.**
5, rue Quentin-Bauchard, 75008 Paris. Tél. : (1) 47.23.74.29.

• **Office central pour la répression du vol d'œuvres et objets d'art** (OCRVOOA), groupe de documentation. À la disposition de ses adhérents pour tous problèmes concernant les objets volés.
13, rue des Saussaies, 75008 Paris. Tél. : (1) 42.68.03.03 et 42.61.80.31.
Postes 43.81 et 44.57.

Laboratoire d'expertises scientifiques

• **Établissements PERRAULT**
12 rue Montbauron, 78 000 VERSAILLES – Tél. : (1) 39.02.24.29.
Plusieurs types d'examens sont réservés aux œuvres d'art (Dendrochronologie, identification des pigments picturaux et des liants par procédés chimiques, micro-analyses, fluorescence X. entre autres...)
L'interprétation scientifique peut se doubler de l'avis d'experts faisant partie de l'Union française des experts.

• **Entreprise « SPIRALE », Michel PROST**
3 rue Mardors, 21560 COUTERNON – Tél. : 80.47.56.50.
De nombreux examens sont proposés dans cette entreprise dont le fondateur a obtenu en 1989 aux États-Unis, le prix de la meilleure invention avec son microscope électronique et photonique qui permet de voir l'atome.

• **Le cabinet d'Anne LOVREGLIO,** expert agréé en tableaux anciens, membre de l'Organisation Internationale des Experts (ORDINEX), 110 Bd de Cimiez 06000 NICE – Tél. : 93.53.29.46 – 92.98.95.00.
Cet expert spécialiste de la détection des faux en peinture fait appel aux techniques de pointes d'appareillages parmi les plus performants d'Europe. Son bureau dirige également les personnes intéressées vers des experts hautement spécialisés dans les domaines du mobilier, des objets et des œuvres d'art.

• **S.E.R.M.A.** – Société privée d'études et de recherches en micro-analyses. Elle possède un département réservé aux recherches concernant les œuvres et les objets d'art. 218-228 av. du Haut-Levêque, 33 600 PESSAC – Tél. : 56.36.77.88.

Bibliographie

OUVRAGES GÉNÉRAUX

Havard, *Dictionnaire de l'ameublement* (4 volumes), 1887.

Histoire universelle de l'art, Larousse, 1992.

J. Bedel, *Dictionnaire illustré des antiquités et de la brocante*, Larousse, 1988.

J. Bedel, *Les Antiquités et la Brocante*, Larousse, 1980.

Y. Gairaud, *Le Guidargus de l'antiquité*, éd. de l'Amateur, 1992.

Le Guide Emer, guide européen de l'antiquaire, de l'amateur d'art et du bibliophile. Un répertoire d'adresses paraissant tous les deux ans (dernière édition : 1991-1992). Divisé en cinq volumes détachables : Paris, Province, Europe, Spécialités, Art contemporain. Renseignements : 47, rue des Tournelles, 75003 Paris. Tél. : 16 (1) 42.74.27.15.

Drouot 1991, L'Art et les Enchères en France, édité par la Compagnie des commissaires-priseurs.

CURIOSITÉS, TRUQUAGES, POLÉMIQUES

P. Eudel, *L'Hôtel Drouot et les Curiosités*, 1882.

M. Rheims, *Haute curiosité*, Robert Laffont, 1975.

M. Rheims, *Les Collectionneurs*, Ramsay, 1981.

P. Eudel, *Le Truquage*, 1884.

A. Maillefert, *Au pays des antiquaires. Confidences d'un maquilleur professionnel*, réédité par Flammarion, 1968.

J. Fere, *Lettre ouverte à un amateur d'art pour lui vendre la mèche*, Albin Michel, 1975.

M. Doussy, *Guide des secrets de l'antiquaire*, Stock, 1975.

J. Bedel, *Les Carnets du chineur*, Hachette, 1981.

Maître Binoche, *De la peinture moderne en général et de la spéculation en particulier*, Le Pré aux Clercs, 1991.

F. Duret-Robert, *Marchands d'art et faiseurs d'or*, Bellefond/Connaissance des Arts, 1991.

ARGENTERIE

E. Beuque, *Dictionnaire des poinçons officiels français et étrangers, anciens et modernes, de leur création à nos jours*, éd. Floury, 1929.

Poinçons d'argent du monde entier, éd. de l'Amateur, 1990.

A. Krekel-Aalberse, *Argenterie Art nouveau et Arts déco*, éd. de l'Amateur, 1991.

F. Deflassieux, *Guidargus de l'argenterie française*, éd. de l'Amateur, 1991.

V. Alemany-Dessaint, *Orfèvrerie française*, suivi d'une étude sur *L'Orfèvrerie d'étain*, P. Boucaud, Illustration/Baschet et Cie, 1990.

MOBILIER

P. Kjellberg, *Le Mobilier français du XVIIIe siècle. Dictionnaire des ébénistes et des menuisiers*, éd. de l'Amateur, 1991.

D. Ledoux-Lebard, *Le Mobilier français du XIXe siècle. Dictionnaire des ébénistes et des menuisiers*, éd. de l'Amateur, 1991.

J. Boccador, *Le Mobilier français du Moyen Âge à la Renaissance*, éd. Monelle Ayot, 1990.

P. Kjellberg, *Le Meuble français du Moyen Âge à nos jours*, éd. de l'Amateur, 1991.

P. Kjellberg, *Arts déco, Les Maîtres du mobilier, Le Décor des paquebots*, éd. de l'Amateur, 1991.

Les Grands Styles : du Moyen Âge à Louis XIV aux styles des années 30 à 50, éd. Illustrations/Baschet et Cie, 1991.

Les styles régionaux :

- *Alsace-Lorraine.*
- *Bordelais, Landes, Pays Basque, Béarn.*
- *Champagne, Pays du Nord, Île-de-France.*
- *Languedoc, Quercy, Rouergue.*
- *Lyonnais, Bourgogne, Franche-Comté.*
- *Provence, Dauphiné, Savoie.*

Illustration/Baschet et Cie, 1991.

Y. Gairaud, *Le Guidargus des meubles, des ébénistes aux designers*, éd. de l'Amateur, 1991.

Y. Gairaud, *Le Guidargus du meuble régional*, éd. de l'Amateur, 1991.

PEINTURE

G. Schurr, *Le Guidargus de la peinture du XIXe siècle à nos jours*, éd. de l'Amateur, 1991.

Le Petit Larousse de la peinture (2 volumes), Larousse, 1979.

Annuaire des cotes international, Bordas, édition annuelle.

G. Schurr, *Les Petits Maîtres de la peinture de 1820 à 1920* (7 volumes), éd. de l'Amateur, 1989.

Akoun, *La Cote des peintres*, éd. de l'Amateur, 1991.

PORCELAINES ET FAÏENCES

D. Guilleme-Brulon, assistée de C. Daguet, *Faïences françaises*, Illustration/Baschet et Cie, 1991.

Docteur Graesse, *Les Marques des porcelaines, faïences et poteries, Europe et Extrême-Orient*, éd. de l'Amateur, 1991.

M. Roullot, *Faïences artistiques de Quimper*, éd. Art-Média, 1991.

Faïences et objets révolutionnaires. La grande Collection Sestié, 1989.

Faïences révolutionnaires. La collection Heitschel, éd. Art-Expo, 1989.

AUTRES SPÉCIALITÉS

Akoun, *La Cote des lithos, gravures, sculptures, bronzes*, éd. de l'Amateur, 1992.

A. Chapiro, *La Montre française du XVIe siècle à 1900*, éd. de l'Amateur, 1991.

J. Bloch-Dermant, *Le Guidargus de la verrerie de l'Antiquité à nos jours*, éd. de l'Amateur, 1990.

C. Dike et G. Bezzaz, *La Canne objet d'art*, éd. de l'Amateur, 1991.

Le jargon des professionnels

Les mots clés proposés ici sont une simple sélection de termes ou d'expressions qu'il est utile de connaître pour mieux communiquer avec les gens du métier.

Aboyeur : crieur au service du commissaire-priseur pour annoncer les enchères à pleine voix.

Abrach : différence de coloris qui, dans un tapis, indique les changements de laines employées pour le tissage, caractéristique des tapis anciens.

Ancien : dans le monde de l'antiquité, on a longtemps considéré comme « ancien » tout meuble ou objet de plus de cent ans. Mais, depuis que l'Art nouveau, puis les Arts déco sont entrés dans le domaine des antiquités, on appelle ancien tout objet dont l'époque de fabrication correspond à un style passé.

Arnaquer : tromper le client sur la qualité de la marchandise ou sur sa valeur réelle. Ce verbe argotique s'emploie dans toutes les professions commerciales. Chez les antiquaires, « l'arnaque » consiste surtout à faire passer pour anciens des objets de fabrication récente bien maquillés.

Aronde : voir Queue-d'aronde.

Avant la lettre : expression désignant une dernière épreuve de gravure avant le tirage définitif.

Baradelle : petit écritoire (du nom de son inventeur) comportant un encrier et des plumes.

Baratin : bavardage persuasif employé par l'antiquaire pour forcer la décision d'achat du client.

Bibeloter : aller d'un antiquaire à l'autre à la recherche de bibelots, d'objets de collection, de curiosités, de petits témoignages du passé. Verbe employé par Marcel Proust *(À la recherche du temps perdu)* à propos d'Odette Swann.

Bidon : toute marchandise trompeuse. S'emploie généralement entre gens de métier pour désigner des fabrications récentes ou douteuses qu'on veut faire passer pour anciennes. Se dit aussi en salle des ventes : « des enchères bidons » sont parfois prononcées par le commissaire-priseur pour faire croire que plusieurs enchérisseurs se trouvent dans la salle. Enfin, certains acheteurs donnent des « noms bidons » pour ne pas faire connaître leur véritable identité.

Bidouillage : falsification partielle. Bidouiller s'emploie surtout pour les armes. Pratique de certains faussaires qui consiste à remonter une arme avec des pièces disparates prélevées sur d'autres armes ou entièrement fabriquées.

On dit également « trafiquer » et on utilise plus généralement « remonter » pour les meubles reconstitués avec des panneaux anciens assemblés entre des montants taillés dans du bois neuf ou retaillés dans du bois ancien.

Bois de fil : bois débité dans le sens du fil, c'est-à-dire dans le sens de la longueur du tronc d'arbre.

Bois de bout : bois coupé perpendiculairement aux fibres du bois. Le bois de bout permet des effets de contraste utilisés en marqueterie.

Bois de merain : bois fendu à la hache dans le sens du fil, utilisé dans les meubles les plus anciens jusqu'au XVIIe siècle.

Bon, Bonne : ce simple qualificatif est le plus employé dans le métier d'antiquaire pour affirmer qu'un meuble ou un objet est authentique. Certains antiquaires disent même, en parlant d'un meuble : « il est bon d'époque », mais quand ils en rajoutent un peu trop, cela commence à devenir suspect !

Bouclard : la boutique de l'antiquaire.

Bouillotte : table de à jeu évidée au centre pour recevoir un récipient destiné aux mises. Par extension, on appelle également table bouillotte certaines tables rondes garnies sur le pourtour d'une petite galerie de cuivre.

Une lampe bouillotte est une lampe munie d'un abat-jour réglable qu'on place au centre des tables de jeu, mais qu'on utilise également sur des bureaux plats.

Bourrer : verbe employé en salle des ventes lorsque le commissaire-priseur fait monter les enchères même s'il n'y a pas d'amateurs. En montant artificiellement les enchères, le commissaire-priseur peut reprendre (voir Ravaler) l'objet qui n'a pas atteint le prix de réserve. Le « bourrage » se pratique également contre un acheteur isolé pour lui faire croire qu'il est en compétition avec d'autres enchérisseurs.

Briquet : charnière en deux parties pivotant l'une sur l'autre.

Broc : argot professionnel pour désigner les brocanteurs (sur la distinction entre antiquaire et brocanteur, voir pages 17, 21, 22).

Calibre : forme en bois permettant aux menuisiers de reproduire en petite série sur le même modèle les divers éléments d'un meuble, d'un siège.

Came : marchandise (vient de camelote, mauvaise marchandise des marchands ambulants). Terme général employé aujourd'hui pour désigner, sans aucune nuance péjorative, tous les meubles et objets qui font partie du stock de l'antiquaire ou du brocanteur. Désigne également des marchandises volées ou d'origine douteuse.

Château : meuble ou objet de très bonne qualité susceptible de procurer au marchand qui l'a découvert un bénéfice substantiel.

Chifftire : chiffonnier (vient de chiffetirer, se quereller). Les chifftires, qui récupèrent dans les ordures, revendent aux ferrailleurs ou aux brocanteurs.

Chiner : aller à la recherche de meubles et objets en tout genre.

Clouer : fixer sur place, c'est-à-dire retenir un objet sur les lieux de sa découverte en attendant de pouvoir le payer. Pour réussir à clouer un objet qui risque d'être vendu à un autre, il faut y aller « au baratin »... ou verser un acompte. On dit aussi « geler ».

Cœur de veine : disposition des veines permettant d'en tirer des effets géométriques. Un panneau en cœur de veine laisse apparaître la convergence des veines qui semblent se refermer autour d'un cœur. À l'inverse, les veines « à livre ouvert » divergent du centre vers l'extérieur du panneau.

Coquille : motif ornemental caractéristique de l'époque Régence (mais déjà utilisé sous Louis XIV). La coquille Régence présente des nervures symétriques. Elle deviendra asymétrique et déchiquetée sous Louis XV, notamment dans le style rocaille.

Croume : crédit (argot). S'emploie dans l'expression utilisée entre professionnels : « acheter à croume », en payant en plusieurs fois.

Culbute : expression courante pour dire que le marchand qui a acheté un objet 100 F « fait la culbute » en le revendant 200 F. Depuis quelques années, les antiquaires et les brocanteurs se plaignent de ne plus faire la culbute qu'en de rares occasions.

Damasquinage ou damasquinure : technique qui consiste à inclure des filets d'or ou d'argent dans un métal ordinaire (fer ou cuivre). Les armes damasquinées où les inclusions dessinent des arabesques sont appréciées des collectionneurs.

Dé de raccordement : pièce cubique située sur le côté de la ceinture d'un siège, entre le haut du pied d'un fauteuil, à la base de la console d'accotoirs.

Déplâtrer : se défaire d'un mauvais achat. Le contraire d'emplâtrer (voir ce mot).

Dérouiller : réaliser la première affaire de la journée, en langage des brocanteurs. On entend souvent cette expression aux Puces, quand il fait mauvais temps : « J'ai pas dérouillé de la journée. »

Design : prononcer *dizaïn*; ce mot américain signifie dessin, ébauche, modèle. On englobe sous ce nom toute création d'ameublement et de décoration intérieure résultant de séries standardisées selon les principes de l'esthétique industrielle. Le mouvement qui correspond au dernier des styles contemporains s'est surtout développé aux États-Unis (meubles Knoll), en Scandinavie, en Italie et au Japon.

Dinanderie : on désigne sous ce nom depuis le Moyen Âge les vaisselles de cuivre et les ustensiles en cuivre, tels que pelles et pincettes – qui proviennent de la ville de Dinand en Belgique.

Dorure : il existe trois procédés de dorure des bronzes d'ornement : la dorure à la feuille (application d'une feuille d'or sur un apprêt), la dorure au mercure ou or moulé (amalgame de poudre d'or et de mercure qui s'évapore en chauffant), la dorure à la galvanoplastie (obtenue par électrolyse à partir du milieu du XIXe siècle).

Doucine : contour d'un meuble ou d'une moulure affectant la forme d'une double courbure dont l'une est concave et l'autre convexe. La partie supérieure des commodes ou des secrétaires galbée en doucine est caractéristique du style Louis-Philippe.

Drouille : marchandises de peu de valeur, telles qu'on en trouve chez les brocanteurs de campagne ou dans les ventes de mobilier courant bradé aux enchères.

Ébéno : ébéniste en argot de métier.

Emplâtrer : en argot des brocanteurs, se faire emplâtrer signifie qu'on s'est laissé prendre en achetant un meuble ou un objet de mauvaise qualité, qu'il sera difficile de revendre sans perte. La seule façon de se débarrasser de ce nanar (voir ce mot) est de se « déplâtrer » en le revendant à un autre marchand ou à un particulier.

Ente, enter, enture : il ne faut pas confondre les tables entées, qui ont retrouvé leur équilibre grâce à une habile réparation, et les tables hantées qui échappent à la pesanteur au cours des séances de spiritisme.

– **L'ente** (nom féminin) est l'assemblage de deux pièces de bois greffées bout à bout. Un pied enté est celui qu'un ébéniste a retaillé et restauré par l'adjonction d'un morceau sain.

– **L'enture** est le nom qu'on donne à cette opération de rajeunissement des pieds de meubles.

Entrejambe : partie du piètement d'un siège formée de barres assemblées en H ou en X. Les entrejambes qui assuraient la solidité des pieds de sièges Louis XIII et Louis XIV ont disparu au début de l'époque Louis XV (vers 1730), donnant au siège une légèreté plus élégante, mais plus fragile.

Erminette ou herminette : outil tranchant en forme de hachette dont la lame recourbée évoque le museau de l'hermine. L'erminette dont se servaient les huchiers (menuisiers) pour tailler les parties courbes des meubles a été en usage jusqu'à l'emploi de la scie en chantourner au XVIIe siècle.

Escabelle ou escabeau : petit siège de bois sans bras ni dossier composé d'un plateau (généralement en chêne) supporté par de forts panneaux verticaux. En usage du XVe au XVIIe siècle.

Estagnier : nom du vaisselier, en Languedoc et en Provence qui, à l'origine, était destiné à présenter la vaisselle d'étain.

Étrusque : le style à l'étrusque apparu vers 1790 est en fait inspiré de motifs égyptiens : lotus, bec d'aigle, caryatides, sphinx, palmettes. Il a succédé au style à la grecque.

Facture : la note délivrée à l'occasion d'une vente par un antiquaire doit comporter le plus de détails possible – ou tout au moins la dénomination du meuble et son époque. La facture constitue une garantie tout aussi valable qu'un certificat d'authenticité et permet des recours éventuels. Il est donc recommandé d'éviter les ventes sans facture... à moins d'obtenir un rabais important par un règlement immédiat en argent liquide, mais avec les risques que cela comporte.

Ferrat : grande bassine en cuivre en forme de tambour utilisée en Auvergne pour faire provision d'eau.

Ferraille (Foires à la) : fondée par Philippe Auguste en 1222, la « Foire aux lards » qui se tenait jadis devant Notre-Dame après le carême s'était finalement fixée au siècle dernier près de la Bastille, sur le boulevard Richard-Lenoir, où elle prit alors le nom de « Foire à la ferraille et au jambon ». Chassée de Paris en 1970, pour des raisons de circulation, cette manifestation s'est divisée entre l'île de Chatou, le Parc floral de Paris à Vincennes et Le Bourget.

Ferrailleur : marchand de vieux métaux de récupération. Ils sont une des sources de la brocante et s'établissent souvent à leur compte en étendant leur activité à la récupération d'objets en tout genre.

Fiche : tige de métal (cuivre ou fer) servant de charnière aux armoires et aux buffets anciens. D'après leurs formes, les fiches permettent de dater et de localiser l'origine des meubles régionaux.

Fleur de coin : terme de numismatique désignant les pièces de monnaie de grande qualité, qui ont conservé toute la finesse de détails des coins qui ont servi à les frapper.

Flipot : petite pièce de bois en sifflet glissée entre deux parties fendues ou désassemblées. Les ébénistes utilisent aujourd'hui des colles qui, en se solidifiant, reconstituent exactement l'aspect du bois – ce qui permet de boucher les fentes en se passant du flipot.

Frisage : procédé de marqueterie qui consiste à utiliser les divers aspects des fibres du bois pour en tirer des effets chatoyants sous la lumière. Les compositions en quatre triangles à fils contrariés donnent un frisage en diamant.

Gâche : pièce de métal servant à l'ouverture ou à la fermeture d'une porte ancienne en libérant ou en enclenchant le pêne d'une serrure.

Gâchette : partie du mécanisme de la platine d'une arme qui bascule sous l'action de la détente, libère le chien et fait partir le coup. Si vous confondez la gâchette et la détente, l'antiquaire verra que vous n'y connaissez pas grand-chose... et il vous le fera payer !

Gaiac : bois dense et imputrescible d'Amérique centrale.

Gaine : piédestal destiné à recevoir des objets décoratifs.

Galvanoplastie : technique qui, par un procédé d'électrolyse, permet de déposer une couche de métal sur un autre métal de moindre valeur. Employée à partir de 1840, la galvanoplastie a permis la dorure industrielle sur les bronzes d'ameublement et le placage d'argent sur les pièces d'orfèvrerie (argent plaqué : en anglais, *plate silver*).

Galuchat : peau de squale, de raie ou de roussette. Employé en placage dans les meubles de l'époque Arts déco. Le galuchat était utilisé, aux XVIIIe et XIXe siècles, pour des écrins ou des fourreaux de sabre. Le nom vient de son inventeur, le maître gainier Jean-Claude Galuchat (mort en 1774).

Glycophilie : collection d'emballages de morceaux de sucre.

Gouge : ciseau de bois dont la partie affûtée se termine en courbe. Utilisé pour sculpter des motifs et des moulures dans les meubles anciens. La façon dont les sculptures sont taillées à la gouge est souvent révélatrice de la bonne qualité du meuble.

Grafinade : c'est ainsi qu'on appelait au XVIIIe siècle la compagnie de marchands qui s'entendaient entre eux pour empêcher les enchères de monter en salle des ventes. Cette ligue secrète qui se partage les bénéfices de la « révision » n'a cessé de poursuivre son activité à travers les siècles.

Grecque : le style à la grecque est apparu sous Louis XV en de nombreux motifs néo-classiques inspirés des décors exhumés dans les ruines de Pompéi : dents de scie, entrelacs, stries, perles, piastres, gouttes, dentelures, urnes, et grecques formées par une suite de lignes brisées qui reviennent sur elles-mêmes.

Haute époque : on englobe sous ce nom l'ensemble des meubles du Moyen Âge au XVIIe siècle. La plupart de ces meubles ont disparu ou sont dans les musées. Seuls quelques meubles d'une grande solidité ont traversé les siècles tels que coffres, bancs, chaises (chaises à haut dossier et panneaux sculptés), escabelles. On a beaucoup fabriqué d'imitations de ces meubles gothiques au XIXe siècle, lorsque le Moyen Âge a été remis à la mode. Ce sont généralement ceux-là qu'on peut trouver chez les antiquaires, mais les meubles authentiquement de haute époque sont exceptionnels. Il faut donc se méfier de cette dénomination approximative qui recouvre plusieurs siècles.

Huchiers : noms des artisans qui ont fabriqué les premiers meubles : huches, coffres, chaises, dressoirs, etc.

Incrustation : technique de décoration qui consiste à incruster dans une surface de bois (ou de pierre) de menus ornements de matériaux divers : métaux, pierres, bois de diverses essences.

Incunable : se dit d'un ouvrage imprimé avant le XVIe siècle.

Jus : « dans son jus ». Expression employée par les antiquaires et les brocanteurs – qui souvent en abusent – pour signifier que le meuble est resté en place dans un château ou une demeure, sans voyager de main en main. Ce peut être une garantie d'authenticité mais il est bien difficile de vérifier l'exactitude d'une telle affirmation.

Laver : se débarrasser d'une pièce douteuse en faisant disparaître les traces d'une origine suspecte.

Libonis (Charles-Léon) : auteur de la première carte postale illustrée de la tour Eiffel.

Loupe : la loupe est une maladie des arbres formant des excroissances qui déforment curieusement les veines du bois. Les ébénistes utilisent cette anomalie qui forme des réseaux irréguliers pour en tirer des effets décoratifs. En Bresse, les panneaux de buffets ou d'armoires sont souvent faits en loupe d'orme ou en loupe de fresne (voir Ronce).

Maquillage : opération qui consiste à vieillir artificiellement un meuble neuf (ou un objet) pour faire croire qu'il est ancien.

Marmouset : figure ornant la tête de certains chenêts en fonte.

Marqueterie : technique consistant à juxtaposer sur un fond de menuiserie des pièces de bois précieux, de l'écaille, de la corne, ou de l'ivoire ou encore de la nacre. C'est à partir du XVIIe siècle que s'est développée la marqueterie où les ébénistes français sont passés maîtres.

Mazarin : bureau à caissons apparu au début du XVIIIe siècle. Il repose sur deux groupes de quatre petits pieds soutenant des petits tiroirs. Ces bureaux d'origine italienne, comme le cardinal Mazarin, sont en bois massif ou en marqueterie d'écaille et de cuivre (marqueterie Boulle).

Ménager : meuble champenois composé d'un buffet bas à plusieurs portes et surmonté d'une étagère servant à présenter les assiettes de faïence.

Moustache : on désigne sous le nom de « style moustache » les productions récentes de copies de meubles anciens surchargés d'ornements en bronze inspirés de styles disparates. C'est ainsi qu'on trouve des « moustaches » Louis XV, sur des commodes Louis XVI... et réciproquement.

Nanar : en langage de brocanteur, un meuble difficile à vendre. Le mot « nanar » viendrait du mot « panar » – également usité – par analogie avec un panari au doigt dont on n'arrive pas à se débarrasser.

Nicophilie : ensemble des objets de collection consacrés au tabac. On peut dire aussi tabacophilie.

Niellure : technique d'ornementation consistant à couler un émail noir (nielle) dans les sillons gravés d'un objet d'argent.

Orphelin : on appelle ainsi un siège qui formait autrefois la paire avec un frère disparu. On dit qu'une paire vaut trois orphelins. Il est en effet constaté qu'une paire de sièges (ou objets identiques) vaut au moins trois fois plus que le même siège (ou objet) vendu isolément.

Palladien : style mis à la mode par l'architecte italien Palladio à la fin du XVIe siècle, inspirateur de l'architecture néo-classique.

Panar : voir Nanar.

Papillon (ailes de) : les placages en ailes de papillon utilisés en marqueterie au XVIIIe siècle se caractérisent par des réseaux de veines divergentes. Cet effet géométrique est obtenu en sectionnant les veines du bois par une coupe oblique.

Parclose : encadrement d'un panneau de bois ou double cadre extérieur d'un miroir.

Peau de chien : peau de chien de mer ou de squale utilisée pour achever le polissage du bois. « Nini peau de chien » était l'amie d'un artisan du faubourg Saint-Antoine.

Peïrot : ramasseur de peaux de lapin qui passe dans les fermes et récupère tout ce qu'il peut pour le revendre à des brocanteurs.

Pélican : nom donné au motif sculpté qui garnit la corniche d'une armoire de mariage normande. La représentation du pélican symbolise l'héroïque générosité de cet animal qui, selon la légende, se perce les flancs pour nourrir sa famille. Par extension, on appelle pélican tout motif sculpté des armoires de mariage : bouquet, panier, couple de colombes, corbeille de fruits.

Perce : apparition du bois de fond lorsque le placage est usé. Se répare en pratiquant deux incisions entre lesquelles l'ébéniste replace un fragment de placage.

Pernettes : petits supports en terre cuite séparant les pièces de faïence pendant la cuisson d'une fournée. Les pernettes laissent au dos des assiettes de légères marques en creux dans l'émail, caractéristiques des faïences anciennes.

Peste de l'étain : l'étain est un métal fragile sensible aux basses températures. Rares sont les pièces qui ont échappé à la « peste » ou à la « lèpre » de l'étain, qui ronge le métal et le désagrège progressivement. C'est pourquoi les pièces antérieures au XVIIe siècle sont tout à fait exceptionnelles.

Phaléristique : recherche des insignes militaires honorifiques. À l'origine, la phalère désignait une plaque ronde en or que les soldats grecs recevaient pour leurs exploits et portaient sur la poitrine ou sur leur casque.

Phylactère : cartouche comportant des inscriptions dans les manuscrits anciens, et synonyme de « bulle » dans les bandes dessinées.

Pied-miche : forme caractéristique des pieds d'armoire bourguignonne. Les pieds-miches, appelés également flamusses, ont l'aspect de gros disques ventrus, qui évoquent une miche de pain.

Pigeon : comme dit Albert Dauzat, spécialiste des argots, les pigeons sont des oiseaux faciles à plumer – les hommes aussi... et dans tous les métiers (!) mais en particulier dans l'antiquité, où toute l'économie du système repose sur l'acheteur final. Lorsque, de marchand en marchand, l'objet s'est vendu et revendu de plus en plus cher, c'est, au bout du compte, le « pigeon » qui paie le prix fort.

Les commissaires-priseurs ont également l'art de plumer les pigeons qui s'aventurent dans les salles des ventes sans connaître les règles du jeu. Chez les marchands ou aux enchères, il faut prendre bien des précautions pour éviter de se faire « pigeonner ».

Placage : revêtement du bâti d'un meuble par une feuille de bois précieux. On reconnaît les placages anciens (jusqu'au XIXe siècle) à l'irrégularité de leur découpage à la scie et à leur épaisseur. Les placages anciens ont au moins deux millimètres d'épaisseur. Jusqu'au XIXe siècle, les placages servant à la marqueterie sont obtenus par tranchage à la scie. Mais, par la suite, l'utilisation de moyens mécaniques donne des placages par déroulage, à partir du tronc d'arbre qui tourne sous une lame d'acier. Les placages industriels sont beaucoup plus minces que les placages tranchés à la scie, ce qui est un moyen de déterminer leur ancienneté.

Pointe de diamant : motif apparu au XVIIe siècle sur les armoires et les buffets béarnais et auvergnats. Les artisans ont continué à tailler des motifs en pointe de diamant jusqu'au milieu du XIXe siècle.

Pompier : se dit des tableaux bien léchés à sujets anecdotiques ou symboliques très recherchés à la fin du XIXe siècle, puis tournés en dérision.

Presse : armoire de Picardie ou d'Artois servant à ranger (presser) le linge et les vêtements. Meuble utilitaire à panneaux moulurés mais rarement sculptés.

Psyché : glace fixée sur un axe horizontal entre deux montants. L'inclination qu'on peut lui donner permet de se voir en pied. Apparue sous l'Empire.

Queue-d'aronde : assemblage ressemblant à une queue d'hirondelle de deux pièces à angle droit, le plus souvent utilisé pour le montage des tiroirs. Au XVIIIe siècle, le nombre de queues est généralement de trois, et davantage pour les meubles de qualité (jusqu'à cinq). La queue-d'aronde n'apporte pas nécessairement la preuve de l'ancienneté, car ce mode d'assemblage se pratique toujours; toutefois les queues-d'aronde taillées à la machine sont reconnaissables par leur régularité. Le nombre de queues-d'aronde à l'angle d'un tiroir peut donner une indication d'époque : deux ou trois avant 1750 (avec une coupe large et dissymétrique), quatre à la fin du XVIIIe siècle (régulièrement réparties), quatre ou cinq au XIXe siècle (avec des queues très effilées).

Dans les meubles soignés, les queues-d'aronde sont cachées par une baguette en retrait derrière la façade du tiroir. Dans ce cas, il faut sortir complètement le tiroir pour observer les queues-d'aronde du fond.

Ravaler : reprise par le commissaire-priseur d'un meuble ou objet mis aux enchères et qui n'a pas trouvé preneur. L'objet ravalé – moyennant les frais de rachat comptés au vendeur 3 % – est généralement remis en vente dans l'espoir, souvent déçu, qu'il provoquera des enchères plus élevées.

Remonté : se dit d'un meuble fabriqué à partir de quelques éléments anciens (voir Bidouillage). On voit beaucoup de bonnetières remontées à partir de portes d'armoires. De tels meubles ne peuvent être qualifiés d'époque, même si la porte est réellement ancienne.

Révision : opération de remise en vente au plus offrant parmi les marchands qui ont fait une entente pour freiner les enchères. On dit la « petite révise » pour les ventes d'objets courants et la « grande révise » pour les ventes importantes.

Rocaille : ornements à motifs asymétriques imitant des coquillages de formes bizarres. Le style rocaille ou rococo est une dégénérescence du style baroque qui s'est épanoui au XVIIe siècle en Italie, puis en France.

Ronce : la ronce est une particularité de certains placages prélevés sur les arbres au niveau des embranchements. La ronce produit des effets décoratifs où la coupe des veines apparaît en une multitude de petits cercles dispersés sur le placage. De nombreux meubles régionaux présentent des panneaux en ronce de noyer (voir Loupe).

Savonnette : montre plate apparue au milieu du XIXe siècle.

Scripophilie : collection de titres financiers périmés, tels qu'actions des Compagnies coloniales, emprunts russes, etc.

Séage : meuble de rangement, qu'on trouve en Picardie et dans le Nord, formé de deux petits corps d'armoire encadrant un rayonnage destiné à la vaisselle.

Somno : table de chevet cylindrique ou rectangulaire avec une porte ou un vantail : apparu sous l'Empire. Le somno est l'ancêtre de la table de nuit.

Surenchère : en salle des ventes, annonce d'une surenchère supérieure à la précédente. L'amateur très désireux d'obtenir l'objet mis en vente surenchérit.

Talbins : billets de banque. Les brocanteurs se payent entre eux en talbins et préfèrent également que les clients leur remettent des espèces plutôt que des chèques. Dans ce cas, il ne faut pas manquer de demander une réduction (au moins 10 %) sur la somme convenue.

Tarabiscot : rabot servant à tailler les moulures et à les dédoubler.

Tirosémiophilie : recherche et collection des étiquettes de boîtes de fromage.

Toupie : ce mot a deux sens différents :
– culot décoratif en bois tourné placé dans le piétement des sièges ou des tables, à l'intersection des barres d'entrejambes ;
– outil rotatif permettant de tailler des gorges et des moulures. Les pieds de sièges creusés à la toupie mécanique forment des stries à bords parallèles, tandis que les moulures taillées à la gouge s'amincissent vers le bas, ce qui donne un aspect fuselé beaucoup plus élégant. C'est là un moyen de reconnaissance des pieds de sièges anciens (notamment de l'époque Louis XVI).

Traite : buffet bas picard à quatre, six ou huit portes séparées par des panneaux fixes plus étroits. Même type de meuble que la dresche qu'on appelle ainsi en Artois.

Trictrac : table de jeu d'époque Louis XV à plateau réversible comportant un damier d'un côté et un échiquier de l'autre.

Trous de vers : les trous de vers constituent un moyen de reconnaissance des meubles anciens. Il suffit d'enfoncer une épingle dans le trou de ver ; s'il est vrai, l'épingle ne peut pénétrer car le ver creuse sa galerie immédiatement en surface. Si le trou a été percé avec une pointe, un foret ou une mèche de dentiste, l'épingle s'enfonce verticalement de quelques millimètres.

Velours : agréable bénéfice réalisé par un marchand.

Verdure : tapisserie où dominent les motifs végétaux entourant des paysages ou des motifs héraldiques.

Vernis Martin : vernis mis au point par les frères Martin, vers 1730, pour imiter les laques de Chine et du Japon.

Vistemboire : objet indéfinissable et absurde inventé par Benjamin Péret dans une nouvelle parue en 1946, *Le Machin*. Désigne n'importe quoi. Les spécialistes des armes prétendent qu'il s'agit d'une clé de dévissage d'une arme à balle forcée.

Voyelle : chaise légère apparue sous Louis XV, sur laquelle les joueurs de cartes s'asseyaient à califourchon, en plaçant leurs coudes sur l'accoudoir situé en haut du dossier.

Voyeuse : chaise ou fauteuil dont le dossier est garni d'un coussin permettant à un familier, placé derrière le joueur assis sur le siège, de s'accouder pour suivre une partie de cartes.

Wedgwood : manufacture anglaise de céramique qui, à partir du XVIIIe siècle, a produit des faïences fines, avec souvent des décors en relief.

Zicelu ou ciselu : meuble basque composé d'une banquette dont une partie du dossier se rabat pour former une tablette. Le zicelu qu'on plaçait près de l'âtre était réservé à l'ancêtre qui y prenait ses repas.

Index

Cet ouvrage a été réalisé par la
SOCIÉTÉ NOUVELLE FIRMIN-DIDOT
Mesnil-sur-l'Estrée
pour le compte des Éditions Hachette
en septembre 1993

Imprimé en France
Dépôt légal : 6666-octobre 1993
N° d'édition : 15697/93081
N° d'impression : 24743
ISBN : 2.01.016697.3
23.24.4626.02/0